本书受教育部人文社会科学重点研究基地山西大学科学技术哲学研究中心基金资助

认知哲学译丛

魏屹东/主编

心灵制图学

哲学与心理学的交集

马西莫·马拉法
〔意〕 马里奥·德·卡罗 /编
弗朗切斯科·弗雷蒂

樊岳红/译

魏屹东/审校

科学出版社
北京

图字：01-2011-0921

Translation from the English language edition：

Cartographies of the Mind edited by Massimo Marraffa；Mario De Caro；and Francesco Ferretti

图书在版编目(CIP)数据

心灵制图学：哲学与心理学的交集／(意)马拉法(Marraffa，M.)等编；樊岳红译.—北京：科学出版社，2014.11

(认知哲学译丛)

书名原文：Cartographies of the mind：philosophy and psychology in intersection

ISBN 978-7-03-042239-2

Ⅰ.①心…　Ⅱ.①马…②樊…　Ⅲ.①认知科学-文集　Ⅳ.①B0-53②B84-53③B842.1

中国版本图书馆 CIP 数据核字（2014）第 242696 号

丛书策划：郭勇斌

责任编辑：邹　聪　高丽丽／责任校对：胡小洁

责任印制：徐晓晨／封面设计：黄华斌　陈　敬

编辑部电话：010-64035853

E-mail：houjunlin@mail.sciencep.com

科学出版社 出版

北京东黄城根北街 16 号

邮政编码：100717

http://www.sciencep.com

北京凌奇印刷有限责任公司印刷

科学出版社发行　各地新华书店经销

*

2014 年 11 月第 一 版　开本：720×1000　1/16

2025 年 11 月第八次印刷　印张：21 1/4

字数：393 000

定价：198.00元

(如有印装质量问题，我社负责调换)

作 者 简 介

蒂姆·贝恩（Tim Bayne）：牛津大学圣凯瑟琳学院的哲学讲师。他的研究方向包括心理学哲学及哲学精神病理学。目前，他正着手完成一本关于意识统一性的书。

约翰·比克勒（John Bickle）：辛辛那提大学哲学系主任、教授，兼辛辛那提大学神经科学研究院的教授。他出版了《心理神经还原主义：新潮》（麻省理工学院出版社，1998年），是《哲学与神经科学：一个无情地还原主义解释》的作者（Kluwer，2003），合著《理解科学的推理（第5版）》（合著者：Ronald Giere，Robert Mauldin）（Thomoson，2005），以及编辑出版了《关于神经科学和哲学牛津手册》（牛津大学出版社，即将出版）。他的研究方向包括神经科学哲学、科学还原论、认知与意识的细胞分子原理。目前，他已经发表了超过40篇的论文和部分书目章节。

保罗·凯鲁比尼（Paolo Cherubini）：米兰比可卡大学心理学系心理学教授。他的主要研究方向是关于推理、思想及决策的认知实验心理学。

罗伯托·科尔代斯基（Roberto Cordeschi）：罗马智慧大学哲学教授，主要讲授科学哲学。他出版了若干专著，主要讨论关于控制论史、认知科学及人工智能等认识论问题，专著包括《人造物的发现》（Kluwer，2002）等。

马里奥·德·卡罗（Mario De Caro）：罗马第三大学哲学系副教授。从2000年以来，他一直在塔夫茨大学教授哲学。除了心灵哲学领域，其还在道德及行动哲学领域出版了两部意大利文专著，发表了一些论文，并参与了一些书目章节的编写，此外，他还编辑出版了《理解与原因：唐纳德·戴维森的哲学新视角》（Kluwer，1999），并与David Macarthur合编了《自然主义的问题》（哈佛大学出版社，2004年）及《规范性与本质》（哥伦比亚出版社，即将出版）。

克雷格·德·兰西（Craig De Lancey）：奥斯威戈纽约州立大学哲学副教授。他的著作有《心灵及人工智能展示什么样的情感》（牛津大学出版社，2001年）。

米凯莱·迪·弗朗切斯科（Michele Di Francesco）：米兰圣拉斐尔生命健康大学哲学教授，主要讲授心灵哲学和认知科学哲学。他的主要研究方向是心灵本体论和认知科学的哲学。结合这两方面的研究，他主要处理关于意识与心灵统一性的问题、精神的因果关系及突现论。他是意大利分析哲学学会会长。

弗朗切斯科·弗雷蒂（Francesco Ferretti）：罗马第三大学哲学系讲师，他主要讲授认知科学哲学。他出版了一部关于精神意向性方面的著作（意大利文）。目前，他正在写一本关于语言、心灵及人类本性的著作。

马尔切洛·弗里克肖尼（Marcello Frixione）：意大利萨勒诺大学哲学副教授，他主要讲授语言和逻辑哲学。他的研究方向是认知科学领域，包括哲学和认识论问题、计算与认知、人工智能和机器人技术的知识表征。

皮埃达妮埃莱·贾雷塔（Pierdaniele Giaretta）：意大利萨勒诺大学哲学教授，他主要讲授科学哲学与逻辑学。在过去十年的大部分时间里，他主要研究罗素的逻辑学及逻辑哲学、形式的本体论、逻辑及推理。他还致力于知识表征的本体论作用及临床诊断的逻辑分析等方面的研究。

伊丽莎白·戈拉（Elisabetta Gola）：卡利亚里大学哲学系讲师，她主要讲授心灵哲学。她的研究方向包括对自然语言理解的人工智能技术，以及关于意义的非文字使用的哲学问题，她已经出版了两本专著（意大利文），发表了大量的论文，以及参与了一些书目章节的编写。

西莫内·戈扎诺（Simone Gozzano）：拉奎拉大学哲学教授，他主要讲授心灵哲学。他的研究方向包括意向性（关于这一主题，他已出版两部意大利文专著）及动物认知（关于这一主题，他编辑出版了两部专辑）。目前，他正在完成一部关于精神的因果关系方面的著作。

乔治·格雷姆（George Graham）：里德哲学教授及温斯顿-塞勒维克森林大学神经科学研究院的兼职教师。他的研究方向包括心灵哲学、精神病理学哲学及认知科学的基础概念。最近他出版了以下专著：《哲学与精神病学的牛津手册》，（与 K. W. M. Fulford，T. Thornton 合著，牛津大学出版社，2006 年），《自我归属：意向介入》（J. Radden 编），《精神病学哲学指南》（牛津大学出版社，2004 年）。

乔瓦尼·杰维斯（Giovanni Jervis）：罗马智慧大学动态心理学教授。人类学家埃内斯托·德·马蒂诺（Ernesto De Martino）的学生，他的研究主要集中在社会精神病学（和心理学）及 20 世纪 50 年代以来的心理分析的基础理论。

拉尔夫·肯尼迪（Ralph Kennedy）：温斯顿-塞勒维克森林大学的哲学系副教授及客座教授。他目前正在与米凯利斯·米凯尔（Michaelis Michael）合写一篇关于《究竟是什么被看成是对象》的论文。他过去的论文包括《如何不从“可以”中派生》、《罗教授的本体论论证》（《哲学研究》，1989 年），并与查尔斯·基哈拉（Charles Chihara）合写了《荷兰赌论证：它的逻辑缺陷及主观的来源》（《哲学研究》，1979 年）。

阿龙·科斯特科（Aaron Kostko）：辛辛那提大学哲学系博士。他的专业领域是心灵哲学与科学哲学，特别是突现的社会神经科学。他的博士学位论文试图说明自我观念和自我叙述形成的经验解释，并整合来自神经科学和社会心理学的研究结果。

菲诺亚·马克弗森（Fiona Macpherson）：格拉斯哥大学哲学讲师。在格拉斯哥大学建立并领导了感性经验研究中心。2005 ~ 2006 学年她被借调到澳大利亚国立大学社会科学学院意识研究中心。她在 *Nous*、《哲学与现象研究》、《太平洋哲学季刊》等杂志上发表了数篇关于心灵哲学的论文。

马西莫·马拉法（Massimo Marraffa）：罗马第三大学哲学系讲师，主要讲授哲学和心理学。他的研究主要集中在哲学及心理学相关问题及认知科学基础方面。在此方面，他已出版三本专著（意大利文），发表了多篇论文，并参与了一些书目章节的编写。

克里斯蒂娜·梅尼（Cristina Meini）：韦尔切利的皮埃蒙特大区东方大学人文系讲师，主要讲授心理学。她着重对认知哲学的过程进行研究。尤其是她的研究兴趣包括民间心理学的个体发生论及系统发生论，她已经出版了两本专著（意大利文）和多篇论文。

阿尔弗雷德·R. 梅莱（Alfred R. Mele）：佛罗里达州立大学 William H. and Lucyle T. Werkmeiste[①] 哲学教授。他出版了《非理性》（1987 年）、《行动的涌现》（1992 年）、《自发的行动者》（1995 年）、《动机与能量》（2003 年）、《自由意志和运气》（2006 年），编辑出版了《行动的哲学》（1997 年），并合编了《精神原因》（1993 年）、《理性牛津手册》（2004 年），以上所有专著都是由牛津大学出版社出版。他也是《揭露自欺》（普林斯顿，2001 年）的作者。

埃迪·纳米亚斯（Eddy Nahmias）：乔治亚州立大学哲学系及大脑与行为项目的助理教授。他的研究方向是心灵哲学和道德心理学领域，主要关注人类的行动是什么，人类的行动如何可能，以及如何与人类本性的科学解释相一致。目前，她正在着手编写《自由意志和心灵科学》。

阿尔弗雷多·帕特诺斯特（Alfredo Paternoster）：萨萨里大学语言哲学副教授。他的研究兴趣包括语言哲学、心灵哲学及认知科学的基础，他已出版两本专著（意大利文），发表了 25 余篇论文，并编写了部分书目章节。

瓜尔蒂耶罗·皮奇尼尼（Gualtiero Piccinini）：圣路易斯的密苏里大学哲学副教授。他的著作主要涉及心灵哲学方面，着重于心理学、神经科学和计算机科学方面的研究。他的文章已发表在《科学》、《澳大利亚哲学》、《哲学研究》、《综合》、《加拿大哲学》、《科学哲学与历史研究》、《意识研究》及《心灵与机器》等期刊上。

约翰·苏顿（John Sutton）：悉尼麦考瑞大学哲学系的主任及副教授。他的著作主要研究认知科学哲学及科学史，出版了《哲学与记忆的追溯：从笛卡儿到联结主义》（剑桥，1998 年），合著《笛卡儿的自然哲学》（路特雷奇出版社，2000 年）。他最近的研究是关于记忆技能、自传体记忆、语言与记忆、做梦，以及分散式认知、延展心灵假设的。

斯蒂芬·L. 怀特（Stephen L. White）：塔夫茨大学哲学系副教授。他的著作主要在心灵哲学、认识论、行动理论和伦理学方面，出版了《统一性与自我》

---

① William H. and Lncyle L. Werkmeiste 为基金会名称。——译者注

(麻省理工学院出版社，1991 年）及《现象学与必要性》（牛津大学出版社，即将出版）。

蒂齐亚纳·扎拉(Tiziana Zalla)：法国国家科学研究院（Centre National de la Recherche Scientifique，CNRS）认知科学家，目前，在巴黎 Jean-Nicod 研究所工作。她曾在位于马里兰州毕士大的美国国家卫生研究所及位于里昂的认知科学研究所工作过。她发表了许多关于意识、意向性及精神分裂症与自闭症患者的行动方面的论文。

丛 书 序

与传统哲学相比，认知哲学（philosophy of cognition）是一个全新的哲学研究领域，它的兴起与认知科学的迅速发展密切相关。认知科学是20世纪70年代中期兴起的一门前沿性、交叉性和综合性学科。它是在心理科学、计算机科学、神经科学、语言学、文化人类学、哲学以及社会科学的交界面上涌现出来的，旨在研究人类认知和智力本质及规律，具体包括知觉、注意、记忆、动作、语言、推理、思维、意识乃至情感动机在内的各个层次的认知和智力活动。十几年以来，这一领域的研究异常活跃，成果异常丰富，自产生之日起就向世人展示了强大的生命力，也为认知哲学的兴起提供了新的研究领域和契机。

认知科学的迅速发展使得科学哲学发生了“认知转向”，它试图从认知心理学和人工智能角度出发研究科学的发展，使得心灵哲学从形而上学的思辨演变为具体科学或认识论的研究，使得分析哲学从纯粹的语言和逻辑分析转向认知语言和认知逻辑的结构分析、符号操作及模型推理，极大促进了心理学哲学中实证主义和物理主义的流行。各种实证主义和物理主义理论的背后都能找到认知科学的支持。例如，认知心理学支持行为主义，人工智能支持功能主义，神经科学支持心脑同一论和取消论。心灵哲学的重大问题，如心身问题、感受性、附随性、意识现象、思想语言和心理表征、意向性与心理内容的研究，无一例外都受到来自认知科学的巨大影响与挑战。这些研究取向已经蕴涵认知哲学的端倪，因为众多认知科学家、哲学家、心理学家、语言学家和人工智能专家的论著论及认知的哲学内容。

尽管迄今国内外的相关文献极少单独出现认知哲学这个概念，精确的界定和深入系统的研究也极少，但研究趋向已经非常明显。鉴于此，这里有必要对认知哲学的几个问题做出澄清。这些问题是：什么是认知？什么是认知哲学？认知哲学与相关学科是什么关系？认知哲学研究哪些问题？

第一个问题需要从词源学谈起。认知这个词最初来自拉丁文“*cognoscere*”，意思是“与……相识”、“对……了解”。它由 *co+gnoscere* 构成，意思是“开始知道”。从信息论的观点看，“认知”本质上是通过提供缺失的信息获得新信息和新知识的过程，那些缺失的信息对于减少不确定性是必需的。

然而，认知在不同学科中意义相近，但不尽相同。

在心理学中，认知是指个体的心理功能的信息加工观点，即它被用于指个体的心理过程，与“心智有内在心理状态”观点相关。有的心理学家认为，认知是思维的显现或结果，它是以问题解决为导向的思维过程，直接与思维、问题解决相关。在认知心理学中，认知被看做心灵的表征和过程，它不仅包括思维，而且包括语言运用、符号操作和行为控制。

在认知科学中，认知是在更一般意义上使用的，目的是确定独立于执行认知任务的主体(人、动物或机器)的认知过程的主要特征。或者说,认知是指信息的规范提取、知识的获得与改进、环境的建构与模型的改进。从熵的观点看来,认知就是减少不确定性的能力,它通过改进环境的模型,通过提取新信息、产生新信息和改进知识并反映自身的活动和能力,来支持主体对环境的适应性。逻辑、心理学、哲学、语言学、人工智能、脑科学是研究认知的重要手段。《MIT 认知科学百科全书》将认知与老化(aging)并列,旨在说明认知是老化过程中的现象。在这个意义上,认知被分为两类:动态认知和具化认知。前者指包括各种推理(归纳、演绎、因果等)、记忆、空间表现的测度能力,在评估时被用于反映处理的效果;后者指对词的意义、信息和知识的测度的评价能力,它倾向于反映过去执行过程中积累的结果。这两种认知能力在老化过程中表现不同。这是认知发展意义上的定义。

在哲学中,认知与认识论密切相关。认识论把认知看做产生新信息和改进知识的能力来研究。其核心论题是:在环境中信息发现如何影响知识的发展。在科学哲学中就是科学发现问题。科学发现过程就是一个复杂的认知过程,它旨在阐明未知事物,具体表现在三方面:①揭示以前存在但未被发现的客体或事件;②发现已知事物的新性质;③发现与创造理想客体。尼古拉斯·布宁和余纪元编著的《西方哲学英汉对照辞典》(2001 年)对认知的解释是:认知源于拉丁文"*cognition*",意指知道或形成某物的观念,通常译作"知识",也作为"*scientia*"(知识)。笛卡儿将认知与知识区分开来,认为认知是过程,知识是认知的结果。斯宾诺莎将认知分为三个等级:第一等的认知是由第二手的意见、想象和从变幻不定的经验中得来的认知构成,这种认知承认虚假;第二等的认知是理性,它寻找现象的根本理由或原因,发现必然真理;第三等即最高等的认知,是直觉认识,它是从有关属性本质的恰当观念发展而来的,达到对事物本质的恰当认识。按照一般的哲学用法,认知包括通往知识的那些状态和过程,与感觉、感情、意志相区别。

在人工智能研究中,认知与发展智能系统相关。具有认知能力的智能系统就是认知系统。它理解认知的方式主要有认知主义、涌现和混合三种。认知主义试图创造一个包括学习、问题解决和决策等认知问题的统一理论,涉及心理学、认知科学、脑科学、语言学等学科。涌现方式是一个非常不同的认知观,主张认知是一个自组织过程。其中,认知系统在真实时间中不断地重新建构自己,通过多系统-环境相互作用的自我控制保持其操作的同一性。这是系统科学的研究进路。混合方式是将认知主义和涌现相结合。这些方式提出了认知过程模拟的不同观点,研究认知过程的工具主要是计算建模,计算模型提供了详细的、基于加工的表征、机制和过程的理解,并通过计算机算法和程序表征认知,从而揭示认知的本质和功能。

概言之,这些对认知的不同理解体现在三方面:①提取新信息及其关系;②对所提取信息的可能来源实验、系统观察和对实验、观察结果的理论化;③通过对初始数据的分析、假设提出、假设检验以及对假设的接受或拒绝来实现认知。从哲学角度对这三方面进行反思,将是认知哲学的重大任务。

针对认知的研究,根据我的梳理主要有11个方面:

(1)认知的科学研究,包括认知科学、认知神经科学、动物认知、感知控制论、认知协同学等,文献相当丰富。其中,与哲学最密切的是认知科学。

(2)认知的技术研究,包括计算机科学、人工智能、认知工程学(运用涉及技术、组织和学习环境研究工作场所中的认知)、机器人技术,文献相当丰富。其中,模拟人类大脑功能的人工智能与哲学最密切。

(3)认知的心理学研究,包括认知心理学、认知理论、认知发展、行为科学、认知性格学(研究动物在其自然环境中的心理体验)等,文献异常丰富,与哲学密切的是认知心理学和认知理论。

(4)认知的语言学研究,包括认知语言学、认知语用学、认知语义学、认知词典学、认知隐喻学等,这些研究领域与语言哲学密切相关。

(5)认知的逻辑学研究,主要是认知逻辑、认知推理和认知模型。

(6)认知的人类学研究,包括文化人类学、认知人类学和认知考古学(研究过去社会中人们的思想和符号行为)。

(7)认知的宗教学研究,典型的是宗教认知科学(cognitive science of religion),它寻求解释人们心灵如何借助日常认知能力的途径习得、产生和传播宗教文化基因。

(8)认知的历史研究,包括认知历史思想、认知科学的历史。一般的认知科学导论性著作都涉及历史,但不系统。

(9)认知的生态学研究,主要是认知生态学和认知进化的研究。

(10)认知的社会学研究,主要是社会表征、社会认知和社会认识论的研究。

(11)认知的哲学研究,包括认知科学哲学、人工智能哲学、心灵哲学、心理学哲学、现象学、存在主义、语境论、科学哲学等。

以上各个方面虽然蕴涵认知哲学的内容,但还不是认知哲学本身。这就涉及第二个问题。

第二个问题需要从哲学立场谈起。

在我看来,认知哲学是一门旨在对认知这种极其复杂现象进行多学科、多视角、多维度整合研究的新兴哲学研究领域,其研究对象包括认知科学(认知心理学、计算机科学、脑科学)、人工智能、心灵哲学、认知逻辑、认知语言学、认知现象学、认知神经心理学、进化心理学、认知动力学、认知生态学等涉及认知现象的各个学科中的哲学问题,它涵盖和融合了自然科学和人文科学的不同分支学科。说它具有整合性,名副其实。对认知现象进行哲学探讨,将是当代哲学研究者的重任。科学哲学、科学社会学与科学知识社会学的"认知转向"充分说明了这一点。

尽管认知哲学具有交叉性、融合性、整合性、综合性,但它既不是认知科学,也不是认知科学哲学、心理学哲学、心灵哲学和人工智能哲学的简单叠加,它是在梳理、分析和整合各种以认知为研究对象的学科的基础上,立足于哲学反思、审视和探究认知的各种哲学问题的研究领域。它不是直接与认知现象发生联系,而是通过研究认知现象的各个学科与之发生联系，也即它以认知本身为研究对象，如同科学哲学是以科学为对象而不是以自然为对象，因此它是一种“元研究”。在这种意义上，认知哲学既要吸收各个相关学科的优点，又要克服它们的缺点，既要分析与整合，也要解构与建构。一句话，认知哲学是一个具有自己的研究对象和方法、基于综合创新的原始性创新研究领域。

认知哲学的核心主张是：本体论上，主张认知是物理现象和精神现象的统一体，二者通过中介如语言、文化等相互作用产生客观知识；认识论上，主张认知是积极、持续、变化的客观实在，语境是事件或行动整合的基底，理解是人际认知互动；方法论上，主张对研究对象进行层次分析、语境分析、行为分析、任务分析、逻辑分析、概念分析和文化网络分析，通过纲领计划、启示法和洞见提高研究的创造性；价值论上，主张认知是负载意义和判断的，负载文化和价值的。

认知哲学研究的目的：一是在哲学层次建立一个整合性范式，揭示认知现象的本质及运作机制；二是把哲学探究与认知科学研究相结合，使得认知研究将抽象概括与具体操作衔接，一方面避免陷入纯粹思辨的窠臼，另一方面避免陷入琐碎细节的陷阱；三是澄清先前理论中的错误，为以后的研究提供经验、教训；四是提炼认知研究的思想和方法，为认知科学提供科学的、可行的认识论和方法论。

认知哲学的研究意义在于：①提出认知哲学的概念并给出定义及研究的范围，在认知哲学框架下，整合不同学科、不同认知科学家的观点，试图建立统一的研究范式。②运用认知-历史分析、语境分析等方法挖掘著名认知科学家的认知思想及哲学意蕴，并进行客观、合理的评析，澄清存在的问题。③从认知科学及其哲学的核心主题——认知发展、认知模型和认知表征三个相互关联和渗透的方面，深入研究信念形成、概念获得、知识产生、心理表征、模型表征、心身问题、智能机的意识化等重要问题，得出合理可靠的结论。④选取的认知科学家具有典型性和代表性，对这些人物的思想和方法的研究将会对认知科学、人工智能、心灵哲学、科学哲学等学科的研究者具有重要的启示与借鉴作用。⑤认知哲学研究是对迄今为止认知研究领域内的主要研究成果的梳理与概括，在一定程度上总结并整合了其中的主要思想与方法。

第三个问题是，认知哲学与相关学科或领域究竟是什么关系？

我通过“超循环结构”来给予说明。所谓“超循环结构”，就是小循环环环相套，构成一个大循环。认知科学哲学、心理学哲学、心灵哲学、人工智能哲学、认知语言学是小循环，它们环环相套，构成认知哲学这个大循环。也就是说，这些相关学科相互交叉、重叠，形成了整合性的认知哲学。同时，认知哲学这个大循环有自己独特的研究域，它不包括其他小循环的内容，如认知的本原、认知的预设、认知的分类、认知的形而上学问题等。

第四个问题是，认知哲学研究哪些问题？如果说认知就是研究人们如何思维，那么认知哲学就是研究人们思维过程中产生的各种哲学问题，具体要研究 10 个基本问题：

（1）什么是认知，其预设是什么？认知的本原是什么？认知的分类有哪些？认知的认识论和方法论是什么？认知的统一基底是什么？是否有无生命的认知？

（2）认知科学产生之前，哲学家是如何看待认知现象和思维的？他们的看法是合理的吗？认知科学的基本理论与当代心灵哲学范式是冲突，还是融合？能否建立一个囊括不同学科的统一的认知理论？

（3）认知是纯粹心理表征，还是心智与外部世界相互作用的结果？无身的认知能否实现？或者说，离身的认知是否可能？

（4）认知表征是如何形成的？其本质是什么？是否有无表征的认知？

（5）意识是如何产生的？其本质和形成机制是什么？它是实在的还是非实在的？是否有无意识的表征？

（6）人工智能机器是否能够像人一样思维？判断的标准是什么？如何在计算理论层次、脑的知识表征层次和计算机层次上联合实现？

（7）认知概念如思维、注意、记忆、意象的形成的机制和本质是什么？其哲学预设是什么？它们之间是否存在相互作用？心身之间、心脑之间、心物之间、心语之间、心世之间是否存在相互作用？它们相互作用的机制是什么？

（8）语言的形成与认知能力的发展是什么关系？是否有无语言的认知？

（9）知识获得与智能发展是什么关系？知识是否能够促进智能的发展？

（10）人机交互的界面是什么？脑机交互实现的机制是什么？仿生脑能否实现？

以上问题形成了认知哲学的问题域，也就是它的研究对象和研究范围。

"认知哲学译丛"所选的著作，内容基本涵盖了认知哲学的以上10个基本问题。这是一个庞大的翻译工程，希望"认知哲学译丛"的出版能够为认知哲学的发展提供一个坚实的学科基础，希望它的逐步面世能够为我国认知哲学的研究提供知识源和思想库。

"认知哲学译丛"从2008年开始策划至今，我们为之付出了不懈的努力和艰辛。在它即将付梓之际，作为"认知哲学译丛"的组织者和实施者，我有许多肺腑之言，溢于言表。一要感谢每本书的原作者，在翻译过程中，他们中的不少人提供了许多帮助；二要感谢每位译者，在翻译过程中，他们对遇到的核心概念和一些难以理解的句子都要反复讨论和斟酌，他们的认真负责和严谨的态度令我感动；三要感谢科学出版社编辑郭勇斌，他作为总策划者，为"认知哲学译丛"的编辑和出版付出了大量心血；四要感谢每本译著的责任编辑，正是他们的无私工作，才使得每本书最大限度地减少了翻译中的错误；五要特别感谢山西大学科学技术哲学研究中心、哲学社会学学院的大力支持，没有它们作后盾，实施和完成"认知哲学译丛"是不可想象的。

魏屹东
2013年5月30日

前　言

本书旨在探索心灵哲学与科学心理学二者之间的潜在互动性（哲学领域，即处理我们的精神事件的常识观念，通常被称为“民间心理学”）。

当我们考虑这两个领域之间的关系时，我们找到了一种位置谱。一种极端的观点是把对心理的研究当作两个学科的特权。这种观点有时被称为“隔离主义”（isolationism），隔离主义采取了两种不同的研究路径。

根据科学的隔离主义的观点，心灵哲学的问题如果不是虚假的，那么它就只是科学心理学的研究领域。从这个角度来看，心灵哲学适当的权利是，最多对自己专业领域的问题进行传统而准确的再描述。如此，这些问题就可以被转移而进行实证研究了。

与此相反，哲学的隔离主义主张心灵哲学能够独立于任何科学个体：首先，把“科学”精神当作赖尔式分类法的观点是错误的；其次，因为哲学的探究被认为拥有一种“纯粹观念上”或者是“形而上学”的特征，因而具有更少的偏激性。所以，它是自发地从实证研究中形成的。

我们认为，这两种隔离主义都应该摈弃。科学的隔离主义把精神作为自己的研究对象是不断地冒险，取而代之的对象则属于不同的分析层次。相比而言，哲学的隔离主义中被认为是必要及普遍的概念框架则容易陷入循环论证，很明显，这些概念框架又取决于有问题的分析或综合特征。

幸好有第二个更具发展前景的观点——“互动论”（interactionism）——根据心灵哲学及科学心理学应该相互作用的观点，从而试图提供一个完整的精神图像。从这种观点来看，比起哲学的隔离主义，心灵哲学更受制于实证研究的结果。与科学的隔离主义相比，其虽然对精神的研究产生了非替代性的作用，但这种作用是通过强加给科学心理学一些关键的自上而下的限制而获得的，而这些限制来自民间心理学的概念体系（通过一种不同的实证研究方法）。

从这个角度来看，“心理学哲学”这个术语对于研究二者的互动是一个更合适的标签，这种互动介于以经验告知为主的心灵哲学和以哲学告知为主的科学心理学之间。作为自我意识、意图、理性媒介——我们自己的普通图像，以及我们自己的科学观念——生化应用的计算机，在二者之间形成互动作用。为了实现自我观念管理一致的目标，在任何情况下都必须修改二者的图像。

本书分为三个部分。第一部分介绍“相互作用的层次”——心理学哲学探讨了科学心理学的一些基础问题。这里重点关注的是科学心理学的可能性，关注自身分析水平的合理性——信息处理水平。其中，一方面是关于较低层次的神经科学；另一方面是关于我们民间心理学观念体系中较高层次的哲学重建，以及二者之间的互动关系。本书的第二部分——“心灵的维度”，对心理学内部进行研究。心灵哲学与科学心理学相互作用的方法被用于澄清问题和关注于讨论一些典型的精神现象（如想象、复合感觉、记忆、情绪、概念、推理及语言）。最后是第三部分——“媒介的维度”，这种方法涉及一些棘手的问题，传统上认为这些问题是不受外来因素影响的，因此通常认为这是一种支持哲学隔离主义的证据（自我知识、意识、自我、自由意志及社会能量）。关于哲学分析和经验调查的相互作用是如何协调的，收录在本书第三部分，毋庸置疑，这些作者之间会有不同的观点。但是，对于每个人来说，关于这些问题的研究都是富有成效的。

编　者

2006年11月　罗马

目　　录

四、社会媒介

第一部分 相互作用的层次

The Interplay of Levels

第一章 开始阶段：人、心灵与大脑

马西莫·马拉法

在过去的30年里，科学哲学已经越来越“本土化”（local）。其研究的中心已经从对科学个体的一般特征研究转变为对科学概念、科学理论及特定学科的实践研究。这种专业化发展出三个成果：神经科学哲学、心理学哲学及认知科学哲学。[1]

本章是关于认知心理学哲学的简短介绍，特别是关于计算的具体化。在信息处理层次，认知心理学研究复杂的有机体，认知心理学还可以在某种特定的意义层次被定义，并且可以在两个世界之间被悬置。一方面，这是我们原初的形象如人（persons），即作为自我意识、意向及理性的行动者（agents）；另一方面，我们拥有亚人范围（subpersonal sphere），如神经科学考察的脑活动。因此，心灵哲学家的主要任务之一，就是要阐明这个特性，试图描述我们自身的不同方式间的关系。

接下来我们将致力于完成这项任务，并作出一些典型的尝试。在本章中，我们将对认知心理学及认知科学的兴起及发展的梗概作一个简短的概述，并为本书的其他章节做好铺垫。

1. 从民间心理学到认知科学

1.1 民间心理学的形式及状态

作为一种理论的民间心理。民间心理学引导社会中的正常成年人去注意到一种自发能力，如“心理化”（mentalize）、“读心”（mindread），即基于心理状态归因观点去描述、解释并预测自身及其他人的行为。[2]

根据所谓的“理论论”（theory-theory），读心取决于一种理论，或者更确切地说是依赖一种原型论（proto-theory），通常叫作“民间心理学”。在某种意义上，这种理论[3]具有一种整合和连贯的主体知识，这种主体知识通过感受性（qualia）① 及意向性状态来组织多种重要形式的精神事件。感受性是经验或内省

① 徐英瑾先生在《心灵导论》中将qualia译成“质性”，高新民先生在《当代心灵哲学导论》中将其译成“感受性质”，本书将其译成“感受性。”——译者注

的心理状态属性。在本质上，感受性似乎在本质上与主观或第一人称观点是一致的——这些事情就像是感知红色的细微差别或者是布鲁特斯暗杀了恺撒之后后悔的心理状态。总体来说，这些心理事体（entity）① 限定了现象意识领域。[4]

与之相反，意向性状态是“指向一种客体”或“关于一种内容”的状态（如信念、欲望、遗憾等）。[5]

如果我们相信布鲁特斯杀死了恺撒，那么我们的信念就指向了一个对象或指涉了一种内容，即“布鲁特斯杀死恺撒”这句话所表达的意思。意向性状态通常被称为“命题态度”，这个例子显示了把意向性状态归因于一个主体，我们通常使用“*S* 相信（或欲望等）*P*”形式的句子，其中命题 *P* 表达了主体 *S* 心理状态的内容。

在意向性状态下，任何客体的状态都是以一种确定的方式来指涉和展现的，即它拥有一种表征特征。当我们相信伦敦位于巴黎北部时，我们是展现了两个客体之间的一种特定空间形式，这种空间形式表征了事物的一种状态。这一点通常被用来证明意向性状态是语义评估的，也就是说，意向性状态可以是真的或假的，即我关于伦敦位于巴黎北部的信念是真的，那么就在于世界上有这样一个事实使这个信念成其为真。[6]

相容主义 VS 取消主义。社会心理学家从 20 世纪 40 年代已经开始研究读心问题。在海德尔（Heider）和齐美尔（Simmel）的经典研究中，读心是主体通过几何形状来显现的，并且主体通过彼此之间的互动来实现读心。当要求主体报告所看见的内容时，他们几乎一成不变地都把数据看成是行动者意向性的动机和目的，这说明了存在一种普遍及主要归因于心灵的自发能力。[7]

继续这条研究路线将导向海德尔的《人际关系心理学》（1958 年）一书，这是一本具有开创性的书，可以说是历史性的指称物，即它对民间心理学提出了质疑。特别是这本书在归因理论的组织及定义方面扮演了重要的角色，它认为社会心理学领域研究我们自身与他人行为的原始解释机制。

归因理论是海德尔的继承者们一项富有远见的工作，但归因理论的研究却是采用了不同于民间心理学的研究路径。海德尔主张民间心理学本身具有真正的知识价值，“常识心理学有许多值得科学心理学学习的地方”[8]。相比之下，大部分真实的因果归因理论主要研究行为主义的方法论教训及关注于民间心理学的朴素方面（naivetes）。[9]

根据认知科学的曲折发展，以及对照民间心理学适当解释的两种态度，形成了关于认知科学自身前景的哲学争论。这里存在的基本问题是：是否要将理论事体引入民间心理学？是否把理论事体当作严肃科学心理学本体的一部分？而答案

① 也有学者将其译成“实体”，本译法参见韩合林先生的《〈逻辑哲学论〉研究》（商务印书馆，2000 年）。——译者注

范围从福多（Jerry Fodor）的“肯定是”，即命题态度是一种科学上适当的心理学基石，到施蒂希（Stephen Stich）的“可能不是”，即质疑民间观念提出的，尤其是上面提到的归因理论[10]，再到丘奇兰德（Paul Churchland）的“绝对不是”——是基于从民间观念分离出的观点，即心理学被还原到神经科学的状态，因此具有科学的本质。

两种讨论民间心理学状态的观点是同等重要的，一种是“相容主义”；另一种是“取消主义”。它们有助于我们驾驭认知革命复杂观念的图景。正如我们将会看到的，认知心理学的兴起是反对取消行为主义的结果（详见 1.2）。支持相容主义是一类“经验心灵主义”的观点[11]（详见 2.1）。然而，取消主义的幽灵总是采取新的形式继续困扰着认知心理学（详见 2.2）。

1.2 行为主义的兴与衰

作为现象学的心理学。关于自我的内省知识图像，无论是经典经验主义还是经典理性主义（现代术语为“第一人称读心”）都被赋予了一种特殊的认知权威。例如，根据笛卡儿的观点，主体对于自身而言是一目了然的，而心灵的反思意识（良知）有其自身的思想内容，笛卡儿规定这类知识享有一种特殊的确定性，心灵知识与我们物理世界的知识是相反的：我们对自己当前的心理状态和过程的判断是一贯正确的。这种观点是根深蒂固的。

根据自我知识的传统乐观派的观点，19 世纪末和 20 世纪初，把科学心理学看成是内省意识的心理学，是不足为奇的。[12]根据这种推断，把内省当成一种严格的探究方法，这将提高心理学在其他自然学科中的地位。早期的实验心理学家们仔细地探索了意识的内容，致力于提供一种关于心理图景的详细描述，因为这种图景是出现在主体之中的。简言之，科学心理学是“一门关于主体自我察觉（self-awareness）的现象学研究”[13]。

取消行为主义。借助心灵主义的惯用语，这些内省主义心理学家与下述人员进行交谈不会有困难：“诗人、评论家、历史学家、经济学家，甚至与自己的祖母。1910 年的非专业读者，同样熟悉詹姆斯（William James）的《心理学原理》，以及詹姆斯的弟弟亨利（Henry）的小说。”[14]但以华生（John Watson）为标志的行为主义，终结了科学心理学及民间心理学保持的良好关系，驱使人们放弃内省主义，把意识作为实验研究的主题。如果心理学渴望得到科学界的认可，就不得不转而依靠公开的观察数据，即反应模式（公开的行为）和刺激（环境中的物理事件）。其结果是导致了一种极为严肃的心理学解释：心理学除了巴甫洛夫的条件反射作用和桑代克（Thorndike）的律法效应作用（斯金纳的操作性条件反射的先驱）之外，什么也不是。在环境输入（或者是环境输入的历史接触）和输出的行为之间有详尽的组合关系。“头脑”中发生的输入和输出实际上是一个生理学问题（最终的行为科学），这种有机体被视为“黑箱”。

至于行为主义从心理学和本体论的角度来解释消除内心状态及过程，这可以被认为是取消主义的一种变体。[15]强取消主义预言民间心理学的部分或全部组织概念将消失，正如它在过去发生的一样，科技进步导致人们放弃了民间巫术理论或前科学时期的燃素说及热流体理论。而这一预言取决于一个论证，即认为把民间心理学作为一个极其不完备的理论假设被移除出去，而得出的结论是——就像巫婆、燃素说和热流体理论一样——民间心理学的实体并不存在（有时候，这种否定的本体论结论是通过弱化的结论来得到调整的，民间心理学的实体将不会成为成熟的科学本体论的一部分）。取消行为主义预言，科学理论将替代有重大瑕疵的民间心理学理论，科学理论将通过物理词汇来表达。

在华生和斯金纳的著作中，取消行为主义是反复出现的主题，虽然在某些段落中有些举棋不定，如在行为主义中对取消的理解——一种本体论及解释学的论文，精神实体并不存在，因此对动物行为的解释将是非心理学的，即在其他两种解释之间动摇：①该方法主张存在心理实体，但与动物行为的科学研究无关；②语义主张——被称为“分析”或“逻辑”的行为主义——陈述所包含的心理学术语可以译成只包含涉及物理行为的术语。这是一种还原论进路，心灵实体并没有被取消，而是通过在确定的环境中的某些行为倾向的术语来得到确认。[16]

有一点值得引起人们的重视。正如豪泽尔（Larry Hauser）公正地指出的，“虽然行为主义作为一种公开活动可能仍然有一些保留主张”，但它的一些“形而上学的和方法论上的挑战”仍然非常活跃。[17]对于一些最重要也是最基本的反驳，斯金纳不得不求助于心理学的心灵主义进行解释，即小矮人谬论（homunculus fallacy）①，对于任何严肃的心理学心灵主义来说，这都是严重的制约因素。也就是说，一个看似合理的认识理论，试图通过解释一种认知能力，并默许行动者内部有一种认知能力，来避免无限回归。[18]

认知地图（cognitive maps）及句法结构。20世纪30～40年代，刺激-反应解释模式的持续增加对知觉的限制，使得行为主义自20世纪60年代开始发展出认知心理学。在这次演变中，具有里程碑意义的是托尔曼（Edward C. Tolman）在伯克利实验室所做的一系列经典的老鼠实验。这些实验表明：老鼠的迷宫导航行为不能按照刺激-反应机制来解释，这使得托尔曼提出动物也会建立复杂的表征状态，或是“认知地图”，“认知地图”能帮助它们找到强化物。[19]在克雷克（Kenneth Craik）的提议中，也指出了同样的结果，即心灵不是按照现实指南来运作的，而是按照“小规模的模式”来运作的。[20]

对于改进了刺激-反应模式的一些独创性尝试，可用托尔曼的实验结果来解释[21]，这并没有对棘手的心灵主义作出妥协。然而，当从关注老鼠的迷宫导航

① 克雷克在《惊人的假说》一书中说：“我们多数人想象的图景是，在我们大脑的某处有一个小矮人，他谋略模仿大脑正在进行的活动。我们将其称为‘小矮人谬误’。”——译者注

行为转换到关注人类的语言行为时，这样一种刺激-反应模式被证明完全是无效的。因此，从行为主义到认知主义转变的主要诱因之一是，自 20 世纪 50 年代末以来，心灵语言理论的迅猛发展，即乔姆斯基（Noam Chomsky）的生成语言学的发展，这一点并不足为奇。[22]

在对语言学习的经验主义理论进行尖锐的批判过程中，乔姆斯基提出一个论点，即将“刺激贫乏论”（the poverty of the stimulus argument）[23]作为认知领域的工具。让我们再来看看第一语言习得过程的输入与输出程序。大量经验证据证明，儿童的学习目标（成熟的语言能力）及“主要语言数据”（儿童的察言观色是通过成人的语言共同体产生的）之间存在鸿沟。换句话说，比起输入呈现的内容，输出包含了更多的信息。这些额外的信息除了人类学习者的贡献外什么也没有，也就是说，人类先天认知某些事实，即关于人类语言普遍制约（所谓的“普遍句法”）的可能性的知识。

1.3 黑箱：信息的兴衰

生物信息处理。乔姆斯基争论的范围远远超出了语言习得的案例。而且他主张“现代认知主义开始使用时是缺少刺激论证的”，这并不是言过其实。[24]如果证明反应比刺激有更多的信息，从而促进了反应的发生，那么这个机制的运作的确是不可观测的，因为认知者是从行为来推断原因的。这在认识论看来是正确的，因为诸如电子和基因之类的不可观察物正是科学中的标准实践。

因此，认知心理学可以被定义为科学的，它研究了头脑中的信息处理过程，即“所有的感觉输入过程是被转换、还原、合成、储存、回收及使用”[25]。它取代了行为主义的“空洞有机体”①，认知主义者再次把心灵解释为一种“信息处理器”，来干预感觉器官和行为之间的反应。[26]输入信息在大脑中被编纂，从而成为内部对象——心理表征，从而接受各种处理信息。特别是这些对象可以被转换，这就意味着我们对现实的表征不是一个被动的物理环境同化的产物，而是一个主动的建构物，包括还原和整合建构物。生物的信息处理能力有限，因此，它必然是选择性的。我们可以关注一些少量的刺激物，该刺激物可以被人们回忆起。因此，部分输入信息被遗忘是有可能的，然后发生还原。另外，感官输入可能被整合、充实，在这种情况下，一些涉及感知和记忆的刺激论证使感官输入出现了贫乏。

知觉的恒常性（perceptual constancies）在此就是一个很好的例子。例如，在对象大小恒常的情况下，视觉系统通过对被知觉到的对象、范围及距离的考虑，

① 斯金纳（Skinner）总是避免涉及有机体的内部状态，所以被人称为是在研究“空洞有机体”（empty organism）。——译者注

而给予对象感知大小（size）。因此，正如在语言习得中的例子一样，比起近端刺激，感知反应拥有更多的信息，并且这些特定的信息是知觉有机体的贡献。

早在认知主义之前，知觉整合已经开始吸引心理学家的注意力。最值得注意的是，亥姆霍兹（Hermann von Helmholtz）把知觉过程视为无意识推理，这种推理把对近端刺激的说明作为前提，并同意把远端原因作为结论。这种建构性的知觉观念已经被命名为"建设性观点"[27]，事实上，自20世纪70年代，在视觉方面，大部分认知科学家所做的工作就依靠这种方法。然而，随着时间的推移，建构主义并非没有经受住挑战。吉布森（J. J. Gibson）①——生态光学的倡导者，争论说："视觉系统完全不是重构或进行推断，仅仅是抽出、选择在刺激中呈现的信息，在相关的信息结构中'调整自身'。"[28]我们将在下文（3.2）看到，吉布森的理论是最近的认知理论——"积极的外在主义"的主要灵感来源。

计算功能主义。一种占主导地位的理论认为，转化、存储、回收和信息使用的过程都是可计算的，即对数据结构（心理表征）的操作是根据规则控制序列，这种数据结构调节有机体对知觉刺激的行为反应。

这里的计算概念可以追溯到图灵的工作。"图灵机"是抽象的计算机，图灵没有考虑到一些制约对于规划一台真正的计算机而言是必不可少的（例如，存储空间的限制和计算时间的限制），以上所有这些定义没有提及任何物理组合（即实现它们的硬件类型）。事实上，图灵机的状态是根据下面的内容来充分定义的：①机器输入；②机器的输出及输入说明；③考虑当前状态，机器给出的下一步说明。也就是说，这些状态是功能性定义的，因为所有状态都是通过机器来完成的，而不是通过物理实在来完成的。

现在，如果说认知过程是计算的，那么它们还必须在功能上被个体化，即认知过程只是根据认知系统中的因果作用（或功能）被个体化的，从而表明它们是认知系统的一部分，并且独立于物理（或者更确切地说，是独立于神经学的）而被个体化的。关于认知本质的论题被称为"计算功能主义"。

只要认知心理学支持计算功能主义，这将有助于认知科学的发展，即在20世纪50年代末，对自然和人工智能的跨学科研究项目开始发展成熟，到20世纪80年代初形成了稳定的制度和体制。[29]

但有一点值得强调，认知科学作为一种对自然或人工计算机信息处理过程的认知研究，在其研究领域中，典型的对象是针对一种特定类型的计算机。例如，计算心理学考察了生物计算机，而人工智能（artificial intelligence，AI）探索了

---

① 詹姆斯·吉布森，美国实验心理学家，其专长是知觉心理学研究，创立了生态光学理论。吉布森的知觉理论认为，知觉是人与外界接触的直接产物，它是外界物理能量变化的直接反映，不需要思维的中介过程。他认为，在长期的进化过程中，因适应环境的需要，人类和其他动物一样逐渐形成了一种根据刺激本身特征即可直接获得知觉经验的能力。换言之，知觉是先天遗传的，不是后天学习的。——译者注

人工计算机。因此，认知科学不是一门学科，而是一种具有向导性的“学说”，是面向许多学科探究的“学说”[30]——一些描述性和经验性的学科（如认知心理学、语言学及最近出现的神经科学），一些推测性和功能性的学科（如哲学），以及一些包括推理性又兼具应用性的学科（如人工智能）。[31]

马尔（David Marr）的三方解释模型。在理解不同分析层次如何被整合时，马尔的深刻影响力是基于计算功能主义，来理解一种认知现象的。[32]这种分析可以被视为“第一次完整的计算主义版本”[33]。

在解释大脑如何执行认知任务时，主要是从单个神经元的反应模式开始的，比如，胡贝尔（Hubel）和威塞尔（Wiesel）的“在中心”和“偏离中心”的细胞。马尔意识到，这种模式只是描述大脑中发生的事情，而不是解释大脑是如何执行任务的。因此，他得出的结论是：对一种认知现象进行计算解释，需要整合人脑（wetware）与其他两种层次的分析。

最抽象层次的解释是“计算理论”，它阐明了我们指定一个系统要做什么和为什么这样做。例如，在马尔的视觉理论中，视觉系统的功能是基于感光器（photoreceptors）的输入而进行建构，即一种以三维对象为中心的形状表征。在这一层次，根据输入数据、最后的输出数据，以及计算目标来描述心理功能，在方式上是中立的机制。在计算理论层次和“执行”层次（如马尔把人脑的分析层次称为“执行”层次）之间是“算法”层次。算法层次是心理学的一个特定方面，涉及执行功能的认知机制（即算法），即关注对计算理论层次的功能运转方面的描述。例如，马尔概述了在算法层次视网膜图像和最终输出结果（草图及2½-D描绘）之间的中间表征，并提出了一些用于计算中间表征的子系统。[34]

2. 民间心理学及计算心理学

2.1 民间心理学的计算主义

作为一种句法驱动的心灵机器。算法层次的计算状态和过程与民间心理学的心理状态和过程之间有什么关系呢？根据福多的理论，这种关系是我们民间心理学解释实践合法化的理由：“人们可以用一个短语来说这是什么，计算心理学已经非常成功地证明，即关于命题态度的普遍辩护，特别是关于常识命题态度普遍性或多或少的种种辩护。”因此，“计算理论就是弄清楚意向性因果关系机制；就是表明纯粹的计算如何是（合律上）可能的——事实上，纯粹的物理系统应该远离自己的信念和愿望活动的”[35]。

对于“意向性的因果机制”这个问题，有两种维度来阐明，这两种维度也表明纯粹的物理系统应该远离自己命题态度的活动。

第一个问题涉及意向性心理状态的本质。它们都是语义评估（semantically

evaluable）和因果效验（causally efficacious）的，显然，两种属性从来没有在其他地方一起出现过。对意向性状态进行物理主义解释，这种公认的独特性产生了许多困惑。对于许多哲学家来说，它们仍然停留在奎因的名句，即“生物黑暗”上。[36]

实际上，还有其他一些东西既是语义评估也是因果效验，如符号（symbols）。符号可以指涉事物（例如，“猫”这个词指的就是猫），同时符号也可以是物理上的实例或者象征，这些实例或象征使得符号是因果效验（例如，“猫”这个词是由纸上的墨水构成的）。因此，在思维和符号之间有一种类比，“在很大程度上，关于心灵的哲学史和心理学理论由这些尝试构成，这些尝试是试图利用符号从心理学的因果/语义属性中驱逐出哲学的因果/语义属性”[37]。最近，这种传统理论的继承者是福多的心理表征理论（representational theory of mind）。福多主张，意向性状态是行动者与心理表征之间的关系，这种心理表征被视为“思维语言”的符号。这是一种类似于一阶谓词演算的形式语言。

第二个是讨论已久的思维机制的问题。民间心理学规律在支配意向性心理过程中，包含着因果互动，而意向性心理状态又保留着语义一致。例如，推理（最卓越的心理过程）是一种意向性状态的因果序列，而意向状态往往保留其语义（理性、认知）属性。但是，有没有一个对这种属性敏感的内在解释者呢？这里的心理表征理论是在冒上述提到的“矮人谬论”危险。因此，一种理性的解释机制——也就是说，在保留意向状态语义一致性时，一个纯粹的物理机制可以实现因果互动——需要一种策略来阻止内部解释者的理论回退。

福多建议，这一策略是由心灵表征理论（representational theory of mind，RTM）及心灵计算理论（the compumfional theory of mind，CTM）结合而组成的，即这一假设——意向性心理过程是由规则驱动的符号，从而转换了因果序列——对符号的句法形式是敏感的，而不是对其内容敏感。

心灵计算理论的基础是理论证明的方法和图灵机。[38]逻辑中的证明方法已经向我们表明，如何从语义连接到句法。对于任何形式化的符号系统，它指定一系列正式推导规则是有可能的，尽管敏感性只针对符号的句法形式，但允许我们作出当且仅当是语义上有效的推理。这样，符号之间的某些语义关系，是通过它们纯粹的句法关系来“模仿”的。

这一结果的相关性不能被夸大。据福多和派里夏恩（Z. W. Pylyshyn）的理论，“经典”认知科学可以被描述为“把理论证明的方法应用于思维模型的一种延展性尝试（同样，其他心理过程可以合理地认为涉及推理；它突出了学习和知觉）”[39]。因此，“类似句法可以建构非指示性推理（或非正式的常识推理）”，就像证明论中已经证明类似句法的有效性一样。[40]

形式主义提出一项策略以弥合语义和因果效验之间的鸿沟，并缩小语义一致性机制的差距。事实上，考虑形式主义在语义和句法之间建立了联系，如果在句法和因果效验中建立联系，那么用句法的因果关系连接语义将是有可能的。因此，图灵的计算理论将在这里发挥作用。

任何形式化过程都可以被赋予有效的计算函数（computable functions）（即可以给算法的函数）。例如，通过"丘奇-图灵论题"，所有有效的可计算函数都可以通过图灵机来实现（假设类型与时间都是无限的）。因为任何图灵机都可以由一个物理机制来执行（例如，一台数字电脑），由此可知，任何有限的形式体系，都有可能设计一台机器来实现该系统推理的自动化。因为在形式系统中，符号的某些语义关系是可以通过它们的句法关系来"模拟"的，因为这种系统可以由计算机来执行，句法的转换状态满足了语义的一致性标准，所以通过遵循句法规则来建构机器的驱动器是可能的。因为数字计算机纯粹是物理系统的，这表明一个纯粹的物理系统使得推理重视这些符号的语义是可能的，而无需引入矮人谬论（question-begging homunculus）①。[41]

根据心灵表征和计算理论（RCTM），心灵是一类特定类型的计算机，并且具是意向性和因果效验，这种因果效验是通过计算中的思维语言符号的句法属性来实施的，思维语言符号是大脑中的物理象征，就如计算机中的数据。思维语言符号是一个形式系统，因此，它的规则保留有符号的语义特征。丹尼特经常引用的一句话就是，心灵是"可以模拟句法的语义机（syntactic engines）"[42]。

心灵表征和计算理论的命题态度与心灵表征理论的命题态度有关系，并确定了心灵计算理论的计算关系。每种命题态度确定了思维语言句子所起到的计算/功能作用，而思维语言句子就是这类命题态度的内容。例如，一个思维语言句子 *P* 可以是一种信念的内容，"这是典型的知觉系统输出及推理系统的输入，与决策理论欲望的互动而产生下一步的句子或行动命令"[43]。同样，相信 *P* 是因为 *P* 对一组计算过程是有效的，然而渴望、遗憾、希望 *P*，是因为 *P* 对于其他的计算过程有效。

反现象学的认知心理学。福多的心灵主义不是新伪装的内省心灵主义。正如我们所看到的那样，福多认为认知心理学的主题不是内省意识，而是一种形式化的心理学命题态度。命题态度可以在明确、自觉的判断中产生，在心理状态中行动者不可能进行内省，甚至在原则上也不可能进行内省。这种方法预先假定意识和意向性可以在彼此缺失的情况下用来研究心灵主义，这种方法在前弗洛伊德式观念中是不可能的，在前弗洛伊德式观念内的意识和意向性具有内在的联系。但是，福多提醒我们，"弗洛伊德改变了这一切。他使这一点看起来似乎是合理的：解释行为要求意向性假设而不是无意识状态。在 20 世纪，特别是在乔姆斯基的语言学和认知心理学中，弗洛伊德的观点似乎已经得到了充分的证明"[44]。

---

① 即问题-乞求谬论，又称为窃取论题谬论，是指论证要么是建立在与结论内容相同的论据之上（即所谓的"循环论证"），要么就是略去了论证以为依据的某一重要（然而可疑的）假定。——译者注

实际上，关于这个问题有一种观点比福多的观点更激进，其主张认知心理学不仅仅是证明了弗洛伊德理论的正确性，而且它还超越了弗洛伊德的理论。事实上，弗洛伊德式的无意识概念是寄生在一种被认为是“心灵原始特质”的理想化意识概念中[45]，而认知心理学已经“加强倾覆了传统的心理动力问题”，并开始要求说明意识而不是无意识是如何可能的。[46]这样基于达尔文的理论，认知心理学修正了弗洛伊德的观点。也就是说，它自下而上地遵循达尔文的反理想主义方法论教条，并试图解释复杂的第一人称认识意识是如何从更基础的事物中进化而来的。[47]这种尝试并不诉求于我们内省的自我知识，但所有这些学科——首先是发展的心理学——都是在研究自我意识的过程中逐步建构的。换句话说，认知心理学家把意识的主体经验视为“一种高级的或派生的心理现象，而不是所有意向性、心理化的功能”[48]，或者按照更广泛的术语来说，认知心理学是反现象学的，即对现象学的主题进行了批判。[49]

在后文中我们将会看到认知心理学如何去解决针对它的潜在批评，这些潜在批评不仅是针对意识与自我察觉的直觉，而且也针对自身的意向性，从而为新行为主义和取消主义的批判敞开了大门。

2.2　行为主义及取消主义对心灵表征及计算理论的挑战

反内省主义、外在论及心灵的句法理论。从心理学命题态度和科学心理学相融的观点来看，可以把心理学命题态度看作是人类心灵是一个运作良好的计算组织。值得注意的是，人们假定在认知科学中对心灵结构的民间解释大部分都是正确的，虽然这个工作还远远没有完成。当然，也有研究结果和理论表明，我们的认知系统是沿着不同民间心理学理论而组织起来的。下面就是一个典型事例。

1977 年，尼斯贝（Richard E. Nisbett）及威尔逊（Timothy D. Wilson）在阅读了实验社会心理学著作中的不一致性观点及自我归因观点后，得出结论：关于我们行为因果关系的报告不是真实的心理状态和过程的重建，因为心理状态是一种直接内省认识，而不是一种起源于“先验因果理论”的“虚构的”（confabulatory）活动。[50]从这个角度看来，内省变成了一种自我欺骗的形式。[51]

这些观点已经影响深远。在发展的心理学和认知精神病学中，一种假设，即在直接的内省通道假象（illusion）背后，是基于一个社会共享的解释理论的推理活动，这种推理活动在理论论（theory-theory）方法的框架中研究认知机制的潜在读心。这里的“理论”是指隐性（tacit）知识结构，大量的心理表征信息驱使认知机器潜在心理化。[52]其对于这种方法的主张是，这个理论构成了心理状态的自我归因和异质归因（hetero-attribution）的基础。因此，“尽管我们似乎直接知觉到我们自己的心理状态，但这种直接的知觉却是一种假象。事实上，关于我们自身的知识，就像他人有关我们的知识一样，只是一种理论的结果”[53]。

神经心理学是另外一个研究领域，神经心理学中的大量现象逐步破坏了内省意识的可靠性。例如，考虑“脑裂”症状[54]。脑裂患者是脑胼胝体受到严重损伤的病人。因此，他们的左右脑半球不能彼此互相沟通，从而产生了一系列复杂的缺陷。例如，脑裂患者的大脑右半球闪过“走”这个指令，“病人通常从椅子站起来，开始从测试车上离开。当问他去哪儿时，他（大脑的左半球）说：‘我进屋去拿可口可乐’”[55]，对这种行为模式的可能解释是，大脑右半球对决策推理的指令作出响应，但这个受试者不能内省或报告，而左半球“理解”右半球的反应，但告诉了一个与指令无关且难以置信的情况。

我们在 Wilson（1985）的著作中找到了与关于认知机制潜在虚构症相似的假说。他假设我们有两个相对独立的认知系统：一个无意识的系统隐含着非语言行为；而另一个主意识系统，它的功能是试图去描述、解释和交流在无意识系统中所发生的事情。主意识系统把来自无意识系统的信息作为输入，并基于自我及环境所给予的合理化功能作出推论。

反思威尔逊的假说，施蒂希突出强调了针对民间信仰概念的潜在批评。民间心理学的一条基本原则是，我们的认知系统是这样组织的：相同的状态构成了断言“*P*”的真实基础，也可以产生各种非语言行为。但追随威尔逊的二元体系假说是极其错误的，“在这些例子中，当口头子系统导致我们说‘*P*’，而我们的非语言子系统表现出，就好像我们相信那些不相容命题，但仅仅是不去说我相信”[56]。因此，施蒂希得出结论：威尔逊模型显示了心理结构的民间概念之成立，以及把它作为建立科学心灵理论的合理性基础，“这是很开放的经验问题”[57]。

Stich（1983）结合对民间心理学状态类型及机制的质疑，并引用了取消主义的论证，着重论述了民间心理学对语义内容的依赖。

以前我们看到的福多关于科学心理学意向性的论证是依赖于一种“关联性论题”（correlation thesis），根据句法上的不同反映了内容上的差异。[58]幸亏有心理状态语义特征的这种关联性，而这种关联性是隐含的，是在行为过程中产生的。然而，这个论题似乎是错误的。著名学者普特南（Putnam）和伯格（Burge）对语义外在论的论证似乎表明，心理状态的普通语义特征（“宽内容”的性质）并不伴随于它们形式上的属性。[59]因此，福多不能“二者兼得”：他不能既赞同个体主义的方法论（例如，认知心理学应该被限制，去量化心理状态的形式化属性），又认同科学意向的实在性（scientific intentional realism）（例如，心理状态的意向性属性，这些属性不是形式的，而是认知心理学本体论的一部分）。

假设科学心理学必须是个体化的，那走出这种困境的出路是：否认意向性属性在科学心理学的解释中拥有合法性作用。施蒂希的“心灵句法理论”采用取消主义，主张在某种程度上认知心理学应该重新修改它的理论和解释，不再诉求于心理状态的内容属性，而是诉求于它们的个体化、正式的属性。[60]

外在论的再一次攻击。无疑，心灵的表征及计算理论是计算功能主义最强大的系统化。计算功能主义在当代心理学哲学中拥有举足轻重的地位，因为它是心灵哲学的功能主义与心理学中的认知革命二者之间首次进行的重大综合，并且产生了人工智能。然后，在过去的20年里，这个理论屡受攻击，主要是由于认知科学在两个方向的扩展："垂直地进入大脑，水平地渗入环境。"[61]神经科学家、神经联结主义者的认知建模、认知的动态方法、人工生命、真实的机器人，以及有时归入认知科学的"非或后古典时期"标题下的其他研究项目，这些力量促使个体主义、模块化及心理观念的计算主义及表征向下和向外发展。

当前，对认知科学基础概念的讨论显示了一系列的立场，即以隐含在后古典主要作品中或多或少的激进态度为特征。一种观点主张心灵表征和计算理论是"迄今为止我们拥有的最好的认知理论"[62]，而后经典研究只不过是无事生非罢了。另一种观点则是把后经典主体的研究作为一种特殊科学来应用，这种应用是要建立一种新范式的前奏。[63]而介于这二者之间的是一种"修正主义"的观点，它同意对后经典程序研究的批判，首先，对心灵表征和计算理论的反生物学主义及个体主义特征表达了强烈的不满，并使用这些批评性的意见作为重建认知科学基础概念的指导原则。

克拉克（Andy Clark）是修正主义的倡导者。他主张心灵表征和计算理论可以通过"嵌入的环境、物质上的体现、自然认知的神经'观念'"[64]来进行重构，这并没有陷入反表征主义，这种重构的特征是对后经典认知科学进行的最激进的解读。因此，克拉克所追求的心灵表征和计算理论变体成为三层解释结构策略的一部分：

（1）动力主义对行动者-环境系统总体行为的解释[65]；

（2）机械论的解释[66]描述了行动者-环境系统如何相互作用，产生了（1）中的集体属性；

（3）对（2）确认的组件进行一种表征及计算的解释。[67]

克拉克把这三部分的解释性策略称为"最低限度的表征主义"，并把它纳入一个宽泛的"积极外在论"理论框架之中。[68]与上面提到的语义外在论不同，一个主体的心理内容取决于环境方面，这种环境显然外在于主体的认知过程。积极外在论断言，在建构和驾驭认知的过程中，环境可以发挥积极作用。在吉布森之后，环境被看作是一种复杂的"功能可供性"，这种"可供性"形成了内部状态，而内部状态描述了世界的部分方面及规范了可能采取的行动。[69]不像思想语言符号是私人的（因为它们需要与行动者相关及拥有相关技巧）、地方性的（因为它们与行动者当前的周围环境相关）、计算贫乏的（相对于马尔丰富的视觉影像的内在模型而言），这些内部状态是"面向行动"的表征。

克拉克的积极外在论证实了我们之前讨论的观点，即这与当前一些行为主义的形而上学及方法论的挑战相关。事实上，只要"重视思维或智力的外部或行为方面——伴随着降低外来经验或内部程序的重要性——是行为主义的特征"[70]，积极外在论就是行为主义。

取消的联结主义。克拉克修改版的心理表征及计算理论遵循了反个人主义的指导原则，这种指导原则以置入和嵌入认知研究的主体为特征。现在我们转向另一种修改版本，这种版本反映了进入大脑的向下运动，这种运动是由联结主义的认知模型及计算的神经科学所引起的。

在20世纪70年代，功能主义的方法赞同心灵科学哲学家的方法，将计算心理学视为完全独立于神经科学的学科。例如，在特殊的科学中，福多从联结的功能主义、多重可实现论题及同一论中借鉴了心理学的一种原则性自主论据。[71] 然而，到20世纪70年代后期，"一些哲学家都反对认知科学从神经科学中分离出来，如保罗（M. Paul）、帕特里夏·丘奇兰德（Patricia S. Churchland）就是其观点的主要代表人物。他们认同同一论版本，并反对思维语言假说"[72]。

丘奇兰德的类型同一论版本来自这种尝试：使用新联结主义认知模型来发展一种更具有生物学意义的个体形式的计算功能主义。也就是说，他们把人造神经网络视为神经启发的计算系统，因而赞同功能主义的观点，即对认知过程的解释忽视了媒介物是由神经组织构成的事实："比起真空管或晶体管，神经元对联结主义认知概念来说不再是必不可少的，而这些真空管或晶体管对于传统人工智能中体现的经典认知概念，如福多式的心理学及（民间心理学）本身却是必不可少的。"[73]

丘奇兰德指责古典计算功能主义（亦称为 RCTM），认为古典计算功能主义没有把脑事项（cerebral matter）层次与脑结构（cerebral architecture）层次区分开。追求生物学意义合理性的功能主义需要把我们大脑功能结构的知识作为对计算模型的制约源。从这个角度看，人工神经网络的优势（学习及自我组织能力、灵活性、抗干扰的稳健性、处理这种低水平任务的能力，如感官输入及运动输出过程）仅仅取决于这些计算（相对于冯·诺伊曼的序列处理是高度类似）的结构功能，这种功能的灵感来自大脑如何运作。[74]

丘奇兰德的理论在经典计算功能主义及联结计算功能主义中产生了巨大的分歧。假定作为范式的心理状态思维模式：在正式的如演绎逻辑的模型中适合被编码，心灵表征及计算理论在研究人类认知过程时赞同"语言的理性主义传统"，这种认知过程坚持民间心理学及心灵的意向性哲学，行动者通过采取句法结构来表征世界，并且行动者通过逻辑推理的计算来执行模拟。[75] 。相比之下，联结主义的计算功能主义通过大脑的功能组织得到启发，大脑的功能组织"通过一种高维活化矢量（high-dimensional activation vectors）来表征世界，也就是说，通过大量跨神经元的活化层次模式"及"这些表征执行的计算，是通过从一个神经元群到另一个神经元群实现的各种复杂的矢量到矢量（vector-to-vector）的转换"[76]。

一种类脑（brain-like）的计算模式有效地突破了民间心理学的"命题运动学"和"逻辑动力学"，这导致丘奇兰德彻底改变了福多心理学的自主性方法。

福多主张，心理的状态及过程对于神经生物学的状态和过程有着不可还原性，意味着来自神经科学的心理学具有一种激进的自主性。丘奇兰德接受这种主张，但从中得出了完全不同的含义。他认为，我们应该放弃计算心理学的不可还原理论，并致力于发展一种可还原的计算心理学，因为这种不可还原理论与民间心理学理论纠缠在一起。这是麦考利（Robert McCauley）称为“共同演化”的过程，即“共同演化消除了科学革命的理论特征”[77]。根据丘奇兰德的理论，自 20 世纪 80 年代初起，共同演化是计算心理学正在经历的阶段，并伴随着联结主义出现。事实上，丘奇兰德主张理论间（intertheoretic）的差异充分地促使了一种本体论上激进的理论变革，这种理论间的差异表现在：一方面，把联结主义的表征作为积极的矢量，而计算是矢量与矢量间的转换；另一方面，像表征和逻辑计算之类的典型句子，足以促使理论在本体论上的激进变革，这种变革将会彻底消除民间心理学。

在取消阶段之后，新的神经系统受心理学与神经科学所启发，它们共同演化直至被一种近似的微观还原（microreduction）所统一，而低层次理论则保留了一种高一层次理论的等效图像而不用理解映射。[78]

因此，从丘奇兰德的观点看，这种从心理学到神经科学的近似微观还原，是用亚符号分布式表征成功地替代了思维语言式表征。但心理学及神经科学共同演化的取消-还原模式又是怎样看似合理的呢？一些拥护解释心理学及神经科学关系的多元论观点提出了一种反对的意见。“解释多元论”是科学哲学所持有的一种立场，这种立场是“在不同描述层次的理论，如心理学及神经科学层次，它们能够共同演化、相互影响，而不会被高层次的理论所取代，或是被还原到低水平层次”[79]。从这个角度来看，丘奇兰德的观点最严重的缺陷是它的单向性（unidirectionality）：因为它赋予神经科学层次一种特权，当心理学及神经科学不能彼此灵活地映射时，责任则完全归咎于心理学。[80]

然而，多元论间的竞争，至少在共同演化的一些案例中显示出了双向性，即心理学与神经科学的相互影响，用不着从高层次理论还原到低层次理论。但为了说明这种双向性，我们要求采取共同演化动力学概念来解释多元论视角中的共同演化问题。[81]

多元性解释似乎非常好地融入了计算神经科学。[82]事实上，这是心理学和神经科学之间的“桥梁”。一方面，这种“桥梁”夸大了对计算模型自下而上的约束；另一方面，把计算模型的一些基本原则扩展到神经科学，从而促使神经科学理论的整合，以此来建构计算心理学。[83]

3. 结　　论

相容主义与取消主义之间的张力是 20 世纪科学心理学发展的辩证运动。一方面，认知心理学的兴起否认取消行为主义的主张，而支持相容主义，这种主张产生了激进的心灵主义形式，它极其不同于发端于科学心理学的内省心灵主义。另一方面，新心理化心理学已经经历了不稳定的平衡，在新行为主义和取消主义的挑战下，常处于崩溃的危机中。

这种辩证运动是不可避免的。自我批评是一门学科的本质，而自我批评又依赖于这样一种脆弱的理论来作为我们关于民间心理学直觉的基础。我们已经看到，甚至是福多——相容主义的捍卫者，从根本上制约了他对民间心理学的辩护范围。他的科学意向实在论是一种假说，即无论哪类状态都将通过成熟的科学心理学来进行假定，这些状态必须像命题态度那样，在语义上具有价值，从逻辑上进行建构并且在因果上是有效的。福多承认民间心理学概念图式（“可能甚至是‘信念’及‘欲望’”[84]）的许多具体假定，最终被证明在理论上是不充分的，这一点是没有问题的。

另外，我们不能离直觉民间心理学太远，否则就会放纵了心灵的概念。因此，信息-过程心理学被要求去完成十分艰巨的任务：“反思平衡”。其任务的困难不仅来自神经科学自下而上的制约（如上述提到的解释多元主义所要求的），而且还来自哲学理论对我们民间心理概念图式自上而下的约束。[85]

注　释

[1] 神经科学哲学：Bechtel et al.（2001）；Bickle and Mandik（2002）；Bickle（2003）。心理学哲学：Hatfield（1995）；Block and Segal（1998）；Botterill and Carruthers（1999）；Bermúdez（2005）；Mason，Sripada and Stich（forthcoming）；Wilson（2005b）。认知科学哲学：Clark（2001）；Grush（2002）；Davies（2005）。

[2] 见本书第二十至第二十一章。

[3] 有一种观点，即民间心理学是一种可以进行不同解释的理论，而这种解释依赖于我们所采取的一种个人或亚个人的观点（Stich and Ravenscroft，1994）。在个人层次，民间心理学是一种心灵理论的观念，其观点隐含在我们日常所谈论的心理状态中（Lewis，1972）。在亚个人层次，民间心理学可以在某种意义上被定义为一种“理论”，这种理论是一种隐性知识结构，大量的内部表征信息指导基于读心的认知机制。从这方面来看，这个隐含在我们日常所谈论的心灵理论中的可能是“亚个人民间心理学理论的片段接合有利于反映意识。”（Ravenscroft，2004，Concluding Remarks）

[4] Block（1995）在“现象意识”与“访问意识”之间作出一种区分。如果一种心理状态的内容对于各种信息处理过程是有用的，就如推理、动词及行动计划一样，那这种心理状态就是访问意识。

[5] Brentano（[1874] 1973，pp. 88-89）.

[6] 由此可见，在把真（或假）的信念归因给行动者时，我们建立了一种表征了他/她的真实（或虚假的）表征的元表征（见本书，第二十二章）。

[7] Heider and Simmel（1944）。

[8] Heider（1958，p. 5）。

[9] 参见 Jervis (1993, p. 53, n. 12)。也见原著，pp. 13-14, 155-157, 160-164, 172-179。

[10] 见 Stich (1983)。Stich (1996, 第 1 章) 已经解构了他早期的取消主义。

[11] Fodor, Bever and Garrett (1974, p. xi)。

[12] 海特菲尔德 (Hatfield) 非常恰当地批评了"大约 1879 年创立的心理学小说的传统报道"(2002, p. 213)，并认为新的实验心理学是"一种以前的、自然的心理学哲学"逐渐转换的结果 (p. 209)。

[13] Jervis，见原著，p. 147。

[14] Stich (1983, p. 1)。

[15] Stich (1996, 1999)。

[16] 关于取消的行为主义，见 Byrne (1994) 及 Rey (1997, 第 4 章)。针对收到的观点，Hatfield (2002, pp. 215-217) 令人信服地指出，合乎逻辑的行为主义并没有对新行为主义施加实质性的影响。

[17] Hauser (2005)。

[18] 这一点由 Dennett (1978, pp. 58ff.)，Sterelny (1990, p. 33) 及 Wilson (1999, p. xix) 所强调。

[19] Tolman (1948)。

[20] Craik (1943)。Craik 的理论诉求于"计算"，尽管仅在非正式的意义上。

[21] 例如，见 Hull (1943)。

[22] 见原著，pp. 132-135。

[23] 见原著，p. 307, n. 10。

[24] Fodor (1990, p. 197)。

[25] Neisser (1967, p. 1)。

[26] "空洞有机体"是 E. G. 使用的术语。反对斯金纳的立场。引自 Newell and Simon (1972, p. 875)。

[27] Fodor and Pylyshyn (1981)。

[28] Paternoster，见原著，p. 55。

[29] 见 Bechtel, Abrahamsen and Graham (1998); Nadel and Piattelli Palmarini (2002)。

[30] 见 Block (1983, p. 521) 及 Marconi (2001, p. 18)。Harnish (2002) 反对这种认知科学从"窄"概念到"宽"概念。

[31] 见 Bogdan (1993)。

[32] Marr (1982)。

[33] Cordeschi and Frixione，见原著，p. 39。

[34] 关于马尔的视觉理论，见原著，pp. 55-56。

[35] Fodor (1985, p. 422)。Bermúdez (2000) 在这篇文章中注释，有两种不同类型的心理解释。民间心理学的解释是"水平的"(他们解释一种特别的事件或状态是按照头脑之前的状态或事件进行的)。他们是"战略和预测性的"，允许我们"导航社会的世界"(Bermúdez, 2005, p. 33)，通过对比，计算心理学的解释是"垂直的"：相对于我们民间心理学水平的解释的做法，他们的目标是提供"合法化"或"合理性"(p. 36)。Bermúdez 明确指出，后者是"广泛地研究了倾向于使用还原词汇的科学哲学家 (按 Bermúdez 的术语，仅仅是一种垂直解释的类型)"的解释 (p. 336)。

［36］ Quine（［1956］1966）。

［37］ Fodor（1994a，p. 295）。

［38］ 针对当前讨论的小节见 Aydede（2004）及 Horst（1996，1999，2005）的论述。

［39］ Fodor 及 Pylyshyn（［1988］1995，pp. 112-113）。

［40］ 同上，p. 113。见 Horst（2005，1.1 节）。

［41］ 见 Horst（1999，p. 170；2005，2.1 节）；Aydede（2004，5.2 节）。

［42］ Dennett（1998，p. 335）。

［43］ Aydede（2004，第一部分）。

［44］ Fodor（1991，p. 12）。也见本书的第十六章，第 3 部分。

［45］ Jervis，原著，p. 152.

［46］ Jervis（1993，p. 301）。

［47］ 比照 Jervis："通过采取'自下而上'的系统方法，（科学心理学）考察了我们最基本的心理机械性（类似于相对简单的有机体的学习过程 ）如何能够逐步被揭示并提供给我们信息，我们需要理解并认同自己是思维、有意识的存在物。"另见 Meini 及 Paternoster 对概念的"自下而上"方法，本卷，第 8 章。

［48］ Dennett（1993，p. 193），反对意识这种自下而上的方法，已经引起了众多哲学家的关注，他们认为意义的正当感是现象意识（Searle，1992）。然而幸运的是，有两种更具吸引力的选择：①认为意识的正当感是访问意识是有可能的（见 Dennett，1991——另见本卷 17 章第 6 小节）；②必须用因果的、功能的或表征的（即"访问相关的"）术语来阐明现象意识的主张是有可能的（见本卷第 14 章）。

［49］ Paul Ricoeur（1969，p. 137）把弗洛伊德的精神分析描述成"一种反现象，这就要求不是还原到意识，而还原意识"。然而，正如我们所看到的，弗洛伊德的无意识探究理所当然地从意识开始。正如 Jervis（1993，p. 320，n. 15）所注意的，这使得精神分析是"一种辩证的现象学变种"。相比之下，认知心理学可以相当正确地被视为一种反现象。

［50］ Nisbett and Wilson（1977，p. 233）。

［51］ Jervis（本书，pp. 149-150）认为这在强调自我欺骗的"力量"，即弗洛伊德的无意识概念。Mele（原著，第 12 章）捍卫了一种紧缩的观点：自我欺骗是基于一种最近流行的理论——假设检测，Nisbett and Wilson（1977，p. 233）。

［52］ 见原著第 3 部分。

［53］ Gopnik and Meltzoff（1994，p. 168）。

［54］ 见本书原著，pp. 207-209。

［55］ Gazzaniga et al.（1998，p. 544）。

［56］ Stich（1983，p. 231）。详见：Rey（1988）从一种相容主义的立场来回应这个论证。最近，Stich 自己也从根本上减少了他的反内省主义的言论，考虑一些作品是第一人称的读心："这种类型产生的失误（实验由 Nisbett 及 Wilson 报告），通常不是察觉到自身的心理状态的失误。而是研究表明，受试者在关于他们自身的心理状态的推理过程中犯了错误。"（Nichols and Stich，2003，p. 161）

［57］ Stich（1983，p. 230）。

［58］ 同上，p. 188。

［59］ 见 Putnam（1975）及 Burge（1979）。

[60] 见 Stich（1983，第 8 章）。另一种选择是福多的论证：科学心理学应该使用一种“窄内容”概念，即一种内容具有正常的属性（Fodor，1987）。然而最近，福多（1994b）改变并放弃了窄内容的想法（Cain，2002，第 6 章）。

[61] Bechtel，Abrahamsen and Graham（1998，p. 77）。

[62] Fodor（2000，p. 1）。

[63] 经常被 van Gelder 及 Port（1995，pp. 2-4）引用。

[64] van Gelder（1999，p. 244）。

[65] 见本书原著，pp. 40 ff。

[66] 见本书原著，pp. 27 ff。

[67] 参见 Clark（1997，p. 126）。

[68] 见本书原著，p. 87，pp. 212 ff。

[69] 关于 Gibsonian 可供性，见本书原著，pp. 241 ff。

[70] Hauser（2005，第 1 部分，a，v）。

[71] Fodor（1975，第 1 章）。也参见 Fodor（1997）。

[72] Bechtel，Abrahamsen and Graham（1998，p. 65）。也参见 Bickle 及 Mandik（2002）。

[73] Churchland and Churchland（1996，p. 226）。

[74] 见 Marconi（2001，pp. 29-30）。

[75] 如见 P. M. Churchland（1981c）。

[76] 然而，关于联结主义及命题态度之间的关系，是有争议的。例如，Smolensky（1995）认为对于归因确定的联结主义的系统信念来说，这种观点既是合理的又是必要的。Horgan and Tienson（1996）的论证认为，思想语言的形式表征对于产生及实现联结主义的结构来说是必要的。P. M. Churchland（1998，p. 41）。

[77] McCauley（1996，p. 26）。

[78] “共同演化”，参见，同上，p. 25。

[79] de Jong（2001，p. 731）。

[80] McCauley（1996，p. 25）。

[81] “共同演化”，参见，同上，p. 27。

[82] 比较 Churchland 及 Sejnowski：“关于方法论的共同演化效能建议是‘让百花齐放’”（McCauley，1996，p. 33）。关于计算神经科学见经典的 Churchland and Sejnowski（1992）及最近的 Eliasmith（2005）的作品。

[83] 比较 Clark 和 Eliasmith（2002，p. 887）：“正是执行与功能之间的复杂关系，已经催生了对计算神经科学方面的兴趣激增。明确目标是把生物限制视为如计算限制一样严格，计算神经科学已经开始探索一种大范围内现实的神经模式。……这种模式在提供它们自身制约时应该是有用性。……因此，不仅是生物学报告了计算模式的建构，而且理想地，这些模式能帮助神经科学家进行重要的实验。”（Clark and Eliasmith，2002）

[84] Lower and Rey（1991，p. xiv）。

[85] 本书第十六至第十九章关注自上而下的制约，而第二及第二十三章强调自下而上的制约。

第二章　心灵的计算解释和机械解释

瓜尔蒂耶罗・皮奇尼尼

把心理学的理论归因于一种有机体的状态或过程，这个事实是不正确的，有机体实现不了生理机制的状态或过程。

——福多

1. 计算解释和心理能力

我们诉求于计算来解释计算机制的具体能力。例如，计算器不像空调，计算器拥有特殊的做乘法运算的能力：如果我们按适当的命令按钮来操作一台功能良好的计算器，计算器输出了结果，我们理解了这个结果是输入数字的表征。我们依据有关的规则对这种能力进行最直接的理解：计算器基于输入数据进行适当的乘法计算。这是典型的计算解释的例子。

动物特别是人类，以一种非常微妙、特殊、自适应的方式对周围的环境作出回应。在解释这些能力时，我们通常诉求于心理化结构，如知觉、记忆、意图等。我们也认识到构成心理能力的机制是神经机制，不是大脑，也不是心灵。[1]但是很难把心理化结构与其神经实现者相关联，比如，知觉、记忆、意图及诸如此类，它们是如何通过神经状态及过程来实现的。在各种形式中，自从心灵科学及脑科学产生以来，这个问题一直困扰着他们。

在 20 世纪中叶，麦卡洛克（Warren McCulloch）及其他人设计了一种巧妙的解决方案：心理能力可以由大脑中实现的计算过程来解释。[2]这就是心灵计算理论，心灵计算理论或多或少地以某种方式解释了心理能力，这种方式是我们解释计算机制的能力。这是各种版本的心灵计算理论："经典版本"往往忽略了大脑的作用；"联结主义版本"例证式地由神经机制所启发。根据上面这些版本，大脑只是一个运算机制，并且大脑的能力——包括它的心理能力——是通过它的计算来解释的。

心灵计算理论也遭遇到了巨大的阻力。在相关意义上，一些神经科学家质疑大脑是否可以由一种充分的计算机制来描述。[3]一些心理学家认为，用计算来解释心灵的能力是不充分的。[4]还有一些哲学家认为，确定的心灵能力——特别是意识——可以通过计算来解释，这是不可信的。[5]心灵计算理论是否可以解释各种心灵能力，各个方面仍存在着争议。但毋庸置疑，心灵计算理论是一种引人注目的理论。

相对于其他我们所熟知的东西来说，数字计算机更类似于我们的心灵。计算机可以处理信息、执行计算、推理，并且展示出令人眼花缭乱的各种能力，包括指导精密的机器人。计算机及心灵是十分类似的，因而心灵计算理论诉求于那些对心灵进行机械解释的人的观点。因此，心灵计算理论已经成为在心理学、神经科学，以及包括自然主义倾向的心灵哲学领域的主流解释框架。[6] 在某些方面，计算解释理论在人们心目中是如此根深蒂固，它似乎成了一种基本常识观念。

在心灵计算理论最初被引入后的半个世纪中，一切都很容易运用心灵计算理论来解释，这种现象太普遍了，以至于我们理所当然地认为心灵能力也是可以通过神经计算来解释的。最近的一本书，声称要捍卫心灵计算理论，文章一开始就问："在你大脑的空间边界发生的计算事件是怎么通过计算科学来解释的呢?"[7] 但是，如果我们假定神经过程是计算的，并先于研究，那么我们就把心灵计算理论变成了一种教条。相反，如果我们的理论真正是经验的和解释性的，那它需要经验来加以检验。为了使实证证据与心灵计算理论相关，我们需要一种恰当的计算解释概念。

为了给心灵的经验论打好基础，心灵计算理论被设计成一种令人满意的计算解释概念，这个概念至少应该满足两方面的要求。首先，应该使用一种强计算概念（a robust notion of computation），这样存在的一个事实就是，计算是由哪种系统执行的，这可能是所谓的稳固的要求；其次，它不应该是空洞的经验，因为这样的话，心灵计算理论就建立了一种先验性。这可能是所谓的非真空（non-vacuity）的要求。本章阐释了计算解释的概念，以满足非真空的要求，并简要地讨论了心理计算理论用于心灵的机械解释是否合理。

2. 计算解释和表征

一种流行的观点是，一种计算解释理论假设了内部表征机制的存在，这种表征是由机制来适当操控的。我把这种观点称为计算解释的语义观，计算至少部分是由语义属性而被个体化的。一种较弱变异的观点是，计算是表征所定义的过程。许多支持心灵计算理论的著作中都或多或少对语义观有明确的陈述。[8] 语义观之所以有吸引力，是因为它恰好符合我们把计算机制的内部状态作为表征的做法，也符合如知觉、意向等心灵主义结构的表征特征，因此，在解释心理能力时经常会用到语义观。但是，计算解释的语义观面临着难以克服的困难。在这里，我们只讨论一些简单的问题，因为在其他地方我们已详细讨论过语义观了。[9]

出于当前的目的，我们需要在被称为本质表征（essential representations）和附属表征（accidental representations）之间作出区分。本质表征是个体化的，至少部分地在它们的内容上得以体现。从这种意义上说，如果两种事物表征了不同的东西，那么它们就是不同类型的表征。至少就一般的说法来看，心理化结构是典型个体化的，至少在它们的内容方面是部分个体化的。举例来说，烟雾的概念是通过表征烟雾的事实而被个体化的，而火的概念是通过表征火的事实而被个体化的。[10] 表征一词在术语的意义上拥有本质内容：在不改变它们是什么的情况下，你不能改变其内容。① 相反，附属表征被个体化是独立于它们的内容；它们表征一种或另一种东西（或者什么都不是），依赖于它们是否被理解及如何被理解。英文字母的字符串就是这类表征：字符串是通过字母被个体化而形成的，不管它们是什么意思，甚至它们是否意味着任何事情。例如，单词“bello”对于讲拉丁语的人来说，（大意）是指战争，对于讲意大利语的人来说意味着美丽的，对于讲其他语言的人来说，这个单词没有什么特别的含义。[11]

计算解释的语义说明存在的主要问题是，它要求本质表征，但是所有可用的却是附属表征。如果我们试图通过诉求于附属表征的语义属性实现个体化计算，那么我们可以获得一种充分的计算概念。同样，附属表征对于不同的理解者可以表征不同的事物。同理，一个过程被个体化是参照附属表征的语义属性，不同理解者采用上述个体化的过程来计算不同的事物——形成了不同的计算——在这里，过程本身不用改变任何事件。正如讲不同语言的人能够以不同的方式理解相同的字符，根据语义观（外加上附属表征），不同的观察者可以以相同的机制来查看同样的活动，并且可以把它理解为两种不同的计算。这一过程的改变是通过观察者的改变来实现的，但这一过程不能支持科学的概括和解释过程。这样一种计算解释概念不符合稳固性要求。要获得一种真正的计算解释概念，语义观要求第一表征概念——本质表征。[12]

但是，没有理由相信，计算的状态、输入及输出本质上拥有语义属性（即没有理由相信它们是本质表征的[13]）。相反，通过仔细观察计算科学家如何使用计算解释，揭示了计算是通过所定义的符号串及通过对符号所执行的操作来个体化的，不管是哪一个，如果有的话，那便将其理解为是通过字符串来执行的。心理学家和神经科学家很少区分诉求于计算的解释及诉求于表征的解释；这已经令许多人特别是心灵哲学家相信，心灵的计算解释是本质表征的。但是，这是一种错误的观点。计算解释诉求于内在计算，而计算被个体化是独立于它们的语义属性的。不论计算状态表征了什么，它所表征的内容完全是另一回事。

问题的关键不是说心理状态不是表征，或者也不是说如果它们是表征，它们就必须是附属表征。问题的关键也不是在心脑理论中，表征不能具有解释的作用，但表征可以很好地发挥这种作用（见下文）。道理很简单，如果心理状态或者神经状态是计算的，这不是它们的语义属性导致的。从这个原因及其他理由来看，计算解释的语义观是不充分的。

① 在表征的属性没有改变的情况下，不能改变表征的内容。——译者注

3. 计算解释及计算模型

另一种流行的观点是，计算解释使用计算模型来描述一个系统的能力。我们将把这种理论指涉为一种计算解释的模型观。大致来说，根据模型观，任何由计算描述的事物都可以执行一种计算机制。尽管这一观点不如语义观流行，但它出现在许多心灵计算理论支持者的著作中。[14]模型观极具吸引力，是因为在心脑科学领域内，计算的模式得到了广泛的应用。不过，它解释的满意度却低于语义观。

模型观的主要困难在于，它使许多事物转换成计算机制，但计算机制却不能满足非真空的要求。范例计算的解释被用来解释特殊机制的特殊能力。我们通常用它们来解释计算器和计算机能做什么，而不是去解释围绕在我们周围的大多数其他机制的能力。我们使用许多概念来解释空调、肺部及其他物理系统，但我们一般不会诉求于计算。这在物理系统中产生了广泛的直觉，只有少数特殊的直觉在有趣的意义上是计算机制的。这种直觉是心灵计算理论的一种重要动力来源。这种观点是有机体展示的心理能力，不是诉求于它们的呼吸、消化或血液循环能力，而是诉求于神经计算来解释。

然而，在许多物理过程中建立计算模型是完全有可能的，这个物理过程包括呼吸、消化，甚至是星系的形成。根据模型观，把肺、胃及星系转换成计算机制是完全充分的。在相同的意义上，计算器是一种计算机制，但大脑却可能是也可能不是计算机制的。因此，许多事情也许是所有事物，都被转换成了计算机制。一些研究者已经接受这个结果，他们认为一切事物都是计算机制的。[15]正如我们所看到的，这是违反常理的，因为它与我们严格限定使用的计算解释相冲突。然而，直觉通常被强论点所覆盖。为什么不能接受一切都是计算机制的观点呢？

问题是，如果一切都是计算机制的（在有关的意义上），计算描述就失去了它们的解释特征，在这一点上心灵计算理论就被忽视了。用系统分类的精确性描述来决定计算的精确度是有困难的。[16]然而，很明显，一切事物包括许多神经系统都能用计算的一些精确度来描述。这个事实（根据计算解释的模型观）建立了心灵计算理论真理的先验性，而不需要实证研究。但是，心灵计算理论的目的是要成为一种经验理论，而搁浅一种心理能力解释机制的经验假说。如果计算描述的通用性，足以证明神经机制执行计算，那么这不能成为一种关于心理解释能力的经验假说——它只不过是对于大脑微不足道的应用，以及适用于一切事物的一般论题。换句话说，计算解释的模型观使得心灵计算理论在经验上没有意义。

模型观面对的一种更复杂的观点是，同样的物理系统可以被给予许多计算的描述，这种描述在许多重要的方面是不同的，例如，它们使用不同的计算主义形式，使用不同的系统假设或者使用不同的计算资源。这迫使它们去回答，哪种计算是由系统所产生的这一不确定的问题。换言之，不仅每种事物是计算的，而且根据模型观，每种事物产生了如计算描述一样多的计算。因此，计算解释概念不能满足稳固性要求。该模型观——甚至超过了语义观——对于评价心灵计算理论是不充分的。

模型观的一个变体是，计算解释是根据输入及内在状态诉求于输出物的。但是，对于主要输入及输出的适当形式，如果没有一些制约的话，这一变种的模型观将会面临同样的问题。每种能力或每个系统的行为都可以被理解为一个从输入及内在状态产生的输出量。我们的问题可以用下列方式提出：在相关意义上，许多物理系统中展现的哪种输入–输出过程值得被称为是计算的呢？

4. 机 械 解 释

为了使这个问题取得进展，我们应该更加重视生理学及工程学中使用的解释性策略。大脑及计算机制分别对应于生物及人工机制；那么我们有理由认为，它们有可能用相同的策略被理解，这种策略被证明在其他生物及人工机制方面是成功的。

目前，人们一致认为生物和人工机制的能力可以机械地加以解释。[17]尽管关于它们机械解释的细节方面有所不同，但是下面的概要则是没有争议的。一种机械解释涉及组件中的分区机制，涉及这些组件分配的功能或能力，以及涉及辨明这些组件之间的组织关系。对于任何一种机制的能力来说，机械解释求助于该机制的适当部分的适当功能，在正常情况下，哪种功能被适当组织及何时被组织才会产生解释的能力呢？这些组件的能力是通过相同的策略来履行其的功能解释的，即根据组件的部分、部分的功能及组织来解释的。

例如，一辆汽车行驶的能力是通过下列内容机械地解释的：汽车包含发动机、车轮等；在正常情况下，发动机产生动力，动力通过适当组件传送到车轮，车轮连接着汽车的其余部分，这样就能实现车的行驶性能。考虑到机制的能力也是机械解释的，因此，还有待观察机械解释是如何与计算解释相关的。

5. 计算解释、功能解释及机械解释

计算解释并不总是能够明确地与机械解释区分开来。如果我们抽离它们的具体职能及某些组件方面的话，通过诉求于其内在状态、过程及其输入，那么一种机械解释可以被视为一种解释机制的能力，而无需关注内在状态及过程是如何实际存在的。这种“抽象”版本的机械解释通常就是所谓的功能分析或功能解释。[18]正如我们所看到的，“抽象”版本的模型观把计算解释视为根据输入及内在状态的解释，也就是说，作为一种功能性解释。根据这一解释，确定两种解释

策略就有可能了。事实上，许多研究者并没有明确地区分计算解释及功能解释，在某种情况下，甚至没有区分机械解释。[19]

认为计算解释及功能解释或机械解释策略具有一致性似乎是有益处的，因为它似乎使计算解释与生物学及工程学上完善的解释策略相一致。可以肯定的是，神经科学家、心理学家及计算机科学家解释大脑及计算机的能力是通过诉求于内在状态和过程实现的。不过，计算解释及功能解释之间简单的认同，是基于对两种解释性策略的贫乏理解。我们已经看到，上面的计算解释更加要求诉求于输入、内在状态及过程，否则对于这一类机制来说，其代价是就失去了特殊性，并且不重视心灵计算理论。对于一种真正的计算解释，其在本质上必须对输入、输出及内在状态及过程作出一些限制。

一个适用于功能解释的相关点。功能解释的优点来源于诉求于不同内在状态及过程的可能性，这些过程不同于消化、冷却及照明。当然，我们可以从所有这些过程及计算过程的一些通用概念中抽象出这些差别，并把这些差别在种属概念上统一。但是，所有的功能解释看起来都非常相似，它们根据内在计算来解释每种能力。大部分功能解释的解释力将会消失，而这些解释力依赖于如消化、制冷及照明过程之间的差异性。

换句话说，如果功能解释与计算解释相同，那么每一种人工制品及生物器官都是一种计算机制。大脑就是一种计算的机制，在相同的意义上，胃、冰箱及灯泡也是计算的机制。这不仅违反直觉的结果，如前所述，这一结果使心灵计算理论变得无足轻重，而心灵计算理论的目的是引用一种特殊活动（计算）来解释一些特殊的能力（心理的事件），而不是引用其他能力。为了避免这种后果，我们应该得出结论，即计算可能是一个过程，这个过程值得进行功能性的解释（甚至更好的机械解释），但不应该把这种解释机制等同于每种机制中的每个过程，而计算只是其他过程中的一种。

6. 作为一种机械解释的计算解释

我们能够取得进展，是因为更密切地关注在相关科学共同体中使用的解释策略，具体而言，是关注计算机科学家和工程师的解释策略。在理解及解释计算机的计算能力时，计算机科学家并不把自己局限于功能解释：他们全面使用机械解释。他们进入处理器、内存条来分析计算的功能，等等，他们解释了由机制来执行的计算，通过适当地组织相关组件而产生机制功能。但是，计算机科学家使用的是机械解释，这种解释对他们的领域来说是特定的：组件、功能都是独特计算机科学中所使用的不同类型。如果这点是正确的，那么我们最初关于计算解释的本质问题的适当回答是：它是一种不同的机械解释，那究竟是哪种解释呢？

这里有多种计算机制，每一种都带有其特定的组件、功能及功能的组织。如果我们想在一般方式中描述计算解释的特征，那么我们应该确定所有计算机制的机械解释的共同特征。

在现代，计算的数学概念可以追溯到图灵及其他人的工作[20]，计算的数学概念可以按照数学概念的符号串来阐明。例如，英语字母的符号和字母串（即单词）都是符号串。更普遍的是，符号是状态，或者是符号属于有限多个可区分的细节类型，字符串是符号的联结。在具体的计算机制中，符号串是通过具体的数字联结来实现的。数字及数字字符串是状态还是细节，是通过操作机制来进行明确区分的，这种区分通过事实被个体化。正如我们刚才在其他地方所讲的，第一个近似的、具体的计算机制是操纵数字串的机制，与一般规则一致，即它们适用于所有从相关字母中得出的字符串，而且依靠输入字符串（也许是内在状态）来为机制所用。[21]那么一种计算解释是一种机械解释，其中输入、输出可能是系统内在状态都是数字字符串，字符串的过程可以通过适当规则被准确地获得。

计算机制的分析同时适用于所谓的数字计算机制及联结主义网络的分析，这种联结主义网络的输入-输出功能可以由计算理论的语言来分析。[22]换言之，任何联结主义网络的输入-输出都可以被定性为数字字符串，其输入-输出功能可以被描述为定义输入的固定规则（或许经过培训期），在当前意义上可算作一种计算机制。这项分析并不适用于所谓的模拟计算机（analog computers）。我们不会在这里讨论模拟计算机，因为它们与心灵计算理论没有直接关联性。[23]忽略的原因是，模拟计算机是一种独特的分类机制，值得进行独立分析。

随着当前对计算解释的分析，我们准备讨论计算解释是否与大脑中实现的心理计算能力相关，以及它们是如何相关联的。由于我们在解释心理能力方面有兴趣，我们将主要集中讨论的不是遗传或神经分子科学，而是集中于解释与心理能力最相关的层次，即细胞和神经系统科学。

7. 神经科学中的机械解释

相比其他领域内的机械解释，神经科学领域内的机械解释是关于大脑的不同部分如何被组织起来，以便展示整个活动过程的。但神经科学领域内的机械解释不同于大多数其他领域内的机械解释，因为这个领域的功能是由大脑执行的。

对大脑的功能（更普遍的神经系统）的描述，可以被看作是对生物体及组件控制的反馈。[24]换句话说，大脑是负责大范围的活动操作，这种操作是有机体根据其内在状态来接收有机体和环境其余部分所产生的信息。当然，相关的活动不仅涉及整个有机体及环境的相互作用，如散步、进食或睡觉，而且涉及更广泛的活动范围，从呼吸到消化再到释放激素进入血液。

不同的功能来自不同的机械解释，控制反馈也不例外。考虑到大脑有特殊的能力，大脑的机械解释要诉求于内在状态，而内在状态以彼此适当的方式，与身体的其余部分、环境相关。为了能使大脑控制生物体，内在状态就必须与生物体适当的活动方式相关，就必须与适当方式的效应器（肌肉及腺体）相连接。基于反馈的控制，大脑的内在状态必须与身体及环境的适当方式的变量相关联。换句话说，这必须是内部的“表征”（这是神经科学中标准意义的术语）。为了控制其他内在状态，系统的不同部分必须以适当的方式彼此相互影响。系统之间的不同部分相互影响是普遍的、灵活的，当前最重要的目的是，大脑是涉及传递信号的一种独立媒介工具。通过这种独立媒介工具，我们意指它能改变任何变量的一种特殊物理属性，这种变量必须与诸如光波、声波、肌肉收缩等相关联。

大脑是作为独立媒介工具被使用的。当然，全部或部分事件被称为动作电位或脉冲（spike），它们是由神经元所产生的。在所谓的系统中，脉冲是被有序地组织的，它的属性从神经元变为神经元，从条件变为条件。一个神经元的脉冲系列（spike trains）通常不足以产生与功能相关的作用。至少在大的神经系统中，如人类的神经系统中，脉冲系列中的几十个神经元被认为是最小的处理单元。[25]在这里，我们的兴趣是在神经科学的机械解释以上的层次，包括明确说明如何适当地组织脉冲系列，集中不同的神经元程序来构成神经机制，以及如何适当地组织神经机制来构成大脑的能力——包括它的心理能力。

毫无疑问，所谓的“计算解释”可用于简单指涉大脑能力的机械解释。对于一些至今仍在使用这一术语的心理学家及神经科学家来说，这也许是一种很好的解释方式。鉴于这种用法，在神经科学中的计算解释并不需要类似于计算机科学中的计算解释，它也不需要表明在神经机制中所执行的计算，在一定意义上这是由计算机和计算器所做的。

然而，计算的概念最初是从计算理论引入到神经科学中的，又从神经科学引入到心理学及人工智能中，正是为了陈述强假设，即大脑在某种意义上执行的计算，就是计算机和计算器所执行的计算。① 此外，它还经常可以在神经科学书中的参考文献及文学作品中被看到，从计算理论的结果来看，它们似乎是与神经计算相关的。[26]有鉴于此，通过询问神经机制执行的计算是否是计算科学使用意义上的计算，用这种讨论方式来完成本小节的讨论是适当的。考虑现在我们在计算科学中的计算解释和神经科学的机械解释二者中都有一种表征，我们正以一种更加明确及精确的方式，重新提出关于心灵的计算解释。脉冲系列的数字字符串是神经生成的吗？脉冲系列是计算过程的吗？[27]

① 强人工智能观点认为，计算机不仅是一种用来研究人的思维的工具；相反只要运行适当的程序，计算机本身就是有思维的。而弱人工智能观点认为，计算机可以作为一种模拟人的思维的有用工具。——译者注

8. 符号、字符串及脉冲

我们看到，在当前的神经科学中，用于解释心理能力的变量是通过神经总量的脉冲系列产生的。在神经科学中，应该按照脉冲系列的属性重新表述关于计算解释的问题。事实上，如果我们用现代术语重新诠释原来的心灵计算理论的话，那么最初作为脉冲系列的心灵计算理论是通过数字字符串的假说而被提出来的。[28]通过观察神经科学家的研究发现，可以对脉冲系列这个假说进行测试。对当前神经科学近距离的观察，揭示了生物学上合理的模型，脉冲系列还没有被描述为字符串。我们相信，有可能查明如此的原则性理由是什么，我们也试图在别的地方这样做。[29] 在这里，我们仅仅有空间简要地总结了一些困难，即在把脉冲自然现象当成字符串时所遇到的困难。

由于字符串是由原子数字组成的，它必须能够把脉冲系列分解成原子数字，即事件在功能上相关的时间间隔内，在机制内具有明确的功能意义。但是，当前刺突产生（spike generation）的数学理论没有给这样做留下空间。[30] 原子数字最佳的候选者，即脉冲的存在与否，不会决定它们自身的功能和意义；通过促进一种平均发射率，它们仅仅掌握脉冲系列的功能和意义。此外，不像原子数字，脉冲及它们的缺失不具有事件的明确时间间隔及功能和意义的持续时间。

即使存在或缺少个人脉冲（或任何其他部分的脉冲系列）可以被有效地视为拥有一种原子数字，但是在把原子数字连接成字符串方面，仍然存在着困难。为了做到这一点，至少还必须能够明确地确定，哪些原子数字属于或不属于字符串。同样，在我们当前的脉冲系列的数学理论中，并没有用随机的方式来分配个人脉冲（或团体除外），使脉冲成为某种字符串而不是另一种字符串。

在当前的做法中，神经科学中的机械解释并不诉求于由神经系统操作的数字字符串。正如我们简要指明的，这样做的原则性理由是什么。因此，计算解释（在计算机科学使用的意义上）要求数字字符串，而其在神经科学的解释中并不是计算的。

需要重点强调的是，没有什么能取消这一重要的特殊性，即在神经科学中，拥有的机械解释涉及其他解释。例如，它们的目的是解释基于反馈来控制有机体的具体功能，它们诉求于独立媒介的工具，并且它们极度依赖有机体内在状态与环境状态（神经表征）之间的相关性。

9. 心灵的机械解释

我们一直认为，计算解释的概念与心灵计算理论是相关的。我们有理由得出这一结论：当前的神经科学解释——当然包括关于心理能力的神经科学解释——

不是计算的。据此我们现在可以说，基于我们最好的神经机制科学，心理能力是通过神经总量的脉冲系列过程来解释的，有意思的是，脉冲系列过程不同于计算机科学家及工程师所研究的过程。在松散的意义上，很多人——包括许多神经科学家——将会继续说心理能力是通过神经计算来解释的。这可以理解为，心理能力只是通过在大脑中显现的特殊过程来解释的。但严格来说，从具体的经典或联结主义来看，当前神经科学并没有与心灵计算理论协调一致。

一些哲学家可能受到诱惑而作出回应：心灵计算理论并没有受到神经科学解释功能论的威胁，因为心灵计算理论“独立”于神经科学。[31]根据这一思路，心灵计算理论是一种更高层次的理论，比起神经层次来说是更高、更抽象的理论；它是一种心灵理论，而不是神经科学的理论；它对于神经属性的实现者来说是没有约束的。任何使用这种自主路线的人都易于被批评为解释一种反动理论——反动是因为它免于经验的修正。[32]我们还是认为，自主回应预示着一种心理学及神经科学之间不适当的关系，但在这里我们没有空间去争辩这一点。最后，自主回应违背心灵计算理论提出的精神，心灵计算理论最初是作为心理能力如何能用神经机制理论来解释而被提出来的。[33]当然，诉求于权威是不可能说服那些赞同自主回应的人的。

下面的反论点足以说明当前的目的。无论我们从神经科学方面解释的心灵计算理论是如何抽象和自主，心灵计算理论假定的计算，都是可以在某些物理底层或其他底层来实现的。在普通的生物有机体内，相关物理底层就是大脑。在一般情况下，并非一切事物都可以用来实现其他的一切事物。换言之，任何属性 A 及假定实现者 B_1，…，B_n，任何 B_1 实现了 A 当且仅当所有的 B_1 建构了所有的。A[34]。例如，某样东西是一台运行良好的加热器，当且仅当它拥有一种产生热量的属性。大概地讲，也就是说，具有一种增加其周围平均分子动能的属性。同理，一些东西——如神经过程——实现了计算，神经活动按照适当规则形成了数字字符串，这个过程必须在机械层次来描述。这一点在本章开篇时引用过：“把一种心理理论归因于一种有机体的状态或过程，但有机体没有生理机制的能力来表明事实本身的不正确性。”[35]正如我们已经提示的，经验证据表明，神经机制无法实现计算。[36]因此，我们应该拒绝心灵计算理论。

在这一点上，一些读者可能会感到无所适从。经过传统认知科学的长期训练的人，已经习惯性地把心理能力的解释（或者至少在认知中）看作是计算的，因此，我们可能会担心如果没有心灵计算理论，就没有任何心理能力的机械解释，但这种担心是不必要的。我们的论点不是基于一些先验性来反对心灵计算理论，或者说这种反对没有留给我们任何替代的形式。我们的论点是基于一种复杂的神经机制科学的。从最初提出心灵计算理论发展至今，这种神经机制并不存在。这门科学的目标是心理能力的机械解释。如果我们同意心理状态及过程的实现者是神经，神经科学是我们应该寻找的机制，这种机制是就形成我们的心灵理论而言的。这一点对还原论、反还原论或关于心理属性的取消主义而言是中立的。这一事实的简单结果是：如果有任何心理能力的机械解释，那它们是在大脑中实现的。虽然在计算机科学的意义上，神经机制可能不是计算的，但有足够的证据来支持一种丰富的心灵机械论观点。[37]

注　释

[1] 一些哲学家认为，心理状态及过程的实现者不仅包括大脑，而且包括大脑以外的事物。例如，见 Wilson (2004)。我将会忽略这个细微差别，因为这种简化的阐述不影响文章中任何基本的争议点。

[2] McCulloch and Pitts (1943); Wiener (1948); von Neumann (1958)。这种观点的更多来源，参见 Piccinini (2004a)。

[3] 参见 Gerard (1951); Rubel (1985); Perkel (1990); Edelman (1992); Globus (1992)。

[4] 参见 Gibson (1979); Varela, Thompson and Rosch (1991); Thelen and Smith (1994); Port and van Gelder (1995); Johnson and Erneling (1997); Ó Nualláin, Mc Kevitt and Mac Aogáin (1997); Erneling and Johnson (2005)。

[5] 参见 Taube (1961); Block (1978); Putnam (1988); Maudlin (1989); Mellor (1989); Bringsjord (1995); Dreyfus (1998); Harnad (1996); Searle (1992); Penrose (1994); van Gelder (1995); Wright (1995); Horst (1996); Lucas (1996); Copeland (2000); Fetzer (2001)。

[6] 参见 Newell and Simon (1976); Fodor (1975); Pylyshyn (1984); Churchland and Sejnowski (1992)。

[7] Baum (2004, p. 1)。

[8] 参见 Cummins (1983); Churchland and Sejnowski (1992); Fodor (1998); Shagrir (2001)。

[9] Piccinini (2004b)。

[10] 我在一个预先理论的意义上使用“概念”一词。当然，这个个体化的概念可能独立于它们的内容，相似于那些拥有一种科学概念的理论，但不接受普通说话者的方式。此外，根据 Diego Marconi 的观点，在我谈论吸烟表征烟雾时，也未必完全正确，因为我的概念不是在表征所有吸烟的情况，仅仅是个例。对于当前问题没有差异性，重要的是概念，至少前理论是通过表征个体化的——不论是什么事物。

[11] 本质表征及附属表征之间的区别不应该与原有的、内在的及派生的意向性之间的区分混为一谈。派生意向性是通过已经有的东西赋予某些事物的意向性；原生意向性不是指派生的意向性 (Haugeland, 1997)。一些事物可以是原生意向性而不用是一种本质表征，因为它可能没有本质上的内容。内在意向性是实体意向，这种实体的意向性与其他事物无关。一些事物可能是本质表征而不必拥有内在意向性，因为它的意向性可能是由于它指向其他事物的关系。

[12] Burge (1986); Segal (1991)。

[13] Egan (1995)。

[14] 参见 Putnam (1967); Churchland and Sejnowski (1992)。参见 Piccinini (2004c) 的讨论。

［15］参见 Putnam（1967）；Churchland and Sejnowski（1992）；Wolfram（2002）。

［16］关于更多的参见 Piccinini（即将出版）。

［17］Bechtel and Richardson（1983）；Machamer，Darden and Craver（2000）；Craver（2001）；Glennan（2002）。

［18］Fodor（1968）；Cummins（2000）。

［19］参见 Fodor（1968）；Dennett（1978）；Marr（1982）；Churchland and Sejnowski（1992）；Eliasmith（2003）。

［20］Turing（［1936］1965）。

［21］为了更精确一点，对于每个计算机制来说，这是一种不同于数字字符串的有限字母，它可以形成一种固定的规则及明确的说明，任何输入字母字符串（即任何内在状态相关的），都是一种输出字符串来定义输入（内在状态），并且是输出字符串。如果规则没有定义一些输入（内在状态）的输出，该机制应该不会产生这些输入（内在状态）的输出。更多的详情，请参见 Piccinini（2006）。

［22］参见 McCulloch and Pitts（1943）；Minsky and Papert（1969）；Hopfield（1982）；Rumelhart and McClelland（1986）；Siegelmann（1999）。

［23］Pace 的建议在文献中找到了反证，参见 Churchland and Sejnowski（1992）。主要的差别是，虽然模拟计算的工具是连续的变量，神经过程的主要工具是脉冲系列，但这个脉冲系列是全部或无事物的序列。分析模拟计算机及它们与数字计算机的关系，参见 Piccinini（2004d）。

［24］确切的复杂反馈控制层次与此不相关。一些讨论见 Grush（2003）。

［25］Shadlen and Newsome（1998）。

［26］参见 Churchland and Sejnowski（1992）；Koch（1999）。

［27］注意，神经科学的特点是机械解释，不仅在逻辑上独立于它们在计算机科学意义上建构的计算解释；而且在历史上，它们是独立于形成的现代计算理论及计算机设计之前的发明。例如，在神经科学中，在信息概念中使用的自我意识可以追溯到 20 世纪 20 年代（Adrian，1928），（引用了 Garson［2003］特此感谢）。

［28］McCulloch and Pitts（1943）。

［29］Piccinini（未出版）。

［30］Dayan and Abbott（2001）。

［31］Fodor（1997）。

［32］Churchland（1981c）。

［33］McCulloch and Pitts（1943）；Wiener（1948）；von Neumann（1958）。

［34］Pereboom and Kornblith（1991）。

［35］Fodor（1968，p. 110）。

［36］这样提出问题的方式可能会有些误导。证据是，一般计算不是神经机制所做的事。由此可见，并不是说没有神经机制可以执行计算。人类当然有能力进行计算，这大概是通过神经机制来加以解释的。因此，人脑至少必须在具体的神经活动中具备组织层次来实现计算的性能。

［37］感谢 José Bermúdez，Diego Marconi，特别感谢 Carl Craver 对本章之前版本的评论。

第三章　受到攻击的计算主义

罗伯托·科尔代斯基　马尔切洛·弗里克肖尼

自20世纪80年代初以来，研究心灵的计算主义已经屡受“攻击”[1]，即受到人工智能及认知科学中所谓“经典”或“符号”方法的批评。一般把计算主义视为与这几种方法相同。例如，等同于纽厄尔（Allen Newell）和西蒙（Herbert Simon）的物理符号系统假说及福多的思维语言理论，通常无需考虑到的事实是，心灵的计算主义是非常不同于西蒙和福多的方法及目的的。[2]派里夏恩在他具有影响力的著作《计算及认知》中认为，纽厄尔及福多深刻地影响了他的认知计算观点。[3]这可能有些混乱了，因为许多人仍然认可派里夏恩的著作，并将其视为研究心灵的计算方法的范式。自那时起，认知科学家、人工智能研究者和心灵哲学家也被要求采取不同的“范式”，该范式一次次被作为（经典或符号）计算主义的对手而提及。这种对立的例子有：

计算主义与联结主义；

计算主义与动力系统；

计算主义与情景与具现认知（situated and embodied）；

计算主义与机器人的行为与进化。

我们最初在第一部分的要求是，计算主义不应该等同于我们所称之为的“计算机范式（基于隐喻）”（paradigm of the computer，PoC）。计算机范式是这样一种陈述（相当含糊）：“作为一种数字计算机”的心灵功能。事实上，计算机范式是一种严格限制的计算主义版本，但从来没有人认真地支持过它，除了在一些粗略版本的计算方法及一些流行的讨论中有谈及它。通常，在针对计算主义的许多争论中，计算机范式就如一个稻草人。在第一部分，我们将讨论计算机范式主张中的一些细节，讨论计算主义不等同于计算机范式。在第二部分，我们将指出，某些反计算主义论证是基于上述错误的等同关系。在第三部分，我们建议可以用马尔（David Marr）提出的解释层次观点来阐明计算主义的某些要点。在第四部分，我们将触及一个有争议的问题，即发展模拟计算的可能性，类似于数字计算的概念。第五部分是一个简短的结论。

我们不会在这里讨论其他有争议的问题，如所谓的“泛计算主义”，即那些虽未涉及本章的主题，仍值得进行深入的分析，但与我们的论点并没有直接联系的问题。事实上，本章的主要目的并非是要完全处理不同的计算主义问题，而是为了对这个主题的提出进行初步调查，可能会澄清某些常见的误解。

1. “计算机范式”与计算主义

根据计算机范式理论，数字计算机被认为是解释心理现象的基础，其特点（至少一种）如下：

（1）它们是连续的机器，由冯·诺伊曼的结构而受到启发。一个容量有限的并行处理单元计算机，能调节计算机范式。在任何情况下，计算机范式是基于记忆与处理单元的机器（与冯·诺伊曼型计算机有关）的严格区分。

（2）它们是一般通用（即普通）计算机。也就是说，它们是可编程计算机，根据丘奇论题，在原则上（即如果不受时空限制，如果它们的记忆被认为是无限的）它能够计算所有可计算的函数。

计算主义的反对者更从容地批评了计算机范式，在（1）和（2）中，计算机范式很难适应关于心/脑的可用数据。就（1）而言，神经系统的特点是高度并行的：在大脑中，大量相互连接的单元并行运作。因此，计算的串行模式将不能满足诸多方面的建模认知。此外，没有证据支持心理学或解剖学的合理性，这种合理性是在存储及信息处理之间有一种结构区分。就（2）而言，经验数据支持这一主张：至少对认知结构的某些部分而言，它包括了专门的、解剖学上可能的局域模块化。从计算的观点来看，这些模块可以被认为是专用的计算设备，而不是在通用的计算机上执行的过程。

（1）和（2）一直是经典人工智能及认知科学的各种反对者的首选目标，这一反对始于20世纪80年代联结主义的早期支持者。[4]不过，值得注意的是，在经典人工智能或认知科学领域内从来没有人曾认真地主张，脑/心灵功能是“作为一种冯·诺伊曼计算机”（或“作为一种图灵机”）。即使福多和派里夏恩也普遍认为，这里争辩的问题不是这个“荒唐的假设”（事实上只是一种隐喻），但是心灵的联结主义解释是否可能呢？也许联结主义的解释比经典的人工智能解释更合适。[5]

因此，计算主义并不是计算机范式。计算主义的主要观点是，心理过程是计算的。更确切地说，心灵理论的理论建构，同时是发生在心灵中的计算过程，也是这些过程所控制的数据结构（表征）。根据传统的计算主义版本，心理过程是有效的或算法过程有意义是基于计算理论，即过程——按照丘奇论题——是部分递归的计算功能（或等价于图灵计算）。[6]

在上述意义上，有效的演算及计算都是在操作不连续实体的数字过程。原则上，也可以考虑一些扩展的计算概念，其中包括模拟计算。我们将在后面章节讨论这一点（见第四部分）。目前，我们只考虑数字计算。

即使在其正统形式中（只考虑数字计算，并把计算等同于图灵计算），计算主义完全可以否定上述的（1）和（2）。（1）与一种计算立场相容，类似于非冯·诺伊曼结构，如甘迪（Robin Gandy）发展的一种对计算概念结果的分析。[7]至于（2），则主张用一台设备执行一种算法的计算是完全合理的。计算主义与这一论题相容，即心/脑（完全或部分）是由模块所建构的，模块是有特殊用途的计算设备。马尔发展了第一个全面的计算主义版本，他是模块化（modularism）强有力的支持者（我们将在下面更详细地考虑马尔的计算主义立场）。

在这里，我们的目的不是要偏袒认知科学中计算具有普遍性作用。我们当前的目的是，有关计算主义可以否认人类大脑/心灵与通用计算机是相关的，或者是否认大脑/心灵中的一部分就是通用计算机。在这个问题上，有可能有不同的立场。弱模块化的追随者将会同意，人类心灵/大脑（例如，输入及输出模块）的某些部分致力于计算设备，但不同意人类心灵/大脑是中央认知（central cognition）。[8]强模块化的追随者主张，整个人类的心/脑是由专门的计算组件组成的。撇开人类认知，人们可能会同意，一个简单的认知系统（如昆虫的认知系统）有计算解释能力是可能的，但不用假设昆虫的系统是一台通用计算设备。

2. 计算主义的困难

因此，我们得出结论，计算主义不是计算机范式。然而，正如在本章开始提到的几种对立观点，他们通常是把计算主义等同于计算机范式。我们认为，这些对立观点是基于这样一种事实：一个有限的计算主义的观点被假定为大家所争论的目标。正如我们在这里要考虑的一个事例，这个事例是由冯·盖尔德（Tim van Gelder）提出的关于认知科学中动力学及计算解释之间的对立。一方面，盖尔德说明：

（1）动力系统“可以计算，即可以是计算机的”，但是“有效的计算是一种特定类型的计算，是从某种所涉及过程的约束中产生的”；而且，“可以证明的是，某些动力系统比起图灵机更强大——它能计算一种更广泛的函数。因此，动力系统可以计算，即可以是计算机，但无需是数字计算机”[9]。

另一方面，他也承认：

（2）“不是所有与认知科学相关的动力实践系统，都是有效可计算的”，它们的行为在这个意义上“是受一些计算函数所支配的”，也就是说，它们是一些局部递归或图灵计算函数。[10]因此，“（据我所知）……在认知科学中没有动力学家开始着手采用动力学建模，来保证超图灵（super-turing）能力”[11]。

总结一下，在（1）和（2）的基础上，我们可以得出结论，动力系统可以是计算机的，它们的行为（至少就认知而言）可以按照（图灵）计算函数来描述。然而，冯·盖尔德主张，认知科学中的动力观（dynamicism）与计算方法并不相容。根据冯·盖尔德的主张，这是因为“动力的”计算极其不同于常见的数字计算。动力系统“计算”递归函数，是以一种不同于数字计算机的方式来执行这种计算的。如何证明这种主张是合理的呢？正如我们所看到的，这可能会以下列方式来行动。

（1）第一种可能性是，假设认知动力系统的功能依赖于一些“隐藏的”非递归过程。换句话说，考虑一个动力系统 DS（图 3-1），DS 的功能至少取决于组件 S，S 的行为超出了有效计算的界限（在这个意义上，S 的行为不能通过局部递归函数来描述。）但是，这种“非递归”的行为从外面是不可见的。例如，让我们假设，从 $N \to N$ 满足这样的条件：对于任意 x，$f_S(x)$ 是某种非（图灵）可计算实数 n 的十进制数字 x^{th}。根据定义，f_S不是一个图灵可计算函数。因此，DS 的函数不是算法。然而，让我们假设，S 的输出对 DS 的整体行为有一定影响，当且仅当 S 的输入是在一定有限的范围内（也就是说，小于或等于 10）。在其他情况中，S 的行动不会对 DS 输出产生任何影响，在 DS 中所有其他过程完全是算法的。因此，DS 计算了一种有效的（图灵）可计算函数（S 应该由查找表来替代）。

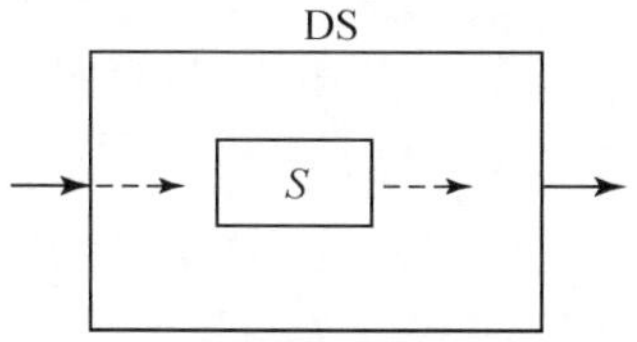

图 3-1　一种动力系统（DS）

（2）第二种可能性是，冯·盖尔德的反对是基于一种关于什么算作计算的限定解释，也就是说，基于我们上述称为的计算主义限定观点。在这种情况下，“数字计算”概念，即冯·盖尔德对照动力学计算，将包括一些具体的、限定的结构假设，并将会严重偏向于计算机范式。

应当有充分的理由来支持立场（1）；否则，“隐性的”非演算过程的假设，即非演算过程对系统的输入–输出没有影响，但将受到奥卡姆剃刀的影响。无论如何，让冯·盖尔德赞同这一论断是不可能的。在他看来，认知系统中所采用的动力系统是连续的系统而不是离散的系统，他甚至不认为这是至关重要的。[12] 因此，他关于计算主义的主张似乎可以追溯到（2），也就是一种限定的计算主义观点。

把瓦特的稳压器与冯·盖尔德的计算稳压器进行比较，表明冯·盖尔德对计算主义的许多批评就是源于这样一种有限的观点。[13] 计算版本的稳压器与瓦特的稳压器之间进行区分的一个特点是，用冯·盖尔德的话来说，计算版本的稳压器是“连续及循环的”，而瓦特的稳压器则不是“连续及循环的”。但在一般情况下，演算过程并不一定是连续的。威廉·贝克特（William Bechtel）认为，复杂过程通常有一个初始的连续结构，只有当后来一个更好的理解过程被实现时，才会发展为一个更为复杂的互动发展体系。对于贝克特来说，发酵模型给出了这类发展的例子[14]，然而，这并不意味着一种给定的解释在本质上就不会是机械的。另外，在这种情况下，这类限定的算法（即连续的算法）被假定为计算主义的特征（可能连续的计算被认为是一种鲜明的计算机范式特征，这并不是偶然的）。

3. 计算解释的类型

正如上文指出的，反计算主义的许多论点都是基于计算结构的不一致性，这同样可以说是基于表征格式的不一致性。有时，计算主义等同于选择特定的表征类型，典型的例子是，“语言类”表征描述了经典的人工智能和认知科学（基于逻辑的表征、产生式规则、语义网络、构架等）。这些表征是通过明确的操作规则来处理的。一个没有“语言”结构的表征（首先，分散的或“亚符号的”联结主义表征），被认为不类似于计算主义。这些主张也往往源于一种限定的计算主义观点。计算主义本身并不妥协于任何特定种类的表征或过程（一旦接受，它们就是有效的过程）。通常情况下，这些争论来自混淆了不同的解释层次。马尔在认知科学中发展的分析层次的解释，在这里可能是有用的。

根据马尔的观点，计算的解释可以从三个不同层次来说明：计算理论的层次、演算层次和执行层次。[15]计算理论的层次是最抽象的，它关注确定认知现象任务的规范。在这一层次，认知任务只按照它们的输出、输入及计算的目的来描述，而无需提及任何特定的认知过程与机制。换言之，计算理论层次的认知任务是按照输入与输出之间的功能地图来解释的。在不同的抽象层次中，算法与执行层次处理计算层次确定的任务规范。算法层次解释了某些任务是“如何”进行的：它处理计算过程及过程数据结构（即“表征”）。执行层次处理设备（如神经结构）的物理特征，这种设备执行数据结构及算法层次选出的程序。计算理论层次与算法层次之间的关系，与数学函数和计算其值的算法之间的关系是相同的。

计算理论的目的是把一个个体化（可计算）函数f作为一种给定的认知现象的模型。在计算理论的层次，没有算法的假设是基于计算f的，也没有假设是基于它们的执行情况的。计算层次的作用是允许更抽象地理解认知现象：对认知现象的计算理解不能还原为一种算法（或者，更糟的是，还原为一种计算机的程序），算法模拟了行为（对于马尔来说，正如发生在人工智能中所发展出了的认知模型）。

总体来说，在最抽象层次（按照马尔的术语来说是计算理论层次），一种计算解释对于所采用的机制（表征类型、数据结构、算法及过程）完全是中立的。例如，在这个最抽象层次的经典理论及联结主义理论之间不能进行区分是基于以下事实，即经典理论采用“语言”表征，而联结主义理论基于“亚符号”表征。它们之间没有相似性，而是与连续计算有关。[16]采用某些类型的表征及过程，而不是采用其他过程（前提是它们是有效的过程），就其本身而言，不足以超越计算主义界限。

根据马尔的分析，还有更多方面与此相关。计算方法和动力主义方法之间的对立，有时是按照不同类型的解释来阐述的。机械解释是典型的计算方法，其目的在于解释认知现象，根据其机制（表征或数据结构及过程）来确定认知现象。根据动力学方法，解释某种给定现象就等同于确定支配它的规律，即等式（equations）会随着时间的推移来描述其演变。[17]解释某种现象等于确定它的规律[17]，从这种意义上说，动力主义的解释将与传统所采用的法理演绎的解释更为相似，例如，在物理学中的解释。[18]

然而，在原则上，计算方法与动力主义所青睐的解释类型并不相容。在马尔的层次结构中，计算解释——其中认知现象是纯粹按照输入与输出间功能上的一致性来描述的——与等式系统所说明的“传统”解释间具有同质性。因此（我们不认为，等式支配的认知系统动力学之间是不可计算的，如上所述，这一点并不是针对冯·盖尔德的观点），动力学方法本身并不提供不同的解释。它放弃了一个更具优势的观点，即它可以提供给我们一种根据算法和表征的机械解释的计算方法。

人们可能会问，动力学（经典认知科学的其他对手，如情境认知语境理论）是否可以避免表征及算法层次？换言之，哪种现象才是一种真正的动力学的解释呢？这种解释对基本过程不作任何假设，但这种假设却是令人满意的。以及在何种程度上，动力学者提出的实例说明真正地忽略了机制或过程呢？这些问题是当前在认知科学中被热烈讨论的核心问题，但超出了本章的目的。

贝克特的观点似乎是支持我们所主张的动力学解释的。让我们假设，目前已经发展出了关于认知现象的动力学解释。根据贝克特的观点，在这一点上，出现了另一个问题：“基本系统如何可能举例说明这些（动力学）解释所认同的规则呢？对这个问题的一种回答是，追求一种机械解释。”[19]在这里，动力学解释及机械解释是相辅相成的。关于机械解释，动力学解释的进一步作用将是对所研究的系统行为提供一种初步理解：“这有助于说明，在试图解释它如何作用之前，先解释它正在做什么。”[20]这种初步的理解能通过动力主义的解释来给出。上述相似的引用明显出现在：①在贝克特的观点中，即动力学关于机械模型的解释作用；②在马尔的方法论中，即计算理论的作用。[21]

总而言之，不同的立场是有可能的，可通过表3-1来阐明。

表3-1　不同的立场

冯·盖尔德	贝克特	马尔
动态-等式系统	动态-等式系统	计算理论
	机械解释	算法及表征层次

总之，冯·盖尔德及动力系统理论的支持者认为，动力学解释完全与计算/

机械的方法无关，并且与计算/机械的方法也不相容，动力学解释没有机械的对应物。根据贝克特的观点，动力学解释及计算的解释不是不相容，而是相辅相成的，它们可以进行充分整合。最后，一种更激进的观点认为，动力观的解释层次可以被视为计算解释的一部分，这是马尔的方法论，也就是说，计算主义的版本并不能把计算解释还原为个体化的算法，甚至更糟的是，还会将其还原为单纯的计算设计程序。

4. 模拟计算

对于计算主义者来说，在认知科学中采用模拟过程及表征是一个特别棘手的问题。[22]通过模拟过程（表征），我们意指过程（表征）基于连续量（continuous quantities）。在许多反对经典认知科学，而支持各种替代“范式”形式的讨论中，这个主题也起着一定的作用。对模拟计算采用的一些概念已经从不同角度进行了讨论，例如，动力主义方法的支持者，或是诸如丘奇兰德及谢诺沃斯基（Sejnowski，1992）等联结主义者们对一些概念进行了讨论。

如上所述，过渡模拟计算涉及传统计算理论的大量不连续性，这种不连续性是基于这样的假说，即计算的概念是按运行的离散量来定义的。

现在，从数字转向模拟似乎并不涉及要放弃计算方法。考虑当时剑桥大学学心理学的肯尼思·克雷克①（Kenneth Craik）的情况，他通常被认为是研究心理过程方面的计算主义先驱。1943 年，他根据计算模拟符号阐述了“思维的符号理论”。他所定义的模式，后来在经典认知科学中很流行，这种模式与模拟计算机产生的模拟概念相关，而在当时，模拟计算机是主要的计算设备。一种模拟计算机通过复制某些“基本特征”（按肯尼思·克雷克的话），从而可以“模仿”一种自然的或心理现象，而忽略对于模拟来说并不是必需的其他因素。

肯尼思·克雷克的范例是范内瓦·布什（Vannevar Bush）的微分分析仪，开尔文（Lord Kelvin）的潮汐推算机（tide predictor），自我导向的高射炮，以及小规模的人工产物，如桥梁或船只。例如，桥梁的设计或涨潮，这样一种外部过程是作为一种物理上实现的工具，这种工具说明了这个过程如何被“转换”为“符号的表征”或如何作为输入中的“表征”，然后，这个过程受到适当规则或程序的操控。最后，作为输出过程，拥有一种把“这些符号‘重新转换’成外部的过程（如根据设计图来修建桥梁），或至少承认在这些符号及外部事件（如

---

① 肯尼思·克雷克（Kenneth John William Craik，1914—1945），英国心理学家。在《解释的本质》一书中，他提出了以数字计算机类推为基础的人类思维模式。他还提出了“心灵模式”（mental models）这一概念。他试图对人类认识事物提出一种总体的解释，认为人对世界的表征是通过心灵模式这一机制来实现的。他认为人类会自动转译外来的事件成为内在的模式，并用它来对事件进行预测、归因，以及作出解释。——译者注

认识到一个预言被应验）之间具有一致性”[23]。这种设备是外部过程的模式（或者说运作模式），符号意味着必须有一种非常普遍的意义：符号不仅是文字或数字，而且也可以是，机械装置中的齿轮位置，该机械装置的“符号过程”与外部过程相并行，从而导致从一种状态过渡到另一种状态。[24]

这里需要说明“模拟”的用法。该术语至少可在两种不同的意义上使用，在某些方面这两种意义是有关联的，但并不完全一致。[25]根据第一点，模拟过程是基于持续量的操作。这里的“模拟”是相对于“数字”而言的。第二点更接近肯尼思·克雷克的观点，模拟模型取决于表征及表征之间存在的一些“相似性”关系。[26]这里的“模拟”是相对于“命题”或“符号”而言的（如上所述，尽管这种“符号”的使用与肯尼思·克雷克的术语并不一致）。

如果一个系统在肯尼思·克雷克意义上是模拟，而在第一种意义上则不是，即如果系统表征是基于一些“相似”的形式，但它们是通过离散部分而组成的话，那么从各方面考虑，它的计算系统是没有问题的（当然，根据丘奇论题，其演化受有效过程的支配是理所当然的）。约翰逊-莱尔德①的心理模式是这种立场的例子：它们是模拟表征，因为它们“类似于”其所表征的事物；但是，它们是数字的，因此，根据上述所提到的第一点得出它们不是模拟的。[27]

一个更复杂的问题是，系统在第一种意义上是模拟的（即系统基于连续量的操控，且不论是否根据第二种意义，即它们是否是模拟的事实）。根据丘奇论题，所有可计算过程都是离散的。在数字术语中，连续量最多只能是近似的，但在数字术语中没有错误的连续量就不能被编码（连续统计的基数远大于可数集的基数）。因此，基于连续的量过程超了正统计算概念的限制（即基于丘奇论题的计算概念）。

有许多正在进行的研究项目是基于模拟计算，其目的是以一种严格的数学方式来描述它，探索不同的可能性。例如，所谓的递归分析，旨在把部分递归函数类扩展到一类有真正参数和值的函数。另一种研究线路的灵感来自通用模拟计算机（general purpose analog computer，GPAC），模拟计算模式是1941年由克劳德·香农（Claude Shannon）所提出的，其目的是为布什的微分分析仪给出精确的数学描述。[28]

问题在于，这种尝试与数字计算中所发生的情况相反，并没有出现一般模拟

① 约翰逊-莱尔德（Philip Johnson-Laird），现任普林斯顿大学心理系教授，是一位杰出的英国认知心理学家。他的主要兴趣是研究语言，特别是字、语句和段落的意义。他认为，脑和现代计算机一样，具有一个操作系统。该操作系统的行为与意识相对应。他认为，有意识和无意识过程的区别在于后者是脑中高度的并行处理的结果。这种并行处理就是大量的神经元能够同时工作，而不是序列式地一个接一个地处理信息。这才能使有机体有可能进化成具有特殊的、运转快速的感觉、认知及运动系统。而更为序列式的操作系统对所有这些活动进行全局控制，这样才能够快速、灵活地作出决定。粗略地打个比方，这就好像一个管弦乐队的指挥（相当于操作系统）控制着乐队所有成员同时演奏一样。——译者注

计算的概念。换句话说，到目前为止，没有一类实函数已被确定，即没有一类模拟计算中的函数起到了与数字计算中的部分递归函数类所发挥的一样的作用。因此，一类实函数是稳定和无变化的，而并不存在以不同方式描述的模拟计算。模拟计算的不同概念导致了实函数的差异。

这种状况是相当令人失望的。当人们主张模拟模型（在某种意义上，一个模型基于在处理中的连续量）是计算的模型时，人们不能立即明白这是什么意思（或者，更确切地说，在数字情况中更加不清楚这是什么意思）。换句话说，更加难以确定的是，在何种程度上我们仍然在计算的边界里，或者何时这种边界已经被超越。

总之，如果与数字计算相比较，目前的模拟计算的理论框架仍然是相当混乱的。因此，我们认为放弃数字计算，转而选择支持模拟计算的选择，这将是基于强有力的理论根据的。例如，“大脑是一种模拟而不是数字设备”的这种一般考虑，是不足以成为理论依据的。认知系统以一种“平稳”的方式在改变的这一事实并不引人注目。通过采用函数，使其参数和值进入有理数集中，人们期望以那样“平稳”的方式来表征变化。有理数集 Q 是密集的：给定任何两个有理数，在它们之间总还有第三个有理数存在。但是 Q 依然是一个可数集（任何有理数可以被表征为一对自然数字），因此，$Q \to Q$ 的函数类型可以由数字设备来计算。这需要检查实数集 R，因此，放弃支持连续量的数值量（digital quantities）是出于数学分析方法和数学分析理论仪器的需要。在建模认知现象的过程中需要这种方法，但这仍然是个悬而未决的问题。

5. 结　　论

在本章，我们已经指出对正遭受攻击的计算主义的一些误解。

批评往往是基于一种特别严格的、限制的计算主义的观点，这种观点被认为是一种巧妙地反对其他主张的“范式”。毋庸置疑，在一次次提出的各种方法之中存在着深刻的分歧，范围从“经典”认知科学到联结主义和动力学（在这里我们不处理其他可能的竞争者）。然而，这类“计算主义与其他事物”的对立是一种误导。它没有解释这些方法之间的实际差异，也没有说明一些尚未解决的问题。

尽管某些限定的观点，如计算主义并不是像早期的支持者及最近它的一些反对者所描述的那样僵化。况且，这里要解决的主要问题不是认知如果不是计算的话，它可能是什么，而是要解决什么样的计算可能是认知的问题。[29]

注　　释

[1] 从 Scheutz（2002）借鉴的表达。

[2] 在这里只需要考虑福多对“华格纳的（即经典）人工智能和模拟行为概念”的强烈批评（Fodor，1983）。

[3] Pylyshyn（1984，pp. xxi-xxii）。

[4] 例如，考虑下述引用：“计算机与神经系统……之间差异作出这个隐喻：把大脑等同于计算机似乎不仅仅是小事。……”已知并行的脑结构及信息存储分散性的推测已经表明，一些在理解认知功能上取得巨大成功的研究已经实现，其研究是从激进的偏离序列固有模式来实现的。这个想法就是试图理解互联的神经元式的元素如何同时处理信息，可能完成这种任务就如同模仿认知与学习一样（Churchland，1986，pp. 458-459）。“在把大脑视为图灵机时，我们必须面对令人不安的观察：我们对大脑的状态建议表和状态转换是未知的……，对输入带中的符号是含糊的，没有预先指定的意义，并且不论转换规则是什么，它们不是一致适用的。……这样看来，对计算机及大脑之间失败类比的应用中，只获得很少或根本没有获得任何有价值的信息。”（Edelman，1992，p. 227）

[5] Fodor and Pylyshyn（1988，pp. 50-64）。

[6] 在可计算性理论中，有效程序的特点是按一种算术函数，即所谓的局部递归或图灵可计算函数赋予的。也有人提出异议认为，确定一个函数的计算价值是有限的（Scheutz，2002）。仅在计算机开始时输入数据被提供，而输出在计算机结束时才产生出来，这种异议才是合适的。大多数的计算机执行的算法不按这样的方式运转，在大多数情况下，计算机程序继续与使用者或他们的环境相互影响，并采取新的输入及产生的新的输出直至计算结束。类似的观点也支持在认知科学中使用的算法。这些现象是所谓的交互式计算研究领域的课题。但是，这些方面与我们当前的讨论并不严格相关，我们也不打算考虑它们。

[7] Gandy（1980）发展了一种算法全面的分析，其中，包括平行的计算过程。这一分析导致进一步确认了丘奇论题。甘迪个体化了一种非常普遍的制约，这必须满足每一个演算过程。计算设备服从于所谓的甘迪机（Gandy machine）的限制。图灵机变成一种特殊甘迪机（换句话说，一切可由甘迪机计算的函数，也可以通过图灵机来计算）。

[8] 参见 Fodor（1983）。

[9] van Gelder（1998a，6.3 节和 6.10 节）。

[10] 同上，6.4 节。

[11] van Gelder（1998b，1.3 节）。

[12] 同上，1.4 节。

[13] van Gelder（1995）。

[14] Bechtel（1998，第 5 部分）。

[15] 见原著，p. 9。

[16] 某些早期支持者所强调的“古典”认知科学，并不意味着联结主义只是一种执行理论。一方面，表征和算法并不是对上述提到的执行问题的反对。另一方面，其他功能也可以用来区分计算层次的经典及联结主义解释，例如，联结主义强调认知的学习及统计方面。

[17] 在连续动态系统中有微分方程，在离散动态系统中也有微分方程。一种机械的（算法的）模型只能接近微分方程的行为。我们暂时不处理这个问题。如上所述，van Gelder 的动态方法的显著特点并不在于连续性的动态系统，而在于它的离散系统（van Gelder，1988b，1.4 节）。

[18] 例子见 van Gelder 对“霍布斯”即机械的，以及“休谟”对心理学的解释之间的区

别（van Gelder，1998a）。这个主题又可见 Bechtel（1998，第 4 和第 5 部分）及 Beer（2000，pp. 96–97）。

[19] Bechtel（1998，p. 312）。

[20] 出处同上。

[21] Bechtel 观察到，在发展机械模式时动力学解释的作用，这种作用类似于认知主义心理学所强调的生态学要求（如 Ulric Neisser）。Bechtel 指出："生态语言的有效性源自于吉布森，值得注意的是，许多现今的动力系统理论的（dynamical system theory）理论家也是新–吉布森者。"（Bechtel，1998，p. 312）同时还要注意的是，马尔也把吉布森视为"也许是达到计算理论层次最近的人"（Marr，1982，p. 29）。但是吉布森"被视觉显著的简单性所误导"（p. 30），如此忽视了这一理论的机械的一面（即根据表征和算法来解释）。马尔总结说，吉布森"没有正确地理解信息处理是什么，这导致他严重低估了视觉所涉及的信息处理问题的复杂性"（p. 29）。

[22] 这一主题最近的观点参见 Trautteur（2005）。

[23] Craik（1943，p. 50）。

[24] 欲了解详情，参见 Cordeschi（2002，第 4 章）

[25] 参见 Pylyshyn（1984，pp. 199 ff.）。

[26] O'Brien（1998）把这篇论文称为结构的同构。对于部分类似的立场，参见 Trenholme（1993）。

[27] 在第二种意义上的模拟模型可以同时与命题表征和联结表征结合，这仍然在数字计算的边界内。例如，Chella，Frixione and Gaglio（1997，2000）在人工视觉及机器人领域内的联合，这种联合结合了命题表征和联结主义网络的模拟模型。

[28] 关于这个主题，参见 Pour-El and Richards（1989），Weihrauch（2000）。

[29] 感谢 Diego Marconi，Massimo Marraffa，Teresa Numerico，Dario Palladino 及 Giuseppe 对本章之前的版本作出有益的批评。

第二部分 心灵的维度

Dimensions of Mind

第四章　视觉科学与认知问题

阿尔弗雷多·帕特诺斯特

“关于视觉科学这个问题，正如帕尔默在他最近令人印象深刻的工作中所介绍的那样，视觉科学不仅是认知科学的分支，并且是唯一最连贯、最完整和最成功的科学。”[1] 但是这一判断似乎有点沙文主义，视觉无疑仍然是认知科学的一个非常重要的领域，尤其是它带动了哲学家与科学家之间丰富的讨论。

对哲学与认知科学之间的关系的认识有两种对立的、激进的态度。一方面是一些人（包括大多数但并非所有的哲学家）认为，来自先验论据的结论比当前心理科学所提供的实证结果更真实、可靠。这些人倾向于把这种心理学理论确定为他们的哲学倾向（philosophical bents）。另一方面，一些学者把优先权给予最完善的实验结果。基于实证证据，他们试图勾画出一幅哲学与当前科学发现一致的图景。我比较赞同后者的策略，相信在这个领域存在的问题仍是难以评估的，在本章我将采用一种更变通和谨慎的态度。基于对案例研究的分析——直接与间接实在论之间的争议——我将论证从认知科学得出的能阐明视觉感知的哲学问题的某些结果。然而，同时实证研究也仍然受到哲学假说及偏见的制约，这一点将变得更清晰、明了。

1. 直接知觉与间接知觉的哲学对立

哲学极其关注知觉（perception），特别是在 17 世纪及 18 世纪，当时哲学反思的主要对象是关于知识的起源和基础。许多不同的问题都在这个领域被提了出来，毫不夸张地说，一些被视为知觉的哲学问题，都可以通过这一问题来表述：我们能直接感知外部世界吗？[2]

没有哲学背景的读者会认为这个问题很奇怪，这是相当符合逻辑的。“直接”意指什么呢？如果它意味着视觉体验是自主的、即时的（即瞬间的），并且是毫无意识的底层的复杂的脑机制的话，那么这一主张似乎是朴素、真实的。然而，我们是间接地考虑外部世界的想法，这似乎同样是朴素、明显无害的言论，即我们通过感官受体（sense receptors）进入世界。[3] 虽然我们有很好的理由相信感官受体是可靠的，但毕竟它们是以一些决心或生物功能和某些编码信息的特定方式为特征的。我们对世界的感知局限于感官受体是如何运作及它们的功能范围。举例来说，对于感知一些频率来说，它们以这样或那样的方式出现在我们面前，如具有一定的形状和色彩的事物。我们可能对这些形状和色彩是盲的或哑的。从这里到一些怀疑结论只用了一小步，我们不知道真实的世界是什么样，但仅仅是因为它出现在我们面前。这就是为什么感知问题在传统意义上已经成为认识论问题，即关于知识可靠性及合理性的问题，它与怀疑论密切相关。在一种第三人称人格化中，怀疑论敢于质疑世界的存在问题。事实上，对于感官受体的依赖，应该被解释为将限定我们生活在自己感官所创造的世界中，因此这个世界根本不存在（“本体现象论”）。然而，尽管我们尊重怀疑论的老问题，但我们不采取这种严肃的怀疑假说，而采取隐含于本书中的自然主义的态度。对于间接实在论，根据视觉经验的内容，我们宁愿提出更温和的哲学立场——在我们看来的行为或视觉事件[4]——是来自感官的输出（在这个词最广泛的意义，见注释［3］）。也就是说，它们是一种心理活动。感知内容的心理本质并不削弱这种实在论观点，因为内容的因果源是外在环境，包括对象、属性和关系。这是真正的项目重构，通常以一种可靠的方式，通过心理，最终通过神经来运作。

相比之下，根据直接实在论，视觉感知的内容是真实世界中的对象、性质和关系。直接实在论者认为，间接实在论有一些强烈不可信的认识论及形而上学的后果。形而上学的结果在于对心理实体的物化，即一种新的笛卡儿式二元论；认识论的后果是怀疑外部世界的存在。[5]更确切地说，间接实在论不能克服怀疑论的假设；不能排除世界的不存在性。在这方面，间接实在论将等同于本体现象学。

直接实在论者主张，这些结果是内在的，对于一种熟悉及不幸的、持续的感知认识论解释来说是内在的，这种解释可以追溯到笛卡儿，这种解释在感觉材料理论的意义上仍然是活跃的[6]，这是经典英国经验主义的最新版本。这是一种基于外部事物解释来产生内部印象的观点。在经验主义哲学的传统意义上，受体屈服于感觉印象及屈从于来自印象的思想，这些印象来自联合或推论（取决于版本）。因此，在感官系统产生了一个“思想的面纱”——所谓的知觉面纱。我们可以直接访问一般的视觉经验，而不是访问世界本身，或者是去访问一个现象世界，它的特点是要由受体的本质来定义。举例来说，在感觉材料的理论意义上，对象、性质及关系是通过视觉经验的主要内容来诠释的，例如，颜色的色调、斑点、污点及最初形状。我们可能不知道感性基元（perceptual primitives）实际上是什么东西，即视觉经验的直接成分是什么，但不管怎样，视觉经验的直接成分都是精神实体。

根据普特南的观点，间接实在论的失败也意味着计算认知科学的失败，或者至少是一种心灵哲学的失败，这种心灵哲学观点隐含在经典认知科学中。[7]事实上，计算主义与直接实在论都是致力于这一论题，即在视觉感知中我们能访问的是感官受体的输出。另外，计算主义可以反过来理解，主张计算认知科学实际上隐含了间接实在论，那么这将是一个接受间接实在论很好的理由。总之，这个论题是要承载的，它预设了感知的计算解释与间接实在论之间存在联系。难道我们有充分的理由来相信这种预设是真的吗？这不是一个容易回答的问题。我认为，尽管在原则上，认知科学不能简单（或直接）地回答这个问题，但它提供了一些有用的线索来淡化这个问题。

2. 视觉的两种哲学解释

快速浏览一些感知心理学手册可以了解到，很明显这是那些支持直接理论或间接理论的人讨论激烈的区域。[8]建构论通常被视为“间接”的，而“直接感知（理论）”是吉布森用来表示他的生态光学的术语，“直接感知（理论）”被提出来，很明确是作为一种建构论的替代理论。[9]

这两种方法在几个方面存在分歧。从与此相关的角度来看，最关键的一点如下所述。根据建构主义的观点[10]，由光感受器所携带的信息不足以说明所感知的事物是什么，即视网膜的信息是与多种视觉解释相容的。因此，视觉系统必须进一步整合这些数据与信息，以一种“重建”的方式确定世界上有什么。这种额外的信息对感知者是有用的，这种额外的信息要么是天生的，要么（更传统地）源于学习。有时，这种整合过程被看成是一类无意识推论。相比之下，根据吉布森及其他追随者的观点[11]，应远离重建或推论的视觉系统，只提取、挑出刺激中所呈现的信息，并且“自身调和”相关的信息结构。

远端刺激的不确定性是几何光学中已知的事实。例如，同一个视网膜图像可以从不同的角度来投射。因此，按照吉布森的策略，生态学家必须诉求于一种不同的刺激概念。根据吉布森的观点，刺激中的信息不仅仅只是定义如边缘、轮廓、斑点的基本特征。这些信息携带的是高阶不变量（higher order invariants），诸如纹理梯度、光流、视野率的复杂属性，这等同于某些现象感知功能。或者根据简单性原则，最起码这些高阶不变量与知觉项是共变的（co-vary）。因为视觉不是静止的，所以刺激才可以这么丰富、有建构性。行动者的眼睛、头和身体会一直在动。动作（movements）产生差异性，差异性承载信息。视觉的概念建构过于静态，因为视觉过程被当作视网膜上的静态图像过程。相反，由于运动，这种刺激不是一种二维图像。这是相当丰富的光线模式，是所谓的环境光阵列（ambient optic array），这种光线模式足以说明视觉领域内的表面模式。

这可以视为一种形式的重构[12]，因为它符合这一论题，即信息通过刺激实现，必须为了产生一般的视觉经验而进行明显的整合。计算方法的特点正是对于这种整合是如何产生的，而给出具体的建议：什么是可计算的，以及如何计算。根据计算方法，好的视觉心理理论，尤其是描述算法，是通过一步一步重建远端刺激的属性实现的。与此相反，信息的提取过程假设了生态学家不能在心理学上将其分解成更基本的操作或（推测的）计算。可以说，生理学家的任务是去发现神经系统是如何切合高阶不变量，因为高阶不变量是一种生物化学上的任务，可用来进一步阐明神经生理学的细节。但是，生态心理学家不必研究不变量标准，即它们是什么，以及它们如何可能通过环境光阵列来实现。

生态理论与计算理论之间的差异性——或更普遍的在生态学家与建构主义者之间的差异——正逐渐消失。虽然吉布森明确反对计算概念，使得难以实现真正的合成，但事实上这是思想的相互“浇灌”（outpouring）。[13]尽管如此，这超出了本文的目的，因为这需要在两种方法之间建立一种系统的对抗性。我的目标是评估上述所提及的两种方法的功能，是否为所讨论的哲学立场提供了经验证据。我们是否可以说，感知的计算理论是间接实在论的一个好的实例呢？当心理学家说的感知是直接（间接）时，是否他们与哲学家所提到的感知是“直接”(间接)的意指相同呢？是否有超越直接与间接实在论的第三条途径呢？这是我们将试图回答的问题。

3. 心理学解释和哲学解释：一种比较

首先，需要重点指出的是，在哲学中所讨论的是认识论问题，而心理学中讨论的是解释的问题。哲学家们讨论了如何看待知觉是为了满足某些认识论的作用：为了证明他们关于外部世界的知识是正确的。心理学家处理的是视觉感知如何运作的问题。心理学家不关心合理性问题，因为在他们看来，没有什么事物是合理的。据推测，知觉通常并不总是行之有效的。当然，这两方面并不是完全相互独立的。例如，知觉评估的推理可以用来支持认识论的论题，其根据是：知觉是概念知识的来源。不过，人们应该持谨慎的态度，对来自解释观点而得出认识论结论持谨慎态度，因为知觉如何运作的解释与这样或那样的认识论解释之间似乎没有必然的联系。从这个意义上说，哲学家不时提出的知觉概念，在很大程度上是独立于知觉功能的科学解释的。正如我们将会看到的，根据知觉的计算理论是一种复杂版本的感官材料理论，两种讨论之间的混乱是基于普特南的草率论断。结果是，普特南指责（不适当地）认知科学不能消除怀疑主义。

其次，在两种讨论中，“直接”和“间接”术语是在不同的意义上使用的。正如我们所看到的，哲学家认为，视觉经验的内容是属于精神实体的范围，知觉是间接的。从现在起，我将把本篇论文视为 IPH，即间接性是在哲学意义上的间接性（indirect in the philosophical sense）。知觉的计算理论可以说在以下方面（心理学，IPS①）是“间接的”：

IPS_1：感知真实世界的属性和对象，需要整合（以计算和/或推理方式）刺激中的信息。换句话说，世界属性不能直接从刺激中辨认出。

① indirect in the psychological aspects（IPS）。——译者注

IPS_2：知觉要求精神或心理学活动。这就是说，在 IPS_1 中提到的整合可以适当地描述为心理学活动的集合。

据我所知，IPS_1 本身与间接知觉的哲学概念没有任何关系。只有当与 IPS_2 合在一起时，IPS_1 似乎才能证明（哲学）间接实在论。因此，现在的问题是，IPS_2 是否等值于 IPH？难道这只是个细微差别的问题，或相反，难道这两种主张有本质上的不同？

根据计算主义，知觉包括几个处理阶段，其结果是建构了某些视觉表征。这些表征被视为精神实体。在这个意义上说，视觉经验是与心理表征相关的。从这个论题到 IPH 少了一个步骤，即不了解以下主张：知觉是精神实体。另外，因为这一论题与意识内容的经验本质相关，所以间接实在论不适合计算认知科学。认知科学不特别关注意识状态。相反，在大多数情况下，认知模式关注操控信息的亚人过程，但亚人结构并没有作为第一人称意识对象而出现。[14]视觉计算方面主要关注让我们有知觉经验的机制和结构，而间接实在论也是以这样的方式关注知觉经验的，等等。这些状态中的事物以某种方式出现在我们面前。以间接实在论的范式和感觉材料理论为例，间接实在论范式和感觉材料理论的出发点是，不能从现象上区分幻觉与真实感知。因此，争论的结论仅涉及现象结构的视觉经验。

在相反的领域内，生态学理论与直接实在论之间的关联更为明显。我们甚至可以认为吉布森已经尝试概述这一哲学立场，而这一哲学立场通常被称为“直接实在论”，并给予这种哲学立场以坚实的经验基础。事实上，自 1996 年以来（甚至之前），他已经提出用他的理论来替代间接实在论的哲学学说，他的理论大部分是致力于知觉的心理学理论。[15]受哲学偏见的影响，吉布森认为计算视觉包含在心理学理论之中，这种哲学偏见是：感知涉及精神实体的建构。因此，当普特南把计算理论看成是一种关于感官材料理论新的（伪-?）科学版本时，他产生了与吉布森相同的问题。吉布森与普特南都主张，因为计算主义致力于心理表征概念，致力于重新介绍知觉面纱，将导致一种令人无法接受的身心二元论。[16]

因此，不容置疑的是，我们期望在生态学理论中拒斥心理表征，即吉布森的“直接”概念，远不仅是拒斥相反的主张，很明显的是，吉布森的“直接”概念使生态学理论不致力于任何形式的心理主义。但是，进行简单的反思表明，有一些反对意见针对的是吉布森所使用的“直接”概念。首先，不变量不是环境属性；它们是（近端）刺激的属性，在这种意义上，至少不变量不能被定义为：其是独立于感知者的。[17]事实上，我们通过感知不变量而感知到了环境属性。那么又如何能说明我们是直接感知外部世界的呢？生态学家的回答是，在环境属性与不变量之间有一种法理关系：不变量既不是精神实体，也不是心理操控的结果，在这种意义上，不变量不是环境属性的标志或符号。[18]因此，计算理论也能够被描述，这是很容易回答的问题。毕竟，正如一种直接感知理论：近端刺激所执行的这类过程——其法理上与环境属性共同变化——不是心理过程，至少如果我们把自己局限于早期的视觉领域内的话，这意味着它不是语义或意向性的（根据马尔的理论，早期的视觉领域，或多或少是对应于两种较低的处理阶段的）。早期的视觉表征既不是标志，也不是符号。众所周知，吉布森否认知觉涉及计算，但这一点与此讨论无关。根据吉布森的标准，问题的关键在于，视觉表征是否是符号。当然，它们不是符号。在因果上，表征与环境属性共同变化。作为某些计算的结果，使得表征与环境属性，比起不变量有更多的符号。表征是意向性的，不论这一点适当与否，但这是值得去商榷的；更重要的是，一旦（我们）采用意向性的说法，不变量也就变成是意向性的了。总之，任何认可生态理论为直接实在论的人，都面临着下面的困境：要么生态理论也是一种间接知觉理论，只要不变量是一类精神实体；要么我们缺乏一种明确的感觉，这种感觉可以把生态理论说成是“直接的”（而计算视觉被当成“间接的”）。

可能有另一种更积极的方式来描述吉布森版本的直接实在论，即对计算理论的批评，该计算理论是作为一种更明晰的支持间接实在论的形式存在的。这种观点的内容如下：知觉是一种动物所拥有的事物，即它是一种行为，而行为是整个行动者的属性。因此，正如计算主义所想的那样，解释知觉就是对行动者与其环境之间的关系给出一种解释，而不是去描述心理–功能的层次的神经系统的运转。诺埃（Noë）和汤普森（Thompson）发现了一种相当高效的方法可以来表达这一点，这种方法对吉布森来说至关重要：

> 知觉……不是发生在感知者脑海中的一个事件，而是整个动物的行为，这种感知的行为指导对环境的探索。一种对视觉的错误描述是，如果某人把知觉当作一个亚人过程，而亚人过程使得大脑是基于贫乏的感官图像来建立一种关于环境的内部模式的话，那么这是一种误绘（misdescribe）的视觉概念。这种视觉概念被投在了错误的层次上，即这种内部视觉概念需要一些条件来看（vision）……[19]

总之，视觉是整个有机体的功能；它允许有机体在环境中成功导航和行动。

来自诺埃和汤普森的引用表明[20]，这是一种不同类型的解释。根据生态学中视觉过程是整个行动者过程的观点，计算方法有一种分析的、以分解为导向的特点：计算主义者在头部或在大脑中搜索了什么，而使得整个主体的视觉经验成为可能。跟随约翰·麦克道尔（John McDowell）[21]，我们可以说吉布森的理论在双重意义上是视知觉的现象学理论。一方面，这是个人层次的解释；另一方面，这是一种行动者感觉（意识）经验理论的解释。然而，事实上，事情远比这更为复杂。对直接信息概念的提取涉及不变量，至少其中一些——如光流——与处理层次相关联，这一层次通常被计算主义者称为“早期视觉”。这些参数与有机体的意识经验没有任何关系。总之，即使不赞同生态理论的现象学解释，这是一个个体层次的理论也是事实，因为本质上它是对感知宏观结构的描述，即一种整个行动者是如何看的理论。这些描述假设了一些心理上的原始过程，如不变量的提取，对这些过程的澄清是神经生理学的任务。与此相反，计算理论家认为，这些“黑箱”应该使用心理学词汇来描述，特别是应该用算法来描述。计算理论提供给我们知觉的微观结构解释，但这仍然是心理学的解释。正是在这个意义上，生态理论否定了心灵主义：它不关注视觉系统产生的运作，这种运作是一种心理活动。但是，仍不能证明的是，隐含在计算主义的这类心灵主义的数量，能直截了当地支持间接实在论，把这种观点描述为：它们是“介于”行动者与世界之间的精神实体。只是因为它是亚人的和非现象学的，所以计算视觉并没有被定位在标准（哲学的）间接实在论相同的层次。

4. 一种微紧缩方法

让我们得出一些初步的结论。首先，我们对心理理论的讨论表明，直接和间接实在论都可以说是（大致）属实的，如果从两种不同领域来理解的话，那就是关于两种不同层次的描述。更具体地说，有一种“间接”感觉，对于“间接”视知觉的证明并不是不恰当的，至少，根据视觉系统产生的操作研究，一个（我倾向于）支持的论题是与心理学事实相关的。事实上，这是视觉论题的强有力证据，涉及大量计算/表征的阶段，视觉感知在亚人描述层次上结果是间接的（见上文，IPS_1及IPS_2）。在个人层次上，知觉被描述为整个行动者与环境之间的关联，这似乎更能说明知觉是“直接的”。直接实在论真理源自强大的直觉，即在知觉行动或事件中，世界只不过是被提供给我们，而不是表征（等于重新呈现）：我，作为视觉经验主体，与使经验成为可能的过程不相关，而与经验因果的来源相关。有理由来怀疑我正抱着的是一只真正的猫，但没有理由来怀疑我看到的是一只真正的猫。从这种意义上说，知觉不应该被看作是我们与世界之间的交接口。它反而是我们身体的一部分——功能子系统——允许我们在环境中成功地定位自己。

然而，对我们来说，这一描述显然是关于知觉是什么的问题，也就是说，知觉是什么被当作一种现象学事件。它与视觉的微观结构毫无关系，即与视觉子系统如何运作的问题无关。视知觉的微观结构清楚地表明，知觉在亚人层次是间接的。但这种意义上的“间接”——让我们称之为心理感觉——与标准的哲学意义并不相符，因为计算主义所假设的表征是不可见的事物。计算主义不是视觉经验的内容；它们是使视觉经验可能的结构（structures）。因此，普特南对计算主义的攻击出现了错位，因为他忽略了现象学（宏观结构的）层次与微观结构层次之间的区别。在心理学意义上的“间接”并不意味着知觉是精神实体；它只需要知觉依赖于心理操作，而这正是知觉是“建构的”主张所表达的意思。同理，在心理学意义上的“直接”并不意味着根本没有心理活动。为了评估作为直接总量（direct amounts）的感知：①否定了认知运作的存在，即否认了概念协调者或思维过程；②尽量减少甚至完全排除这些操作的心理学意义。事实上，因为它们等同于不变量的提取过程，应该将这些运作看成是心理学的原初物（primitive）。因此，我们可以说，经验心理学——被当作一个整体——降低了直接与间接之间对立的关系。上述两种条件可以解释两种不同观点，这两种观点可以和平共存。

考虑下面的类比。一个文件传输过程，是通过一对FTP程序来执行的。一种程度是在客户端电脑上运行，另一种程序是通过远程服务器运行。我们是否可以说这两种程序是直接联系的呢？那么回答既是肯定的又是否定的。在某种意义上，两种程序直接地沟通是正确的，因为它们之中的一种程序所指定的要求可以被另一种程序来解释和执行。然而，这里有大量连接两种程序的软件（更不用说许多物理信道）。由FTP客户端生成请求首先被传送到另一个本地程序，然后本地程序又将其传输到另外的程序，并依此类推，直到它通过远程程序，最终通过FTP服务器来接收，然后结束程序。这里有许多处理层，所需要的是考虑通信。更简单一点，我们可以说，有两种类型的通信：介于两种FTP程序之间的逻辑通信；介于传输链上任意一对相邻设备（无论是软件或硬件）之间的物理通信。同样，感知行为可以被看作是主体与现实世界之间的逻辑沟通，但是，为了使感知成为可能，需要许多处理阶段，特别是需要建构一些表征结构。

从这个类比看，很明显的是，对所提出的间接观点的重新解释，并不涉及普特南所抱怨的哲学破产（不可能指二元论、怀疑论）。其实，我的观点并不致力于表征是交接口（interface）这一论题。或者，更确切地说，它们并不是用来分离行动者与现实的某些事物的交接口。相反，表征（及过程）是使逻辑沟通成为可能的事物。但是，我承认，逻辑交流是先天的，与直接实在论者的直觉相符。这样，根据依赖于心理运作的感知内容，不仅"间接直觉"——而且"直接直觉"也要求，我们只与我们所在的世界相联系。关于由什么来负责具象化（reifying）精神实体的问题，答案是心理表征是物理实体，其实体在功能层次被个体化，心理表征并不构成一个独立于物理领域之上的本体论域。

然而，对这个比喻有一个重要的限制。FTP程序是传输链中（终结点）的"盒子"，而行动者不是盒子，他们是整体，其中，盒子被实例化。此外，某个人与他的计算（或就此而言，物理的）子系统之间的关系并不是标准的部分/整体关系。因此，对知觉多层结构类比的解释，并不是行动者与其经验内容之间的本质关系，在某种程度上这仍是一个谜。事实上，计算主义者面临着准确地解释我们、现象主体及由知觉子系统建立的表征之间究竟是何种关系的问题。根据标准的解释，我的视觉经验内容伴随于计算的表征结构。这意味着，表征的实例化（例如，马尔的猫的2½维度草图）必须屈从于一个给定内容经验的出现（例如，我看到一只猫），但这个陈述留下了两个公开的问题。首先，有充分的理由怀疑，在常识心理属性与计算属性之间有一个系统匹配问题，因为各自的个性化标准是极其不同的。[22] 其次，当一个给定的计算-表征结构被实例化时，为什么知觉内容会经历这些事物呢？众所周知的事实是：这是 一个所谓解释鸿沟的问题，即物理-功能事实与现象意识之间的解释鸿沟。[23]

在这里我不处理这些问题。相反，我想指出的是，即使有人假设知觉事件（个例-状态（token-states），如我在 t_1 时看见了一只猫）等同于计算事件——我承认，只是为了论证起见——这并不意味着心理是“实物化的”，也不意味着心理就是我们（作为个人）与精神实体的接触。计算状态是一类神经生理活动，当然，我们不是与自己的大脑活动接触，至少在标准的意义上不是。上述提到的困难依然存在，但它们并不特别地关注感知，并且上述提到的困难与二元论或怀疑论也毫无关系。

5. 结　　论

视觉科学提供了几种元素，这些元素使我们去解决，或至少从不同的角度去解决一些传统的哲学问题，如直接实在论与间接实在论之间的争论。然而，尽管计算理论与生态理论的目标是对视觉感知进行经验的解释，但二者都体现了一些假设：它们都有资格作为“哲学的”假设，例如，关于近端刺激如何被个体化，或究竟什么应该纳入视觉中。此刻，很难看到经验心理学如何能完全摆脱这些假设，这种假设在某种程度上仍有先天性。这就解释了为什么仍能找到一些哲学的“束缚”（cramps），视觉的心理科学研究不能驳回一些假设，在纯粹经验的基础上这些假设很难证明其合理性。此外，我们还远远没有理解视觉经验内容与计算心理学所假设的表征结构之间的关系。除非我们能够阐明这个问题，否则在科学的框架内包容或理解哲学的直觉，（计算）认知科学的理论地位在一定程度上将继续被动摇。

我们的视觉分析强调了经验的科学及先验的哲学之间存在着长期的交织性。我认为这不应该被当作视觉科学尚未成功的证据，或者视觉科学还没有如此先进的证据，只是因为这是心理学研究的开端。相反，如果认为哲学与科学之间的互动是富有认知成果的，那么这一点也是相当有问题的，由于它们的性质不同，很难内在地克服一种纯粹的经验方法。

注　　释

[1] Palmer（1999，pp. xvii-xviii）。

[2] 参见 Smith（2002）。

[3] 所谓“感官受体”，我并不意指感觉器官，而是致力于处理感官信息的，挑选这些神经子系统集是有可能的（很难准确地定义感觉与知觉之间的边界）。值得注意的是，我们进入世界是“通过感官受体来协调”，这一说法是极具诱惑性的，似乎明确表明知觉是间接的。

[4] 从现在起，我将使用知觉或视觉经验的“内容”，而不是使用知觉或视觉经验的

"对象"，为了弄清楚，我们谈论的是关于我们的所见，而不是去乞求问题：无论我们似乎看到的事物，它实际是什么，即我们看到的"事物"本质是什么的问题。

[5] 这类讨论最近由 McDowell（1994）及 Putnam（1999）所提供。

[6] 参见 Russell（1912，第1章；1918，第8章）和 Ayer（1940）。

[7] Putnam（1999）。

[8] 参见 Bruce，Green and Georgeson（1996）；Palmer（1999）；Rock（1983）。

[9] Gibson（1972）。

[10] 建构性的概念，可以追溯到 Helmholtz，包括 Richard Gregory（1970，1980），以及已故的最有影响力的学者 Irvin Rock（1983，1997）。

[11] Gibson（1979）；Michaels and Carello（1981）；Cutting（1986）。

[12] Marr（1982）。自那时起，作为计算范式的许多研究结果表明，马尔的一些假设已经被证明不成立。不过，一般指导方针的范式仍然是马尔（1982）定义的。

[13] Neisser（1976）赞同生态主义的实验方法，但保持预期模式的建构概念。Ballard（1991，1996）提出，计算模型明显是受到吉布森见解的启发，概述了感觉运动范式的核心思想：知觉不能被视为只是行动。Norman（2001）建议（基于神经心理学证明），两种方法解释两种不同的知觉功能，因此双方都必须提供一个完整的解释。

[14] 因此，这与感觉数据的概念没有科学的关联性。

[15] "我认为，通过观察者看到的环境……是直接的，因为其不是通过视觉感觉或视觉数据来协调的"（Gibson，1972，p. 77）。

[16] Gibson（1972）；Putnam（1999，pp. 101-102，169-170）。

[17] 可以说，吉布森意义上的"环境"是主体相关的。一边是世界，另一边是环境。我们甚至可以说，在吉布森解释的现实世界中没有空间概念。但在这种情况下，他人的观点难以成为一种标准的哲学（直接）现实主义的形式。

[18] 参见 Schwartz（1994，pp. 144 ff.）。

[19] Noë and Thompson（2002，p. 3）。

[20] 参见 O'Regan and Noë（2001）.

[21] McDowell（1994）。

[22] 正如尼特所说的那样："产生行为的实际内在状态不会在功能上被个体化……以信仰/欲望的心理学方式把事物分开。"（[1981] 1987，p. 71）似乎人们只同意偶然性，代价是一种强大也许是过于强大的理想化。

[23] 参见 Chalmers（1996）。

第五章　通感、功能主义及现象学

菲诺亚·马克弗森

"通感"（synaesthesia）通常被描述为联合或混合的感觉。[1]理查德这样描述它："它是指一些罕见的能力，如看到颜色、形状或经历其他同样令人吃惊的感官交融，这种交融的特质似乎对我们大多数人来说都是很难想象的。"[2]一个著名的例子是，一个"尝到形状"的人，他经历了味觉的同时，也经历了摩擦他的脸或手的形状。[3]这种流行的特征是勉强过得去的。当然，对于通感是什么的事实，它涉及感官现象之间的相互作用：一些感官现象的某些刺激是在音乐联觉（synaesthetes）中所产生的，而这些感官现象并不是非音乐联觉所引起的。但是，另外的感觉现象的准确性质成了大部分关于通感本质的争论。

通感是已经被知道较长时间的一种现象。在19世纪末和20世纪初，这一主题出现在许多心理学文献中。[4]通感的许多工作依赖于主体的内省报道。因此，当后来20世纪的心理学家避开内省报道时，激进行为主义的方法论已蔚然成风，而通感却是一个很少被研究的主题。然而，最近，心理学再次改弦易辙。随着认知心理学的发展和客观技术的出现，其试图探索心灵意识状态的本质，这种本质是由内省报告的，因此对通感的心理学兴趣已恢复。最近，揭示出了关于这一主题的许多新发现。

在哲学界，对通感的研究兴趣才刚刚开始起步。很有趣的是，在哲学上出现这种现象可能主要有几方面的原因。原因之一是，有关跨模态现象的证据可能会影响对这些问题的回答，即哲学家探求如何个体化感觉，探求关于感官之间的关系，探求在不同模式中细致刻画的体验应该是什么。另一个原因是，因为视觉及听觉的感官系统，通常是作为我们的认知模式系统的范式来被运用的。大概地讲，模型系统是不能合理地受信仰所影响或不受其他高级认知状态的影响，也不受其他感知系统部分的影响。[5]最近，哲学家和心理学家们在讨论，与非音乐联觉相比，音乐联觉是否包含受损的模块化或是否通感有一种另外的知觉模型。[6]

心理学家也正在研究通感经验的本质。这本身就是一个有趣的主题，但这种研究也引起了人们对哲学研究的兴趣。意识状态的本质是否或者在何种程度上可由经验方法来确定，这是哲学家一直在争论的问题。心理学的方法和假设应当由哲学家来细查，哲学家一直在处理这一本质的理论问题。与此同时，哲学家也可以从心理学家运用到研究通感的技术中获得新的见解。最后，新的心理学现象往往能提供证据证明，即应该调整心灵的哲学理论。如果新的心理学不能从现象上构成这些理论的反例，那么它们应该被修改或放弃。人们主张，通感构成了功能论的反例，因此，哲学家应该研究这一主张。[7]

本章讨论的哲学家为什么对通感感兴趣还有最后两个原因，讨论结构如下：首先，我会研究对这一现象的一种有影响力的定义，考虑到最近的研究结果，将给出一种更好的定义。然后，我将介绍什么是心灵的功能主义理论。之后，我将详细解释这一论题，即通感提供了功能论的反例。

我继续质疑这一论题，理由是：这一论题是功能论版本，这一版本并没有受到反例的挑战。我将澄清这类功能论。此外，我主张，如果这一论证是有效的，那么它需要建立通感体验等同于一些非通感的感知经验。我研究了这种主张的论据，并表明这一主张还需要做下一步的工作。

1. 通感的本质

哈里森（Harrison）和科恩（Baron- Cohen）提供了通感的定义。他们主张，“当一种感官的刺激自动触发第二个感官知觉的时候，对于第二种感官来说是没有任何直接刺激的”，通感就发生了。[8]通感最常见的形式是“颜色听觉”（coloured hearing），某些声音或说出的话语同时引发了颜色的视觉体验。[9]通感的许多不同形式已经被报告出来，并且这些报告已经表明，通感可以在任何两种感官模块化经验之间发生。[10]（从现在起，我把这触发的经验称为“通感经验”）请注意，不像一些流行的通感实例（如“听到颜色”或“尝到形状”等），上述的定义并不能表明，通感只是在一种感官模块化中体验的属性，或者通感是作为一种不同的感官模块化来体验，或者是作为一些对象的属性或特征来体验，这种属性或特征通常只由不同的感官模块化来发觉。例如，这并不意味着，在“颜色听觉”中，体验的色彩就是声音的属性。正如下面所要表明的一样，没有好的证据来支持这种大众特征，这是适当的。[11]

然而，通感的共同特征至少需要五个方面的修正或补充意见。第一，某些感官模块化中的体验可以触发通感体验，这种通感体验不是传统五种感官模块化中的任何一种感官体验（视觉、听觉、触觉、味觉和嗅觉）。这份报道唯一值得注意的是，通感体验是运动和身体姿势的体验。[12]有鉴于此，人们会质疑通感体验是否只限于感官体验。然而，尽管什么使得一些身体过程成为感觉过程的问题，是一个很复杂的问题，并且这个问题在文献中很少达成一致，但人们普遍接受的观点是，比起传统的五种感官模块化，这里还有更多的感官方式。[13]身体的平衡感、位置感及运动感明显是对传统五种感观模块化的扩展。因此，我认为，一些已经报道的通感体验，并不是传统的五种感官模块化体验，而传统的感官模块化只是对一种感官模块的体验。

第二点更重要：在主要方面，对通感的描述是不准确的。我们不应该坚持，通感必须始终是一种跨模态（inter-modal）现象。最近有报道说，一种感官模块化中的体验，可能会在相同模块化中产生一种另外的体验或体验元素。[14]在这种内在模态（intra-modal）情况中，受试者报道说，一种视觉上体验的字母引出了更多的色彩体验。[15]例如，当受试者看由黑墨打印的字母表上的每个字母时，他们主张，自己体验了不同的颜色。这些字形–颜色联合的情况显然被研究者当作是通感的案例。事实上，最近许多关于通感的实验工作主要是关注这类案例，接下来将会主要讨论这些工作。

第三点是，对通感作出的定义没有考虑到我们现在所知的刺激本质，这种刺激本质上诱发了一种通感体验。许多具有通感现象的人报告，不需要有物理刺激来诱导通感体验，他们只需要想象刺激，就可以产生通感效应。[16]这个结果已经在实验上得到迪克森（Dixon）等的支持，他们通过测试受试者而得出的结论，受试者 C 是一个字形–颜色的通感者，他主张："通过心算激活的数字概念足以引起一种颜色体验。"[17]迪克森等在受试者身上开展了变相的斯特鲁测验（Stroop test）。[18]他们给受试者呈现了由算术运算符隔开的两个数字，右边的数字是一个色块，算术题的答案没有给出，因此，答案需要进行心算。受试者被要求给色块的颜色进行命名。在回应算术问题的解答方案时，与色块颜色一致相比，当色块的颜色与受试者在通感上所体验的颜色不一致时，他们需要较长时间来命名它。这表明，一种通感上引起的颜色体验，干扰了在不一致情况下的颜色命名。[19]

第四点是，尽管有强大的证据表明，一些音乐联觉通感体验，不仅可以由感官刺激的回应所引发，而且只是纯粹想象或思考那种刺激也可以引起通感体验，但还有一些音乐联觉通感不能单独由想象或思维来引发。针对这一发现，拉玛钱德朗（Ramachandran）和哈伯德（Hubbard）假设，有两组不同的音乐联觉：高级和低级。[20]高级音乐联觉在回应感官刺激时有通感体验，也可以通过想象或思维对这些刺激产生通感体验。低级音乐联觉只能由前者而不能由后者所引发。此外，在低级字形–颜色音乐联觉中，只有特定类型的字母能够引起通感体验，例如，阿拉伯数字"5"，而不是罗马数字"V"能够引发通感。相反，在高级音乐联觉中，通常的情况是，阿拉伯数字"5"、罗马数字"V"，甚至是对应于数字 5 的适当数量的分组点，都将引发（相同的）通感体验。

第五点是，最近有证据表明，考虑第一点和第三点的相关性，在某些情况中，与通感刺激相关的通感是主体的一种情绪反应。沃德（Ward）所报道的通感事例，只是由情感引出的刺激，如熟悉的人、熟悉人的名字、其他话语等。已经被客观指出的是，话语通常能引起人们的情绪反应及诱导通感的色彩体验。[21]有趣的是，当之前这种通感体验从未被引发过，或当这个人对主题更为熟悉时，通感的色彩体验可以由一个人的反应来引发。另一个值得注意的事实是，在通感体验中所表征的颜色似乎取决于主体感受到的情感。正如下文将要详细讨论的，通感联结似乎经常地贯穿于一个人的一生。这些事实支持这一假设，即正是情绪触发了通感：相同的情绪总是引起同样的通感反应，而刺激引发情绪，如当不同情绪被挑起时，也就引起了不同的通感反应。这些情况表明，对引起通感的相关刺激并非主要是感官模块化的刺激引起的，而主要是由情绪（通常称为情感）系统的刺激所引发的。[22]

最后说明一点，我将厘清上述关于通感的定义，即说明“触发”或引发通感的本质是不准确的。通感触发是说包括“一种感官模块化的刺激”。但这种刺激究竟是多少呢？上述的定义在这个问题上保持了沉默。我们已经看到，在某些音乐联觉中，通常的纯粹想象刺激就能引发通感，能够引发一种通感体验。但是，除了这种特殊情况外，引发通感体验的原因已经查明了吗？因此，需要在第一个实例中比较两种选择。第一种选择是，有意识的知觉体验导致通感体验。第二种选择有更高的要求，为了有一种通感体验，要求有一种意识的知觉体验，但除此之外，主体还必须确认他们所体验的是什么。换言之，引发了通感体验，既要求体验到了某事物，而且还要承认其所体验到的是什么。

关于两种选择，哪种是正确的证据呢？这是一些断然矛盾的证据。一方面，一种实验是：字母被简单地展示给一个字形-颜色受试者，但呈现的字母被另一种刺激所遮挡，从而使受试者停止对字母有意识地识别。其产生的结果是，遮挡了刺激并不干扰对目标颜色的命名，而实验所预期的结果即使遮挡了刺激也能够引起一种通感颜色体验。[23]另一方面，是关于拉玛钱德朗及哈伯德的知觉“弹出”（pop-out）实验，这个实验将在下面进行详细解释，这个实验与他们所做的“挤入”（crowding）实验正好相反。[24]挤入实验得出的事实是，当一个字母单独被呈现在视野周边时，它很容易被识别出来。然而，保留这个字母以上述方式同样呈现在视野周边，但它被其他字母所包围，事实上人们不能识别这个字母——这就是“挤入”实验。不过，在字形-颜色的音乐联觉中，这种挤入的字母仍引发了通感的色彩体验，事实上，通感者可以用颜色体验来确定字母必须是什么。如果 Ramachand ran 和 Hubbard（2001b）上述提出的区分是正确的话，这种明显的矛盾可以得到解决。他们主张，在高级音乐联觉中，刺激挑起通感体验这个观点是在联觉者产生通感体验之前，他可能需要有意识地认同一种刺激；而这对于低级的音乐联觉来说可能是不正确的：想象或思维刺激不能诱发一种低级的通感体验。因此，高级音乐联觉可能需要认同一种刺激，但低级音乐联觉却不需要。当然，实验者应该知道不同类型通感的可能性，并注意这一事实：设计的实验是为了检测通感的本质。

应该提及的第三种选择，与上面提到的两种选择形成了鲜明的对比。第三种选择可能是，缺少一种知觉体验（或者是主体的知觉体验连同主体适当确认体验到了什么），对一些身体结构的纯粹刺激（感官、神经或大脑——这些刺激通常先于所经历的非通感效应）可能引起通感体验。这种观点是对正常情况中的通感的描述，而不是对引发通感体验的心理非通感效应的描述。相反，在通感体验和心理非通感效应中有一个共同的原因，这个原因包括了感官、神经和大脑的纯粹物理刺激。

在我看来，这里没有好的证据来支持或反对第三种选择。没有研究能表明，如果阻止产生心理的非通感效应的话，那么中枢神经系统的身体活动是否能引发通感体验。这种身体活动通常先于心理的非通感效应（先于连同适当确认的体验）。这显然是心理学家在实验上可以进一步探讨通感的领域。

人们可能会认为，支持上述前两种选择的证据会对第三种选择有不利的影响。但是，这种观点是不正确的。支持和反对第一和第二种选择的证据只会形成以下观点：有关一种选择或其他的选择的假设必须是真实的。如果人们能够干预因果链的话，那么因果链不处理已经发生的事情，而这种因果链引发了通感与非通感知觉体验（或引发了那种体验加上适当确认体验到什么），但这种引发又是通过干预因果链中的最后一点来阻止心理非通感效应的发生的。因此，如果第三种选择结果是正确的话，仍然会有问题：关于正在谈论的纯粹身体活动是否是身体活动，这种活动通常只是先于非通感体验，或通常先于非通感体验连同适当确认所体验的是什么。

当试图定义通感时，应当考虑所有这些结果，根据上述的情况，我建议最好对通感定义如下：

通感是其中的任一条件：

（1）感官模块化中的一种体验，或

（2）不是感官模块化中的一种体验，如情绪体验，或

（3）想象或思维体验到了什么，或

（4）或者在（1）~（3）中所述的一种心理状态，连同确认心理状态表征了什么。

要么是有充分的自主原因，要么是有一个共同充分自主的原因（存在于主体的中央神经系统中），一种体验或体验元素是与一些感官模块化相关联的，并且不同于（1）中的体验。这种通感体验或体验元素都可以与相同或不同的感官模块化相关联，这种感官通常是与（1）~（4）中的心理状态有关。

因此，上述定义的原因是有充分的理由的，它排除掉跨模态错觉的情况，这种错觉一般被当作通感案例。这种错觉的一个很好的例子是麦吉尔克效果（McGurk effect）。[25] 相同的声音反复地暴露在主体面前，如声音“吧”。然而，主体体验到了什么取决于他们所观察到的唇部运动，这种唇部运动似乎产生了声音。观察一些人的嘴唇动作，例如，当说“吧”时作出的相应唇部运动（观察到没有唇部动作），这将导致主体报告“吧”的声音。观察其他一些唇部动作，例如，当说“嘎”时作出的唇部运动，将导致报告“哒”的声音。在这种情况下，体验“哒”的声音不是由单独观察唇部运动所引起的，它也是由听觉系统处理“吧”的声音所引起的。因此，单由唇部运动的视觉体验，不足以产生听

觉体验。因此，这种情况不是通感案例。我认为，非通感跨模态错觉案例与通感案例之间的区别在于，错觉（我们看到的事情，但以某种或多种方法误解了它）及幻觉（我们什么也没看到，仅似乎有什么东西在我们面前）之间的区别。在某种程度上，错觉及幻觉之间的区分并不鲜明，在跨模态错觉及通感之间的区分也不鲜明。

最后一点需要做的是，弄清关于上述的定义。通感体验被说成是“与一些感官有关的一种经验或经验的元素”。更为具体的是，这个定义不是关于通感体验的本质，因为通感的本质还有大量的不确定性。正如我们下面将要看到的，这有一些证据，即最像知觉体验的经验证据和一些最像想象体验的经验证据，具有大量的不确定性。

2. 功能主义的挑战

功能主义是一种心灵哲学理论。首先，大概地说，正是因果作用使一种状态成为一种心理状态，使一类心理状态成其所是。心理状态的因果作用是由状态的影响和原因组成的，这些状态可能包括身体和心理的状态或属性。功能主义不同意关于因果作用说明的正确层次。候选理论包括民间心理学、科学心理学或神经科学层次。因果作用可以被认为是宽的（即延伸到身体以外的及在主体环境中提及的对象和属性）或是窄的（也就是说，只延伸到身体表面或只延伸到身体的特别部分，如中枢神经系统）。有些功能主义者把心理状态等同于正在讨论的那些起到因果作用的状态，而其他学者则主张，心理状态是高阶状态：一种心理状态就是具有一些因果作用的状态，因果作用是被一些心理状态所使用。就我的目的而言，功能主义与其他学者之间观点的差异性是无关主旨的。

在我称为“强”和“弱”的功能主义之间有一种重要且相关的区分。弱功能主义主张，如果两种心理状态是不同类型的，那么它们将有不同的功能和作用。强功能主义认为，如果两种心理状态是不同类型的，那么它们将有不同的功能和作用，并且如果两种心理状态有不同的功能和作用的话，那么它们将是不同类型的。由于心理状态有不同的功能，所以它们是不同的类型。如果它们是如信念、欲望、体验或情感等不同种类的话，那么它们是不同的类型。如果它们有不同的内容，那么它们也是不同的类型，即它们以不同的方式表征了世界。因此，一只猫在垫子上的信念，不同于一只狗在草坪上的信念。如果心理状态有不同的现象特征，那么它们也是不同的类型[26]（在体验和感觉状态的情况中，当然这似乎是真实的，也与此讨论相关）。这可能还有可区分的其他类型的功能状态，但在这里我们不需要去关注这些状态类型。

格雷（Jeffrey Gray）等在一系列的论文中主张：通感提供了功能主义的反例。[27]很显然，他们头脑中的功能主义是强功能主义。[28]该反例指出，相同类型的心理状态具有不同的功能和作用。试考虑一位声音-颜色音乐联觉者，当他听到某些声音时，就会有一种颜色体验。假设颜色体验是相同类型的，即当他们看到红色补丁时他们会有这种通感体验，我们可以把这种类型的体验称为红色体验。根据格雷等的观点，在音乐联觉中，红色体验有两种不同的功能。当体验音乐联觉时，通常是由声音和听觉系统的刺激产生的。当体验非音乐联觉时，假设、通感将是由看到红色补丁，由视网膜的刺激及由视觉系统的其他部分产生的。因此，两种体验是相同类型的，但它们具有不同的功能和作用，这与强功能主义的主张是背道而驰的：如果两种心理状态有不同的功能和作用，那么它们将是不同类型的。

3. 正确地理解功能主义：这种挑战成功了吗？

格雷的论证成功了吗？在这一节，我将论证，复杂版本的功能主义并没有受到格雷潜在反例的威胁。弱功能主义显然避开了潜在的反例。这个事实将不会削弱格雷的论证，但正如我们所看到的，他的目标是强功能主义。然而，应该注意的是，功能主义者可以支持弱功能主义的立场，而从支持强功能主义中似乎没有获得重大的理论优势。[29] 即便如此，我认为，这里至少有两种版本的强功能主义，它们不受格雷所主张的反例的威胁。

第一种版本是强功能主义受限于特许的功能和作用。这样一种立场的动机是，如果心理状态是通过它们全部实际的功能作用来指定的话，那么几乎没有心理状态曾被算作同一类型。假设我有黑白条纹的视觉体验，例如，有一次，黑白条纹的视觉体验使我想到了薄荷糖（mint humbugs），另一次，同样的视觉体验使我想到了圣米伦足球队。问题的关键是，相同类型的心理状态能同时有不同的原因和影响。同样，因为心理状态之间密切相关，除非两个人共享相同的心理状态，那么事实上，我们会认为，一种心理状态有不同的因果互动，这种心理状态是他们想共同拥有的。例如，明天是好天气的信念，使我相信烟花将继续燃放，而你相信烧烤将继续进行（我们可以知道发生在明天的不同事情）。因此，似乎心理状态的部分功能和作用需要被作为特定的核心作用，这类核心作用是相同类型的心理状态的两种个例（tokens）必须共享的。与上面明显的反例相关，功能主义可以做的就是坚持，红色体验的核心功能和作用是通感和非通感体验的共同部分。例如，这种体验可能是一种由在脑皮层 V4 区域的活动所引起的，并产生了一种红色体验的信念。可以说，红色体验必须有功能和作用，并且功能和作用的任何状态就是具有一种红色体验。[30]

第二种强功能主义版本没有受到挑战，即它是强标准功能主义。上面已经论述过的弱功能主义及强功能主义定义的显著特点是，它们不含有标准元素。然而，许多版本的功能主义确实含有这种标准元素。[31] 标准功能主义将主张，要使事物成为心理状态，那就要使该心理状态具有典型的因果作用或心理状态具有最佳条件。强版本的标准功能主义主张，在正常或最佳的情况中，如果两种心理状态是不同的类型，那么它们有不同的功能，如果两种心理状态有不同的功能，那么它们将是不同的心理状态。这种版本的功能主义受到了反例的威胁，因为人们可以主张，在通感的案例中，如果某人不是在处于正常或最佳情况中，那么通感就是一种出了错的案例。人们可以认为，虽然红色非通感体验起到了某些作用，即在非正常条件下的体验类型，也可以有红色通感体验的功能。例如，人们认为，当通感体验发生时，物理状态通常等同于红色体验所起到的因果作用，而红色体验起着不同的作用。然而，当功能和作用异常时，并不停止把状态等同于正常情况下不同的因果作用，这种作用等同于红色体验。

4. 通感体验的本质

格雷对功能主义的挑战是，假定通感体验等同于红色的非通感知觉体验。通感体验本质的观点通常与这一论题相对照，即体验只是一种想象。[32,33]那有什么证据表明，通感体验是一种知觉经验呢？为什么通感体验不是一种想象力呢？

此外，在这个问题上，进一步的哲学兴趣是，关于通感体验的现象学特征能建立什么，这是值得研究的。一个众所周知的哲学问题是，关于主体体验是如何客观地被建立起来的。[34]

通感的第一个客观科学实验与斯特鲁测试有一致性。[35]具有一致性的测试基于这一事实：虽然音乐联觉者极大地偏离了他们所具有的刺激/通感体验配对，但每个音乐联觉者总是体验相同的配对。[36]比起那些被指导来发明和记住这些配对的非音乐联觉者来说，发现音乐联觉者在回忆这些配对时更准确。这些都是真实的，即使音乐联觉者不像非音乐联觉者，并没有被警告他们将进行重新测试；比起非音乐联觉者，音乐联觉者进行重新测试要经过更长的时间间隔。用于测试通感的斯特鲁测试细节及变体见注释［18］和［19］。

然而，这些证据表明，音乐联觉在某些方面是不同于非音乐联觉的，关于通感体验的本质，音乐联觉不是很有启发性。所有的一致性实验表明，音乐联觉可能只是想象的体验，他们已经知道联想刺激或联想出现的其他原因。同样，各种斯特鲁测试的结果表明，不论通感体验的本质是自动的还是不能被压制的，字形-颜色的通感体验干扰颜色命名，但并不表明它就像是一个感性体验。这一结论受到一项研究的支持，这项研究发现，训练非通感体验者用形状联想色彩标签，这种训练展示出很强的斯特鲁效应，当要求受试者给这些形状的颜色命名，而颜色又与他们所学会的颜色不一致时，他们把形状与颜色关联起来。这表明，在适当的感性体验情况下，也可以表现出斯特鲁效应。[37]

支持这种观点的实证证据表明，通感体验是一种知觉，这种观点有两种来源：首先，大量的实验试图建构通感体验是知觉的；其次，得出这一结论是通过表明通感体验的效应是像知觉体验的效应一样。这些实验都关注字形-颜色通感。

一个有争议的例子是，拉玛钱德朗和哈伯德的弹出实验。[38] 弹出实验是为这一事实的效果负责，即当目标不同于干扰项颜色时，目标项可以很容易地从干扰阵列中被挑选出来。当目标项与干扰项颜色相同时，如果给定一秒钟来识别目标项，音乐联觉者比非音乐联觉者能更好地在相同颜色的干扰项中识别目标。然而，瑞奇（Rich）和马廷格利（Mattingley）已经对这些实验方法提出了质疑。[39] 他们的质疑已经由布雷克（Blake）等的实验所证实。布雷克表明，加速反应时间及增加干扰项数量时，音乐联觉者的结果不同于弹出实验的结果。[40]

另一个例子是，布雷克等最近的实验表明，引发通感颜色体验的横排或纵列上同一的颜色字形，能引起后麦科洛效应（the McCollough after effect）①，这是由不知道这一效应的音乐联觉者所报告的。[41] 当受试者交替地看红色横条和绿色纵条数分钟后，就会发生这种效应。之后消除的纵横栅条呈现出色差的，受试者报告说，他们看到绿色横条和红色纵条。

人们之所以喜欢这个实验，是因为人们试图表明，通感体验有知觉体验所具有的效应，这个实验只能为通感体验的知觉本质提供证据，其所能表明的是，正在讨论的这种效应只是由知觉体验所致。这类证据是：只有知觉体验有这些效应，其效应来自单独的经验归纳证据。考虑到证据的这种性质，哲学怀疑论者有空间来争论：音乐联觉可能是个例外。这种证据并不能明确地证明，通感体验像感性体验一样。也许音乐联觉者的通感体验在现象学上是像想象体验一样，但这不像非音乐联觉的想象体验，它们可以有这种作用，这种作用通常被认为是只由知觉体验所引起的。

证据的第二个来源是脑成像研究。这些最有说服力的研究似乎表明，当音乐联觉者听到声音时，他们大脑的（声音色）区，已被包含在非音乐联觉可见颜色（V4 或 V8）中，该大脑区域是活跃的。这种情况不会发生在非音乐联觉者中，特别是不会发生在那些已经受过训练把声音与颜色联系在一起的人身上，也不会发生在那些当他们听到声音时，要求在视觉上想象颜色的人身上。[42]

然而，没有确凿的证据表明，音乐联觉者真的有知觉颜色体验。我们怎么知道在那种区域中的活动总是能引起知觉颜色体验呢？即使在这一区域的活动与这种体验相关，但这并不表明，这种活动是充分的。事实上，据了解，在声音-色彩音乐联觉者中，其 V1 区域是不活跃的。然而，在普通非通感者的颜色知觉体

---

① 麦科洛 1965 年发现了一种颜色视觉的附随性后效现象。她先让观察者交替观察通过红色滤光片投射的黑白垂直栅条，和通过绿色滤光片投射的黑白水平栅条，把这两个图形作为适应图形。若干分钟之后再呈现一个测验图形，这个测验图形一半是黑白垂直栅条；另一半是黑白水平栅条，这时观察者就把图形上所有的白垂直栅条看成是发绿的，把所有白水平栅条看成是发红的。这种现象就是麦科洛的颜色后效应。——译者注

验过程中，V1 是活跃的。[43] 这可能会导致一些人猜测，体验一种有意识的知觉过程，是不需要 V1 的。然而，正如俗语所说，一个人的肯定律是另一个人的否定律。人们可以轻松地得出结论：正如 V1 是不活跃的，音乐联觉者才能经历知觉体验。

总之，显而易见的是，上述支持通感体验的可撤销证据像知觉体验一样是经验的。进一步看来，这一领域的心理学和神经科学的证据都属于这一类。很难想象，能有确切的证据表明，通感体验是什么样的。鉴于此，人们可能会怀疑曾经所表明的：确定的通感体验的本质是什么样。人们可能会认为，这是支持悲观主义的主张，即其他人的经验将永远超出我们的知识范围。

但是，与悲观主义结论相比，应该要记住的是，要集中两种来源的证据及他们收集的进一步证据，即许多音乐联觉者的报告。[44] 最近有报道说，音乐联觉者分为两类：伙伴者（associators）和投影者（projectors）。前者的通感颜色体验正如存在他们心眼或头部之中的体验。后者体验通感正如在公共空间时投影在他们面前的体验。[45] 后面这一类音乐联觉者似乎是所报道的知觉体验。

人们可能会得出结论，事实上，这些不同来源的证据都指向了同一个结论，其结论提供了很好的证据，证明通感体验可以像知觉体验一样，甚至人们还认为证据仍然是可以废止的。我们可能永远达不到这一调查领域的确定性，但我们可以用大量证据来支持相同的结论，在这种情况下，我们似乎应该相信它。如果这是正确的，那么我们应该相信格雷的论点，即通感体验可以像知觉体验一样。

不过，在得出结论前，还有最后一点需要注意。在本节中大多数证据似乎都支持这一主张：通感体验与知觉体验一样，是只适用于内部模型的字形–颜色的通感体验。[46] 然而，这有一个至今尚未提及的具有特殊功能的体验。在字形–颜色通感中，我们假设一个数字“5”，说它挑起了一种如红色的知觉式通感体验。人们常说，这样一种数字看起来有颜色通感。但是，同时，音乐联觉者可以说，这些打印出来的有颜色的数字是墨色。这是很有诱惑力的假设，他们能做到这一点，是因为“5”对他们来说看起来像黑色。因此，人们很容易想到，体验是这样的数字，它看起来既是黑色又是红色。事实上，投影式音乐联觉者的内省报道支持这一结论：“当探讨有关这两种颜色的定位时，史密斯（Smith）报道说，她不知道如何去解释它，但两种颜色似乎是同时同地形成的。”[47]

这种体验的正确描述似乎是这一体验同时同地表征了两种颜色。[48] 能有这样的体验吗？回答是可能没有。在这种情况下，我们必须达到对通感体验更好的认识。另外，回答是它又是可能的。在这种情况下，我们必须仔细考虑这些体验的现象特征可能是什么样的。它们是否包含对应于我们所熟悉的颜色体验元素，或者它们是完全不相同的？需要进一步做的实证工作是，建立尽可能多的关于这些体验的现象学。此外，进一步的哲学工作是需要确立这类体验可能是什么。

最后，需要注意的是，这些字形–颜色通感体验不是像非通感知觉体验的相同类型一般（这并不是同时同地表征两种颜色）。因此，他们无法提供格雷论证所要求的功能主义的反例形式：两种体验是相同类型，但具有不同的功能和作用。然而，只有在这些字形-颜色的通感体验例子中，上述提到的三类证据一起整合了这一结论：它们是知觉的，只有在这种情况下，通感体验才是知觉的一个很好的例子。因此，通感体验的许多合理性还没有被展示出来，即通感体验既是知觉的，又等同于一些非通感知觉体验。因此，可以认为，这并没有表明存在格雷论证所要求的反例形式。所以，它并没有确切地表明，这是强功能论的反例——甚至是一种基本的、非规范类型的功能论没有给予一些核心的功能和作用以特权。

5. 结　　论

对于通感的本质，我们尚不完全清楚。然而，关于其本质的证据是相当多且有不断增长的趋势。我已经讨论了通感的本质，并给予其定义，通感的定义对应于我们目前所知道的现象。应该指出的是，在所有可能性中，这是不同类型的通感体验，关于这个主题的实验工作应注意通感应该有不同的类型及它们之间的关系。

我已经概述和讨论了格雷等的论证，即通感体验提供了强功能主义的反例。我已经论证了这种理由是不充分的，即强功能主义版本没有受到这一论证的影响。我也认为，如果在任何情况下，通感体验的证据都是正确的类型的话，那它应与一些非通感知觉体验相同，格雷等的论证要求的是弱功能主义。通感体验是知觉证据，只在字形-颜色的例子中才是强的，据我们所知，在非通感体验中，这些体验诉求于拥有两种颜色对象的体验。因此，通感体验提出了功能主义的反例，这一论证在两个方面遭到了削弱。[49]

注　　释

[1] 参见 Marks（1975）；Cytowic（1993，[1995] 1997）；Motluk（1994）；Harrison and Baron-Cohen（1997）；Gray（1998）；Harrison（2001）.

[2] Cytowic（[1995] 1997，p. 17）。

[3] Cytowic（1993，[1995] 1997，p. 21）。

[4] 参见 Marks（1975）和 Harrison（2001）。

[5] Fodor（1983）给出了一个系统被模块化的更全面的论述。见原著，第 191 页。当然，这是否有任何认知模型是一个在文献已经受到多方关注的问题。

[6] 参见 Segal（1997）；Gray（2001a）；Baron-Cohen et al.（1993）。

[7] 一个相关的主张还提出，通感构成表征主义的反例。在这里不考查这一主张，但 Wager（1999，2001）；Gray（2001b）已经有所讨论。

[8] Harrison and Baron-Cohen（1997，p. 3）。在文献中这个定义被广泛引用。

[9] Harrison and Baron-Cohen (1997)。

[10] 参见 Cytowic (1993, p. 6)。不过，Harrison and Baron-Cohen (1997) 主张：触觉感知导致听觉体验几乎是从来没有被报道过。同样，Cytowic ([1995] 1997, p. 21) 报道说，闻和尝是非常罕见的通感触发器或反应（尽管他大量地研究把尝味作为通感触发器)。

[11] 赞同共有概念的学者包括 Hurley 及 Noë（即将出版)，他们只引用了 Marks (1975) 的观点作为证据。然而，尽管马克也主张："有时，通感主体报告了相关的视觉感受没有出现视觉空间，而出现了声音。" (p. 71)，他没有给出参考，如在何地或何时作出了这种报道。在学术文献中没有关于这类的其他报导，因此这种证据是不能令人信服的。

[12] 参见 Cytowic (1993, p. 6, [1995] 1997, p. 21)。在所有其他方面，这些案例诉求于其他通感案例，并且在其他文献中是作为通感案例来归类的。

[13] 例如，见 Rivlin and Gravelle (1984), Keeley (2002)。最近的一个例外是 Nudds (2003)。我不同意他的论证，其论证源自这一思想：我们应该尊重共同的民间心理学信念，即它们是五种，只有五种感官。

[14] 参见 Mills et al. (1999); Dixon et al. (2000); Mattingley et al. (2001); Grossenbacher and Lovelace (2001); Ramachandran and Hubbard (2001a, 2001b, 2003); Rich and Mattingley (2002); Smilek and Dixon (2002)。

[15] 一种字形是书面的基本单位，其中的例子包括字母、数字及标点符号。

[16] 参见 Cytowic (1989, p. 49); Dixon et al. (2000); Ramachandran and Hubbard (2001a)。

[17] Dixon et al. (2000, p. 365)。

[18] 原来的斯特鲁测试包括颜色名称的单词，这些单词打印出来是墨色，那么任何一个单词指涉一种不同的颜色。当与被打印颜色的命名与单词所指的墨色相比较时，一种颜色的命名是用墨色打印出来而不是其他颜色时，指试者需要更长的时间来命名被打印出来的墨色单词。在一般人的感知中都有这种效应。

[19] 变相的斯特鲁测试通常被用作字形-颜色通感的客观测试。这些变相的测试利用这一事实：当墨色与通感色彩不一致时，音乐联觉者需要花更长的时间来命名打印出来的墨色单词，他们体验了对这一单词的反应，当墨色与他们所体验的通感颜色一样时。在颜色命名不一致的例子中，与没有通感体验的人相比，他们还需要更长的时间来命名墨色。参见 Dixon et al. (2000); MacLeod and Dunbar (1988); Mattingley et al. (2001); Mills et al. (1999); Odgaard et al. (1999); Wollen and Ruggiero (1983)。

[20] Ramachandran and Hubbard (2001b)。

[21] 参见 Ward (2004)。

[22] 当然，情绪可能受到刺激才产生，情绪是通过感官的手段来影响主体的，但这并不妨碍刺激主体的情感系统，主体与通感体验的产生相关。

[23] 参见 Mattingley et al. (2001); Rich and Mattingley (2002)。

[24] 参见 Ramachandran and Hubbard (2001a, 2001b, 2003)。

[25] 参见 McGurk and MacDonald (1976)。

[26] 经验的现象学特征是指，经验的性质是由于使用熟悉的"像这样的东西"的短语来体验经验。参见 Nagel (1974)。

[27] Gray et al. (1997, 2002); Gray (1998, 2003)。

［28］ 参见 Gray. et al. （2002，p. 7）。

［29］ 例如，经验功能论最合理的类型认为，心理状态的民间心理学作用确定了其他更细致的功能作用，这是科学所要揭示的工作（Braddon-Mitchell and Jackson，1996，p. 80.）。如果科学发现了两种不同的细致的功能作用，其发挥了民间心理学的作用的话，那么我们可能会得出结论，正在讨论的心理状态通过两种不同的功能作用来实现。因此，人们可能会肯定弱功能论，而否认强功能论。

［30］ 事实上，我不赞同这种解释，正如我相信生物不足以复杂到拥有红色体验的信念一样，但功能论者会说有，并给出一些合理的解释。

［31］ 参见 Armstrong（1970）。他认为心理状态是“可选的”，有一定的因果作用，Lewis（1980）认为心理状态“往往”有一定的功能作用，Papineau（2000）使用“正常的”原因和产生的“趋势”（请注意，Lewis 的“疯狂的疼痛”例子在许多方面与音乐联觉相似。这里有一个哲学思想实验可以提前预测音乐联觉者可能提出的一些情况）。无论是否“正常”都应该被视为是统计上的正常，或是“正常”不取决于人们认可的最可信版本的观点。

［32］ 这种在文献中进行的辩论通常是在假定的情况下进行，即在知觉体验和想象体验之间作出一种鲜明的区分。特别是我认为，通常会假定知觉体验与想象体验之间有不同的现象学特征。然而，这种区别并不会像一些假设的那样尖锐，知觉体验和想象体验可能依赖连续体。尽管如此，我认为在结束连续体时，知觉体验和想象体验之间有明显的现象学分歧。对于本文的目的，我将假定，知觉体验和想象体验之间能得出明显区分，或者人们在连续体的远端来进行区分，连续体的远端展示了明显的差异性。但是，全力解决这一问题将会进一步深入讨论这一争论。

［33］ 人们可能会认为，与格雷论证形式相同的是，功能论的另一个反例可以从通感体验等同于某些想象体验中产生，因为人们可以主张，一些通感体验与一些想象体验是相同的，除了它们有不同的因果作用这个事实外，通感体验是非自愿的，是通过另外一种体验产生的；而非通感想象体验是自愿的，不是通过其他体验产生的。但是，在这里有一个功能论的问题，这是一个更为普遍的想象问题。这很难看到，人们如何为想象体验指定一种因果作用。相同类型的非通感想象体验可能是或不是自愿的。它们可能有多种不同类型的因果和作用，可能包括或不包括知觉体验或任何其他心理状态。通感似乎在这里没有为功能论增添新问题。通过指出格雷等的挑战受到进一步证据的支持：通感体验就像一些知觉体验（给予一种全面、强大、无限制的功能论版本是更为合理的）。格雷等显然试图建立用证据表明通感体验就像知觉体现一样。

［34］ 著名的讨论见 Nagel（1974），并且许多论文都在讨论该主题。

［35］ 参见 Baron-Cohen et al. （1987，1993）；Dixon et al. （2000）；MacLeod and Dunbar（1988）；Mattingley et al. （2001）；Mills et al. （1999）；Odgaard et al. （1999）；Wollen and Ruggiero（1983）。

［36］ 这通常是各种真实的通感形式。不过，这可能是所有音乐联觉者所遵守的共同潜在模式。见 Marks（1975），但请注意证据是相当薄弱和不明确的。

［37］ 参见 MacLeod and Dunbar（1988）。

［38］ Ramachandran and Hubbard（2001a，2001b，2003）。

［39］ Rich and Mattingley（2002）。

［40］ 参见 Blake et al. （2005），他们推测，他们所研究的音乐联觉者“通过视觉展示，

音乐联觉者执行了一系列串行般的搜索，就如非通感的个体一般”，而不是体验弹出，但除此之外，通过解释 Ramachandran 和 Hubbard 的结果，“他能够更快地使用其通感颜色来拒绝干扰项”（p. 59）。

[41] 参见 Blake et al.（2005）。

[42] 参见 Blake et al.（2002）。

[43] 同上。

[44] 直至最近，心理学家从音乐通感者中得出很少的证词，这种证词是关于这一情况的报道，这开始发生了改变。这些报道被包含在 Dixon et al.（2004，pp. 335-336）；Cytowic（[1995] 1997，p. 23）；Harrison（2001，p. 104）的著作中。当然，应该指出的是，我们不能总是在字面意义上采用内省报道，因而，内省证据本身并不能使我们相信通感体验是知觉的。

[45] See Dixon et al.（2004，pp. 335-336）。

[46] 所有的第一类证据，以及过去数年的大部分内省证据，已经涉及字形、颜色通感体验。

[47] Sagiv and Robertson（2005，p. 100）。参见 Blake et al.（2005，pp. 49-55）。

[48] 请注意，这个问题不同于两种颜色是否能同时同地存在这个问题，回答可能是否定的，而前者的回答是肯定的，两者并没有不一致性。

[49] 感谢 David Bain，Michael Brady，Jim Edwards，Rebecca Lawson，Scott Love，Philip Percival，Mike Scott 和 Michael Tye 有益的讨论、评论及引用。

第六章 哲学与记忆心理学的整合：两种案例研究

约翰·苏顿

大量的跨学科及分支学科包括神经、认知、社会科学等，都开展了对记忆的研究，并且“记忆”这个术语涵盖了广泛的相关现象。基于一种整合的精神，本章考查研究记忆的两个案例：经验告知（empirically-informed）的哲学和哲学告知（philosophically-informed）的心灵科学之间是能够互通信息的，因此，对于我们理解某些方面的记忆来说，心理学与哲学之间的互动开辟了新的研究问题——确定了新挑战。在每一种情况中，就具体问题而言，已经有足够的跨学科互动，这些问题为相互交流的潜在生产力提供信心：但在每种情况中，研究风格和背景假设之间存留的鸿沟仍有待解决。

这两个领域都发展了自传体记忆（autobiographical memory）心理学，并且二者都研究共同记忆与社会记忆现象。我指出，在发展心理学中蓬勃发展的传统社会互动论与近来关注记忆、时间及因果关系的心灵哲学之间具有接触点，更简单地说，我概述了一系列在社会心理学与社会科学中关于记忆的相关问题，这些问题最近接触到了关于分布式认知与“延展心灵”（extended mind）的观点。那么在未来10年，分布式认知与延展心灵理论都集中于尝试大量关于记忆的跨学科研究主题：我已经在别处对这个领域进行了更广泛的研究。[1]其中的一个个例表明，在研究记忆习惯与记忆能力的不同领域时，它们非常需要跨学科整合。在寻找相互启发的工作经验时，认知科学哲学家已经赶超上了现象学家。[2]显然这一领域还存在其他问题和途径，读者也应该从哲学和心理学的出发点来追求不同的整合方式与建构方法。[3]

在认知科学中，哲学的一种整合作用在于，从这些科学的不同分支并列（juxtaposition）相关概念及理论承诺，而这些科学的不同分支尚未得到一致解决：实证领域日益的专业化所带来的威胁并不是一个微不足道的问题，而科学家们仍然没有意识到或误解了相邻分支学科的相关工作。但在认知科学中，自然主义倾向的哲学家也有两个更有远见的目标。他们希望在理论建构的整合中偶尔地起到一种积极的和建设性的作用，这种理论建构可以从这种传统会议与研究路线中得出。[4]他们理所当然地把建构科学哲学的框架作为他们的本职工作，用这种建构的框架来理解层间（interlevel）与场间（interfield）之间的关系，而不论这是否出自一种修正的还原主义观点[5]，或是否集中于场间整合。[6]记忆心理学中的一些概念受益于科学哲学中谨慎处理的态度，例如，关于独特“记忆系统”性质和心理学实在的讨论[7]，需要联系模块化与心理学学科（psychological kinds）更广泛的讨论。

但是，尽管科学哲学中一些工作已经把记忆科学作为一项重要的测试案例[8]，但令人惊讶的是，哲学家却很少关注对记忆的实证研究。尽管关于记忆作用的理论化有着丰富的历史，但在建构与维持个人身份的叙述上，只有少数哲学家[9]会注意用自传体式记忆心理学来理解这种约束，这种约束是我们与个体的过去的联系。因此，在讨论下面自传体记忆的发展心理学时，我们涵盖了最近一部分心灵哲学，这部分心灵哲学工作是由约翰·坎贝尔（John Campbell）、克里斯托夫（Christoph Hoerl）及特雷莎·麦科马克（Teresa McCormack）完成的，他们讨论了关于童年记忆的问题。那么在本章将讨论两个主题，这两个主题只不过是大量与记忆研究相关方案的初步样本，这些样本是有自然主义倾向的心理哲学家所期待的。

1. 自传体记忆的发展

虽然孩子们一开口，就会谈论许多过去的事情，但他们最初所提及的事物都是短暂和零碎的，并且孩子们更加丰富的指涉特定事件的能力，是在他们过去的成长过程中逐渐培养起来的。一个多世纪以来，心理学家们想知道这种自传体记忆的缓慢发展是如何与大多数成年人有趣的无法记住许多事件或经历相联系的，这些事件和经历是来自他们早期的丰富的童年生活（“婴儿期失忆症”）。

因此，自传体记忆发展心理学的解释目标是：孩子们在思考特定关于过去特定时期的片段及个体经验时，出现了思考能力。这不仅仅是理解连续事件或间断事件的能力，也不仅仅是理解事物通常如何发展的一般知识。虽然在这个领域有着跨越传统的显著的用语和概念上的不同，但为了当前目的，我们可以把心理学的标签当成是“自传体记忆”、“情景记忆”，以及把哲学标签当成是“个人记忆”、“经验记忆”，把这一切当作所有指定大致相同相关现象的集合。[10]安道尔·托尔文（Endel Tulving）① 的“心理时间之旅”的概念在最初帮助磨炼（hone）我们的主题是有用的：当我们热衷于这些记忆时，我们不仅受到过去事件的影响，而且还会像过去那样思考特定的过往经验。[11]

发展心理学是基于有20年传统的社会互动论的工作发展而来的，凯瑟琳·纳尔逊（Katherine Nelson）和罗宾·菲伍什（Robyn Fivush）提出了一种自传体记

① 托尔文（1927—　），加拿大认知心理学家，在人类记忆方面的研究闻名世界。他将长时记忆分为情景记忆和语义记忆，并认为记忆的存储和提取是两个彼此独立的功能。1983年获美国心理学会颁发的杰出科学贡献奖。——译者注

忆的社会文化发展的理论。[12]他们的理论框架的灵感来自维果斯基（Lev Vygotskian）① 和动力学者[13]的理论，他们的理论提供了大量互动发展系统的丰富图片，这种发展系统横跨孩子的大脑发育和地方叙事环境。儿童出现的自传体记忆是一种社会文化认知系统的结果，其中不同的成分随着时间的推移正在对经验开放，而经验随时间和语境（context）而改变，其中个人的历史决定了社会与认知来源是如何以不同方式相结合的。[14]

在此框架内的一些陈述，影响的方向是从社会语境和叙事语境到自传体记忆。正如罗宾所说："人们正是通过共同追忆（joint reminiscing），才开始有了个人的过去。"[15]一个略有不同但却相容的情况是，在对话中谈论孩子过去的变化能力时，其进程性质是"螺旋式"的。孩子们的这种变化能力反过来会影响父母的追忆风格，这鼓励父母与孩子共同进行更丰富的动态叙述建构。[16]

在孩子最早提及过去的过程时，这一过程的结构和内容在很大程度上是通过成年人提供给小孩儿的，成年人的交流行为为孩子们早期记忆提供了支架（scaffolding）。因此，这种传统社会互动论关注不同家长和不同文化风格的影响，或者关注孩子自身发展的叙述往事的记忆模式。例如，在一般情况下，当父母谈论过去事件更精心、更丰富或更情绪化时，儿童自发的后期记忆活动本身也就更精心或更情绪化。[17]在一般情况下，与男孩儿相比，父母在与女孩儿谈论过去时更丰富、更情绪化[18]，在追踪到这些相互作用时，存在一系列的文化差异，因此，在一般情况下，美国白人儿童的自发记忆比韩国儿童的自发记忆更加突出自我。[19]

关于这些研究产生了许多方法论和理论化的问题[20]，但这是一个强大的实验传统，这种传统目前正大量朝纵向研究扩展。[21]这种扩展是至关重要的，不仅因为我们想知道更多关于早期叙事环境可能的长期影响，而且因为我们需要梳理出许多不同因素之间的相互作用。这种传统的早期工作可能给人以这样的印象：父母的影响，特别是母亲的追忆风格，总是自传体记忆出现的首要推动力，在发展的系统框架内最新的版本有更明确的操作说明，其中多个并发进程的影响力能因个体而改变。因此，除了记忆中的语言作用外，他们还讨论了其他记忆系统的早期神经和心理学的发展，讨论了心灵理论与自我图式（self-schema）的发展，讨论了过去概念的出现及情感因素的作用，如爱慕（attachment）。例如，伊莱

① 维果斯基（Lev Vygotsky，1896—1934），是苏联建国时期的卓越的心理学家，他主要研究儿童发展与教育心理，着重探讨思维和语言、儿童学习与发展的关系问题。他由于在心理学领域作出的重要贡献，而被誉为"心理学中的莫扎特"，他所创立的文化历史理论不仅对苏联，而且对西方心理学都产生了广泛的影响。——译者注

恩·里斯（Elaine Reese）① 测试了自我认知、语言技巧、安全感依赖、利益和动机的独立作用，也测试了母亲的追忆对儿童后来独立的自传体记忆能力的影响。[22] 对这种高度依赖历史发展进程的研究，社会和神经的影响是“在所有组织层次是双向、基本的互动”，对这种高度依赖历史发展进程的研究提出了严重的理论和实证的挑战。[23] 多种途径可导致普遍趋同的结果，而且还导致了习性上独特的个体差异。[24]

那么这种心理学框架是如何与哲学相关联的呢？哲学被用来理解自传体记忆的性质和作用。一种相关的复杂方法是：约翰·坎贝尔与他的同事们以某种方式描述了我们成熟记忆容量的互联功能，这种描述似乎与社会互动论发展的框架存在着某种张力。[25]

如果自传体记忆是去回忆某人在一个特定的过去时间段里，在某时某地的所见所闻的话，那么根据约翰·坎贝尔的观点，他要求主体同时拥有物理客体概念和关于自我的因果连通性概念。孩子们需要理解在世界与自我之间有一种真正的自传体记忆史，即关于取得进展的自传体记忆史。对于约翰·坎贝尔来说，这表明时间不对称内置于自传体记忆，对此我们都不可避免地是关于过去的实在论者，正如在原则上，对过去事件的构想可集成一个单一的时态序列。建构情节的各项原则是以我们原始记忆的实践为基础的。例如，假设对“我”的回忆可以追溯到“一种连续的时空路线，通过回忆所有叙事，这一路线是记忆主体的当前与未来位置的延续部分”[26]。

在成熟的自传体记忆中，我们可以给特定事件指定因果意义，所以我们的时间取向是借助于特定时间，而不是简单地凭借节奏或阶段。[27] 我可以把我们与同事在星期二共进午餐的这一特定场合与其他类似的场合区分开来。即使通常我们正在进行的社会交往仅取决于在确定关键个人及人际语境中我追踪一般模式或这常规脚本（script of this routine）的能力，用这种社会交往来牢记每一个特定事件。继约翰·坎贝尔之后，克里斯托夫认为，我们时间概念的功能基于我们意识到单一事件，尤其是基于意识到单一行动。因此，我们对“某些不能撤销的行为很敏感”，所以我们不同于其他动物及（可能）不同于一些严重的痴呆患者，我们会把独特感及特定选择和行动的潜在意义并入我们如何生活的计划与概念中。[28]

由于约翰·坎贝尔的图式把自传体记忆看作自我意识思想核心集群（cluster）的互联功能的一部分，这自然要问这集群是如何首次出现的。这里要

① 伊莱恩·里斯（Elaine Reese），奥塔哥大学副教授和研究员。伊莱恩·里斯及 Gabriel Trionfi 对 48 名 5 岁半的男孩儿和女孩儿的语言能力进行了研究，其中 23 人有假想朋友。研究者发现，与假想朋友玩耍的孩子较之没有进行这个游戏的孩子，其叙事能力要更强。伊莱恩·里斯在奥塔哥大学网站上发表的一份声明中称：“因为儿童讲故事的能力能很好地预示了他们将来的阅读能力，这些差异甚至可能对孩子未来在学校的表现有积极影响。”——译者注

寻求发展心理学观点的一个原因是要避开这一质疑，即这一解释是过度理智的(over-intellectualist)：通过跟踪逐渐出现交织的能力簇，对心理状态的可能性进行自然主义理解时，我们可能会感到更自信，这种心理状态建构成熟自传体记忆情节时是公认的原则。当在复杂过程中产生了复杂的对抗能力时，应该应用“真”或“完整”的自传体记忆标签，重要的不是争夺战，而是去寻求对这一阶段详细的描述、过程的成分，以及它们之间的相互关系。

但约翰·坎贝尔图式的另一功能似乎与我上面所描述的社会互动论对记忆发展的解释不一致。乍一看，约翰·坎贝尔的观点看起来更像个体论者的观点，当谈论个体的过去时，他强调自传体记忆中的自我意识的作用，而没有明确提及早期谈及的社会或叙事环境。例如，在发展儿童自发式记忆能力时，对于父母及孩子之间的精心对话或情感对话，这里有篇幅来研究精心对话或情感对话的不同影响吗？特别是有什么样的角色可以共享记忆吗？该角色被孩子用来理解时空不对称性及理解过去与现在之间的差异性。

虽然正在谈论的哲学与心理学之间的传统目标与传统差异将不会轻易或完全弥合，但在这种情况下，我们很幸运地发现最近的一些工作，它明确综合了二者的理论，以便达成一种更丰富、真正的跨学科观点：这种综合并不是偶然的，而是心理学家与哲学家合作的结果——如特雷莎·麦科马克及克里斯托夫的工作。[29]二者建构协调的关键一步是，更加仔细地察看儿童早期回忆活动的联合方面，或者更加仔细地检查是什么被内化为成人记忆的支架。

根据克里斯托夫和特雷莎·麦科马克的观点，父母和子女所共享的记忆最好能理解为一种共同关注的特殊形式，这是指向过去，而不是共同关注的其他形式。这是从哲学的角度接近于约翰·坎贝尔[30]的论断。他们得出的观点是，即在理解“事件展开序列的因果意义”时，孩子需要的是一种新的推理能力，尤其是孩子看到“在序列中的后来事件可以抹去或改变之前事件的效果”时，因此，世界的状态和孩子当前的情感取决于这种独立的历史顺序。[31]比起所涉及的简单的最新时间而言，当孩子可以改变世界模型来作为他们观察或推断一种被修改的模型时，这是一种更复杂的能力。普维内利（Povinelli）等的研究表明，在不同顺序中给孩子们展示两种游戏，并使用了视频延迟反馈技术，3 岁的孩子不能使用最近的两个事件信息来更新他们的世界模型，这种模型展现了一系列因果关联事件，但当有明确的指导时，5 岁的孩子就能做到。这些方法基于独特实验的设计，不仅检查了时空更新，而且检查了作出时空因果推论（temporal-causal inferences）的能力，特雷莎·麦科马克和克里斯托夫已经表明，5 岁以下及一些 5 岁的儿童能够成功地进行简单的更新，但在作出那些时空-因果推论时会存在着严重的困难，因为他们必须理解这些事件的目标序列。[32]

克里斯托夫和特雷莎·麦科马克则认为，在谈论过去的事件中，正是要引起或共同产生这类时间-因果推理，而家长和孩子一起建构了一种叙事的时空结构，可以用来解释过去事件对当下的影响。[33]在这种父母与孩子的共同回忆中，父母通常不只是模拟这些叙事能力，而是直接对孩子施加影响，并鼓励孩子不要通过当下的事物是什么样来看事物，而是要看事物曾经是什么样。因此，出现在过去的这种共同观点是可评估的，反之，其他正在进行的合作活动，如当孩子们谈到自己特殊的过去事件时，“这些共同记忆是一种独特社会关系，即与他人建立、维持或协商的独特社会关系”[34]。

一般而言，克里斯托夫和特雷莎·麦科马克的整合解释向我们说明了，社会互动论者是如何用他们所有的文化特质来研究本地叙述实践的，他们是通过让儿童接触客观的时间概念及因果概念来实现的。他们让儿童参与包括共同关注过去事件和分享记忆，这有助于儿童理解同一时间的事物时能产生不同的观点，因此，共享的共同建构的叙述使儿童能形成对自我和世界之间因果联结的最初理解。约翰·坎贝尔的解释是，实践与表征时间的反思模式之间有着明显的区别，现在我们可以把实践和孩子们注意到的关于过去的社会根源，视为孩子们获取和整合自我和客观时间概念的必要能力。

在出现必要的时空-因果思维时，联合哲学与心理学是极有发展前景的，但目前还没有明确的手段来研究不同个体的轨迹，例如，我们可能希望注意情感发展及与早期记忆能力相关的依附模式。进一步的工作还需要研究语言能力和记忆发展之间的关系，在自传式记忆中，更广泛的做法是从概念上理解语言和思维之间的关系，目的在于更具体地研究自传式记忆的性质及精心谈话的时机，这种谈话可以增强语言与非语言的回忆。但克里斯托夫和特雷莎·麦科马克的方案提供了一种有诱惑力的案例，其案例是关于经验告知的哲学及哲学告知的认知科学的可能性。

2. 共享记忆、社会记忆及社会本体论

在日常生活及许多社会科学的分支学科中，记忆（如信念、欲望、意图等）通常不仅被归因于个人而且也被归因于小团体、家庭、机构和组织、国家和其他集体。在个体论者的主流认知心理学和心灵哲学中，这样的言论往往被视为既是单纯的隐喻，也被视为反自然主义，这种言论接近荣格的原型（archetypes）或接近变质共振（morphic resonance）。如果可以找到有说服力及自然主义可接受的理由来理解某类“我们记住了”的陈述，来合理地表达真实的共享记忆或社会记忆，那这不只是相关学科的独立兴趣和效用，而且是相关学科处理公认的记忆现象，记忆现象范围从历史和政治理论到认知人类学，实际是到社会心理学；它还是一种重要测试案例，测试认知科学及社会科学之间的开放路线（opening lines），以及心灵哲学与社会哲学之间的开放路线。

开启这种综合研究的一个有希望的方向是，诉求于“分布式认知”和“延

展心灵”，多学科发展所提供的一种理论框架。[35]由于这种框架是反个体主义的或是“积极外在论”的，因此心理过程和心理状态二者都可以分布在大脑、身体及环境中。[36]在这些简短的讨论中，我关注这种分布认知过程中的社会和文化世界的作用，而不是专注于技术或物理环境。在哲学文献中，更普遍的是以技术或物理环境为特征的[37]，而不是专注于社会科学领域内重要的“结构记忆”工作。[38]发展心理学家恩格尔（Susan Engel）通过讲述一个故事来质疑正在讨论的这类普通现象，一次，恩格尔12岁的儿子正在做功课，他抬起头来在作业方面向他妈妈寻求帮助，他问：“妈妈，我最重要的记忆是什么？”[39]

对于这种轶事，一种轻松的解读是紧缩（deflationary）的，即把其他人的作用作为激活个人头脑中全部记忆的唯一线索或起因。从这个角度来看，在某些特定的社会语境中，对“社会记忆”的适当研究将聚集许多个体的记忆。例如，社会学家施瓦茨（Schwartz）和舒曼（Schuman）通过调查许多个体关于亚伯拉罕·林肯的记忆，来反对“排除个体的模式”[40]。这一部分的任务是从哲学和心理学引导出一些观点，这些观点最初的回应是破坏这种紧缩观。与此相反的主张是，其他人总是作为单一的线索或补充，这表明有时一种持久的、倾向性的记忆状态可以扩展到个体；对比其他主张，在这种情况下的完整记忆，正是个人内部头脑通过正确的刺激物来触发的。这表明，单个头脑中持续的“记忆”通常是不完全的，或根据法国社会家莫里斯·哈布瓦赫（Maurice Halbwach）的观点，“记忆”是“不完整”和“被掩盖的”（shrouded）。[41]

显然，这不仅仅是一种聚集个体主义方法的替代品。我从两种相对谨慎的意见/建议开始论述。首先，比起宏观水平的民族记忆，社会记忆的合理解释更容易固定在平凡、小规模的事例上：集体责任的社会理论或国民同一性（national identity）的影响可能会更牢固地从这一研究中产生，这一研究是基于人际关系、家族或小团体的语境。其次，根据威尔逊（Robert Wilson）[42]的观点，区分两种不同路线来解释社会记忆是非常有用的，即使我们二者都兼顾。一种较弱的版本（但仍比紧缩选择更强）是，仅当（或当有差别地）个体形成部分社会群体时，他们可以参与某些形式的记忆；一种更强的版本是，在某些情况下，正是群体本身成了记忆的主体。正如威尔逊所指出的[43]，前者的“社会表现论题”（social manifestation thesis）本身可以进行弱版本与强版本的解读。而分散式认知框架表明，强解读是许多个体的记忆活动是被建构的，或是通过社会语境的“宽”特征来实现的。接下来，我处理一些关于记忆的实证研究，这些研究最好是通过社会明显论题来理解，我仅在结论中提及一些哲学思考，来继续支持用更强的“复数主语”来解释记忆。

当一小群人——如一个家庭——一起经历了一些事情时，每个成员都保留了自己对事件的回忆。但这通常发生在家庭中，家庭成员对一些已经发生过的事情，关于意义、情感基调或只是纯粹的事实，进行了后续的讨论、重新解释或协商。最初的个体记忆可能在某些方面各不相同，这并不足为奇；集体共享的记忆可能引发比个体要多得多的记忆，这是建立在社会心理学之上的，但引发的记忆量小于聚集的个体记忆的总数（后者效应有时称为协同抑制——外围的个体记忆因为各种原因往往被抑制或在一些过程中丢失。）最近，威廉·赫斯特（William Hirst）和他的同事们的工作增加了额外交织（twist）的调查方式，其中特定群体的动力学和过程可以影响个别成员随后的持久记忆。在基本的设计中，每个个体首先给出他们自己关于每件事情的记忆，这件事情是整个集体已经经历过的。经过多次拖延，集体作为一个整体则要求回忆发生了什么事；并经过进一步可操控拖延，每个成员再次提供他们自己的记忆。[44]威廉·赫斯特对这个案例中占主导地位的个体或“叙述者”特别感兴趣，如家庭群体中的家长，家长可能对内容（或情绪的基调、或叙事结构）有着不对称的影响，这种内容既包括集体一致的解释（人们出现的解释），也包括成员中后续的个人回忆。在共享记忆过程中，记忆的内容可以“迁移”，因此有时每个成员后来的回忆可以进行合并，而他们对此并不知道。记忆的元素是由在集体阶段（in the group phase）占主导地位的叙述者所提供的。然后，在这里，我们不仅可以认为集体解释可以通过团体而产生，来作为“共享”或社会的记忆；而且我们也能看到后续的个体记忆，只有在特定的社会语境才能体现。

这项研究是主流研究的一部分，它似乎与“记忆符合”应用工作有关，例如，“记忆符合”是在群体见证之中的。[45]人们在最近的记忆认知心理学中关注建构记忆（remembering）的本质，甚至关注在自传式记忆中，通过提示、影响或其他各种意外的事故产生的各种“虚假记忆”[46]。但是，这种“虚假记忆”研究本身有一种个体论腔调，可能再次意味着，这是关于威廉·赫斯特的共同记忆工作的紧缩解读。正如虚假记忆通常被归因于外部权威人士的扭曲影响，权威人士用错误的信息或以这样或那样的错误方式来腐蚀个体记忆[47]，所以我们可以把集体的作用当作原初记忆过程的社会浸染（contamination），原初记忆过程基本上是在头脑内部运行的。

但是，在正常个体记忆与社会影响的非正常记忆之间进行壁垒分明的区分是不现实的。正如约翰·坎贝尔认为的，许多成功的原初“好记忆”主要取决于其他人的支持和参与。[48]与家长为孩子早期记忆提供的发展支架一样（上面第一部分），因此，成人的记忆并不一定会被其他人的密切参与所扭曲，相反，许多记忆本质上是“关联的”。我们可以接受虚假记忆文学作品的教训，虚假记忆文学是关于各种机制和社会嵌入形式的影响及社交体现的记忆，这些不用联合个体主义的讲述（spin），因为这种讲述的影响不可避免地是负面的。另一个有启发性的例子来自加里（Maryanne Garry）及其同事们最近的研究。人们承认，在实际环境中，“当叙述有关（他们）童年的回忆有困难时，人们可能依靠别人来验证他们的回忆”，他们允许主题暴露于虚假信息中，来与兄弟姐妹一起讨论他们的回忆。[49] 然而，当他们独自回忆时，那些最初提供的大量虚假信息已经被纳入到自己的记忆中，之后与他们的兄弟姐妹进行“讨论”阶段的比例会大幅下降。在合适的情况下，其他人、照片或其他工艺品，可以积极并成功地促进或维持良好的记忆。

这些类型的实证研究方案有助于我们充实对最初紧缩担忧的反应，即对“共享”记忆或“社会”记忆想法的担忧。紧缩的观点及紧缩的回忆都是社会的因素，这种观点与回忆只能促进和重新激活之前存在的个体所持有的不同回忆。因此，如果我们承认记忆这样的行为可以由内在因素和外在因素所“触发”，那么基于触发的位置很难作出任何原则性的区分，这样的行为并不回避支持个体论的问题。当然，许多内部触发器或线索可能会花费大量的时间、精力，或在有利的情况内部，触发器能成功地激起一种记忆的操作；曾经是外部的触发因素可以或多或少成功地被内在化。在许多有趣的情况下，在一些特定记忆活动的内部和外部空间，有一些共同的因素在运行。在这种情况下，我们不仅要了解正当发现的记忆本质（就是现在我想起了什么）和内容，而且要了解持久的情况或者了解已经支撑、依靠的倾向，并且要了解是什么形成了这种情况。因为在常识心理学中，我们接受的是，一个人（倾向性地）记住许多事情，这些事情他们不是现在（当下）正在记，我们常常把这些归因于人们各种标准的记忆，事实上，这种标准的记忆采取了某些便利的原因，通过合并集群（constellation）来具体化。这是一个程度和语用学问题，这种集群延展到多远，例如，从只包括人有意识的和相对冷静的记忆，延展到记忆需要其他人的存在和作用这样非常特殊的因素。在某些情况下，当前“内部”的传播成分或分布式倾向性状态或领域，是高度语境敏感和行动导向的。对于受阿尔布瓦克斯（Halbwachs）和后联结认知科学家影响的社会科学家来说，这只是因为记忆不是完全被储存在独立的原子中。这种原子是在经验与记忆间的不同位置形成的，而我们却如此依赖于外部符号系统所提供的支撑和人际关系世界所填满的“必要的情感社会”[50]。

这些讨论的目的是，确认共享记忆和社会记忆的早期图像，它们应该不仅与自然唯物主义相容，而且更好的是，至少与一些心灵计算理论的后联结主义版本相容。特别是我们希望有可能去确定通过不同的途径或媒介实现的内容，因此，正如哈钦斯（Hutchins）对分布式认知的解释和斯珀伯（Sperber）陈述的流行病学[51]，这些内容可能会产生关于内容传播或歪曲的问题。一种更加雄心勃勃的形而上学的解释，仍能在认知与记忆的社会科学之间提供更稳固的黏合力，这种形而上学的解释可能来自社会本体论的哲学子领域。[52] 这里的一种想法是将吉尔伯特（Margaret Gilbert）的“多元主体论”应用到“我们记住了”的陈述中，与之相伴随的是平等的处理联合行动、共享的意向、共同的知识和集体信念。用吉尔伯特的框架来理解一些共享记忆的事例是特别有用的。因为在多元主体概念上，吉尔伯特的框架建构了相互期望和承诺的功能。[53] 例如，对于“我们记得 *x*-

ing”的分析，提供了比整合个体记忆更强的事物，我们将看到每个个体记忆都是不完整的，因此，反过来，这种概念框架将会处理我上面提到的实证工作，如我们所期望的，这种概念框架会描述正在进行的哲学和心理学之间的交流。

3. 结　论

我在此所讨论的是，关于记忆的两个跨学科研究的视角，显然已经转向了强调外在于个体的心理相关因素。虽然在建立认知心理学和神经科学亚学科的过程中，产生了许多关于整合水平和领域的问题，但记忆同样急需与传统上认知科学范畴之外的学科接触。对于一些建构论者来说，我的纲领性言论似乎是不必要的，对于其他反还原主义者来说，我的言论是成问题的。尽管在这里我无法为自己辩护，但我相信我所概述的框架，至少与追求局部和整合还原论是完全相容的：我们真正针对的是毫无希望的复杂的人文和现象学突出解释变量（salient cxplananda），如在自传式记忆风格上的个体差异。事实是，任何直截了当的还原性解释的前景都是渺茫的，但在特定的重要解释语境中，这并不意味着我们不应寻求或我们找不到具体的微观还原的相关因素。

更普遍的是，哲学家可以合理地表达一些怀疑倾向，甚至是对理想的跨学科理论-建构表示怀疑，但这种怀疑忽略了我所推荐的科学家的记忆。帕特里夏·基切尔（Patricia Kitcher）对此进行了强有力的对比分析，他在心理分析和认知科学之间进行了跨学科解释。例如，这种分析突出一些在学科与话语之间游走过快的“微小的和不那么明显的危险”。我混乱的乐观的概述，无疑例证了由帕特里夏·基切尔所确定的令人烦恼的诱惑，如太容易相信邻近学科的资源，不顾其内部问题的严重性；或是把一致与相容的两种理论或框架作为二者共同的真理。[54]那些有兴趣试图在对记忆进行许多文化研究之间建立桥梁的人，必须接受这些指控的脆弱性，并且只希望在这种研究的合作性质与专业知识的传播上，能提供一些不完善的保障措施。正如我在其他地方已经写过的，“首先必须在某个地方开始，在困难的领域谨慎地扩大一个偶尔麻烦的优先选择是值得的（pay off）”[55]。至少，只要我们对如何理解这一事实仍不确定，即只要记忆同时是神经活动、认知活动和社会活动的事实不确定，那么在哲学和认知科学之间进行接触就未必是工作的不足。

注　释

[1] Sutton (2003, 2004)。

[2] Sheets-Johnstone (1999); Gallagher (2005)。

[3] 哲学的：Auyang (2001, pp. 283-306); Rowlands (1999, pp. 119-147)。心理学的：Engel (1999); Middleton and Brown (2005); Schacter (1996); Welzer and Markowitsch (2005)。

[4] 关于认知科学的多学科性，见 von Eckardt (2001); Rogers, Scaife and Rizzo (2005)。

[5] Bickle (1998, 2003)。

[6] Machamer, Darden and Craver (2000); Craver (2005)。

[7] Foster and Jelicic (1999)。

[8] Craver (2002); Bickle (2003)。

[9] 例如, Schechtman (1994)。

[10] 关于更多这类术语及记忆的形式, 见 Sutton (2003)。

[11] Tulving (2002); Suddendorf and Corballis (1997)。

[12] Nelson and Fivush (2004)。相关观点参见 Reese (2002a), 以及 Fivush and Haden (2003) 的文章。

[13] 参见 Thelen and Smith (1994)。

[14] Nelson and Fivush (2004, p. 487)。

[15] Fivush (2001, p. 51)。

[16] Haden, Haine and Fivush (1997)。

[17] Reese, Haden and Fivush (1993)。

[18] Fivush (1994)。

[19] Mullen and Yi (1995)。

[20] Sutton (2002)。

[21] Harley and Reese (1999); Reese (2002b)。

[22] Reese (2002b)。

[23] Bjorklund (2004, p. 344)。

[24] 参见 Harley and Reese (1999); Griffiths and Stotz (2000)。

[25] 参见 Campbell (1994, 1997)。

[26] Campbell (1997, p. 110)。

[27] 参见 Campbell (1994, 第 2 章)。

[28] Hoerl (1999, pp. 240-247) .

[29] 参见 McCormack and Hoerl (1999, 2001, 2005); Hoerl and McCormack (2005)。

[30] 参见 also Povinelli et al. (1999); Martin (2001)。

[31] Hoerl and McCormack (2005, pp. 267-270)。

[32] 参见 Povinelli et al. (1999); McCormack and Hoerl (2005)。

[33] Hoerl and McCormack (2005, p. 275)。

[34] 同上, p. 283。

[35] 关于分布式认知, 见 Hutchins (1995); 关于延展心灵, 见 Clark (1997)。

[36] 参见 Clark and Chalmers (1998)。参见原著, 8, pp. 15-16, 以及第 16 章 *passim.*

[37] 参见 Clark (2003); Sutton (2006)。

[38] 参见 Klein (2000)。

[39] Engel (1999, p. 24)。

[40] 参见 Schwartz and Schuman (forthcoming)。

[41] Halbwachs ([1950] 1980, pp. 71-76)。

[42] 参见 Wilson (2004, 第 11-12 章)。

[43] 参见 Wilson (2005a)。

［44］参见 Hirst and Manier（1996）；Hirst，Manier and Apetroaia（1997）；Hirst，Manier and Cuc（2003）。

［45］参见 Gabbert，Memon and Allan（2003）。

［46］参见 Schacter（1995）。

［47］参见 Loftus（2003）。

［48］参见 Campbell（2003，2004）。

［49］参见 Strange，Gerrie and Garry（2005）。

［50］Halbwachs（［1950］1980，pp. 30-33）。

［51］参见 Hutchins（1995）；Sperber（1996）。

［52］参见 Gilbert（1989）；Schmitt（2003）。

［53］参见 Gilbert（2000）。

［54］Kitcher（1992，pp. 159-183）。

［55］Sutton（2004，p. 190）。

第七章　情感和认知：一个新版图的领域

克雷格·德·兰西

在某种程度上，当代情感哲学和许多情感心理学已经被一些情绪是“认知”的讨论所主导。认知意味着什么，我们从来没有完全弄清楚过，但这对心灵哲学和认知科学的讨论依然具有重要性，这将非常有助于了解情绪之间是如何互动的，或许也有助于了解情绪如何依赖于其他心灵能力。直到最近，许多哲学家和一些心理学家明确承诺一种观点是可能的，即情绪需要复杂的认知状态，如需要命题态度。当我们获得了更多关于情绪的科学知识时，会发现这些观点很容易成为一系列神经心理学批评的目标。大多数哲学家像许多心理学家一样，现在已经认同“认知”概念，当谈到情绪时，它是如此宽泛以至于不会产生攻击(offense)。关于认知主义对情绪的讨论结束时，我们会发现自己都是认知主义者。[1]尽管这有点偏离了讨论内容，但在自我描述的“认知主义者”与那些从生物学角度来解释情绪的人之间，仍然保留有鲜明的对比。“认知主义者”仍然按照他们的表征内容来描述情绪和他们的目的；那些支持生物学方法的人根据行动中的作用来描述情绪。因此，关于认知主义的讨论出现了弱化；部分是因为出现了一致性，也是因为在讨论之中，真正、主要的问题也越来越明显，而这种问题从来没有得到适当的阐述。这里的主要问题是：这类正常情绪的行为作用能否按照它[2]的内容类型来得到充分解释，或是正常情绪的内容类型应该根据情绪的行为作用来解释吗？在本章，我将回顾弱形式的认知主义之间的共识，表明内容和行为如何揭示了更多基础性的和至今仍未解答的问题，这些问题把“认知主义”区分为生物学方法与情绪，并讨论这一问题的答案。

1. 弱认知主义走向世界

这里没有关于情绪的单一认知主义形式，但一系列的观点赋予其两种极端特征。[3]一种观点，即情绪是表征的或是其他“意向性”心理状态。因此，在50年前，布劳德（C. D. Broad）① 认为，情绪是认知的，而认知“有一种认知对象”或有一种“认知意向性”的经验。[4]我们可以把这种观点称为弱认知主义，说它

① 布劳德（C. D. Broad），全名为Charlie Dunbar Broad（1887—1971），英国认知学家、历史哲学家、科学哲学家、伦理哲学家，主要研究领域是哲学方面的心理研究。——译者注

弱是因为它只要求情绪是某类表征或需要一些表征的类型。只是在感觉情绪理论中，布劳德和其他人才认同一种弱认知主义的替代理论，即情绪只是现象上的这种经验替代理论。这种替代理论说明，弱认知主义是如何也不会让人反感的：感觉理论是纸老虎，因为它必须回溯到近一个世纪前的理论来寻求辩护。[5]

在心理学的认知主义之中，弱认知主义也占有主导地位。玛格达·阿诺德（Magda Arnold）是最有责任复兴当前心理学中的认知主义的人。她认为，情绪需要评估，但允许这些评估是"直接、立即、非反思、非智力……和自动的……"[6]在心理学中，关于认知主义的争论已经产生一些分歧[7]，但在讨论中，越来越多地变成了讨论各种更精致的弱认知主义。杰拉尔德·克洛尔（Gerald Clore）和安德鲁（Andrew Ortony）成为情绪认知主义的坚定辩护者，但最近对于这种认知主义，针对所有反对意见给出的回答是，用表征来识别认知。他们认为，无意识的、迅速的和皮下控制的（subcortically-controlled）情绪事件仍然是认知的，因为这些情绪需要某类表征。[8]因此，经典情况是认知的："经典制约包括一种刺激的手段，条件刺激的过程被改变，因此，另一种意义的标准是无条件刺激过程。"因此，经典的条件反射也是认知的："经典的条件反射包括一种刺激的意义过程，条件刺激也可以被改变，因此，提及另外的意义过程，是指无条件刺激过程。"[9]

另外，更强的认知主义观点是通过许多哲学家来阐释的。出现这种情况的原因是不难辨明的：哲学家们经常关注理性、行动和人类超前的决策能力。这种能力似乎需要复杂的有意识的认知内容，而这种能力是人类所独有的，而且人类所独有的这种能力依赖于语言。如果我们将对这些能力的解释延伸到情绪的话，那么似乎正是这些情绪（或至少与这些情绪相关的实例）需要这种认知内容。安东尼·肯尼（Anthony Kenny）明确认为，情绪是命题态度。[10]马克斯（Joel Marks）认为，情绪可还原为信念和欲望。[11]戴维森的理解论需要类似的信念-欲望还原论形式。[12]其他人也支持信念-欲望还原论[13]，或提供信念-欲望还原论的各种变体形式。[14]信念-欲望还原论是一种非常强的观点，如果我们有一种很强的理论，关于信念和欲望是什么的理论的话——例如，如果我们认为，信念与欲望是命题态度，那么行动者必须是有意识的。认知主义的其他形式包括判断理论，这些理论在罗伯特·所罗门（Robert Solomon）的开创性著作《激情：情感与生命的意义》① 中得到了辩护。在罗伯特·所罗门的观点中，情绪需要一种正确类型的复杂认知状态："信念与意见之间的关系是一方面，情绪是另一方面，这不是一种因果关系或同时发生的问题，而是一个逻辑问题。情绪无法在逻辑上区分其对象，一旦其对象被拒绝，那可能就没有更多的情绪了。"[15]

一种解读是，把这种观点作为强认知主义形式的承诺，这种承诺与罗伯特·所罗门后来所主张的一些事情是相一致的，例如，罗伯特·所罗门主张："所有

① 《激情：情感与生命的意义》：*The Passions: Emotions and the Meaning of Life.* ——译者注

情绪预设都有某类认知作为其先决条件。例如，对危险的恐惧意识，承受被冒犯时的愤怒，感谢某人或在恋爱中觉得一些事物很可爱。即使是在讲究实际的神经病学或行为学理论中，也必须考虑这一事实，即不论神经学或行为是什么，如果一个人对某些事件的状态或事实明显是无知的话，那么他或她不可能有确定的情绪。”[16]

信念-欲望还原论及强版本的判断理论，在一种承诺中被统一，这种承诺是通过某种认知状态来解释情绪的，而这些描述人类理性的认知状态之间是相互有关联的。这些认知状态可能需要推理和语言。认知状态似乎典型地也被当作是有意识的，并且通常是人类复杂性上所独有的。我们把这类观点称为强认知主义。强认知主义最鲜明的替代形式来自生物学方法，强认知主义认为情绪并不需要命题态度[17]，或不需要其他复杂的认知状态，如意识符号的离散标记。[18]强认知主义强调，情绪的目的或强调这些情绪的行为作用，而不是强调情绪的描述性内容。

罗伯特·所罗门早期的主张是错误的，即一个人不可能对一些情绪的原因是无知的，如果这些情绪是指一些基本情绪的话。有大量证据表明，我们对自己一些情绪的某些实例对象确实是一无所知的。[19]但是，如果罗伯特·所罗门所描述的观点与强认知主义相一致的话，那么他还明确阐述了弱认知主义的转向。他最近撰文指出：“因此，我所主张的判断是，情绪的构成可以是非命题的及具体的，正如情绪的构成可以是命题的和表达清晰的，情绪可以进一步变成为反思性和自我意识的。什么是认知？我仍坚持认为，它是基本的判断，同时是反思性和前反思性的，同时知道如何（作为技能和实践）（knowing how）和知道为何（作为命题态度）（knowing that）。”[20]

这里的“认知”和其近义词“判断”与布劳德的作为表征的情绪概念的内容是一样丰富的，甚至比布劳德的概念更丰富。事实上，很难找出任何心理活动，其不属于罗伯特·所罗门所认同的这些类型。如果我们接受这种宽泛的认知概念，那么每一位严肃的研究情绪的学者都是一位认知主义者。

2. 解释性认知主义和描述性认知主义

毫无疑问，这种研究有一些类似的进展：有证据表明，一些情绪的实例可能有表征性内容，这种内容不是有意识的或不是在结构上由情绪产生的，这类结构与非人动物是同源（homolog）的。大家已经一致承认出现了这种变化，并且弱认知主义已经成为主流观点。但这种一致性是表面的，情绪哲学仍然被分化为两方面：一方面，一部分人根据自己的内容、他们决定的相关性，以及他们在理性思维的作用来描述情绪；另一方面，以生物为导向的自然主义者，主要按照他们在行动中的作用、进化传统和同源性来描述情绪。

有人可能会得出结论，这只是一种方法上的不同。但是坚持这种区分就揭示了一种在前面隐含的更深层次的问题，这个问题虽然混乱，但它讨论支持各类认知主义。这种更深层次的问题是，无论情绪的行为作用是否是由这些情绪的表征内容来阐释的，或它们的表征内容是否是由情绪的行为作用来解释的，让我们把这些立场分别称为解释性认知主义（explanatory cognitivism）和描述性认知主义（descriptive cognitivism）。在解释性认知主义中，某些表征状态先于我们对一些情绪行为作用的解释；在描述性认知主义中，我们使用了某些情绪的行为作用，来解释这类认知状态，这类认知状态通常导致或部分构成情绪的行为作用。

我将假设，在所有弱认知主义和强认知主义中，一些情绪似乎有一种如正常目的的行为作用。我也将把自己限定在恐惧、厌恶和愤怒的事例中，因为我认为这些都是基本情绪，我也相信这没有自然类，它对应于我们称之为“情绪”的所有事物。也就是说，我在这里得出的结论，可能不适用于我们称之为“情绪”的所有状态，但适用于这些最有特色的状态组。

如果我们是在研究少量的情绪，那么很难形成关于各类内容的可能情节，认知主义者可能会把这类内容归因于它们的原因或成分。心理学家理查德·拉扎勒斯（Richard Lazarus）提供了一张列表，他把这张表称为情绪的“核心相关的主题”。以下是理查德·拉扎勒斯所认同的关于情绪的三种主题[21]，如表 7-1 所示。

表 7-1　情绪的相关主题

情绪	主题
恐惧	面对即刻的、具体的、巨大的身体危险
厌恶	摄入或太接近一种无法消化的事物或观点（隐喻的说法）
愤怒	针对我及与我有关的有辱人格的冒犯行为

哲学家与心理学家也给出了许多这样的列表，对于我们在此的目的来说，这些列表都是相关、类似的。一个微小的差别是，安东尼·肯尼在哲学中发展了一种方法，即把理查德·拉扎勒斯所描述的那些情形当作一类（逻辑）对象。安东尼·肯尼把这样一种基于情绪的通用表征类型称为形式对象（formal object）。例如，有人可能会认为，恐惧的形式对象将是危险的；厌恶的形式对象是令人作呕的；愤怒的形式对象是有辱人格的，等等。根据对行为的解释，这两种描述内容或情绪对象的方式是等价的。

比如，解释性认知主义对恐惧内容和目的的描述将会如下：某有机体知觉到它正处于危险之中，而它渴望自己不处于危险之中。目前，强认知主义把恐惧等同于这些非常的状态。弱形式的认知主义把这些信念和欲望看成是必要的，但并不是恐惧情绪的充分条件。但两种方法可以共享一个假设，即这有些像恐惧之类的表征类型，反过来，这种表征类型允许我们解释恐惧的行为作用。（在某些情况下）害怕能满足不处于危险之中的愿望，因此正是这种愿望的满足，才解释了为什么我们要逃跑，从而解释了行为的作用。同样，如果愤怒的行为作用是（典型地）攻击，那么解释性认知主义可能会认为，愤怒的形式对象是一些冒犯行为，而通常愤怒是由不被冒犯的愿望所构成的。攻击所冒犯我们的事物，可以通过消除这些冒犯我们的事物来满足这种欲望。这就是为什么攻击是愤怒的行为作用。依此类推，人们不难看出，如何对其他情绪给出这样一种解释，情绪的行为是通过同归因于情绪的这类内容来解释的。

解释性认知主义是一个引人注目的理论。它与弱认知主义是一致的，因此，就这一点来说，它与我们关于情绪最佳的科学解释是一致的。解释性认知主义使我们能够应用推理来解释这类行动，以一种常识方法来解释与我们情绪相关的这类行动。例如，避免危险的事物是正确的，因此承认某些事物是有危险的，并且伴随着恐惧，这以一种简单又直接的方式解释了为什么我们会逃离我们所恐惧的事物。我认为，这种令人注目的解释性认知主义的简单性与行动的知性论观点是非常契合的。由哲学家所发展出的这种知性论观点是各种传统“认知主义”和更强形式的“认知主义”的潜在动机。但是，解释性认知主义的问题是，它假设有各种情绪的形式对象之类的事物，我们可以确认各种情绪的形式而不用参照情绪的行为作用（否则我们将陷入一种恶性循环），但这种假设是虚假的。

为了说明这一点，我们需要更仔细地查看形式对象的概念或情绪的内容。关于认知主义的传统讨论主要集中在：在理性影响下或诸如此类的影响下，这些内容在何种程度上必须是有意识的。弱认知主义的胜利在于它解决了这类问题。这里的共识是：像这些状态的事物可以是无意识的，在非人类动物中可以有同源性，等等。因此，这样的描述似乎对上述引用的理查德·拉扎勒斯的观点完全是无知的。但对于许多弱认知主义者来说，更深层次的问题是，什么可以算作是解释性认知主义。很简单，例如，什么是危险？从理查德·拉扎勒斯对恐惧内容的描述中，很容易找到例外——我们所恐惧的是“面临一种即刻的、具体的和巨大的人身危险”。很明显，我们知道有些事物是有危险的，但并不害怕，正如我们害怕某些事物，但知道并不危险一样（例如，似乎某些人可能害怕乘飞机，但不害怕开车，即使他们知道乘飞机远比开车要安全）。此外，一些危险的事物导致了其他情绪：腐烂的食物危害我们的健康，并可能伤害我们，但我们对这类食物的反应通常是厌恶（进行进一步的分析，某物可能是有毒的，从而导致恐惧，而不是导致厌恶：如果一个人被告之，一种无味、无臭的液体中含有致命的毒素，他可能产生恐惧而不是厌恶）。而且我们害怕其他的人，甚至是虚构的人物。此外，一些威胁导致的不是恐惧而是愤怒，这是非常合理的。在我们试图描述其他情绪时，会出现相类似的困难。如果我用锤子锤到了自己的大拇指，我会生气，但这看不出它如何贬低或冒犯了我。当然你可以说，疼痛冒犯了我，但显然这提出了一个不可证伪的理论。这些问题很容易找到，它们出现在情绪内容的其他列表中，但在这里是不可用的，而这与理查德·拉扎勒斯所提供的列表并没有什么明显的不同。

心理学的术语在这里没有任何帮助。心理学确实有一种有毒刺激物的概念，这个概念是在恐惧条件下及其他关注情感的实验中来得到确定和使用的。心理学家也承认，我们继承了对这些刺激物的一些倾向性反应（称之为“无条件刺激”）。但恐惧条件的这些刺激物运作方面——也就是说，用这些条件来识别刺激物是有毒的——即刺激物能成功地用于恐惧条件中。因此，恐惧的行为被要求辨明刺激物是有毒的，在解释中行为先于并识别相关刺激物。

因此，对解释性认知主义的挑战是，给出各种情绪的正常内容或形式对象的解释，而不用恶性循环地参照这些情绪的适当行为。试想一下，我们有一张琼斯所恐惧事物的列表。当琼斯面对这些事物时，预期她将会有某些反应，包括面部表情和想离开的动机。面对她所害怕的一些事情，她会公然地逃离。解释性认知主义想要通过参照各类内容来解释这些行为，这类内容象征着清单上所列的事物。那么人们需要解释的是在这个清单上的事物所具有的共性，而不用提及情绪的行为，否则在我们的解释中就会出现恶性循环。

我的假设是，至少就基本情绪而言不能满足这一挑战。这里没有对恐惧、厌恶、愤怒的描述，也没有描述许多其他情绪的形式对象，这并不需要参照相关的情绪行为。例如，危险是一个常识概念，是一个有用的概念，但在这种语境中它要求被解释，但没有现成的解释可用。这一假说是一种消极的主张，这一主张并不能直接建立起来。但是，很容易看到的是，理查德·拉扎勒斯给予我们的这类清单的问题是系统性的。我们的基本情绪不是通过描述来解释的，这种描述只参照其他内容，如广义的解释目标和社会作用。

鉴于这一假说的合理性，另一种替代解释是，任何事物如果它们的内容可以共享的话，那就更好了。另一种更好的替代解释是，这不是一种内容，而是一类行为，在我们的解释中这类行为应该是第一位的。这不是内容“定义”情绪[22]，而是行为主要决定（或在我们过去进化中决定了）基本情绪的所有其他功能。我称这种观点为描述性认知主义，因为它允许把基本情绪描述为具有相关的内容，这往往是正确的，但这种描述无法正确地解释情绪的行为作用。

对于描述性认知主义来说，我们是根据情绪的相关目标行为来解释情绪的相关内容的。回到琼斯的例子中，试想琼斯所害怕事物的清单，描述性认知主义主张，所共享的这份清单当且仅当是一些事物，正是这些事物使琼斯的逃跑是恰当的。因此，描述性认知主义的指导性假设是这样一种主张：只有在我们适当理解了情绪的行为作用之后，我们才能识别基本情绪的正确内容。让人害怕的事物是一类适合让人逃跑的事物；让人愤怒的事物是一类适合攻击的事物；令人厌恶的事物是一类适合避让及如果摄入就会让人呕吐的事物。这里没有什么其他的事物来统一许多内容，如可能是害怕、愤怒或厌恶的内容。单独根据内容来统一解释事物是不可能的。只有参照适当的相关行为，我们才能找到统一性。

3. 什么是“适当的”?

描述性认知主义主张，只有情绪的内容指涉一类事物时，这些情绪的典型内容才能被统一。这类被指涉的事物要求解释有情绪反应是适合的。适当的反应意味着什么？作为表征，即情绪的内容必须符合规范性约束，这种约束是所有表征都必须符合的。[23]但在另外的意义上，情绪的内容是适当的。若要说恐惧有一种行为目的，部分是在说行为目的可能成功或可能失败。如果恐惧的行为作用是促使人逃离各种事物，而该事物是有利于逃跑的话，那么恐惧可能是失败的，例如，它可能不会导致我们逃离一类事物，这类事物有利于逃跑，或导致我们逃离一类事物，这类事物不利于我们逃跑。这些规范性约束延伸到了相关内容，导致了恐惧的这类内容，是参照某个对象或事物状态，这个对象与事物状态是适宜逃跑的。也就是说，基于情绪的行为作用，内容可以是适当或不适当的。这没有一种单独解释来说明某事物是适合逃跑的，因此，也没有一种单独解释来说明适合令人恐惧的事物，至少这可能涉及以下四种不同的能力。

首先，也是最基本的，逃离那些事物是适当的，对于我们的祖先来说，遇到那些事物，适应的反应也是逃离那些事物。那么一些有机物可能已经继承了这些表征。因此，这是针对人类而言的。有些人天生恐高或害怕蜘蛛、蛇，这是合理的，即这些人的祖先发现，避开这些事物是有利的。

其次，我们可以从直接经验中学到令我们恐惧的事物。恐惧的条件理论及学习的基本理论，是基于这一概念而建立的。这一概念是指，这是一些非条件刺激，如疼痛，对我们来说，这将导致一种情绪反应。对于恐惧，这些非条件刺激物很可能继承令人害怕的事物的表征；也就是说，我们的祖先也在权衡逃离这些事物是否有利（因此，我们继承了恐惧的倾向，因此逃离的动机是疼痛）。但我们也学会把这些非条件刺激物与其他刺激物关联起来（从而有一种恐惧的倾向，因此，有动机逃离产生疼痛的事物）。如上所述,那么非条件刺激物不再是恐惧的普遍内容。非条件刺激物是完全根据产生的适当反应能力来确定和定义的；在非条件刺激物中，也没有足够的规律性来单独为普遍内容提供过多的解释力；并且，一些学习到的恐惧和在社会中获得的恐惧，不是通过参考非条件刺激物来解释的。

再次，我们可以从社交中习得所恐惧的事物。一个孩子看到她的父母和同龄人对一些事物的恐惧，那么她也学会了对这些事物恐惧。在习得这种恐惧时，她并没有受到伤害或感受到痛苦。这种学习的好处是显而易见的。这种能力并不会随着人的长大及成熟而消失：我们继续从同龄人中学习适当的反应，有时采纳了这些反应。

最后，我们自己可以决定所恐惧的事物。人类有能力、有意识地考虑他们的情绪和随之而来的动机，并使用实践的理性来产生新的动机。他们可以判断，恐惧某些事物将是适当的，也许结果是变得害怕某些事物。

这份清单可能非详尽无遗，但它说明了我们如何能够理解适当反应的概念，而不是纯粹依靠另外的表征及其内容。在描述性认知主义中，我们对情绪内容的解释基底（the bottom floor），是指继承的行为、倾向、学习能力及社会语境。这些对我们能够识别这类这些情绪来说是适当的内容。

对描述性认知主义的辩护并不是这样一种主张，即根据情绪所拥有的内容及我们可能拥有的其他信念，我们将永远找不到有利于解释某些情绪的行动。对于一些我们称之为"情绪"的事物，解释性认知主义对其的认识可能是正确的。此外，即使是基本情绪，根据情绪的内容来描述行动，也往往是有利的。其核心主张是，这些解释不能作为一种基底来解释我们基本情绪的本质内容。对这些情绪完整的解释基底，在于行动和我们所继承的情绪活动。

4. 描述性认知主义和对情绪行动的解释

我一直认为，关于基本情绪的解释性认知主义是错的，因为如果不参照情绪产生的适当行为，我们就无法描述这些情绪的形式对象。用描述性认知主义来充分解释一些情绪的行为与内容之间的关系，是一个可行的选择，描述性认知主义确认了相关情绪可能拥有的这类内容。在这里不需要行为主义，人们发现在行为主义中找到的行为概念是非常贫乏的，这是一个错误的两难提议：我们用认知内容来替代解释行动，这是取消了内容，而赞同了行为。一种重要而被忽视的第三条途径是：承认这类行为的丰富复杂性，这类行为代表了一些情绪，并把这些情绪当作心灵理论必须包括的事件——伴随有判断、表征和推理等——作为基本的解释类型被要求理解心灵。生物目的论将允许把这些行动看作是有目的的。[24]因此，受益现实，这就从描述性认知主义中获得了额外的解释力。有两种观察与此相关，首先，描述性认知主义与一种版本的程序影响理论（the affect program theory）融合得很好，而程序影响理论是我们最好的基本情绪理论。其次，描述性认知主义可以起作用，它以一种修正方式来理解行动和心灵。

程序影响理论是这样一种观点，即基本情绪是综合协调身体的反应，如自主变化、感知变化、行动准备。这一版本的理论在哲学中得到了格里菲斯（Paul Griffiths）的辩护，在心理学中得到了艾克曼（Paul Ekman）和雅克（Jaak Panksepp）及许多其他人的辩护。[25]这种版本的观点在心理学中得到广泛的支持。许多科学家认为，程序影响已经从各种继承的行动程序中得到进化，如对飞行的恐惧。一种修正形式的程序影响理论认为，基本情绪是综合这些行动方案的一部分。[26]虽然可以把程序影响理论看成是对基本情绪的反本质主义观点，因为探询影响程序的哪些功能是必要的，哪些功能是不必要的，这通常是徒劳的，但这一版本的行动程序理论是最重要的功能，它解释了所有其他功能。这种观点有很大的简约性，因而值得推荐。这些好处也并非不重要，即动机的其他神秘概念也在这些案例中得到解释：恐惧是逃跑的一种动机，因为逃跑的行动程序是积极的。需要解释的反而是，为什么这样一种程序通常被压制或重新定向；但不难猜测这是如何有效的，因为存在这种先进的理论因素。此外，承认基本情绪必然的动机可以解释大量其他现象，包括一些表现行为的奇怪形式。[27]结合描述性认知主义，就不难看出这种修正的程序影响理论将解释各类相关的情绪内容。基本情绪从行动程序中演变而来，最终必须按照这些行动程序的作用来解释。

无论人们是否致力于这一版本的程序影响理论，都有一个有利于描述性认知主义的重要推论。解释性认知主义和描述性认知主义之间的争论，触及许多对人类行动和动机的考虑。考虑基本情绪的行为目的的主导地位，这不仅与心灵的知性论观点相一致，因为知性论观点描述了关于情绪的强认知主义，而且知性论观点与这一点也是相一致的，即也对他们丰富讨论的内容和动机敞开了大门。对动机的哲学讨论非常少了，这十分令人惊讶，这种讨论通常取决于称为“欲望”的单个普遍动机状态。我们没有理由相信，有这样一种普遍状态。另外，把“欲望”当作一种家族相似性术语来使用，不断地威胁到组合在一起的非常不同类的事物。对道德心理学、行动理论或心灵哲学的讨论必须承认，这有许多不同的动机，这些动机与其他心理状态有非常多样化的关系，并且这种动机不能完全按照它们的内容来解释。描述性认知主义鼓励我们放弃这些有害偏见，因为我们必须承认不同的心理类型取决于不同的行为作用，这些行为作用本身应该成为基本解释，这一解释断定了我们的心灵理论。我们可以获得一种关于人类思维和行为更加准确和可预测性的观点。

注　释

［1］为了简便起见，以后我将会用“认知主义”，其同源词是指关于情感的认知主义。哲学家和心理学家有许多其他观点也称为“认知主义”，在这里我并没有指那些观点。

［2］通篇，我将功能目的（teleofunctional）的意义使用术语“标准”和“适当”来描述，这与统计学上的意义相对立。见 Millikan（1984）。

［3］关于情绪认知主义的各种形式往往接近于一种约定的主张，因此，一种无法证伪和非经验的断言，如没有明确指明，就是指情绪是某类表征状态。这样一种先验的认知主义形式将是一个严重的错误，因为所有正在讨论的现象都是自然的物理事件。在本文中，我仅把关于情绪的认知主义指涉为一种实证主张。

［4］Broad（1954，p. 203）。

［5］然而，在一些关于情感的认知主义者中有一种倾向，即把感觉理论作为强形式认知主义的唯一选择，并假定认知主义唯一的弱点是它不易于解释各类情绪的现象经验。这是建立了一种虚假的两难境地。情绪的生物学方法强调它们的行为作用，而不是它们的“感觉”

(feelings)。

[6] Arnold (1960, p. 174)。

[7] 参见 Zajonc (1980, 1984); Lazarus (1982)。

[8] Clore and Ortony (2000, pp. 41ff.)。

[9] 同上, p. 47。

[10] Kenny (1963)。

[11] Marks (1982)。

[12] Davidson (1976, 1984)。

[13] 参见 Lormand (1985)。

[14] Nash (1989)。

[15] Solomon (1977, p. 178)。

[16] Solomon (1993, p. 11)。

[17] Griffiths (1997)。

[18] De Lancey (2002)。

[19] 参见 Zajonc (1980); Öhman et al. (1989, 1993)。

[20] Solomon (2003, p. 16)。

[21] Lazarus (1991, p. 122)。

[22] 参见 Clore and Ortony (2000, pp. 41-42) 所主张的。

[23] 也就是说，我们可以搁置对表征正确性问题的讨论。我可能害怕蜘蛛，并把一只蚂蚁当作一只蜘蛛而害怕。这种恐惧是不恰当的，因为表征是错误的。这是一种意识，即一种情绪的内容可以是适当的，但与此讨论无关。

[24] 我提及她，是因为这种解释可以在 Millikan (1984), Schlosser (1998) 和 De Lancey (2006) 的著作中找到。

[25] Griffiths (1997); Ekman (1980); Panksepp (1998)。

[26] DeLancey (2002)。

[27] Kovach and De Lancey (2005)。

第八章 范畴化与概念：一种方法论框架

克里斯蒂娜·梅尼　阿尔弗雷多·帕特诺斯特[1]

关于概念的主题庞大得令人印象深刻。事实上，它涉及认知科学的所有领域。概念理论的要求，通常包括如组合性、习得性、典型性、带七的意向性（intentionality）、带S的意向性（intensionality）（或透视性）、公众性及规范性等问题。[2]在如此短的文章中，即使是解释这些问题的一半都是不可能的，因为我们既不能提供一项调查研究，也不能提供一种全面的概念理论。依旧劲头十足的是，我们的目标是提出一种框架，可以卓有成效地追求对概念的科学研究。这种调查的关键问题是，"为了归因一种系统的占有概念，需要哪些精神禀赋"。

1. 一种方法论的前提

在关于概念的哲学文献中，能找到两种对立的观点。

首先，在根据能力（才能）的概念表征和根据事物或事实的概念表征之间，有一种理论对立。

其次，第二种二分法是元理论。一方面，概念理论用于提供个体化条件；另一方面，概念理论应该提供拥有条件（possession conditions）。关注这类概念理论问题的拥有条件，这种拥有条件的反对观点应该回答："什么样的实体（entity）是一种概念?"而不是回答"为了归因给能动者一种概念而需要什么?"

乍一看，有人会说，赞同两种元理论选择并不能确定表征概念的理论方法。例如，人们可以从建立概念的拥有条件是什么样的问题开始，最终得出两种结论之一：概念是心理事实或概念是一组能力。事实上，一般来说，对理论形式的限制也可以决定其内容，这样似乎是很奇怪的。

然而，正如福多正确指出的，根据能力的概念特征与这一观点之间有一种历史事实，但却是非逻辑的，上述观点，即概念论的核心问题是确定拥有条件。[3]事实上，这种元理论的选择通常是由怀疑论所激发的，这种怀疑论是针对用概念特殊"事物"来识别概念的可能性的。经典的参考文献是维特根斯坦的，他根据使用/能力来解释意义概念，这种解释主要来源于他对意义具体化的否定态度。① 因此，怀疑主义与反形而上学关注的共同点是，把概念“还原”到能力的主要理由是什么。[4]

根据福多的观点，这种态度已经不适当地影响了认知科学。这甚至是认知科学中最严重的错误，它阻止认知科学家采用唯一可行的概念论：信息原子论(informational atomism)。根据信息原子论，概念是非结构化的心理符号（这是原子论方面），其内容是由因果法则与世界中客体的关系来决定的（这是信息方面——这一观点是，如猫的概念，是心理符号，其符号象征是系统地由真实世界中猫的表征所引起的）。[5] 在福多的观点中，正是因为认知科学家把概念当作能力，而不是当作心理事实，所以认知科学家把概念当作复杂（非原子）的观点是错误的，也就是说，把推理模式看作是对概念内容的建构。换句话说，福多的主张是，认知科学是有缺陷的，因为它没有认识到关于概念的形而上学问题，是独立并先于概念的认识论问题。例如，有一个问题是，猫的概念是什么（或一只猫的概念是什么），即心理符号法则上（nomologically）与真实的猫联系起来；实际上，另一个问题关注心理结构，该结构允许我们认识猫的心理，或允许我们推断出猫是动物。因此，推理环节不构成概念，或以一个稍微不同的视角来看，行动者关于猫的知识与建立猫是一种什么概念无关。

我们将坚持这种所谓的（元理论和可论证的理论）错误。我们并不是先天地拒斥信息原子论；但是，不论哪种概念理论是正确的，这种先天性都是符合认识论问题的，并且其根据能力描述相关理论取向，是基于以下原因：

（1）对概念的兴趣基本上来自心理学观点，也就是说，把概念视为这些心理禀赋。它允许有某些认知属性，在拥有条件和表现某些能力之间建立密切联系是很自然的。换言之，人们不能说明，独立于行动者的概念能做什么。

（2）为了被当作一种概念，一种心理表征必须以某种方式来运作，对于表征的单纯描述，难以形成对心理表征如何运作的详尽描述。正如布洛克（Ned Block）所指出的，“一种表征如何表征或表征了什么不仅仅是表征的内在属性问题……尤其是它还是复杂关系的属性问题：表征如何起作用”[6]。

（3）在下面的意义上，根据能力来解释概念似乎更符合科学实践。这种方法构成了“形而上”概念理论的基础，包括信息原子论，这种方法往往基于纯粹哲学的先天要求或约束，从而回答了概念是什么的问题（概念必须是什么的问题），然后才找到相关的、心理学的经验证据。相比之下，一种自然主义、以能力为导向的方法从一开始就考虑行为和心理禀赋的经验证据，这种行为和心理禀赋是由认知科学家所假定的。或者，在任何情况下，这就是一种我们所要追求的方法。所谓建立先天的概念必须是什么，这是一个本末倒置的问题。[7]

鉴于上述的考虑，我们的策略如下。我们将寻找表面上与概念归因相关的一

① 维特根斯坦主张，“使用决定意义”。——译者注

些能力，从最基本的归因开始，然后逐步增加概念归因的复杂程度。对于每个个体的能力来说，我们将讨论是否需要拥有概念。最后，我们将讨论，拥有概念应该等同于接受这些能力，可以很容易用计算术语来描述相关能力。

这种方法是自然主义的，通过把人类的心理过程同化为非人类（主要）心理过程，而不是假设二者有明确的区别。[8] 我们称其为一种“自下而上”（bottom-up）的方法，这种方法是从更简单、更基本的（知觉）开始，然后上升到一种更复杂的（推理、语言）。[9]

这种策略并不乞求这一问题，即哪种概念理论是正确的。有充分的理由认为，已有的每种概念理论都对这一问题的某些方面给出了解释，而无法解释其他问题。然而，我们希望我们的分析指出了一些理论的优势和其他理论的劣势。

2. 概念与范畴化能力

一些心理能力是与概念归因相关的，简言之，一些心理能力与概念相关。当然，心理能力的概念可以在不同层次中被挑选出来加以分析。因此，各种不同的心理能力之间是有关联的。例如，下面一种粗略而流行的范畴模式，它们与概念的三种宏观能力相关：范畴化（categorization）、推理和语言。

我们采用范畴化来作为与拥有概念相关的核心能力，我们将区分不同的属性，并在不同的范畴层次上来实例化。为了归因概念，我们认为必须呈现一些与范畴相关的复杂方面。正如我们将会看到的，这些方面涉及推理。事实上，我们提出的范畴机制至少足以复杂到来支持某些类型的推理。就语言而言，它不属于本章的主题：因为我们将至少论证，有某些概念可以归因于非语言的生物，一般情况下，语言似乎与非语言生物没有相关性，不过语言显然必然归因于确定的概念。

在近似的意义上，我意指“范畴”是一种自然或人工系统的过程，这类过程包含一类刺激。梅丁（Medin）和阿圭勒（Aguilar）恰好提出了范畴是“不同实体的过程，并且不同的实体应该被同等的对待”[10]。因此，如果有证据证明行动者在某些方面能把一些事物的细节组合起来，那么可以说他或她能够进行范畴化。[11]

不论被假设的是前-理论概念，还是直觉观念的概念，它们必须说明范畴化的能力。换句话说，在某种程度上，为了能够进行概念化，被赋予的这种能力是一个必要条件。归因概念的最低要求是范畴的能力，因为这是组合各种目标细节的首要工具：对一种给定刺激作出适当的行为反应，形成关于属性的归纳预测，这种预测能够被运用到新的（未曾遇到）的事实上，等等。

事实上，已有的所有概念理论都提供了对范畴的解释。这些理论基本上可以通过这样的事实来进行区分：它们提供了范畴如何运作的不同解释。

乍一看，形成范畴化至少涉及两个主要的方面。第一方面是抽象（abstraction），人们抽象出一些特征，并专注于一些其他的特征，来“建立”一类范畴。一般来说，不论一个苹果是绿色还是红色，把苹果归类为苹果并不重要。要注意的是，我们不是在谈论复杂的“抽象”概念，如民主或高雅，而是在谈论有能力去挑选某些方面的概念，并排除其他概念。如果没有这个能力，那么在某些方面，就不会考虑到把一些事物等同于一些其他事物。

第二方面是指导性（directedness），它与第一方面在某种方式上是对称的，即某些系统的能力可以承载信息，或表征世界中的事体。正如墨菲（Murphy）所说的那样，承载世界上的信息是概念的功能。[12]不论范畴是如何被建构的，模式是如何产生的，这个问题通常与世界上的某物是相关联的。某些心理能力能调解刺激和行为反应。这对应于（很小）的表征概念。也就是说，概念要求具有表征的能力。

这是一种类似性：上述要求与哲学文献中通常呈现的迫切愿望（desideratum）的概念理论之间有一种类似性，即概念必须有一种意向内容。因此，举例来说，普林茨（prinz）主张“概念表征事物，或指涉事物，而不是指涉它们自身”[13]。然而，我们宁愿摒弃这种说话方式，因为这种说话方式是有误的。理由有二：首先，意向性的术语可以表明这样一种观点，即它们本质上是具有内容承载的心理状态，而且，正如我们在本章第一节所解释的，这不符合我们的认知方法，而是一种形而上学的方法。其次，意向性内容的归因表明：与拥有概念相关的这类心理状态是高度复杂的，可能涉及语言（language-involving），这可能是窃取问题（question begging）。

我们所要概述的是一类极少的、原型指涉的能力（protoreferential ability），这种能力是能够实例化纯粹指称关系中的条件。这种观点认为，范畴必然涉及机制，在选择事体的环境中，机制承载了信息。任何一种范畴都涉及一些机制的实例化，这种机制具有指称功能，或者代表、表征了某些事实的集合。然而，这并不构成一个完整的指称概念，至少，根据一些作者的观点[14]，要求每种符号系统都代表某物。

这就是说，我们承认概念归因的能力需要一些内容归因。但实际上，范畴是粗略的，它涉及以这样或那样的事物来区分其他这样或那样的事物，如果没有对两种内容进行区分，如没有对 A 和 B 进行区分的话，将很难看出范畴的这种情境是如何被描述的。然而，值得注意的是，这不能轻而易举、精确地确定哪个是内容 A，哪个是内容 B。在特定情况下，似乎有许多不同的想法和可能的概念，这些想法和概念可以被归因于非语言的动物，很难说在何种程度上能消除这种不确定性。正如我们将看到的，可以说，内容（一般）可以被归因于非语言动物，正如内容可以被归因于人类一样，所掌握的概念差异是一种程度问题：人类（由于语言）可以更精细地区分事物，也就是说，人类可以归因更多的内容，也可以更细致地区分内容。

因此，我们的指导性概念并没有表明，在范畴中必须要涉及语言。正如我们将在下面看到的（2.1），许多不同复杂程度的行为模式，表明一种特定的刺激可以被归因到某些范畴之下。例如，为了归因知觉范畴，动物只不过需要不同的行为来对不同的刺激作出反应。

2.1 来自动物范畴的证据：老鼠

如上所述，对一种刺激进行范畴化，相当于把刺激归并到一类事物中。从系统发生学来说，许多实验数据提供的证据表明，即使与我们人类不同的动物也能对刺激进行范畴化。以一种实验为例，实验目的在于，老鼠的范畴在何种程度上是准确的。[15]如果实验者在 t_1 时间里给老鼠喂一些咖啡，这使老鼠在 t_3 时间产生了胃痛（由于老鼠被注射了氯化锂），第二天老鼠将会拒绝进食咖啡，即老鼠拒绝食用最后进食的食物。但是，如果让老鼠在 t_2 时间吃一些糖的话（$t_2<t_3$），那么老鼠将在 t_2 时不再吃糖了而不是不吃咖啡，结果如表 8-1 所示。

表 8-1 实验结果

项目	t_1	t_2	t_3	行为
案例 1	咖啡		胃痛	回避咖啡
案例 2	咖啡	糖	胃痛	回避糖而不是咖啡

表 8-1 中的数据表明，老鼠能以一种相当准确的方式表征一种范畴，如“需要回避的食品”（stuff-to-avoid），它基于非琐细的（non-trivial）线索，如事物的时间顺序来区分坏的食物。

对范畴来说，有两种标准是必须满足的，即抽象和指导性都必须被满足：老鼠从不同的特定食品中抽象并挑出有毒食品的共性；正是这种特性决定了它的行为，暗含建立一种关于坏食品的信息链。

我们认为，动物范畴化的第三个特征，有时已经在文献中被正确地强调过。根据德斯基（Dretske）的观点，为了归因一种真正的系统表征能力，系统必须被赋予多模块性（multimodality），即通过多感官通道，有能力挑选出一种具有相同特征的刺激物。[16]

多模块性允许我们建立表征的内容是什么。事实上，当只有一种感官通道时，我们没有理由来主张，表征的内容是外部（远端）刺激，而不是近端刺激。在多重意义中，这种确定内容（content determination）的系统模糊性被消除，因为这有两个不同的路径来连接终点，即相关表征及其对象。[17]换句话说，多模块性允许我们建立动物是否表征或误表征（misrepresenting）了某些事物。因此，从根本上说，德斯基的论证是，真正的表征能力也需要有误表征的能力，反之，误表征能力又要求有多模块性。

多模块性似乎在许多脊柱动物中得到了呈现，包括老鼠。因此，我们认为，动物的范畴化很少是以抽象性、指导性和多模块性为特点的。难道“空范畴”(bare categorization) 足以归因概念吗？让我们来讨论另外一个例子，它涉及复杂的动物，如猴子。正如我们将会看到的，猴子的行为可能更易于理解，在这种意义上，至今已经被我们个性化的猴子的属性，会更加明显。

2.2　猴子

这个我们将要讨论的例子来自 Cheney and Seyfarth (1990)，他们观察了一群自由地生活在公园的长尾猴 (vervet monkey)①。10～30 只长尾猴组成一个猴群，群体之间通过复杂的呼叫进行互动。每只猴子使用 25～30 套信号，这些信号似乎用于同类之间传递消息。最频繁的交流语境是有危险、寻找食物和交配的时候。上述每一种情况的特征都是使用高度特殊的声音信号。例如，在面对不同的动物，如蛇、猛禽（通常指鹰）及大型猫科动物（典型的如豹子）时，就会产生三种不同的警报声音。这些猴子听到警报后的反应也很特别：听到来了豹子的警报声后，长尾猴逃到树上；听到来了鹰的警报后，它们仰视或逃到灌木丛中；其对来了蛇的警报的反应是，保持安静并注视它们周围的环境。

值得注意的是，逃跑的反应并不是由独特的原因引起的。事实上，即使没有听到同类的警报声，当猴子看到一只豹子时，它也会逃跑（逃跑速度超过有同类警报时的速度）。因此，这也是多模态范畴的情况，正如识别是通过不同感官渠道所产生的。

2.3　联机和脱线过程

虽然长尾猴的行为模式与本章 2.1 所讨论的老鼠行为相比，是相当复杂的，但我们认为，这种范畴化还是太粗糙。事实上，长尾猴在面对警报时的行为是一种固化 (rigid) 反应。每当觉察到一只豹子靠近时，猴子大叫并逃跑。在其他交流渠道方面，每当猴子觉察到有豹子的警报时，其反应也是逃跑。这就是说，“豹子警报”的刺激只能触发逃跑反应。让我们先来解释固化性 (rigidity) 这一概念。

在目前讨论的例子中，动物的行为是通过知觉表征来指引的，而知觉表征又会触发相关的行动。但是，对这种行为模式有两种内在制约。首先，相关的表征只是由外部事件触发的，正是这样才使得猴子有（严格意义上的）知觉。因此，

---

① vervet monkey，常用名为长尾猴、绿猴、长尾黑颚猴。长尾猴是一种很常见的猴子，栖息地遍及非洲撒哈拉沙漠以南的大部分地区，在一些城市的郊外也可找到。——译者注

行动严格地与知觉刺激相关联，尽管行动是由表征来调解的。其次，面对特定刺激时，必然引发同一个行动：当长尾猴觉察到了美洲豹的警报时，它们除了固化地大叫和逃跑之外，不能作出别的反应。第二类的固化性确实有双面向性：一方面，刺激-驱动的表征必然触发一种行动；另一方面，触发的行动总是相同的，或最多是一种范围非常有限的行动。

总之，这些限制形成了一种运作模式，从这个意义上说，这种模式是联机的（on-line），其所涉及的表征与环境的突发事件联系在一起，并与动物的当前活动联系在一起。

诚然，固化对特有物种的行为模式并不是无用的。相反，固化性作为自然选择的产物，它通常也是避免致命危险的一种好策略。用口号来说，动胜于站。行为的固化模式通常是非常谨慎的，在这个意义上，它们偶然也会被错误的情报所触发：有时一种危险似乎是处于无害的情境中的。另外，在简单系统中，这是求生存的好策略。但是，当一种动物属于一个物种时，这个物种的特征是行为的固化模式，当这个动物变得能够抑制一种行动时，它就得到了一种选择优势：它的认知系统较少地受到误报的蒙蔽，并且可以“决定”遇到这种情况时采取何种行动。抑制行为而获得的力量，构成了生物系统的重要认知进步。

抑制行动的能力明显地弱化了之前讨论的范畴模式的固化性，并提高了表征的复杂性。对于克服固化性一种好的解释方式是由分离（detachment）概念给出的，即打破了刺激或称为知觉表征与行动之间的联系。这类分离概念解释了我们之前称之为第二种固化的来源。同样，为了放弃第一种固化的来源，分离概念必须在没有刺激的情况下也能实例化心理表征，即独立于知觉偶然性（perceptual contingencies）。只要知觉刺激与表征（以及行动）之间的联系是断裂的，这同样是分离的情况。一种系统展示了一类信息过程，这类信息过程是以分离的双重可能性为特征，可以说是以脱线（off-line）模式运作的。[18]

因此，脱线模式可以被定义为以下两个特征的联结：

(1) 在自上而下的方式中有能力激活表征，而不需要刺激的存在（这是输入端分离能力）。

(2) 在面对一个给定的刺激时，有能力不触发（复杂）行动，这类行动通常是由给定刺激所触发的（这是输出端的分离能力，即抑制一种行动的能力）。[19]

在分离的两种情况中，两种案例典型地都是输出端是感官循环中断的情况。

我们认为，迄今为止，脱线过程和功能是与范畴相关的，脱线过程对于归因概念能力来说是必要和充分的。

显然，脱线过程对于概念归因是必要的，因为这是非常强烈的直觉，即固化性（这里评估的）与所拥有的概念技能是不相容的。[20]一方面，我们难以否认拥有概念与智能行为相关。相反，至少对一定程序的灵活性或自由的描述，是通过一种可能触发行动的非固化方式来描述的。正如我们前面所看到的，在这种意义上的灵活性，是通过分离的两种类型来实现的，而分离的两种类型构成了我们所说的脱线过程的概念。另一方面，行动的能力是基于未被知觉到的目标，似乎主要是概念禀赋（conceptual endowment）。可以说，正是拥有概念允许我们设想一种假想的危险。例如，为了计划预防性行为。我们可以说，这是一些心理表征的概念，这些表征概念能真正替代刺激，因此，相关的行为可以由机制来引导，而不是由刺激引导（然而正如我们之前看到的，知觉表征仍然与刺激联系在一起）。

从稍微不同的角度来看，概念（concept）的前理论观点（notion）似乎需要一类共性，这类共性是超过了空范畴（非人类）中所涉及的共性——抽象特征保留了这类共性概念。这种观点是，同一表征可以在几个不同的心理运作中使用，特别是我们可以在推理中使用它。独立于感觉运动（sensorimotor）的约束是共性情况的特例：在使用表征的不同可能性中，这是一些情境，不受限制于“此时此刻”（here and now）。按照我们对脱线过程的定义，一方面，表征可以以自上而下的方式被激活（即基于长时记忆数据运作的成像过程）；另一方面，这种激活并不一定同意执行任何原动力计划。[21]

更有争议的是，我们主张脱线过程是概念归因的充分条件。一些研究者[22]把我们称之为脱线过程的能力视为纯粹表征能力的记号，只要打破感觉运动循环，就要求在循环中“插入”一种不只是刺激-重复的表征——正如早期视觉表征的情况——而是要求一种类规则（rule-like）的表征。由于行为的条件结构，如果表征能区分不同的行为的话，那这种表征就是“类规则”。这种分析是严格地与表征谬误可能性相挂钩：两方面的脱线过程都是错误表征的例子。

当然，这不能证明什么。可能的情况是：概念的观念与心理表征的观念是一回事。然而，根据这些研究者的观点，归因观念要求进一步的约束条件。通常情况下，这种主张是观念要求公共语言或至少要求一门类语言（language-like）的工具，如福多的思想语言。在我们看来，这种联结似乎并不十分令人信服。以Bermúdez（2003）为例，他认为动物可以思维，但他将动物思维与拥有概念区分开来，把拥有概念描述为一种（复杂的）知觉思维（perceptual thinking）。根据概念与元概念之间必然的联系，穆德斯（Bermúdez）的观点依赖于戴维森式的论证，这些论点还不是定论。[23]其他典型的论证，目的在于把进一步的要求强加于拥有概念，而拥有概念则诉求于规范性言论。然而，有争议的是，心理学理论应该解释所谓的规范性概念的本质。此外，根据对概念的正确和不正确的应用，正如表征错误的一些解释那样，如德雷特斯和米利肯的解释，最小规范性的要求也可以与自然主义的方法相匹配。

为了说明关于这一主张的积极方面，即脱线过程对概念能力来说也是充足的，尽管我们在最低的层次上讨论脱线行为的事例。想象一种动物出于某种原因偶然迁徙到新环境中，它从来没有在这种环境中待过，这仍然与其生存是相容的。例如，一种通常栖息在树上的动物发现，自己只能处在矮小而多刺的灌木丛中。为了找到或建立一个栖息地，动物必须考虑替代性假想，评估每个决定的后果。例如，它可以评估在一块岩石附近更适合找到栖息地，或者地面的一个洞穴更适合作栖息地。

脱线模式的关键点是，在缺少外部刺激时，能触发心理过程的能力。这些似乎是智能、理性及非特异物种的行为，能适用于新的偶然情境。这样就可以了吗？不可否认，在很大程度上这是个约定的问题。我们倾向于认为，这对于归因概念能力是充分的，因为我们看不出为什么人们要否认，心理意象能够选择“智能”行为，而这类行为是一种推理的形式。至少，举证责任似乎是落到了对立阵营的身上。

因此，脱线模式对概念来说是充足的，这一主张在很大程度上取决于表征被激活的功能，这不仅是在感知领域中由对象激活，而且通过如想象或长时记忆的自上而下的过程来激活。事实上，这类过程似乎证明这一类推理是有效的。

正如我们前面所说的，这种主张在很大程度上是约定的问题：什么可以算作概念的能力，而不是纯粹的经验问题？事实上，我们的建议不应该被视作一种关于概念是什么的教条式论题（根据拥有条件）。相反，经验数据似乎表明，相关的能力（空范畴，即抽象性和指导性；多模态范畴；脱线过程）是沿着一种连续集而被分布的，这样，非概念（或前概念）与概念之间的边界是模糊的。我们可以说，原概念被包括在最左边的连续域中，纯概念（full-blooded concepts）则属于最右边的区域。在中间有一个灰色区域，在此区域开始出现概念的能力。根据概念的观念是模糊的、原型的，这将为普遍论题提供进一步的证据。在某种程度上，我们倾向于主张概念只是被定位于连续体的最右边部分，这种主张只是一种人类学沙文主义（anthropological chauvinism）。

综上所述，当且仅当所有下面的功能都存在时，一个系统才可以用概念能力来归因：

（1）抽象性（abstraction）；

（2）指导性（directedness）；

（3）多模块性（multimodality）；

（4）脱线过程（off-line processing）。

功能（1）、（2）、（3）的实例化对应于拥有的心理表征。第（4）个要求之所以是重要的，是因为为了在某种程度上把一些心理过程说成是概念的，所以最好把第（4）个要求视为一种使用表征的属性。

3. 结　　论

我们已经把范畴作为一种核心能力，这种能力与拥有概念相关，我们已经区分了不同属性，它们包含在一些不同的范畴层次中。为了掌握概念，四个约束条件被个体化：抽象性、指导性、多模块性及脱线过程。尤其是最后的要求（第四点要求）允许我们解释流行（和合理）的论题，推理对于概念来说是必要的。[24]

注　释

[1] 这是一篇合著论文。

[2] 例如，参见 Prinz (2002)。

[3] Fodor (1998b，第 1 章)。

[4] 参见福多的观点："谁最先提出了'拥有概念是什么?'的问题，一般在某些实用主义者心中是有答案的。有一个概念是你能够做什么，它是某类'知道如何'(know how) 的认知问题……。方法论的定义是，拥有概念逻辑上先于个体概念，往往表现为一种心理倾向的本体论偏好，而不是表现为一种心理的本体论偏好 (1998b，pp. 3-4)。"不久之后，福多表明，在达米特理论框架中，怀疑论是其纲要 (p. 5)。事实上，达米特为语言哲学的相似立场辩护，把意义理论与理解理论相等同。

[5] 请注意，说概念是精神事体，而且被赋予了内容，这可能是会让人误解的，因为不管概念是完全有内容，还是真的有内容，它们并不需要进一步的理解。在任何情况下，这一点应该清楚：与世界相联系的因果法则决定了概念的内容性。换句话说，一个概念本质上是内容承载或"自我解释的"，因为心理表征实现的概念是因果地与世界相关联的。

[6] Block (1986，p. 668)。

[7] 然而，正如我们将会看到的在我们的研究中，一定程度上的先验论将不可避免，并且我们认为，在每一种研究中，目的旨在描述概念理论。

[8] 非同化策略参见 Brandom (2000)。

[9] 参见原著，p. 12。

[10] Medin and Aguilar (1999)。

[11] 我们将始终把"范畴"当作"对象类"的同义词来使用。也就是说，我们的范畴概念只对应于概念观念的外延方面。也请记住，我们正谈论主观范畴，我们对正在讨论的问题不感兴趣，即由人类形成的范畴是否恰当，这些范畴遵循某些公共标准（自然约束）。

[12] Murphy (2002)。

[13] Prinz (2002，p. 3)。

[14] 参见 Deacon (1997)。

[15] McIntosh (1994)。

[16] Dretske (1986，p. 33)。更确切地说，Dretske 主张，表征也可以被归因于系统，这种系统可以在一种单一意义的模态中被利用，而这种模态不同于外部刺激的功能。我们将严格把自己限制在多重模态中。

[17] 然而，正如 Dretske 提出的，诸如多模块性仍然不能排除表征内容是析取的可能性一样，正如两种不同刺激——比如说，榆树和山毛榉 (beech) ——有一些共同的感官属性。Dretske 通过涉及指示功能的概念来解释这个问题。参见 Dretske (1986，pp. 35-36)。

[18] 耐人寻味的是，脱线过程概念是在发展的语言领域由 Bickerton (1995) 解决的。

[19] 说一个行动是"标准地"由一种刺激所触发的，这意味着给出一些边界条件（其他术语不变的情况），行动跟随刺激是统计相关的案例。

[20] 神经生理学家 Vittorio Gallese (2003c) 似乎否认这一点。他把多模块性的范畴视为必

须要有足够程度的共性，正如我们将在后面看到的，这种共性与脱线模式相关联。因此，他的脱线过程——正如我们所定义的——不是拥有概念的必要条件，或者，至少对于一种意向的拥有概念，如目标导向行动概念，不是必要条件。

[21] Sterelny（2003，第4章）也强调了拥有概念与共性能力的相关性。

[22] 例如，参见 Bermúdez（2003，p. 9；1998，p. 88）和 Haugeland（1998，p. 172）。

[23] 例如，参见 Jacob（1996）。

[24] 我们非常感谢 Barbara Giolito，Françoise Longy，Diego Marconi，Daniele Sgaravatti，Alberto Voltolini 及 CogSci 05 的两名匿名审稿人的有益批评。

第九章　演绎推理中的错误

皮埃达妮埃莱·贾雷塔　保罗·凯鲁比尼

本章的目标不是描述令人普遍满意的推理，我们开始简短地讨论一种功能，这种功能通常被认为是描述推理事物的必要条件。

无论是感受到疼痛，或看到红灯，或感觉不适（sensing rough），这些行为中都没有推理。通常的解释是，在这些情况中，我们只能获得感官信息，而推理蕴含着已经获得了的信息的转换。然而，并非所有已经获得的信息的转换过程都是在进行推理，正如视觉感知的例子中所表明的，三维对象是由二维信息过程来建构的，这种过程有时适合被当作推理。因此，有必要进一步说明构成推理的转换过程。此外，这一事实通常被视为理所当然，即已经获得的信息转换为推理，这应该得到更好的说明。推理应该从自由选择的假说开始，这种假说并不表达任何信息，先前就已经获得这种信息，并且可以将其用于获得关于语言表达的语义信息。

1. 一种计算的方法

广义地说，推理是根据某些规则进行的心理表征转换。那是什么样的心理表征和什么样的规则呢？通常我们可以说，心理表征是以心理状态而出现的，这就构成了心理事件。一段推理是由某个个体在特定时间所产生的，这种推理是一序列适当的心理事件类型。推理是心理过程，推理的类型是由心理事件类型来决定的，心理事件是作为心理过程的一部分形式而出现的。反之，心理事件的类型是由心理状态的类型决定的，并且由实际发生的心理表征类型决定。

我们还论及了一段推理，来作为一类个体的心理过程。这样一种推理可以由一序列对应的各类心理表征来确定，这类心理表征被包含在个体的心理过程中。而且，通常一段推理可以被指涉，而无需假设它有或已经拥有的实际事例；人们也不需要把它看作一类实际已经发生的心理过程。

不是每个心理表征序列都是一段推理。两个人有连续的意象或者一个接一个地思考他们的名字，这些并不构成推理。只有当心理表征是一种确定类型时，推理才发生。一种观点认为，推理有一种语言或命题性质；另一种观点认为，推理是模型，或者推理是图表或表征了事物的状态。在第一种观点中，推理规则描述了内容的转化；在后一种观点中，它们是一些整合规则和修改模式。因为这些应该被理解为编纂图，或被理解为编纂图的一些典型功能，甚至描述推理的规则必须拥有一种句法性质。在这两种观点中，并不需要演绎逻辑意义上的普遍有效性。只需在某些解释中推理是有效的或推理可能有时是无效的。从心理学的观点来看，只有当推理在处理某些对象或行动时，它才能起作用。

到目前为止，推理是通过有限的、句法的规则来支配的，心理表征的转换是计算的，同样，推理可以被视为是对因果过程的描述。这种推理是非常普通的。如果一段推理是一种计算过程的话，那么它在物理上就像任何物理实在那样，具有因果性质。这并不意味着某些句法链的转化归因足以因果地解释一段特定推理，其推理是由特定个体产生的。我们应该知道，在何种情况下都以获得一种因果解释，给出某些心理表征，然后激活某类转换过程，不论这类过程的执行是否及如何受到输入数据的影响。

推理心理学主要关注表征的类型，以及关注由实验结果所表明的表征转化，这类实验结果关注一些具体推理任务的执行。它所处理的主要问题之一是，协调这一事实，即计算过程只对实验证据的形式属性进行回应，这表明实际推理会受到非形式属性和心理偏见的影响。最普遍的理论能够基于假设作出预测，即在某些个体中，相同转换过程并不会继续进行下去，或者会偏离特定方式。为了解释这些缺点和偏离，基于推理规则的理论诉求于大量的规则或规则的应用；这些基于心理模式的建构理论，可能诉求于心理模式的不充分形式，即它们的数量及其整合的困难。然而，有人指出，有时困难和失败可能不取决于科学家所假设的机制功能，而是取决于其对任务的理解，即主要是形成的问题或任务要求。[1]

正如我们所说，在推理过程中，被转化的表征理应与句子或图表相似。表征并不需要通过一种自然语言句子在语言上表达出来；而是因为推理必须是信念可能的内容，推理必须能够把信念内容描述为真或假。相信“P”的前提是，P 是有意义的并且蕴含着 P 的事实是完全令人相信的。然而，虽然推理可以被看作一个过程，但这个过程是以获得（acquisition）一种信念或者是拒绝一种信念而结束的，大多数认知解释已经试图把推理还原到心理表征的计算转换。因此，从某种方式上来看，在信息计算被转换的过程中，似乎并不认为真理或谬误起到了作用。如果转换有某种形式，因而断定真理被保留，即如果前提真，那么结论也真。当然，这就提出一个哲学问题：转换有真理保留形式，为什么被认为是正确的，并且通常被认为是更好的呢？从哲学的角度来看，已经作出的尝试是把这些真理的保留性看成是涉及这种转换的一些特殊功能，或真理的保留性是由这些转换的一些特殊功能所表明的，并不是要把这种转换还原到逻辑运算的相关功能和作用。[2]

针对推理计算理论的一般方案，可以提出两种截然不同的反对意见。一种是福多的论题：①为了解释，把推理认作是一种固定的过程及修订的信念，这必须能够确定解决问题的方向，并且在知道了信念之间的冲突时知道如何去修正；

②计算上处理的这种能力被均质性（isotropy）所封锁，原则上，任何事物都可以与这一问题的解决方案相关，并且没有什么事物是先天的，因此在修正中就排除了整体论。[3]可以说，福多的反对是内在于心灵的计算表征理论之中的。另外的反对意见是由塞尔（Searle）提出的一种外部观点。塞尔认为，心理表征是意向性的，通常，心理现象不能用独立于心理状态的意向性来解释，他把这种心理现象看作心灵的非计算功能。[4]

在这种语境下，我们不讨论这些反对意见。我们的主要目的是关注一些问题，这些问题处理关于推理的认知方法。有趣的是，这些问题独立于已经给出的成功的解释。即使尝试作出的解释是薄弱或失败的，但这种解释却是很有意思的。他们提出了具体的和一般性的问题，其中有些问题并没有还原为福多和塞尔所提出的反对意见，这也许有助于加深对这些反对意见的分析。

2. 如何确认演绎推理

让我们从一个初步问题开始，通常是以一种相当简单的方式来回答这个问题。这是否有不同的推理类型呢？通常的回答是："是，当然有，推理可以是演绎的、归纳的或溯因的！"作为一种辩护，它通常指出，这是三种推理方式，对应于不同的有效性概念。然而，即使承认归纳推理是足够具体的，特别是承认溯因推理的有效性足够具体，对三种概念的有效性进行区分并不提供对所有序列的心理事件的划分，但把这种心理事件当作推理是很自然的。

通过考虑如何确定演绎推理，我们可以看出演绎推理的难点是什么。下面是识别演绎推理的一些可能的方式：

（1）从演绎有效性的观点来评估演绎推理仅仅是可能的，根据推理是有效的，当且仅当结论从前提中得出，在这个意义上，即使在中间步骤中，结论也不可能为假，并且它们所有的前提都是真的；

（2）这是一类推理，即适当的有效性概念是演绎的；

（3）正是在这种意义上的演绎，才是演绎上有效的；

（4）它是演绎的，当且仅当它的生产者（producer）愿意接受有效推出的结论。

这是拒斥前面三种演绎推理的各种理由。参照（1），所有的推理都可以从演绎推理角度来判断其有效性。提议（2）是不太确定的。谁应该评估演绎有效的适当性，并把它作为有效性概念来应用呢？主体产生的推理或推理应该属于哪个团体或是实验者呢？由（3）得出结论：没有推理是演绎的，除非它本身是演绎有效的，这种有效性要独立于推动其生产者的有效性概念。因此，确定的这类演绎推理原来只与第（4）点相反，第（4）点假定推理的生产者拥有一种演绎有效性的前理论概念，并只要求它的生产者愿意接受这种应该是有效推断出的结论。

事实上，这是偏好第（4）类方式的一些好的理由。在很多情况下，人们非常肯定某些事物必然遵循一些其他事物，那就是人们的行为就好像他们试图去应用一种正确有效的演绎概念。然而，在某些情况中，一些个体并不会设法正确地应用他们有效的演绎概念，当没有正确地应用时，他们认为一个结论是有效的，而当正确应用时，他们反而认为结论是无效的。大多数人自愿陷入这类错误中，过后，他们又承认自己犯了错误。他们表明，在这样做时，他们确实试图追求演绎上有效的结论，即使他们没能做到。在这些情形中，推理心理学认为，不论人们的结论是否有效，他们确实是在演绎推理。在洞察人类演绎推理的一些可能的制约条件中，这样一些错误是相当常见的。在把推理描述为心理表征的转换中，出现了最初、共同的一致性，为了解释关于人类推理的有用数据，需要稍微修改或整合某些规则。也就是说，对错误推理的研究表明，并非所有违反规则的行为都可以被看作是对另一种规则的正确应用。这种观点得到了下面关于初步演绎分类错误的支持，这种演绎错误是基于他们的认知解释。

3. 推理错误的分类法

我们根据推理的原因来对其错误进行分类。因此，分类是病源学的，我们并不主张，所以分类都是不完整的，所有的分类都包含错误。特别是我们不考虑这样一种情况，应用一种错误规则或程序而得到了正确结果。[5]下面，我们将把自己限定在这样的错误中，即其结果是有误的错误，或其结果是不适合推理目的的错误。

这种分类是基于对行为错误和能力错误的区分，而没有假设任何精确的行为和能力概念。我们仅意指，能力错误涉及规则的可用层次，这种规则是直接关涉推理步骤的；而行为错误关涉这种规则的实际应用。每种错误都可以被区分成两类，在两种情况中，这两种能力通过利用一种与国际象棋游戏类似的方式来进行呈现。

行为错误包括：①错误地应用一种众所周知和正确的规则，例如，当一位象棋手知道马的正确走法，但出于疲倦或分心，他（她）不合规则地移动了马；②正确地应用已知规则，但“表现不好”，即在一特定情境下，他（她）没有看出可以应用众所周知的规则，并且这个规则与特定情境相关，如棋手没有看出，他（她）的对手有一招正确的走法可以将死他（她），并且他（她）完全没有还招之力。行为错误的特点是，它们与个体自身的能力相反；如果他（她）实现了另一种“正确下法”的话，行为错误自发地被个体当作错误看待。另一种B型行为错误的特点是，它们是目标依赖的（objective-dependent）：在他（她）（棋手）对手的眼中，一位棋手对将军之棋没有还招之力是棋手犯了错误，因为对手假设这位棋手的目标是赢棋（而不是输棋）。然而，一位棋手追求不同的目标，例如，想尽快停止下棋，对将军没有还招之力，这就不是产生了错误。

能力错误包括：①正确地应用一种错误的规则，像一位新棋手认为象棋中的兵可以后退着走一样，并相应地向后移动棋子；②不知道正确的规则，如新棋并不知道王车易位，因而从来也没有像这样移动过王棋。当个体既不能通过学习也不能通过成熟来改变其当前的能力水平的时候，能力错误不能被看作是个体所犯的错误。有时，外部观察者缺乏一种线索来区分 B 型行为错误和 B 型能力错误，也就是说，当有人未能得出一些重要的结论时，是因为其不能应用一种已知规则，或者是因为其不知道规则是否适用。在实验的环境中，这个问题可以通过检查一种规则是否适用来回答，它是否在一种特定语境下没有像通常那样被应用，或在不同的语境中，同一规则是不适用的。

按照下面的参数和相应的值可用图表来描述四类错误，这四类错误可以参照具体情境来说明，如表 9-1 所示。

表 9-1 四类错误

参数	值
适用的规则	正确/错误
设定目标满足的规则	已知/未知
有一种目标满足的规则	是/否
规则的应用	好/坏

根据推理，如果推理始终保持真理状态，那么规则是正确的，如果推理始终是不正确的，那么规则就是错误的。因此，规则不能只通过约定来被认作是正确或是错误的，就如国际象棋的例子所表明的，规则可能会被误导。在具体的语境，规则是为了满足适当的目标，如果规则是满足目标的，那么在那种情形中规则是适用的。对于每一种情形，假定这种替代规则的集完全是具体指定的，假定那种规则集是已知的，如果所有规则属于这个集，那么这个集在认知上是可用的，如果对规则集未知则不然。

那么，请记住，我们把自己限制在分析错误中，这种错误就有一种错误的结果或这种错误不适用于推理，使用简短的自我解释，我们能把简单的错误定义为下列四种类型之一，如表 9-2 所示。

表 9-2

类型	规则	规则集	目标满足	应用
A 型行为错误	正确	已知	是	坏
B 型行为错误	正确	已知	否	好
A 型能力错误	错误		否	好
B 型能力错误		未知	否	

请注意，在A型行为错误中应用的规则属于其应用的规则集，规则集的应用有利于获得所追求的目标。在B型行为错误和A型能力错误中，事实并非如此，在这两种情况中，应用的规则不是在特定情况下应该使用的规则。差异性——除了涉及正确应用规则之外——是在B型行为错误中，一种被应用的规则应该是已知的，在A型能力错误中，这种规则出现却是未知的。最具体的A型能力错误是，一种错误规则似乎是属于个人能力的错误。在B型能力错误中，只是缺少一种规则，这种规则的应用对于解决问题是有用的，而问题是由做了什么或没做什么所提出的。

我们可以询问，是否每种错误都有一种错误的结果，或者这个结果不符合推理目的，那么这种结果就可以被描述为简单错误的组合。从一种更准确的意义上说，在经过明确说明涉及这类范畴的概念之后，这个问题是：规则是什么或哪些是规则。在这里，我们将简要地提及推理心理学研究中所设想的规则。

演绎推理心理学通常从这一假设着手，即演绎推理规则是一种固定和定义明确的转换规则集，这些转换规则集属于一些逻辑形式系统。这类最成熟的理论是由瑞普斯（Lance J. Rips）所提供的。[6]其他不那么成熟的理论或者更含糊的理论认为，演绎推理需要逻辑资源，这种资源不只包含逻辑规则；但是，推理规则不是完全指定的，并与人们的实际表现相关联。[7]

所谓的逻辑主义方法，是由约翰·莱尔德（Philip N. Johnson-Laird）所主张的，一般来说，经验数据似乎并不与任何逻辑形式系统中逻辑规则的有效性相容。[8]他提出，基于图表的表征转换规则集比基于命题的表征转换规则集更适合描述人类的演绎能力。他的规则关注基于图表的表征，这样对基于图表的表征的有效应用就在逻辑上产生了正确的结果。为了处理与经验数据的冲突，约翰·莱尔德把他的规则与其他原则整合在一起，其他原则是通过这一方式表明的，即人们似乎是有理性的。其他心理学家作出了一个更加明确和广泛的求援，即求助于从经验数据中归纳出规则集。一方面，心理学家从对实际行为的观察中归纳出规则；另一方面，他们假设一些标准的规则集，通常是一种非演绎系统的规则集，目的是为了在两套规则集之间得出最可能的匹配。近年来，这类理论转换已经出现。例如，一些理论已经提出，人类的“演绎”推理，至少部分不完全是演绎推理，从这个意义上说，人类推理的规范性标准不是演绎逻辑，而是概念演算、信息理论及预期效用理论（expected-utility theory）。[9]

4. 四类错误的示例

在许多不同的方式上，规则概念与错误概念是相关的。在下面的段落中，我们展示上述所列四类典型的演绎错误的一些实验事例；逐渐明显的是，一个看似相同的错误有时可能出自不同的原因，因此可以在不同的种类中进行分类。此外，变得清晰的是，分类是理论敏感的：对同一错误，不同的理论主张有不同的理由，并且在一种理论中，一些错误是行为错误，但对另一种理论来说，可能就是能力错误了。

我们从能力错误开始，在某种意义上，能力错误是最难判断的。

1）A 型能力错误（应用了错误的规则）：在解决范畴三段论中的错误转换

可以说，心理学首要研究的演绎任务是，解决了范畴三段论。例如，

1. 所有的 A 是 B，所有的 B 是 C

因此，所有的 A 是 C

一些范畴三段论，像三段论 1 是不太难的，但有的是相当困难的。举例来说，假定至少 B 是存在的：

2. 所有的 B 是 A，没有 B 是 C

因此，有些 A 并非 C

三段论 2 的结论是自发产生或被选择的，平均不足 10% 的非专业人士会接受这个结论；当结论是通过评价而被提供时，接受率会稍高一些。最常接受（或产生）的结论是“没有 A 是 C”。

在一些事例中，有些人接受或得出了“没有 A 是 C”的结论，似乎是 A 型能力错误：人们诉求于应用一些自发的启发式规则，这种规则不是逻辑有效的。其中，一种启发式规则断言，结论必须满足两条原则，这两条原则在文献中被称为气氛效应（atmosphere effect）[10]：

（1）如果两条前提被普遍量化，那么结论也会被普遍量化；否则，结论只是个别量化。

（2）如果两条前提是肯定的，那么结论也是肯定的，否则，结论是否定的。

两条原则正确地解决了一些三段论，但不是全部的三段论。当应用三段论 1 时，它们有助于产生正确的结论。当应用三段论 2 时，它们产生了不正确的结论——“没有 A 是 C”。人们使用的其他启发式原则证据，是被魏舍瑞克（Wetherick）、吉尔胡利（Gilhooly）和瑞普斯（Rips）所收集的。[11]

吉尔胡利和他的同事们发现，当人们在解释三段论时，在抽样调查中有 77% 的个人自发地使用这类错误的规则，虽然他们的估计可能被夸大了。[12]但他们的数据有力地表明，有时大部分人在解决三段论时犯了 A 型能力错误，也就是说，他们正确地应用了错误的规则，而做了“不合法”的转换。

这类解释产生了下列普遍的问题：错误规则的应用产生了 A 型能力错误，这难道是属于个人的能力吗？似乎是如此，但这与能力的标准概念相冲突。

2）B 型能力错误（没有应用正确的规则，因为这个规则是无效的）：否定后件式推理与抽象版本的选择任务

B 型能力错误是很常见的：当我解决不了一个问题时，需要专业知识，这种

知识正是我们所缺乏的，我们犯的正是 B 型能力错误。例如，如果一个从来没有学过数学的人，被要求去解一个微分方程，他将缺乏解微分方程的能力。然而，数学是可以学习的，有时能力的差距会消失。心理学家似乎认为，自发的推理也表明了能力的差距。

根据这种理论，它假定演绎推理是基于大脑硬连接（hard-wired）中的一组推理规则[13]，这样一种能力差距是缺乏一种推理图式，来实现“否定后件式”（modus tollens）的推论条件：

3. 如果 A，那么 B

非 B

因此，非 A

也许有人会说，否定后件式不需要从前提中得出结论。人们可以通过产生一种“归谬”（ad absurdum）的证据得出非 A 的结论：“通过假设有 A，然后有 B，但由于 B 是否定的，那么 A 也不是真的。”一种回应是，这种归谬证据所涉及的规则通常是有效的，但并不总是相关的：缺少规则来推断否定后件律，这直接导致了 B 型能力错误，因为需要通过应用不同的规则得出推论。结果是，由于肯定前件式，否定后件式的概率下降了。

虽然这是一些不同的解释，从这些解释无法得出否定后件式假言推理表明，这或者是行为问题[14]，或者结果是把条件句认作前项和后项之间概率联结的陈述[15]，能力差距（competence-gap）解释已经典型地被应用于著名的抽象版本的华生选择任务。在原始版本中[16]，参与者被展示了 4 张卡片，如图 9-1 所示。华生陈述了一个条件句：“如果卡片的一面是字母 D，那么另一面是数字 3”，华生依次指向每张卡片，然后问参与者是否知道卡片另一面的内容，这将有助于确定这一陈述为真或为假。

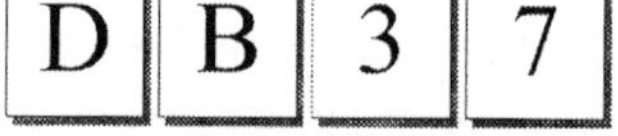

图 9-1　华生选择任务①

令人印象深刻的是，当被要求评估卡片“7”时，大多数参与者说这张卡片是无用的。参与者很清楚地知道，一张卡片字母 D 在正面，而数字 7 在背面将使得条件句为假：在不同的任务中，当他们被要求评估关于不同卡片的条件句时，

① 华生选择任务（Wason's selection task）是彼得·华生于 1966 年设计的推理任务：桌上有 4 张卡片，每一张卡片正面是字母，背面是数字。例如，你可以看见 4 张卡片上写着 E、K、4、7。待检验的命题为“若卡片的一面是元音字母，则另一面则为偶数”。如果要检验命题的真假，你必须翻看哪几张卡片？实验结果表明只有约 10% 的人作出了正确的选择，即认为翻看卡片“E”和“7”；约 50% 的人选择了“E”和“4”，约 35% 的人认为只需翻看卡片“E”，其余为各种不同的选择。——译者注

他们始终意识到卡片一面是字母 D 而另一面不是 3，这证伪了该陈述。因此，不选择数字 7 的卡片可能的结果是缺乏否定后件图式：根据条件句陈述，人们不容易看出，一面没有 3 的卡片也不会有 D 在另一面。从这个角度看，这类错误通常是 B 型能力错误，这类错误是由缺乏否定后件假言推理图式所引起的。

对于这类错误有许多不同的解释。如果这是 B 型能力错误，它本质上不能产生一种推理，其结果是缺乏相应的规则。从一种更普遍的观点来看，不能产生推理仅仅取决于推理能力中的差距。这种差距可能被解释为缺乏一种规则，这种规则直接传递推理，或者这种差距可能被理解为一种在检索和协调基本规则时的困难，它是间接传递推理的，而令人难以置信的是，这种差距可能被理解为缺乏一些相关的基本规则。A 型能力错误与 B 型能力错误都不能排除这一差距，差距关注对条件陈述句的理解。在这种情况下，语义能力层次也将被包括在其中。

3）A 型行为错误（错误地应用了正确的规则）：应用正确策略来解决范畴三段论的错误

A 型行为错误包括一些我们通常做得对的事物，但出于压力，不重视，出现记忆缺失，或者由于其他原因，我们有时会以错误的方式来完成。我们通常可以做简单的心算；但有时，我们可能会计算错误，比如，“77+149=216”。

福多在三段论推理中发现并描述了这类错误的证据。[17]两个逻辑上可靠的策略将会自发地被用于得出正确的三段论结论：空间策略，类似于朴素版本的欧拉循环策略；而口头策略涉及的原则，允许用极端术语的实例来替换一个前提的中项。当口头策略被正确应用时，它相当于谓词演算的一些推理规则，但口头策略是相当复杂的，有时它被误用了。例如，在三段论 B 中，对替换策略的误用可以产生这样的结论：“因此，没有 *A* 是 *C*”，这个结论是无效的。正如我们之前看到的，对错误规则的应用可以产生同样无效的结论。例如，氛围启发式（atmosphere heuristic)，同样的错误有时会被认作一种能力错误，有时被当作行为错误，这是一个好例子。

A 型行为错误的其他实例是通过个体使用空间策略来表现的。[18]人们采用空间策略来争取运用正确的规则集：①建立前提的所有可能表征；②分析极端术语之间所有可能性关系，结论是这一关系掌握了前提的所有表征。

有时，他们正确地应用两种规则。例如，他们建立了下面三段论 B 的表征，并记住：图 9-2 中区域 1 可能是空的，或区域 2 可能是空的，或它们都不为空：

这样做，他们就成功地运用了第一条规则。然后他们可以检查 A 和 C 之间的所有可能性的关系，并在所有表征中找出唯一的“有些 *A* 不是 *C*”。

然而，他们可能在两方面出现失败。第一，他们可能误用规则 1 和漏掉一些前提的表征，如图 9-3 所示。

这样，他们将会产生“没有 *A* 是 *C*”的错误结论。要不然，他们能正确地应用规则①，但由于他们未能检查“一些 *A* 不是 *C*”之间的关系而误用了规则②，

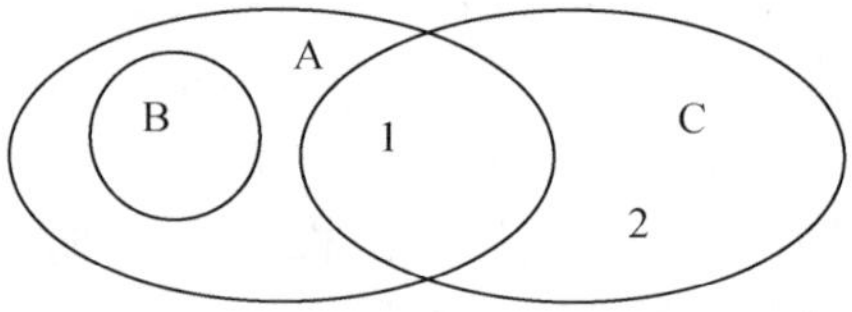

图 9-2 A 型能力的正确运用

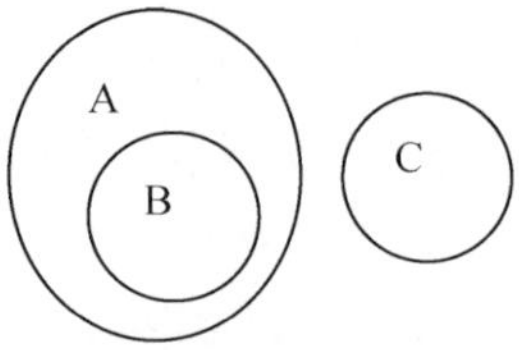

图 9-3 A 型能力的错误运用

因此断定“得不出结论”。

在第一种情况中，我们没有对规则进行很好的应用，这种规则被认为是一种形成了有限数量的联合指令。没有应用好规则可能会被认为像一种由于硬件缺陷产生的计算问题，所以，完全与推理的计算概念相容。因为，在一般情况下，由于计算行动者（computing agent）的失误，任何计算过程都可能会失败或出现偏差。

第二种规则没有应用好的情况更加复杂，因为图表和句子之间的匹配涉及的是什么，还完全不清楚。

4）B 型行为错误（没有运用有效规则）：“thog”① 问题中的错误

在象棋隐喻中，B 型行为错误等同于“下得不好”：一位棋手正确地应用了规则，但却没有看出可以赢棋的那一步棋。在推理中，B 型行为错误等价于“推理得不好”：我们知道所有合理转换的情况，需要去解决一个问题，但尽管如此，我们移动其他的棋也是正确的下法，但这样的移动并没有使我们解决问题。

参与者参与由华生和布鲁克斯（Brooks）所设计的一项实验，参与者似乎没有采用或完全奉行一种策略，这种策略最终导致了问题的解决。[19] 例如，在图 9-4 中展示给参与者的四种几何形状。

参与者被告知，实验者已经悄悄地选择了一种形状（要么是正方形，要么是圆形），并选择了一种颜色（或者是黑色或者是白色），并且如果其中一个图形被称为“thog”，当且仅当要么是选择形状，要么是选择颜色，但不能两者兼选。参与者还被告知，黑色的正方形是 thog。参与者必须决定这里有还是没有一个或

① Thog 问题是英国心理学家 Peter Wason 1977 年用不相容选择的逻辑题做实验而设计出来的，旨在把该问题当成是研究人们进行演绎推理时心理过程的范例。——审校者注

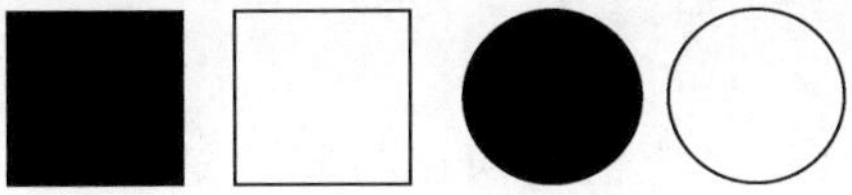

图 9-4　thog 问题

多个其他的 thogs，并指出它们。

大多数人得出错误的结论，其他 thogs 是“黑色的圆和白色的正方形”。只有极少数人自发地得出正确的结论，即“白色的圆形”。根据吉罗托（Vittorio Girotto）和莱格雷兹（Paolo Legrenzi）的观点，这是因为人们错误地简化了这一问题，即通过假设 thogs 必须有且只有一个黑色正方形这一个特征（即黑色正方形是他们所知道的唯一的 thog）。[20] 这就像认为实验者选择的形状是“正方形”和颜色是“黑色”一样。这种选择的归因可以被视为一种无效推理的结果，这种推理结果来自成问题的数据，并且很可能被归因于没有理解。这种选择归因也可以被视为是需要检验的假说。虽然他们接受，在选择 thogs 白色正方形和黑色圆时，人们正确地应用“thog”的定义，因为 thogs 是图形，这种图形有且仅有两种特征之一。可能因为参与者没有把正方形和黑色的选择当作一种假设，他们没有继续，也没有意识到基于“thog”的定义，遵循的黑色正方形将不是一种 thog，针对的是一种有问题的数据。因此，如果他们不纠正最初的错误假设，他们也不会产生正确的回答。

对于 thog 问题的分析是特别困难的。根据吉罗托和莱格雷兹的观点，根据规则产生的正确答案实际上是有效的，因此人们作出了 B 型行为错误。但是可以说，规则产生的正确答案总是有效的。在后面的事例中，人们所犯的错误或至少有其中一部分人所犯的错误，可以被视为 B 型能力错误。

5. 结　　论

人们普遍认为，推理是心理表征的转换，并且这种转换是由对规则的描述所组成的。因此，不同的理论以不同的方式来设想推理，推理可以被解释为是对规则的应用。人们在推理任务中产生了许多典型、系统的错误，有时被解释为对规则的不正确应用，或在其他时候被解释为误用了正确的规则或没有应用正确的规则；事实上，我们看到，在某些情况下，没有应用一个相关规则是因为它对于个体推理者而言不可用。

我们假设，推理能力意味着相关规则的可用性。然而，规则的可用性概念、一般能力概念和涉及关涉推理能力的概念，这种能力尚未完全满足理论分析、有效识别和归因标准。以下是悬而未决的问题：

（1）最小数量的资源、必要的核心规则，它们是否被包括在能力范围之内呢？如果这样，在何种意义上我们能说“后天的能力”，即包括其他额外的或派生的资源的能力，这样一种概念蕴含的是什么呢？

（2）对一些实验结果的可能解释——像 thog 实验一样——应该是，相关规则都是可用的，但人们无法把它们的应用与相当复杂的数据集相协调。在第一层次的分析中，这类错误可以被划分为行为错误，因为一些已知的相关规则不适用或被误用了。然而，在更深层次的分析中，这类解释将暗示，一种能力（competence）概念正如有能力（ability）提供可用资源。也就是说，通过把能力作为包含在一组元规则集中，这种规则集描述了如何协调基本推理规则，这些错误将是能力错误。除了把能力当作包括一组元规则集外，这组规则还描述了如何协调基本推理规则，这些错误将是能力错误。除了普遍提及的计算运作记忆限制，以及除了提及在处理工作记忆的“中央执行系统”的作用之外，在认知文献中没有详细的尝试来描述基本推理资源是如何被协调的，以及这种协调的特质是如何影响能力（competence）的。

（3）至少一些实验结果取决于对任务的理解，这表明了语义能力和推理行为之间的关系。这表明，语义能力和推理能力都不是独立的。[21]

（4）这有许多可能的方式产生概念化错误：然而，大多数方式都预设了有效性概念。因此，理论工具是被实验结果所描述和解释的，关键在于有效性概念。在产生结果的方式上，如果推理正确的话，概念有作用吗？如果有作用，作用是什么呢？[22]

注　释

［1］例如，参见，Sperber, Cara and Girotto (1995); Politzer and Noveck (1991)。

［2］似乎有些哲学家认为，某些转化是由某些规范力量来提供的。例如，Peacocke 把转化描述得是令人信服的，而 Boghossian 说转化是“盲目但无辜的”推理。这些特征似乎被视为原始的，与真理保持着一些相关性。见 Peacocke（1992）和 Boghossian (2003)。

［3］Fodor (1983, 2000)。

［4］Searle (1980, 1983)。

［5］参见 Shapiro (2001)，他认为一种情况是，规则似乎被违背了，但对规则违背明显并不会产生从真到假的推理通道。

［6］Rips (1986, 1994)。

［7］参见 Piaget (1956); Inhelder and Piaget (1958); MacNamara (1986)。

［8］Johnson-Laird (1983)。

［9］例如，参见 Oaksford and Chater (1998); Klauer (1999); Evans, Handley and Over (2003)。

［10］参见 Woodworth and Sells (1935); Beggs and Denny (1969)。

［11］Wetherick and Gilhooly (1990, 1995); Rips (1994)。

［12］例如，参见 Ford (1995)，发现有较高的概率依赖逻辑上合理的程序。

［13］Rips (1994); Braine and O' Brien (1998)。

［14］参见 Johnson-Laird and Byrne (1991)。

[15] 参见 Oaksford and Chater (2003); Evans and Over (1996)。

[16] Wason (1968)。

[17] Fodor (1995)。

[18] 这种策略与 Johnson-Laird 和 Bara (1984) 提出的基于模型的策略有一些相似性。

[19] Wason and Brooks (1979)。

[20] Girotto and Legrenzi (1989, 1993)。

[21] 在不同的方式中，这样一种论题得到了如 Harman (1982), Block (1986) 和 Marconi (1997) 的支持，他们陈述了意义观点。

[22] 我们感谢 Massimiliano Carrara, María de la Concepción Martínez, Stephen McLeod 和 Elisabetta Sacchi 对本章以前版本的阅读与评论。

第十章　语言及理解过程

伊丽莎白·戈拉

当从心理学或哲学角度来分析时，语言有时似乎是以相互矛盾的形式呈现的。然而，在两种学科中仔细查看语言方面，其结果几乎是互补的。

简单来说，心理学的语言模式首要关注语音和句法模式，关注习得和记忆模式或词汇的“存储”及语言的生物学基础。另外，哲学的语言模式主要集中于意义的概念和口头交流的修辞语用方面。这种鸿沟具有根深蒂固的历史渊源[1]，今天这种鸿沟仍然存在于语言理论及这些理论形成的途径和方法之中。由于篇幅所限，不可能处理全部问题，事实上，这很可能是一个非常复杂的问题，而需要进行更深入的分析，对这个问题的分析要用到我们现有领域的所有知识。出于这个原因，这里将注意力集中于一个特定的问题，这个问题将允许进行更多知识论的探查，即探查语言科学中哲学与心理学、理论与实验数据之间的关系。特别是，将要参照一种从哲学与心理学之间的交叉产生的，作为认知语义学研究核心的主题[2]：理解过程。关于过程，会形成一种理论假设，这个过程会导致在交流中对话语的理解，这种交流涉及两方面。首先，语言方面与识别话语本身的形式相关（音韵学、形态学和句法）；其次，这一问题如何被定义与交流过程中的语义学及语用学相关，它是关于意义如何被理解的问题。在这种情况下，心理学和哲学学科旨在分析这个问题，上述两方面不能被分开分析，都要考虑到。事实上，这在认知科学领域已经发生。认知科学是一门多学科方法，如心理学、哲学，还有信息、通信技术、人工智能、语言学、人类学和神经科学，它在对许多问题的重新定义上开始发挥作用，这些问题之前不是心理学探究的对象，就是哲学探究的对象。

本章的目的既不是主张哲学与心理学学科之间的结合，也不是想要把自己限制在所属的学科内。然而，通过把交流过程作为一个特别切题的例子来使用，我们将试图展示搭建传统鸿沟之间桥梁的必要性，传统上鸿沟的一方是哲学，另一方是心理学，因而，更多的注意力应集中于协调这两个领域的方式。这样做将会是有益的。

1. 搭建理论与实践之间鸿沟的三种方法：语言与认知科学

在认知科学中，假设理论与实践之间的关系被假定形成了这些学科的一种知识论基础，即这些学科与该领域是相关的。然而，这种联系不只是在一个层次上。在这一节中，我们将参照三种方式——在认知科学中不仅只有三种而且有许多种方式，这些方式的理论是由观察、收集的数据所支持，以及是由基于经验-理论框架来实现的研究所支持的。

第一种方法是对特定语言现象的观察，这种语言现象是与乔姆斯基紧密相连的："观察就是概括，任何有常识的人都可以通过反思他们所经历的进行概括；没有人需要一门理论知识——一门语言或任何其他事物——来产生语言或其他事物。"[3]在实验条件下的观察也包括在这种方法中。为了达到这样的观察，测试中的受试者被要求实现特定任务，这种任务旨在测试其实际反应，给出反应时间、基质引发（the priming），这种基质引发是便于测试，等等。然而，观察不是关于解释所观察物的中立操作。在明确定义的理论框架内，用这种方式收集到的数据是可读且可理解的。事实上，与其他承担后续形成的理论方法一样，初始观察是由理论自身来选择的。作为一个实例，它足以让人回想起这一讨论，即关于外部刺激对语言发展影响的讨论。乔姆斯基及那些采取这一立场的人认为，环境刺激的影响不大，而从建构主义观点来解释语言的习得现象时，这种环境刺激被认为是影响巨大的。[4]

经验方法和心理学理论之间的第二类互动，关注在测试假说过程中对模拟的应用。这种互动强调对物理现象的模拟，如模拟暴风雨不同于真实的暴风雨。然而，关于认知过程，计算机隐喻已经导致这一观点：过程的计算模式可以提供这个过程如何运作的部分解释。事实是，模拟能够提供一种模式，这种模式的"运作"也允许"看到它在行动"的可能性，确认并纠正这种"运作"。比起哲学家，认知科学家更信任计算方法的优点，而哲学家"没有太多的热情欢迎这种新的哲学风格"[5]。然而，应该注意的是，在任何情况下，弱版本的AI都把计算机作为理论建构工具的可能性，弱AI已经允许对现象进行分析和理解，否则，将不可能对现象进行描述和研究。例如，尽管爱德曼（Gerald Edelman）反对功能主义、计算方法，以及反对在解释心理过程中使用计算机隐喻，但同时为了研究神经元地图之间的互动，可使用模拟机器人。[6]

最后的方法是认为观察与认知理论相关，这种方法在认知科学中已经变得极为重要，涉及对生理反应的观察，并且这种生理反应与具体的认知过程有关联。首先，这种方法一直是神经心理学的特权，因为只通过研究对显示的病理学与所调查的现象之间的联系，就能使这类研究完全成为可能。在一些事物不能被"正常"处理的情况下，允许检查物理机制的功能，这种功能是认知过程的基础。当今，在实施具体任务的时候，非侵入性技术如PET和脑成像技术允许观察现象，这种现象发生在神经系统中的物理层次。集中于对病理条件的研究仍然是这个领域的研究之一，研究心理过程与生理机制之间的一些关联是可能的，并且是最准确的。

在认知科学中发现这三个方面可以有不同的变化程度，它们同样表征互动，这种互动发生在哲学理论与经验-心理探询之间。从这些初步的考虑出发，根据所采用的观点，我们现在应该继续说明，这些方面的应用如何导致形成理解理论的可能性，尽管在方式上是极其不同。特别是本文将要说明，一种观测方法结合一种模拟，引起了对过于理想化交流模式的关注。相反，被关注的理想化模式产生了一种假说，该假说相对于科学方法及由科学方法提供的有时矛盾的数据来说，在某种方式上哲学与心理学的互动更富有知识论的成效。

2. 语言与理解过程

从一个纯粹的哲学观点出发，语义学的思考并不考虑意义的理解问题。事实上，分析意义意味着考虑自然语言中话语之间的逻辑关系，也就是它们的真值条件。在弗雷格开创了传统之后，理想语言的梦想出现在早期维特根斯坦和罗素的思考中，语义学并不关心头脑中发生了什么事。例如，理解一些话语。事实上，理想语言建构了更多数学推导，而不是哲学的分支。因此，从这个角度来看，语义学可以被定义为对实体和抽象结构的研究，这种抽象结构是“客观的”。抽象结构可以同样通过相同的数学工具来研究，这些数学工具也用于形式语言理论中，而不是通过实体和心理过程来研究，这类实体和心理过程在理解语言中起作用。

然而，认知科学中的语义学，至少部分也可以成为心理学研究的对象。它主张意义理论应该是一种理解理论。这意味着，它应该为这个问题提供答案：“在建构层次和心理过程中，当短语被理解时发生了什么?”然而，在现实中，构成认知科学基础的哲学假设是基于观念，在后弗雷格观点中发现这类观念的根源。这种立场是，认知科学旨在使自身与基于思想和语言假设的条件观点划清界限：“①……思想是空洞的符号处理器……；②……作为符号逻辑模式的语言首要是字面指称问题，其次是符号解释问题；③隐喻和其他语言被创造性想象的行为所隔离。”[7]这导致了一种矛盾的情况，尽管确认处理理解过程有着不容置疑的优势，但句法主要见于语义学研究中。语言对应于这一假说不是偶然的，假说也部分地构成了认知语义学的理论基础[8]，是形式的句法理论，即普遍句法（universal grammar，UG）的概念，这一概念是20世纪60年代由乔姆斯基所发展的。事实上，根据乔姆斯基的方法，语言被认为是一种认知工具，其运作原则是自主的环境刺激，环境刺激有限的性质，是无法提供关于丰富的语言表达力的解释的。[9]

在很大程度上，根据这种主导范式所产生的话语逻辑形式和意义的功能，一起为理解话语提供了条件。因此，有生命的物体或人造物有能力来产生计算符号表征，这种表征可以潜在地理解短语或理解由英语或意大利语阐述的文本。理论的完美契合，即彼此相互支持已经产生了理论的倾向（在语言学和哲学之中都有这种倾向），这种倾向更接近于认知心理学和AI中的实证研究。由于机器本质上是形式和句法设备，在原则上并不反对基于其符号-形式属性来描述语言，以及通过计算机来模拟语言行为的可能性。因此，在认知科学中，对理解过程的研究已经绘制出一幅图景，这幅图景完全是从心灵的运作中被分离出来的。理性、智能和心灵被认为是："中立基底（substrate neutral），即独立于任何特定的具现"，大脑也随之被视为"一种计算设备，这种设备被用来运行算法，它统称为心灵"[10]。

从这个角度看，现在让我们简要地分析在理解过程中发挥作用的主要成分和功能。

根据乔姆斯基生成语言学的最简版本，在理解运作中包括不同层次的语言能力，而理解工作是基于合成原则或生成原则的：更复杂的结构取决于规则的应用，这些规则被应用到更基本的结构中。事实上，在原则上，这些结构是原子的。此外，相同的原则表征了语言的声音，简要地说，它们关注构词规则、纯粹句法，还关注相对于意义和概念的知识、系统结构。这是基于某些基本和周期性的概念并伴随生成原则形成系统结构的。

在强调语言能力和心灵/大脑（能力）属性之间的关联时，乔姆斯基的观点有着不容置疑的优势，他的观点的目的在于描述理解意义的过程。然而，语言使用（表现）包括诸如语用知识、文本知识和世界知识等因素，而从乔姆斯基的观点来看，上述三个因素被认为是无关的。[11]在一定意义上，这种知识部分包括在语言能力之中。在何种程度上，句法部分地决定了一个短语的意义？例如，让我们考虑下面的句子：

(1) 约翰是个好厨师。

为了理解这句话，一个最小的目标是有能力识别"厨师"这个词的"正确"意义。本着这一目的，第一步将包括要确定"厨师"不是一个动词，因为词类所得到的序列不可能是英语句法所允许的可能序列之一：名词、助动词、限定词、形容词、动词。

第二步是建构短语的语义表征。这个过程的核心是对这些意义方面的表征，这些意义方面独立于语境，或是表征了短语的逻辑形式。换句话说，第二步是辨明可能的词义，以及确定字词和短语之间可能的语义关系。

不同的词语意义是意义的最简单位。因此，它们是语义表征的原子或常量。按照它们所指涉的"事情"，这些常量是不同的类型。如果它们描述对象，那么它们是术语（terms）；如果它们能描述关系和属性，那么它们是谓词。根据逻辑形式，一个命题包括一个谓词，其谓词后有一个或多个适当的术语。因此，逻辑形式明确说明了在游戏中所有元素之间的关系。例如，句子（1）的逻辑形式必须说明，约翰有成为一个优秀厨师的属性，而不是说每个好厨师的名字都是约翰。直觉上，这是一个明显琐碎的过程，实际需要知识的应用与词语意义相关；在计算上，字词的意义只存在于它们各自符号的表征之中。相反，所获得的这种方式是一种句法形式。因此，这种观点是：逻辑形式是一种中间表征的语言。因此，关于语言本身是更普遍的，凝聚了更多的解释性变化。理解过程选择这些解释性选项，并使这些选项更明确，以绘制一种关于信息及言说者语言能力设备的机制。

再次，有些矛盾的是，对于乔姆斯基式的认知主义所提出的语义学句法主义（syntacticism）的一种反应来自 AI。特别是这种反应来自被称为自然语言理解（natural language understanding，NLU）的研究领域。

从这里的意义上看，不是把 AI 视为一种简单的技术，而是把 AI 视为一种基础的、事实上是历史基础的认知科学，认知科学有助于心理学、语言学和哲学的整合，有助于发展语言理解的计算模型。事实上，值得一提的是，自然语言的理解是对象的，通常是去检查自然语言的理解研究如何符合语言的研究，这意味着一种理解语言的系统是什么及自然语言系统如何普遍地被组织的。这不仅需要形成理解理论，而且也需要关于这个理论的发展，即 AI 可以通过计算模型的发展来作出贡献。根据阿伦（Allen）的观点，他所指涉的理论是，大部分认知科学家所接受的理论是："发展计算模型有两个动因。科学的动因是为了获得语言如何运作得更好的理解。"[12] 事实上，正是计算模型使得形成一种复杂的理论成为可能，即关于语言如何运作的复杂理论。在科学理论的形式中，这是传统方法无法实现的事情："但我们也许能够实现如计算程序这样复杂的理论，然后通过观察程序如何有效地表现来测试它们。通过观察它们在哪里失败了，我们可以逐步改进它们。"[13] 实质上，通过模拟计算模型，把模拟变成了心灵科学中的工具，这种工具如同物理科学中的实验方法，"计算模型可以提供关于人类行为非常具体的预测，而人类的行为可以由心理语言学家（psycholinguist）来探讨。通过继续这个过程，我们最终可能会获得关于人类语言过程如何发生的更深刻理解"[14]。这个目标是认知科学的基础，并且在分析理论和经验数据之间建立起了桥梁。

正是这个领域的研究，需要去分析语词的认知内容，这项研究已经在尝试创造能理解自然语言的人造系统；这样的尝试要求进行详细的测验和对问题进行定义："意义的表征意指什么？"要回答这个问题，意味着要检验语义学领域，这一领域通常是被人工方法所忽视的地方，即词汇（lexis）。为了给词汇知识以实质内容，AI 已经提出了各种知识的结构。从本质上讲，这些可以以表征意义的两种方式来回应：第一是谓语，我们发现一些如语义框架、结构和脚本的概念，最重要的是试图确认系统的关系，这种关系存在于一门语言的语汇之中[15]；第二是程序模式，在试图理解语言能力时，来建立对象与世界中事件之间的关联，这一模式有着某些局限性。[16]

3. 意义“不是那样运作”

虽然认知科学及认知语义学的目的在于形成理解自然语言的实证理论，形成独特的选择方法和实验作用，即对心理数据的观察和对心理的模拟，但让我们怀疑的是，由认知学家提出的基于模型语义学的替代结构在经验上是否是更可靠的。假设这种语言理解的模式是基于理解一种理论的过程，这意味着“大脑的表征与世界是如何正确地相匹配：世界外在于大脑，世界通过大脑内部来表征，这是通过一系列的离散状态符号来表征的”[17]，但这种观点被证明是错误的，正如我们在下面将会看到的。

我们再次采取了语言的“哲学和心理学”观点，因此这个问题变成了“为了使认知语义学具有认知性的实质是什么？从而在所有方面成为关于心灵、语言和相关理解过程的假说”。总之，就这一观点而言，语言的理解过程包括符号产生，它与解码过程一致。假设一个发送者（sender）从特定思维出发已经建构了一条信息，这条信息包括一些类型心理表征或包括一些意向状态，这些心理表征或意向状态由思维语言来表达，编码过程的发生是通过把交流意图翻译成事物，通过生成设备使这些事物可以被传递和交流，生成设备把语义表征与语音形式关联起来。被传播的是物理对象，声音信号是通过物理手段来实现的，即通过空气来传播。在这个过程中，一些因素能以某种方式破坏交流（例如，噪音），这些因素仍然是物理的，但除了这一可能的问题，即理解信息过程的本质将与描述信息的产生对称性地出现。换言之，一个解码过程的发生，即声音的感知对应于短语的语音形式，对应于短语的语义表征（即它的逻辑形式），而语义表征又被假定对应于话语所表达的思想。然而，用斯珀伯（Dan Sperber）的话来说，“……关于口头交流的共同观点是错误的……编码和解码只是辅助部件（ancillary components），而编码和解码本质上是一个创造性推理过程”[18]。

意义、理解过程和交流的观点，实际上仍然是批评的对象，甚至是来自学科范式的批评。如果认真考虑，这些批评触及了许多领域，这些领域把理解当作一种解码信息的观点，这是成问题的。在这里，为了说明这一点，将会使用具体的理解隐喻案例来说明一种可能方式，理论建构与试验的互动可以提供一种适当的路径来得出意义理论，一种真正认知意义的理论。定量、定性和神经生理学的实验数据突出这一事实，即隐喻是成问题的，因为理论是基于计算过程的，“在众多因素中，这些因素有助于对比喻语言的理解进行少量研究，其中，实例假设可能是最麻烦的”[19]。具体来说：

> 心灵被认为是运行某类硬件的软件程序，从一种明显的原始资料来看，心灵不重视理解比喻语言。理解比喻语言被认为纯粹是后来解决字面语言的理解问题，因为图灵已经表明，所有的这些计算过程必须最后

分解成字面的理解。这一教条的口头禅是明确的，首先解决语言和心灵如何象征性地把世界表征为一系列离散状态的隐喻，以及比喻语言理解所提出的问题将不可避免地会解决这些问题。[20]

但这种解释与最近许多对隐喻理解的研究相冲突，与统计数据相冲突，与最初的实验结果相冲突，与理解任务相冲突，最后但并非最不重要的是，与大脑中工作机制中所涉及的这些任务相冲突。通过具现假说（embodiment hypothesis）来处理心灵和语言的研究，这种观点也许是新颖的，在21世纪，具现假说将最有希望和最明确地改变认知科学，“而此前的认知被认为只是发生在头脑中的符号控制，我们所要追问的是身体和环境条件所起的作用”[21]。

实现这一变化的第一步，需要采用基于真实交流情境的方法，需要理论可以是部分的，但是合理的认知机制模型在运作。

4. 数据告知理论：比喻语言

比喻语言提供了一种启发性的事例。这种启发性的事例是由在认知科学中研究语言学时所遇到的方法论难题所引起的。在具体的隐喻情况中，我们首先注意到，隐喻共享了语义学分析，这种分析是在认知领域中实现的，认知领域存在的问题大部分是从自上而下的角度进行探讨的，或者至少是建立在有限数量的观察上，或者事例是基于语言学家的个体直觉。假定组成的事例反映了“理想化”说者-听者（speaker-hearer）的基本内涵，而不是要反映人们在日常交流中通常如何说或如何写。一方面，这些因素“不反映比喻语言使用的真正范围和分布现象”[22]；另一方面，这些因素产生了这一事实，即意义理论是字面意义的理论，因此，“隐喻是以简单迂回的方式来表达字面语义学的”[23]。

从经验研究进入到理论的形成，首要的积极作用是已经向关于字面语言与比喻语言之间关系的某些教条原则发出挑战。第一个被挑战的是格赖斯（Grice）提出的建议[24]，后来被挑战的是塞尔[25]的观点，他提出：隐喻的理解是一个三阶段的过程。根据塞尔的意见，在第一阶段是计算字面意义，而字面意义在第二阶段被反驳，在最后阶段中，建构了短语的非字面意义版本（标准语用模式）。

然而，这种看法似乎不与定量分析相容[26]，这种定量分析表明了在真实的文本中比喻用法的核心作用，同时也与大量实验数据不相容。这些实验数据比较了理解比喻语言与字面语言的方面，特别是检查反应时间。一些测试已揭示，比起相应的字面表达，非字面表达如成语，只需要更少的理解时间。[27]不过，非文字的情况是特有的，因为它们很明显是常规和熟悉的。事实上，其他研究表明，相对于字面短语理解时间，对理解指称及谓词隐喻需要更长的时间。特别是最广泛提及的研究之一是Gibbs（1990）的发现，一般“给予适当的语境信息，读者可以很容易理解描述人的比喻指涉”[28]。但不管怎样，“比起人们所处理的字面指称句子，读者需要花更多的时间来理解隐喻的比喻意义和转喻的指称描述”[29]。吉布斯（Gibbs）测试了反应速度，这是与比喻指称（figurative reference）理解相关的，即这些短语被用于识别某些事体，并给予事体一种描述，这种描述是可以说明的（例如，“that”句）、字面的（专有名词）或比喻的（例如，“那屠夫”指外科医生）。另外一种对谓词短语的研究也获得了类似的结果，吉尔德（Gildea）和格鲁兹堡（Glucksberg）的研究表明：“在一些/所有 X 是 Y 的句子形式中，人们要花更长时间去判断字面错误的，（例如，‘一些道路是监狱’），人们不容易解释非字面意义”，而对于“有些工作是监狱”，人们就很容易解释非字面意义。[30]最近的研究也多次证明了这一假设是假的：“只有在字面分析被完成之后，隐喻性才可以被理解（be entertained）。”因此，“比起一句话的字面使用，对同一种话语的隐喻性使用不可避免地需要花更长时间来理解”[31]。

事实上，在许多实验中获得的最长反应时间根本不是统计学意义上的[32]；在其他情况下，反应时间依赖于一些因素，这些因素是在字面与比喻区分之外，如为刺激所提供的测试类型或语境，在更努力理解（effort-demanding）时，这并没有什么因素用来特别说明比喻意义。因此，字面理解（三个步骤的理论）仅得到了反应时间研究的支持，这种研究假设需要时间来确认是否违反了字面策略，因此需要更长的反应时间。如果把这个观点远离语义学中的成分理论和交流过程中的编码理论的话，那么我们得到了完全不同的结论。当一个说话者或作者使用任何表达字面或隐喻的意义，这显然比有效地挑选指称有更多的内容，这是一点额外的效应。以“哈姆雷特的作者”和“威廉·莎士比亚”之间的选择为例，在处理隐喻指称表达时的额外效应，它只不过是一种更加普遍的指称表达语用属性的结果[33]，而不是特指隐喻。

在探索字面语言与比喻语言之间的关系问题上迈出一大步，需要在认知过程检查理解任务。额外效应存在的经验证据（对于研究者来说，表现为较长的反应时间 RT>0），这种额外效应不能被理解为真实的三个阶段过程的证据，因为反应时间太快以至于难以与伴随标准语用模式的观点兼容。事实上，在这个模型中，字面语言理解将自动完成，而隐喻语言的理解将要求参与的过程。此外，最近对大脑激活过程的研究表明，词汇和认知资源是在执行这些任务中被激活的，这些任务与字面理解、隐喻性词语相关，字面理解与隐喻性词语并不是彼此独立进行的，不是通过串联被组织的，而是通过并联被组织的。事实上，这种观点将需要识别大脑的两个区域，这两个区域是独立并同时被激活的，最后阶段患病率（with prevalence）可能会钝化大脑的两个区域之一。尤其是这一观点与这一可能性有关，即隐喻过程倾向于在大脑右半球的大脑皮层。然而，第一个实验[34]表明，在理解比喻语言的形式过程中，要强调两个半球之间互动的重要性，同时强调了大脑右半球的积极作用。两个半球之间互动既发生在研究后半球受损（right hemisphere-damaged，RHD）的患者群中，也发生在实验中，这种实验通过记录与事件相关的脑电位（event-related brain potentials，ERPs）来实现非入侵式研究。

在认知神经科学中，用事件相关的脑电位技术来测量，大脑的电活动会对内部和外部刺激作出反应，如图片、文字和声音。这种方法使科学家可以观察人脑的活动，这种活动假设可能反映了特定的认识过程。这种活动表现为一种包含一系列挠度（deflections）的波形，这种波形可视化为正、负峰值。这些峰值经常被称为组件，它们是通过极性（正极或负极）、潜伏期（latency）、组件达到最大振幅的时间点和其头皮分布（scalp distribution）来描述的。以组件N400为例，它被假设反映了不同语言任务中的难易度。举例来说，通常最初是有助于回答语义整合任务，因此其作用是降低了N400的振幅。

回到我们的主题，当受试者不得不回应字面和隐喻句子时，让我们看看在事件相关的脑电位中会发生什么事情。

根据三阶段模型，事实上，在事件相关的脑电位中的不同效应，应该构成了初步效果：N400中的峰值，反映出对最初不一致的评估。然后，当隐喻信息被访问时，应该有进一步的峰值。这种可能性已经经过测验，对比这二者的反应时间，即关于比喻性短语（“这些战士是狮子”）和相应于字面控制短语（“这些动物是狮子”）。实验结果表明，这是更大的N400有效初始峰值，而这符合预言的标准模型预期，但与预期的结果相反，这没有出现连续的峰值。

所获得的数据似乎与模型更一致。该模型主张允许字面意义和隐喻意义的管道是并联的。因此，“如果N400振幅反映了理解字面意义的难度，它也应该反映理解隐喻意义的难度”[35]。相反，在这个模型中，N400的比数与熟悉隐喻的不同理解力是相关的，这些熟悉的隐喻（“这些战士是狮子”）vs. 不熟悉的隐喻（“这些学徒是狮子”）。这确实是有不同的理解，而不是指短语脱离语境而被呈现。

对反应时间的研究和对大脑激活过程的数据研究，可以得出这样的结论：如果意义和比喻的标准语用模型与所获得的经验数据不相容，那么实验结果并没有提供一个明确的和毫无争议的理论选择。因此，理论解释的任务不是简单的包含制定一个描述性模型来反映数据，而是一方面它应该给予实证结果以意义；另一方面，应该为今后的研究提供一种基础。在这所列出的实证研究导致我们一般按照这些立场来反思隐喻和意义，对认知活动的理解强烈地受到语境因素的引导。为了测试语境因素（语境依赖假说）的作用，皮特（Pynte）等已经测量了与事件相关的脑电位，参与实验的受试者需要解读包含隐喻的短语，并且这些隐喻是相关的：熟悉与不熟悉的（如在狮子的例子中，“他们不是懦夫”）或不相关隐喻（“他们不是白痴”）。[36]结果发现：“对隐喻熟悉并不影响与事件相关的脑电位，而相关语境却影响与事件相关的脑电位。”[37]

因此，由经验数据及其产生的讨论来结束本节，这些讨论使我们假设理解过程通常是基于合成过程来定义的，这个合成过程用于字面理解，在现实中理解过程应该根据这一事实来重新考虑：字面理解过程既不是认知优先的，也不是理解优先的。事实上，隐喻意义“在过程中是很早就可用”和“这似乎没有很多证据来支持这一观点，即隐喻理解涉及不同定性处理模式”[38]，与此相反，“比喻语言和字面语言是同时被处理的，它们也共享许多基础”[39]。

从理论的角度来看，一种有前途的观点是，意义模型的建构更接近于现实中的交流，在我们看来，对具现假说的限制，意味着至少在下面几个方面改变态度：首先，关于比喻语言理论，采用的立场并不接受“隐喻语言作为单一整体的范畴”；其次，关于意义，一般应用的方法超越了传统的观点：词反映它们所表征的事物，支持的观点是，在相关经验中建立起连接，因此，“语言理解包括模拟所描述的情境”[40]；再次，比起对单个词的分析，交流参照了更广泛的进程，一种分析不允许充分评估语境所作的贡献；最后，关于神经生理学理论，我们与库尔森（Coulson）的意见一致，根据其观点：

> 在21世纪，我们取得了进步，对传统问题的超越将是重要的，传统问题是在隐喻理解中的右半球作用，右半球处理具体的认知和神经支柱这一复杂过程。通过结合研究大脑受损病人的行为及健康者的电流生理学和神经意象数据，获悉大量关于特定认知过程神经基板的知识是可能的。[41]

从不同的角度来看，这种情境的分析，即有效交流发生的情境表明，语境在理解过程中起着关键的作用，这种作用甚至比这里考察的字面与非字面意义之间的差异更大。这反映的是差异性在理解过程中是显而易见的，即在反应时间与变化作用之间的差异性。因此，越来越需要整合句法、语义和语用因素与理解过程的理论模型。

注 释

[1] 参见 Engel (1996)。

[2] 事实上，认知语义学彻底改变了“后弗雷格者”对意义研究的方法，这种改变是从研究话语的真值条件到研究它们认知内容的描述。

[3] McGilvray (2001, p. 5)。

[4] 例如，详见最近两项关于“测量”的研究，相反的术语信息量包含在语言刺激中，这种刺激在语言习得的发展阶段对儿童有用。Pullum and Scholz (2002); Reali and Christiansen (2003)。

[5] Dennett (1998, p. 262)。

[6] 参见 Edelman (1987)。

[7] Rohrer (2001, p. 38)。

[8] 在这里，认知语义学的目的是把面向意义研究的方法作为一种理解过程，不仅仅研究意义的方法，这种方法是通过莱可夫（George Lakoff）所提出的，而且伯克利小组研究人员

首先公开反对生成语言学，把认知语言学定义为认知语义学最广泛研究的领域之一。

[9] 参见 Chomsky (1975)。

[10] Rohrer (2001, p. 28)。

[11] 虽然 AI 预知了这些分析层次的作用，但认为它们是独立于句法和语义学的。无论如何，在任何类似于语音、句法、语义、语用的这些模型中，它们被认为是一种心理装置，这种心理装置致力于不同层次的语言能力。参见 Sperber and Wilson (1986)。

[12] Allen (1995, p. 2)。

[13] 同上。

[14] 同上。

[15] 参见 Rich (1983)。

[16] 参见 Winograd (1973)。

[17] Rohrer (2001, p. 28)。

[18] Sperber (1994b, p. 180)。

[19] Rohrer (2001, p. 27)。

[20] 同上。

[21] 同上, p. 38. 参见本书原著, pp. 14 ff。

[22] Peters and Wilks (2003, p. 161)。

[23] Rohrer (2001, p. 5)。

[24] 参见 Grice (1975)。Grice 表明，事实上，在彼此交谈时，人们含蓄地同意合作。在交流中，人们暗中假定陈述既是真实的，也是翔实的。

[25] Searle (1993)。

[26] 参见 Gola (2005)。

[27] Gibbs (1980)。

[28] Gibbs (1990, p. 64)。

[29] 同上。

[30] Glucksberg, Gildea and Bookin (1982, p. 94)。

[31] Gerrig (1989, p. 236)；也参见 Gerrig and Haley (1983)。

[32] Gerrig (1989)。

[33] 斯珀伯(D. Sperber)对于隐喻和效用讨论的贡献，见：http://www.phon.ucl.ac.uk/home/robyn/relevance/relevance_archives/0163.html.

[34] Winner and Gardner (1977)。

[35] Coulson (2005, p. 22)。

[36] Pynte et al. (1996)。

[37] Coulson (2005, p. 23)。

[38] 同上, p. 28。

[39] Rohrer (2001, p. 27)。

[40] Coulson (2005, p. 29)。

[41] 同上, p. 35。

第三部分 媒介的维度

Dimensions of Agency

一、自我知识
Self-Knowledge

第十一章　无　意　识

乔瓦尼·杰维斯

1

无意识的概念一直与心理分析中的理论相关，在过去一个世纪已经出现了这种心理分析，这种分析从根本上来源于弗洛伊德。“无意识”术语（“无意识”通常作为形容词和名词来使用）涵盖广泛的语义领域，包括现在很流行、很普遍的文化概念。弗洛伊德的地位就如智慧的象征，其影响在今天依然很明显，诸如精神压迫的问题。当然弗洛伊德式失语①（Freudian slip）也是直接以他的名字命名的。

然而，过去的几十年里已经见证了方法论的变化与发展，这导致要对正在讨论的主体进行重新评估。科学心理学已经解构了传统意义上的“意识”，并间接地把注意力集中在可以被称为“非意识”或“无意识”的术语上。特别是20世纪80年代，首次引入认知无意识概念，把认知观点放进了一种新语境，这种语境对传统的概念范围发起了挑战。[1]

上述来源和当前观点催生了无意识概念，无意识概念完全不同于那些影响现代心理学的概念。大约在1880年首次进行的实验，旨在探讨人类心灵的内部运作，人类心灵的内部运作被认为是神秘的，通过内省可以揭示人类心灵的秘密，这种内省将导致对一系列归因的理解，这种一系列归因的理解被认为构成了人类意识。因此，心理学被认为是一种主体自我意识的现象学研究。在20世纪20年代，行为主义的革命把心理学定义为（客观）行为的科学，这种通行的定义一直保持到20世纪50～60年代，直到对认知过程的系统研究的出现。

纵观弗洛伊德的生涯，他的思想理所当然地受到了19世纪最后几年中流行的知识和观点的影响。然而，弗洛伊德的新颖贡献不是把心理学看成是一种人类意识的内省式研究，而是他的性理论与经验领域，临床中与直觉心理学介绍的无意识观点相关联。弗洛伊德认为，无意识是一种心灵领域，其存在于“可视的”意识层之下，无意识明显地为人类行为的某些特征负责。弗洛伊德表明，他的心

---

① 弗洛伊德式失语，也叫动作倒错，是一种言语、记忆或物理行动中的错误，这些错误的出现被解释为由于一些无意识压制的愿望、冲突或思路串的干扰。这个概念是古典精神分析的一部分。——译者注

理理论术语“元心理学”源于他的信念，即心理学应该超越早期研究中所定义的传统意识戒律。

在19世纪最后几十年出现了前卫的哲学和文学运动，以及批判人性的经典概念（特别是尼采），但却无法消除根深蒂固的心灵概念和当时流行的人性（human nature）概念。这种信念来源于笛卡儿的哲学，其在身与心之间作出了明显的区分，身体被认为是机器，心灵被认为是灵魂。由于笛卡儿深受基督教信仰的影响，他看出并认识到心灵有其最高贵的能力，这种能力是人类所特有的。对19世纪的哲学家来说，意识（道德知觉的代名词）是独立于人类语言和自由意志的。与这些观念截然相反，弗洛伊德肯定思维、做梦及日常行动是受到性本能的影响和控制的，对大多数人来说，这种观点既是创新的又是令人反感的。

19世纪最后几十年，在哲学和经验心理学领域中已广泛地使用潜意识和无意识术语。[2]虽然在当时很超前，但弗洛伊德哲学中的新颖性必然渗透到他那个时代持续的文化讨论的背景。在20世纪头十年，公众把精神分析与一种反顺从运动联系起来，这种运动主张表达性自由的权力。事实上，虽然他的追随者相信弗洛伊德更多的是一个传统的道德主义者，但许多观察者注意到，他的观点与传统观点的裂痕，事实在于他把心灵观点与人性的自然观联系起来。特别是虽然弗洛伊德区分的是他的理论，即无意识最显著的特点是通过它本身的性质和由于（无意识）激活的我们防御性心理机制，但心灵中一个重要的部分已经被排除在这种知觉之外，等等。那么内在于弗洛伊德式“无意识”术语中的观点是，我们的一些愿望、恐惧、记忆和幻想的内容被意识压抑，但仍然存在于我们许多思想和行动的隐藏框架中。从这个意义上说，这表明弗洛伊德的观点比珍妮特（Pierre Janet）相关的“潜意识”术语更加革新。事实上，珍妮特只是吸收了已经由哲学家所探讨的观点，如莱布尼茨认为，在我们所有人中都存在着非意识心理自主性（non-conscious psychological automatisms）。[3]

这是弗洛伊德理论基础模糊性的证据。但他更多的是唯物主义者（基本上是反二元论者），最终他认为无意识是一种自发的实体，这种实体靠本能力量运转。结合这些力量连同与这些力量相关的表现形式，来作为整体的心灵结构，他最初指的是意识、前意识、无意识，后来指的是本我（id）、自我（ego）和超我（super-ego），这些被描述为一个拥有自身独立结构的独立世界。在这个独立世界中，大脑运作与生物系统一般纯粹是用假设性术语来说明的，该术语随后被放弃。存在不仅仅被视为是单纯的隐喻，无意识和内心责难（interior censure），以及本我、自我和超我是被作为真正实体来处理的。尽管其有唯物主义出身，但在门外汉的公众眼中，心理分析仍然要证明人性的二元论观念的合理性。对于大多数弗洛伊德哲学的追随者来说，人类心灵的动力学被视为是自发的，并且与身体相分离。弗洛伊德在他的著作中所使用的语言“寄存器”（language register）加深了这种误解；心灵、意识和无意识是以一种鲜明但非科学的寄存器方式来被描述的，这种方式刻意利用日常词汇表，在日常生活中常用这些词汇。在这种情况下，弗洛伊德的观点很容易被任何受过中等教育的个体所理解。他的性理论在教育学和心理健康问题中产生了最广泛、流行的实用方法。近一个世纪以来，这些解释形成了一个非常有吸引力的直觉心理学形式，这种直觉心理学甚至可以被世俗之人和门外汉所理解。

2

若干年来，弗洛伊德的观点一直是被合理批判的对象，然而这种批判倾向于削弱它们在 20 世纪文化中所产生的影响。

现在，毫无疑问的是，弗洛伊德的观点不是基于任何可靠的方法论。[4] 事实上，作为一门学科，心理分析的诞生和发展不仅与当时进行的实验研究没有任何真正的联系，而且它过度依靠心理医生办公室中的经验观察。就像在 19 世纪中的大多数医学研究，事实上它受制于收集到的主观和零碎的观察，这种观察是由医生在治疗自己的个体病人时随意得到的。即使在理论的创立过程中，弗洛伊德精神分析的建构更多的是基于分析单个临床病例，基于印象和直觉，而不是基于系统观点。

运动缺陷在最近几年才完全显现出来，有很多精神分析是在实践中形成的，并且它的形成是基于一种脆弱的理论基础。最重要的是，心灵的精神-驱动本能概念（建构精神分析学说的原则之一）被证明没什么具体的科学基础。弗洛伊德学说的其他方面随后被证明是不一致的，他最显著的关于婴儿情感发展的观点，不断地受到来自 20 世纪 40 ~ 50 年代研究的挑战。

从根本上说，弗洛伊德的无意识概念合并了一种强的基本原则和一种弱的基本原则。

弗洛伊德观点的优点在于，假设我们每个人都有一个隐藏的，甚至是不公开的兴趣，这种兴趣表面上表现为我们潜在的伪装特性、思想和行动。这里最重要的不是心灵的内容和结构表现得多么单纯和简单，这种心灵的内容和结构是无法通过内省来接近的，而是存在一种自我辩护的防御性，或者说存在一种关于我们日常思维过程的自欺的系统倾向。因此，无意识概念引入了一个弗洛伊德明确提出的重要的主题——心灵创造幻觉的趋向。

同时，弗洛伊德的无意识概念的弱原则表明，内在心灵包含揭示出来的一些重要秘密，这些秘密是一类重要的个人或超个人真理，甚至是一种智慧的宝库，这不同于荣格（Jung）。荣格相信人们可以共享灵魂中秘密的方面，应该记住的是，本质上弗洛伊德把无意识当作一组个人心理动力集合，这种集合是关于部分心灵的，它处理特定的个人问题和忧虑。然而，在弗洛伊德的理论中，关于这点有一定的模糊性；弗洛伊德式的“无意识”显然包含信息和情感，比起个人的意识，这类信息和情感更加敏锐、有活力和真实，更容易产生这类信息与情感。然而，有趣的是，在一种非常有吸引力的流行心理式中，已经证明了这种无意识构想方式。人们坚信，在我们脑海深处有一个秘密等待被揭示。

关于后一种观点，另一假说具有很重要的意义。从历史上看，无意识概念被根植于对创伤的理解中，而这种创伤是类似于秘密致病的事物。当弗洛伊德首次开始阐述他的观点时，他相信，他已经发现婴儿期的创伤事件，即受到成人的性虐待，会有意地从头脑中移除，但在以后的生活中会对个体心理的稳定产生负面影响。虽然他早就意识到这是精神分析中的催眠技术和自由联想的一方面，但他却很少注意到：通过运用不加控制的自我暗示（self-suggestion）机制，他们就有可能产生错误记忆的危险，或想象地描述从未发生过的事件，而不是唤起真实的记忆。这种不确定性似乎与这一假设相容，即在许多其他情况下，在青春期前的未成年人身上有可能隐藏了存在着真正的暴力（性或其他）事件。

在19世纪的最后20年，如果在一些国家中并没有广泛担忧婴幼儿期心理创伤的影响，那所有这一切都将不值一提。这种担忧产生于社会文化因素，如女权运动、虐童的新担忧及在社会阶层中精神分析的大众化，这一阶层中没有先验的学科知识。虽然部分肯定是有道理的，但这种担忧进一步被一些案例增强。这些案例是由精神疗法和勉强合格催眠师导致的虚假回忆。即使在最近的20世纪80年代，也很少有人意识到孩子是多么容易受到老师激励的影响，很少有人意识到心理学家报告了一些毫无根据的性骚扰事件。同样，由于最初的认识不足，它很容易使得儿童甚至是成人在“记忆”的治疗下，使事件远离精确性和真诚性，事件不仅从未发生过，而且极不可能会发生。这种现象在文化心理学领域有其重要性，因为它表明了弗洛伊德哲学的持续影响，尽管其理论被简化和有所歪曲。另外，其通过对虚假记忆的研究，提出了无意识过程与记忆之间连接的问题。事实上，虚假记忆只是许多案例之一，这些例子表明，无意识运作比弗洛伊德自己所认为的无意识更普遍。[5]

我们还必须考虑到现代对一般精神创伤事件的研究。在某些情况下，由于经历了极端状况（酷刑、战争、休克等）下而产生的特殊精神创伤状态，它们可以对个人的心理稳定产生长期的负面影响。这是因为创伤事件没有被记忆所压制，而是留下永久的焦虑迹象，并且在强烈的情感层面可以被再现。

此外，通常的情况是，遭受各种形式神经病症折磨的人们，辩护性地将得病原因突出和归因为他们对某事的焦虑，这无疑是负面的影响但并不是强烈的情绪(如丧亲之痛或被遗弃)。然后，这样的事件专注于唯一的原因，即伴随的心理痛苦和忧虑。这些痛苦和忧虑在现实中源于更复杂、不容易确认的原因。我们经常可以观察到，当人们试图解决他们过去未曾解决的问题时，就想方设法来理解和解释这些问题，人们往往把这些问题归咎于某个特定事件（如父母死亡、诱惑的尝试、可怕的经历），即使没有明显的证据证明这些事件在他们忧虑的原因中起到了重要作用。在合理解释过去的问题时有一种强烈的倾向，通过突出责任和对他人报复或迫害，来作为他们精神痛苦的原因。还应该指出的是，与弗洛伊德所坚信的相反，没有任何证据证明，特别是当不存在关于试图诱奸和童年时期性猥亵的证据时，从我们有意识的头脑中移除或取消不愉快事件的记忆本身就足以引发痛苦和长期精神疾病。[6]

这虽然降低了“压抑创伤”的神秘氛围，导致最天真、机械地重新标注弗洛伊德的“无意识”概念，也确实破坏了弗洛伊德理论的一种主要原则，但它显然没有减弱对精神分析的广泛关注，也没有减少建立无意识理论的尝试。有心理创伤的主体是以下两方面主题有效的例子：一方面，是今天的人们不再接受弗洛伊德的压抑记忆理论中所有的天真方面；另一方面，是对进一步探讨被曲解回忆问题的持续兴趣，这一问题已经促成对弗洛伊德一种更普遍“自我欺骗”主题的研究。从精神分析运动本身来看，活跃在 20 世纪最初几十年的不同作家指出，从意识领域排除某些心灵过程，比弗洛伊德所总结的压制理论更加有前景和更加复杂。波尔比（John Bowlby）① 最具影响力的方面，是把这种观点引入到精神分析中，他创造了“信息选择性排除”。

作者在这里的目的不是研究弗洛伊德式无意识概念如何影响研究、写作，如何影响日常道德生活、婴儿期的观念、教育学、性道德演变、社会学，以及如何影响作为科学的心理学各分支，特别是社会心理学，而是合理地假定，弗洛伊德理论已经作为一种工具成功地改变了整个 20 世纪文化领域中人性的概念。

特别是在知识阶层中，人们也主张，弗洛伊德的无意识观点间接地促成了心理学作为一门科学的开放式发展之路。欧洲及美国文化最终不得不接受一种新观念，即思维过程如何运转。人们强调人类意识不能被看作一个主要的实体，因为它最终受生物因素的支配。

3

今天，用于现代心理学的方法和途径与弗洛伊德所使用的方法和途径形成了鲜明的对比。弗洛伊德精神分析中的基本步骤是首先专注于普通人的意识，然后再研究个体的陈述和声明如何真的是真理性的，并提醒人们这可能还有其他因素超出他们的控制，而影响到他们日常生活的行为。因此，他的出发点是研究日常生活的复杂性，特别是个体间的关系，并试图建立可能影响人们的其他简单因素。从根本上看，弗洛伊德对无意识进行的博学的文学描述都是内省式的，诉诸

① 波尔比（1907—1990），英国心理学家，杰出的儿童精神病学家。他将心理分析、认知心理学和进化生物学等学科统合在一起，纠正了弗洛伊德精神分析理论对童年经历的过分强调和对真正创伤的忽视。1989 年，其获美国心理学会颁发的杰出科学贡献奖。——译者注

读者的良好判断力和自然的批判精神，并使用一种修辞形式，其目的是说服，而不是解释。[7]

反之，现代心理学采用科学方法，这种方法不是通过援引内省意识，而是通过应用客观的科学分析技术去证明，而不是去说服。通过采用系统的“自下而上”的方法，研究我们最基本的心理机制（类似于简单生物体的学习过程）如何可以逐渐显露出来，并为我们提供需要了解的信息，并首要确认我们是思考的、有意识的存在。不像弗洛伊德的分析，意识被认为是物质数据和基础，现代心理学的基本前提是有机体神经系统的基本运作，一般习惯性地掩盖了被称为意识的事物，质疑个体隐藏的存在及影响个体生活的无意识因素。在随后才可以提出这一问题，即在何种程度上意识可以被应用于更复杂的存在，自然也应用于人类。

对上述前提的考虑是，弗洛伊德的现象学中包含多少通俗心理学。他对人类心灵的理解是人类中心主义，是以成人为中心的（甚至他用这种方法研究婴儿的心灵[8]），但最终他无法摆脱把意识当作是一种心灵主要特性的观点。虽然弗洛伊德确实试图描述和定位许多意识/无意识动力学及重要的自我欺骗机制，但他只部分地探讨了构成意识的先天视觉。

相反，关于意识的现代科学概念始于这一假说，即人类（新出生的婴儿及大部分成人）与动物都有一种基本的共同特征。这是我们学习、记忆功能、习得技能的机制，这些机制与我们一般的认知学习过程一样，几乎不受自我监控（self-monitoring）的影响。因此，排除局部分析的孤立案例，机制不是内省的对象。

从历史方面看，在全面研究认知科学发展之前，对有意识与无意识心灵获得一种更好的洞察力来说，现代心理学中遵循的调查过程并不产生任何有价值的结果。这些研究有助于揭示动物与其环境互动的方式，这种方式是有意识的（如不睡觉时，保持警惕），因为它们不断地处理感官信息流，来阐释和不断修改它们的映射，根据周围环境与它们日常运作的行动计划进行映射。它们利用自己的一种意识形式，这种意识形式被定义为是最重要的。当然，作为认识外部世界的“简单意识”，这个概念绝不是新的，而是罗素在 1912 年首次使用的术语，罗素这个术语来描述动物的意识与人类本能特征是截然不同的，人类这种本能特征是自我意识与“知我所知”[9]。

此外，除了人类，只有极少数物种如黑猩猩、猩猩、海豚可以说达到了有部分自我意识的状态，或者它们能够清楚地区分自己的身体与周围环境。例如，当一只黑猩猩认识镜子中的自己或使用镜子来检查不可见的身体部分时，如口腔内，或当它认识纪录片中的自己时，就出现了部分意识。[10]这是可以在平均年龄为15～18个月的小孩儿身上观察到的现象[11]，这说明他们开始了身体的自我监控，或开始关注行动执行者（身体）的具体器官。当全面、客观地认识身体本身的独立存在而实现行动时，身体的自我监控发生了，并且表明其对自我有了根本上的认识。显然，这明显不同于环境的基本交互监测，这就描述了所有动物物种的有意识的认知特征。

但很显然，这仍不足以构成真正的自我察觉（self-awareness）。人类在3岁之后才有真正的自我察觉，当我们有意识地关注对象，而不只是关注外部环境或物理身体时，我们便意识到自身的存在。在现实中，思维、记忆及做梦是我们反思的所有对象，或者更确切地说，监测与感知定义和描述开放，是因为它们形成我们部分内部的、实质的“心灵剧场”。这是全面和传统意义上的人类意识，也是弗洛伊德所理解的意识；换句话说，完整的自我察觉对于描述内部心灵的运作来说是首要的关键因素。

当把“完整的自我察觉”概念放在现代认知心理学工具下仔细检查的话可以发现，这比弗洛伊德所总结的功能系列更加危险和不连贯。实现完全拥有自我，使我们能够进行有意识的思考，记忆与做梦也描述和表达了如兴奋与恐惧的情绪状态；但它需要一种良好的口头表达能力与发展较高的认知能力，这种能力在3或4岁的小孩儿身上才有可能。内省进一步受文化因素的制约，如教育。受教育程度低的人通常无法对焦虑进行概念化，往往把它作为一种客观身体疾苦来经历，而与心灵无关。同样，有研究表明，年龄在3～5岁的儿童及原始文化中的人并不总是把做梦作为他们自己心灵的产物来感知，而是把做梦看成来自外部的视觉。[12]有观点认为，心理现象可以被感知，因为它们是我们警惕关注（vigilant attention）的虚拟对象（因为它们易于进行内向型自我监控），这个虚拟对象与所有心理现象的假设相关，像做梦一样，心理现象都是我们自己个人心灵的产物。

揭示内省意识的不稳定性对研究记忆是重要的，因为记忆本身是意识的核心部分。[13]如果我们思考时，当记忆活动方式不统一时，关于近期和遥远的过去事件的记忆又是如何变得清晰的呢？“知道如何”（knowing how）的功能与记忆功能是并行的，记忆功能充满了隐性知识。[14]然而，这不是类似于外显记忆的运作，或类似于表达、描述和表示意义能力的运作。换句话说，知道“如何”做某事与描述你在做“什么”是不一样的，因此这不是在传递知识。[15]例如，我可能知道，我善于使用电脑键盘，即使我将永远无法说出（或画出）字母Z或P是在键盘右手边还是左手边。此外，如果我们仔细地观察我们记忆中处理描述、指称或交流事件细节的部分，很明显这不等同于一种客观的意识，记忆的功能更能使我们参与文化调解和日常经验的叙述存储。叙述功能与我们传统的指称记忆方面不相符。

关于情绪也可作出类似的考虑。我们可以质疑我们是否能够通过自我内省的意识来很容易地访问强烈而短暂的情绪，如兴奋和恐惧。例如，我们可以体验恐惧而不用意识到它。我们通常倾向于描述和“重建”情绪，而不是通过内省来直接感知情绪。事实上，为了让我们有意识地监控我们的情绪，我们可能必须采用第三种立场来间接地感知它们。然后在实践中，能够“从外部”观察到我们所表现出的恐惧或紧张，因此外部观察似乎成为我们认识到自己确实在“感觉”紧张或害怕的必要条件。[16]

只是在“知道”与“不知道”（例如，电脑键盘上的字母在哪边）间划出一条清晰的边界，这是不可行的。同样，我们可以肯定的是，在一般情况下，我们宣称“自我意识”包括自我监控的成分，这种成分不仅受注意力波动的影响，而且也易受行为模式的影响，这种行为模式是由文化及语言所决定的。

总之，我们可以称之为“非意识”或“无意识”的概念混合了一种宽泛不相连的系列现象。当意指“无法访问自我”（从根本上来说“缺乏自我察觉”）时，“非意识”术语比弗洛伊德所认为的“非意识”涵盖了更广泛的意义。通过无意识来解释事件，包括那些由我们神经系统所控制的事件，这些事件与我们形成知识的方式没有或只有很少的关系（例如，发展一种自动的行为模式，如走的身体运动——或在很大程度上——获得像骑自行车那样的技能）。但它们也包括建立无法访问意识的认知图景（如上面的键盘的例子，我们可以用单手或双手，或用我们的脚或鼻子使用键盘——但我们不能用口头或描述来操作键盘），与我们周围环境的警觉和互动形式一样，它们都不需要内省。后者的一个例子可能是，一只猫以一种我们认为智能的方式猛扑向一只老鼠，即使我们没有任何迹象表明，猫可以在自己身体与周围环境之间作出明确的区分，或者甚至没有任何迹象表明猫有任何关于自身存在的概念。

心灵的“不可访问”（或者准确地说是监测）区域与心灵的“可访问”领域之间是如何产生交流与调解的，这不容易进行总结，可访问领域对描述是开放性的，因此可以被自我意识领域映射。有时所发生的是，自发的刚性障碍形式阻止意识访问记忆，例如，阻止令人尴尬的一幕，随后这一幕被从心灵中抹去（弗洛伊德的“被压抑的记忆”）。更多的时候，特别是时刻的隐性回忆转换成了另一时刻的明确回忆。从本质上来说，这些波动是普遍存在的，特别是分心、遗忘、部分意识或对所学知识的暂时忘记，这些构成了我们心灵中的重要结构。内省是随机的、局部的和不稳定的现象。

我们很少有机会来描述个人思维过程的功能。从某种程度上来说，一种实例是：当人们需要描述一些步骤时，这些步骤是解决练习问题时所要遵循的，如逻辑推理中的测试。但即使在这里，相近的研究表明，思维过程通常缺乏自我控制推理，隐含的操作模块接替了自我控制推理。正如阿尔弗雷德·特沃斯基（Alfred Tversky）及丹尼尔·卡尼曼（Daniel Kahneman）的研究所表明的[17]，即使在明显是最合理的决策过程中，也有不合理的程序模块在运作，对于这种模块的存在我们意识不到，但它会影响结果。

因此，这值得重新审视弗洛伊德的心灵有意识/无意识概念。即使在全意识（full consciousness）存在的案例中，它更多的似乎[18]是社会传统，通常全意识是纯粹自我防御性的。例如，当某个个体执行一个简单的动作，他们完全能够解释为什么（他们真诚地认为）他们都做到了，但给出的解释并不一定与实际事件的序列相一致。

随后一个催眠的实验表明，当然许多进一步的实验也表明，我们的行为如何可以由刺激因素所决定，而这种刺激因素无法访问有意识心灵。用来说明这一点最著名的例子是，当人们通过独立的耳件（ear-pieces）听到两段录音（双耳分听），经过短暂的混乱之后，他们会自发地引导自己的注意力朝向一种录音，并抑制对另外一种录音的全部意识。不过，这也很容易证明，当明确要求实验的目的是要遵循录音所提供的指示来行动时，人们仍自发地不仅留意来自正在倾听的耳朵收到的指示，而且留意被压制的耳朵接收的指示。[19]这是几个实例之一（在实验条件下或其他方式下的观察），这个例子证明，两者的组合如何可能，即无法访问的刺激因素（例如，潜意识的认知输入）与通过内省可访问的因素之间是如何组合的，这种组合最终决定了我们的行为与日常的选择。此外，众所周知的临床观察已经挑战了传统的“知道”与“不知道”之间的边界概念，包括Weiskrantzr所研究的盲视现象，盲视病患者经历离散的视知觉，这类病患意味着枕骨脑叶受到损伤，在正常意识层次，他们的视知觉完全是盲的。[20]

应该强调的是，人们解释自己行动时所提供的动机与行动本身之后的真正动机（或更确切地说，多种原因）之间有一种巨大的差异性。在双耳分听的实验中，为了指导他/她作出具体的选择，很容易对实验中受试者的动机进行引导。然而，似乎令人惊讶的是，人们毫不犹豫地声称，他们的行为出于理性的思考，但这被证明是假的。同样，在群组实验中，很容易指引所有参与者，通过暗示性诱导来说服不知情参与者作出选择，并给他们带来了压力。不知情的受害者总是试图证明他/她的选择是真诚的，而不是假想的动机，意图证明他/她的选择是绝对和理性自发的决定，不受任何可能外部因素的影响。

对于下面二者之间差异的根本原因，社会和群体心理学已经作了进一步的实验研究：研究我们日常行为形成的解释与对这种行为所给出的解释之间差异的原因。人们的这些行为易受实验的影响。这种差异产生最典型的原因是（所谓的）合理性机制，其中最著名的经验观察是在狐狸和葡萄的经典寓言故事中所发现的，这很好地说明了脱离接合（dis-engagement）的合理化。各种类似情况的实验研究强调，如果受试者长期计算令人沮丧的任务，这些任务看似是毫无意义的，那么认知失调现象如何证明人们需要找到人工动机和意义。这些都是参与合理化的明确事例。[21]

根据这种思路，“解释自己”（“知道为什么”）比描述自己的行动更加合理，这一主张似乎是合理的。举例来说，如果任何人发现自己处在一个特定时间、特定地点时，会问的最基本的问题是：“你为什么在这里？”要他们精确地找到因素或复杂动机系列的相互作用是不可能的，因为这些因素或复杂的动机会导致他们在精确的时间待在准确的地点。但他们肯定会毫不犹豫地提供一种有说服力的解释，来证明自己行动的合理性。总之，人们很少能说明为什么他们在那里，但却总是可以断言，他们在那里是正确的。

简单地说，这严厉地批判了以某些方式来描述意识的内在朴素概念，似乎想“替无意识报仇”，并挑战意识概念本身。当然，不能立即抛弃意识概念。例如，有效和适当的指称可以用于（部分）现象，即可以用于口头访问自我的某些心理过程。通常，当我们给出推理，以正式的、“一步一步”三段论的形式解释时，这种指称情况会发生。我们不能否认这些现象的存在，即使我们可以合理地怀疑它们的准确性和一致性。不过，我们可以推进一种更加激进的假说，即人的意识不仅是一种连续的认知状态，而且也是通过能力来解释某人行动后的主要特征的。根据后者的假设，所有的心理过程基本上都是无意识的，因为它是自发的，但随后我们倾向于在传统的心理结构下，如“思想”、“选择”、“灵感”和“意志”，来（部分地）描述和不断解释它们。这样就产生了一个更为激进的、怀疑式的假说，这一假说主张精心的选择不是线性的过程，在传统上这种过程依赖于这样一种假说，即人类心灵被赋予了知情理性（informed rationality）。这样一种怀疑观质疑了所表达的“自由意志”的意义。

虽然可以确信的是，我们充分意识到了我们所有的决定过程，但它们可能是一系列不同动机因素导致的概率结果，在很大程度上无法访问内省。在这方面我们可能主张，我们不是有意在两种或两种以上选项之间作出选择。[22]

这个疑问是由休谟首次提出的。[23] 根据这一理念最简洁的表述（Wittgenstein，1953：611-660），我们通常（天真地）假设，我们执行的“自愿”行动来自理性和自我察觉程序，但也许并非如此。经过仔细的观察，维特根斯坦说，我们所说的“自愿”是指我们对任何行动的产生并不感到惊讶。在这种情况下，我们相信行动是由我们自己的自由意识所决定的。

从这个意义上说，可以肯定，无意识统治着我们的整个精神存在。

注　释

[1] Kihlstrom（1987）。

[2] Whyte（1960）；Ellenberger（1970）。

[3] Ellenberger（1970）。

[4] Grünbaum（1984）；Holt（1989）；Macmillan（1991）。

[5] Loftus and Ketcham（1994）；Ofshe and Watters（1994）。参见本书原著，p. 88。

[6] McNally（2003）。

[7] Spence（1994）。

[8] Peterfreund（1978）。

[9] Russell（[1912] 1967）。

[10] Gallup（1977）。

[11] Lewis and Brooks-Gunn（1979）。

[12] Dodds (1951); Lurjia (1976)。
[13] Edelman (1989)。
[14] Polanyi (1966)。
[15] James ([1890] 1984); Ryle (1949)。
[16] Bem (1962); Nisbett and Wilson (1977)。
[17] Kahneman et al. (1982)。
[18] Nisbett and Wilson (1987)。
[19] Lackner (1973)。
[20] Weiskrantz (1986)。
[21] Festinger (1967)。
[22] Wegner (2002)。
[23] Hume ([1739~1740] 2000)。

第十二章　自我欺骗和假设检验

阿尔弗雷德·R. 梅莱

根据传统的观点，自我欺骗是一种类似于刻板的人际欺骗的内省。[1] 在人际欺骗中，骗子有意地欺骗其他人去相信某事 p，并且在这段时间中骗子认为 p 是假的，而那些受害者错误地相信 p 是真的。如果自我欺骗是基于这个模型来正确理解的话，那么自我欺骗者有意地欺骗自己去相信某事 p，在一段时间自我欺骗者认为 p 是假的，同时也相信 p 是真的。

在 Mele（2001）的著作中，他批评了传统的观点，并为一种替代、紧缩观点辩护，根据自我欺骗并不涉及任何下面的观点：有意欺骗自己，打算（或试图）欺骗自己，打算（或试图）使自己轻信某事，同时自己相信两个明显矛盾的命题。事实上，一般情况下，我也认为自我欺骗并不包括这些观点。当然，只是简单、错误地认为，在缺少欺骗的情况下，对谁来说 p 都不足以构成自我欺骗。如果是这样，不论我们是否无心犯了算术错误，我们都将是自我欺骗。这就是为什么动机在自我欺骗的文献中占据突出位置。本章提供了一种关于自我欺骗观点的梗概，并提供了一些在实验研究中所发现的假设检验，用来支持我的一些观点。

1. 自我欺骗的类型和手段

在其他地方，我已经在称为直接自我欺骗和扭曲自我欺骗的事例之间进行了区分。[2] 直接自我欺骗在文献中占据了主导地位，自我欺骗的人们认为他们想要的东西是真实的。例如，他们的孩子没有使用毒品。在扭曲的自我欺骗的情况中，自我欺骗的人们认为他们想要的东西是假的（也并不希望它们是真实的）。例如，一个没有安全感、嫉妒的丈夫可能会认为他的妻子有外遇，尽管不忠的证据很少，尽管他不希望他的妻子真的如此。

我们渴望的一些说明方式是，p 能有助于我们去相信，在直接的自我欺骗实例中 p 是有益的。[3] 通常情况下，我所描述的自我欺骗实例涉及两个或两个以上的现象。

（1）消极误解（negative misinterpretation）。我们认为，p 可能会导致我们产生误解，从而不利于（或不是强烈地不利于）p 数据，而在欲望缺失的情况下，我们很容易确认这将会有利于（或强烈地有利于）p。例如，雷克斯（Rex）刚刚收到一本杂志拒稿通知书。他通读了评审的评论内容，并希望这种拒稿是没有根据的。雷克斯断定，评审人误解了两个重要而又复杂的观点，因此，他们的反对理由不能证明拒稿的合理性。然而，评审人的批评是正确的，几天后，当雷克斯重读他的论文时，发现评论是公正的，对他来说显然也是如此。

（2）积极误解（positive misinterpretation）。我们认为，p 可以使我们理解支持 p 的数据，在欲望缺失的情况下，我们会很容易确认这种 p 数据不利于 p。例如，西德非常喜欢罗兹，罗兹是经常与他一起进行研究的大学同学。因为他希望罗兹爱他是真的，他可以理解她拒绝他的各种社会活动邀请的；罗兹提醒西德，她有一个稳定的男朋友，在西德看来她这样做“故意装出难以接近的样子（play hard to get）”，是为了鼓励西德继续追求她，并证明他对她的爱近似于她对他的爱。正如西德解释罗兹的行为，这不仅不能算作她爱他的假设，而且很显然她不爱他。这促使他虚假地认为，罗兹是爱他的。

（3）选择性聚焦/注意（selective focusing/attending）。我们认为，p 可以使我们不去关注不利于 p 的证据，转而关注暗示 p 的证据。12 岁的贝丝，其父亲最近去世了。部分原因是她渴望自己是父亲最喜欢的孩子，她发现专注于回忆和照片是值得安慰的，这些回忆和照片把她放置在父亲慈爱的聚光灯下，而如果把她的兄弟或姐妹放置在父亲慈爱的聚光灯下，却是让她不愉快的。因此，她把她的注意力集中于前者，而疏忽了后者。这有助于贝丝认为——错误地认为——她是父亲最喜欢的孩子。事实上，贝丝的父亲更喜欢她的兄弟，家庭相册充分证明了这一事实。

（4）选择性取证（selective evidence-gathering）。我们认为，p 可以使我们容易忽视所获得的非 p 证据，而去寻找支持 p 的证据，这类证据是很少能得到的。例如，贝蒂是一场政治运动的职员，她从反对派那里听到传闻，他（贝蒂的候选人）是性别歧视者，但她希望他不是。这种希望促使她去寻找他过去投票记录的证据，即关于他在性别问题上的政治正确性证据，并咨询自己竞选办公室的人关于她候选人的个人行为。贝蒂可能会错过一些明显的、重要的证据，关于他的老板是性别歧视者的证据——而事实上他是性别歧视者——即使她能够成功地找到不太明显和不太重要的证据来支持她的观点。因此，她可能就会认为，她的老板不是性别歧视者。选择性取证可以被分析为事件的渴望状态，一种超灵敏性证据组合（及证据来源），并且是盲目性的，当然，这种盲目性的程度与证据（及来源）相反。

在这些例子中，没有人相信真实的信念，即非 p，然后有意地促使他或她相信 p。然而，假设这些人获得了相关错误的、毫无根据的信念，这些信念在描述方式上是错误的，这就是各种自我欺骗的一般实例。[4]雷克斯是自我欺骗的，因为他认为，他的文章是错误地被拒了稿；西德是自我欺骗的，因为他相信关于罗兹的某些事情，等等。

由于贝丝渴望她的父亲最喜爱她，我们可以理解为什么这是令她愉快的，即她发现自己有一些照片和回忆，是关于她是父亲慈爱的对象，而如果她发现有一些回忆或照片是把其他人放在了她珍视的位置，这是令她痛苦的。但是，欲望 p 是如何触发和维持两类误解和选择性取证的呢？这是因为这些活动本质上是不令人愉快的，例如，参与美好的回忆在本质上是令人愉快的。

对于一些无动机的偏见信念的关注揭示了这一问题。这样一些来源已经被确认[5]，包括下面两种来源。

（1）信息的生动性（vividness of information）。对我们来说，一个资料的生动性通常是某些事物的功能，如其具体性、感觉性、时间或空间的距离。生动的数据比苍白的数据更容易被确认、被注意、被回顾。因此，对于信念的形成和保持，生动的数据往往具有一种不相称的影响。[6]

（2）确认偏见（the confirmation bias）。与反驳的实例（disconfirming instances）相比，人们测验一个假说往往倾向于搜索（在记忆和世界之间）更多的信息来确认，并承认确认比反驳更加容易。[7]这是真实的，即使这个假说只是一个尝试性的信念（不是某个人的信念）。人们也往往把相对中立的数据解释为支持一种正在检验中的假说。[8]

尽管偏见信念的来源显然可以独立于动机来起作用，但在产生动机偏见信念时，它们也可能会通过欲望而被触发和持续。[9]例如，欲望可以加强数据的生动性或显著性。数据可以被视为命题的真理性，人们希望这一命题是真的，并且通过人们的识别来更生动或突出地呈现出来。同样，欲望可以影响出现在某人身上的假设，还可以影响可用假设的特点，从而规定确认偏见的阶段。[10]由于欲望 p，人们可以测试这一假设，即 p 是真实的而不是相反的假设。在这些和其他方式中，欲望 p 可以帮助人们产生一种莫须有的信念 p。

2. 存在的假说测试理论

最近由一种有趣的理论所呈现假说的测试，其设计的部分内容适用于自我欺骗。在 Mele（2001）的著作中探讨过，他提供了谨慎、克制的理由，我认为一个合格的版本是可信的。[11]我把它称为容错学习理论（fault tolerant learning，FTL），我在两篇文章之后得出了这一理论，两篇文章的作者分别是夫里 Friedrich（1993）、Trope and Liberman（1996）。在这里，我只是提供了一个概述。

容错理论的基本观点是：关注于降低错误的成本，这种错误来源于假说测验。理论错误关注的是虚假信念，这种虚假信念的代价是高昂的，包括错失获利的机会。考虑到人们的欲望和信念，他们期望获利的信念——错误的信念——是合理的，如果他真的有关于这些事情的期望的话。容错理论的核心元素是“信心阈”——简称“阈”（threshold）。阈值越低，满足阈的证据需要的就越少。两个阈值与假设相关："在假设的真理性中接受阈（acceptance thresholds）有最低置信度"，p 对于获得一种 p 信念是充分的，"而不是继续测试（假设）；拒绝阈（rejection thresholds）在非真理性假设中有最低置信度，p 对于获得一种非 P 信念是充分的，并且会'停止测验'"[12]。通常，这两种阈的要求是不同的，接受阈和拒绝阈分别"主要"依赖于"与信息成本相关的虚假接受成本"及"与信息成本相关的虚假拒绝成本"。"信息成本"只不过是"资源和效用"，它需要收集和处理与"假设相关的信息"[13]。

信心阈是由反感（aversions）的强度所确定的，这种反感强度详细说明了代价成本与信息成本。撇开信息成本，某人对错误的相信 p 的反感强度越大，那么他对信念 p 的阈就越高。这些反感以一对相关的方式影响了信念。首先，因为在其他事情都均同的条件下，越低的阈就比更高的阈更容易达到，非 p 信念比 p 信念更可能有结果，在其他条件相同的情况下，比起非 p 的信念，假设测验者对于 p 具有更高的接受阈。另外，这种反感影响了我们如何测试假设，例如，我们是否表现出了确定的偏见，尤其是当我们停止测试它们时（由于我们已经达到相关阈）。[14]

弗里德里希（Friedrich）主张，想要避免一种特定的错误，这可能会触发和维持"自动测试策略"[15]，据称这种策略大致发生在非意向性方式中，一种欲望 p 导致了 p 证据生动性的增强。在迈乐（Mele）2001 年的著作中（第 41-49 页，第 61-67 页），我提出，比起虚假地相信 p，一个人更加强烈地反感错误地相信非 p，从而产生的效果是，他首先寻找关于 p 的证据，更加留意关于 p 而不是非 p 的证据，并相对中立地解释支持 p 的数据，这种效用无需通过信念来调节，即这样的行为有助于避免虚假地相信非 p 的错误。更大强度的反感可能只是以某种方式表达了主题，即触发和维持这种明显的确定偏见，而无需信念的帮助，这类行为是避免特殊错误的手段。同样，具有更大强度的反感是，在相反的方向上运行可能会导致对假说检测的怀疑方法，这种怀疑方法绝不依赖于某种信念的效用，即这样一种方法将增强避免更高昂错误的可能性。若考虑反感，则怀疑测试是可预知的，并独立于行动者所认为的一个特定的测试形式将降低产生某种错误的可能性。

容错理论直接适用于直接自我欺骗和扭曲自我欺骗的情况。弗里德里希写道：

> 关注总理候选人的主要错误是相信真实的事物可以导致某人错误地批评某人或降低某人的自负。这种成本代价通常都非常显著，直接付出的代价是心理不适。当有更少的成本是与自我欺骗错误相关时（错误地保持或提高某人的自我形象），错误地降低某人的自我形象，或不适当支持某人的自我形象，这都将是聚焦错误（the focal error）。[16]

在这里，他心中显然已经有直接的自我欺骗，但他不会就此止步。而对于很多人来说，比起认为他们的配偶没有外遇的错误信念来说，避免获得他们的配偶有外遇的错误信念是更加重要的，相反，一些缺乏安全感、嫉妒的人可能以为这是真实的。这一信念，即某人配偶不忠，往往会造成明显的心理不安。即便如此，避免错误地认为他们的配偶是忠实的，对于一些人来说是很重要的，他们以某些方式测试了相关假说，在其他情况均同的情况下，比起他们的配偶不忠的错误信念，假说的结果是不太可能使他们相信自己的配偶是忠诚的。此外，对这些人来说，表明不忠的数据可能比较显著，比较而言，相反的数据则相当苍白。唐普斯坦（Don Sharpsteen）和柯克帕特里克（Lee Kirkpatrick）观察到："嫉妒情结"，也就是"思想、情感及行为典型与嫉妒发作相关"，即"嫉妒情结"是可解释为一种"保持亲密关系"的机制与似乎是"与亲密的人分离所触发的，或分居的威胁所引发的"[17]。考虑某些心理状况，维护自己与配偶关系的强烈愿望在描述潜在的错误时起着一种作用，即虚假地相信自己的配偶在"代价高的"不忠错误中是无辜的，在容错理论的意义上，这比起虚假地相信自己的配偶是有罪的错误的代价更高。毕竟，相信配偶不忠的错误可以降低可能性，即采取措施来保护夫妻关系而反对第三者。容错理论提供了解释直接自我欺骗和扭曲自我欺骗的基础。[18]

人们常常认为，情绪有欲望作为其成分。即便如此，在某些情况下情绪有助于自我欺骗吗？这些自我欺骗的实例不涉及欲望的部分。假设安特最近在生鲍勃的气。他的愤怒可能都是因为确认偏见，即表明鲍勃当前行为的情感一致的假设——例如，鲍勃再一次表现不好——这可能增加数据的显著性，该数据支持了这种假设。[19]有证据表明，愤怒往往是有选择性地把注意力集中于"媒介"(agency)①的解释，"媒介"与环境因素相对。[20]比起其他原因，也许安特的生气导致他把鲍勃的行为看成是更有目的性、更有敌对意图。如果愤怒有一种欲望作为其成分，大概是这有一种欲望，去痛打所生气的对象。可能的话，愤怒可以起到正如刚才所提的偏见作用，而无需构成任何打人的欲望。

如果一种情绪能做到这一点，也许情绪可以有助于解释自我欺骗的实例，这个实例包括完全没有欲望可以作为偏见的充分原因。[21]可以设想的是，也许安特进入自我欺骗获得了这一信念，即鲍勃现在的表现不好；而这一过程导致的信念放大了他的愤怒所起的偏见作用，正如刚才所描述的，在这种情况下，不是欲望起了偏见的效应。如果假设安特相信鲍勃的行为很坏，比起它的真实性，尽管有很强的证据证明这种假设的虚假性，容错理论家发现这一点是合理的，即安特有一个较低的阈来接受这种假设，比起拒绝这种假设，阈的差异至少部分是按照相关欲望来解释的，而这种差异有助于解释安特所获取的信念。但关于安特事例的立场是有争议的，我将保持这一问题的开放性。

① agency一词，在国内有多种译法，本文统一译为媒介。——译者注

3. 自我欺骗的原型分析与公正观测者实验

虽然我从来没有提供关于自我欺骗的概念分析，但我已经提出了以下原型分析（proto-analysis）：人们自我欺骗以获取一种信念 p，当且仅当 p 是错误的，他们是以一种适当偏见的方式获取这种信念的。[22] 问题的适当性是一类偏见、偏见程度、偏见过程（或事件）与获得信念 p 之间的非变异的因果联系。[23] 我认为，自我欺骗通常被设想为大意如下的事物：对动机或情感偏见层次的测试适用于人们以自我欺骗来获取的信念 p，考虑 S 获得一种信念 p，而 D 是相关数据的集合，在信念获得过程中，如果 D 对于 S 同行的公正认知是随时可用的，那相关数据对于 S 是随时可用的；至少，这些同行会尽可能多地来反思这个问题，正如 S 所做的一样，或至少是进行适量的反思，得出 p 是错误的结论的人，将大大超出得出 p 是真实的结论的人。这被称为公正的观察者测试（impartial observer test）。[24] 这是一种关于人们对自我欺骗适当偏见条件的被满足的测试。如果一个人通过了测试，那么这是自我欺骗适合偏见的证据。

所谓的“认知同行”，我意指一些人，他们与被试者有相同的教育和智力程度。认知同行与主体共享了某些相关的欲望——如某人的配偶可以分享他的愿望，或希望他的孩子没有使用毒品——由于有相同的数据，往往可以获得与主体所拥有的相同的无根据的信念。但就当下的目的而言，相关的认知同行是公正的观察者。在当前的语境下，至少对公正性要有一个最低限度的要求，一个人既不共享主体的愿望 p，也不拥有非 p 的愿望。另一个合理的要求是，比起其他错误，人们更不愿意回避下面的错误：错误地相信 p 和错误地相信非 p。第三个要求是，关于 p 的真理性或谬误，人们没有一种情绪冲突（emotional stake）。这种测试是关于动机或情绪偏见层次的测试，该测试适用于自我欺骗。我把公正观察者测试的适当性——或至少相类似的事物——隐藏在概念框架中，这种框架告知了常识性判断，即什么可以算作合理的自我欺骗事例或是不合理的自我欺骗事例。

4. 棘手的案例？

有些读者可能会想，即使自我欺骗的许多实例可以沿着这里概述的路线来解释，真正有趣的实例是以行动者为特色的，行动者有意欺骗自己或不自觉地知道或相信其真理性。由于篇幅所限无法详细地评介这一思想，但有些事情应该在这里阐述清楚。[25]

阿美丽·罗蒂（Amelie Rorty）已经提供了一个关于自我欺骗的假定实例，似乎可以说在某些情况中，自我欺骗强烈地支持无意识真实信念的存在。[26] 安吉维娜医生是一位癌症专家，“已经开始错误地描述和忽略（她自己的）症状，即使最初级的预科生都会承认这些明确无误的症状是目前无法治愈的晚期癌症”。她一直既不是一个特别缄默的人，也不是一个理财规划师，但现在她“试图远离(朋友们）来探讨她的情况，尽管她年轻也不富裕，但她正拟定一个详细的遗嘱”。更重要的是，“从来没有一位严肃的通信者会对感情问题讳莫如深，她写了封热情洋溢的信给远方的朋友和亲戚，暗示离别，并敦促他们尽快来看望她”。

如果我读了关于阿美丽·罗蒂背景的简介，我一直相信安吉维娜知道或意识到，她得了癌症但不愿让别人知道。当然这种假设所提供的细节是很有道理的。即便如此，可以想象的是，安吉维娜是在自我欺骗。如果她是在自我欺骗，那如何解释详细的遗嘱和热情洋溢的信件呢？有些人会建议说，“在内心深处”安吉维娜知道她正在死亡线上挣扎，这种知识能够解释她的这些行为。假设可以想象，安吉维娜并不是有意识地相信她已经得了癌症，由阿美丽·罗蒂所描述的癌症，可以想象的是，难道她是无意识地相信这些吗？

是的，安吉维娜以不自觉或其他方式不相信她得了病与她有意识地相信她得了病之间有一致性，非常碰巧她得了癌症，这种信念连同相关的愿望可以导致她写下遗嘱和信并转移问题（请注意，她可能是自我欺骗地认为，这只是非常碰巧她得了癌症)。考虑阿美丽·罗蒂所描述的情况和假设，安吉维娜缺乏她得了癌症的有意识信念，更有可能的是：①她“内心深处”相信她得了病（有一种“1型”癌症信念)；②她有意识地认为，她非常偶然地得了癌症，而不是内心深处或以其他方式认为她得了癌症（有一种“2 型”癌症信念)，基本概率信息与此相关。我的学生们都知道，蓝领工人比律师多得多。然而，当我问学生们一位穿着精致的西装、打着领带的男子更可能是一位律师还是一位蓝领工人时，他们中的大多数回答是：“律师”——至少就相关的基本概率而言是显著的。“1 型”和“2 型”信念的相关频率是什么？（即“实际上”无意识信念 p 和非常明显信念 p，这都不能满足 p 信念存在)。[27] 至少，直到人们对这个问题的答案有了部分基础时，这才有助于写下这一判断：安吉维娜在内心深处认为她得了癌症，但人们无权肯定她有这样一种信念。很显然，我们已经根据许多“2 型”信念来行动。对于很多人来说，这种信念有助于解释为什么我们要购买家族保险。例如，早上当我们在读晨报时看到说有 30% 的概率会下雨，那么我们在上班的途中就会带伞。如果这有任何疑问，它接近常见的“1 型”信念的等量证据，而我并没有察觉到这种信念。

有人可能会问为什么，如果安吉维娜认为她患了癌症是非常偶然的，因此她不求医。回想一下，她知道正在讨论的癌症是不治之症；在咨询同行的癌症专家时，她可能看不出有什么问题。搁置细节不谈，令人遗憾的是，关于拖延就医是一个非常熟悉的现象，它不需要“1 型”信念。人们通常等待太久而不能在这一领域按照“2 型”信念来行动。即使像安吉维娜那样的故事——故事被设计得很合理，一个至关重要的无意识的真信仰在运作——可容纳我已经概述的自我欺骗观点。[28]

注 释

［1］哲学、心理学、精神病学、生物学中的这种传统引用见 Mele（2001，p. 125，n. 1）的研究。刻板的人际欺骗并没有穷尽人际间的欺骗。

［2］Mele（1999，2001）。

［3］参见 Mele（2001，pp. 26-27）。

［4］如果在我描述的方式中，贝蒂获得或保留错误的信念，即她的老板不是性别歧视，这很自然可以把她看成是自我欺骗。即使是这样，由于她偏见地收集证据，她实际上拥有的证据并不具有分量来支持这一命题，即她的老板是性别歧视者的命题而不是相反。

［5］参见 Mele（2001，pp. 28-31）。

［6］参见 Nisbett and Ross（1980，p. 45）。

［7］参见 Baron（1988，pp. 259-265）。

［8］参见 Trope et al.（1997，p. 115）。

［9］在迈乐的书中（1987，第 10 章；2001），我拓展了这种观点。Kunda（1990）发展了相同的主题，他专注于这样的证据，即有时动机充满了确认偏见。也参见库达（1999，第 6 章）。

［10］对于确认偏见的动机性解释，见 Friedrich（1993）；Trope and Liberman（1996，pp. 252-265）。

［11］参见 Mele（2001，pp. 31-49，63-70，90-91，96-98，112-118）。

［12］Trope and Liberman（1996，p. 253）。

［13］同上，p. 252。

［14］主体是否及在何种程度上显示确认偏见依赖于这些因素，如它们是否为假设提供了一种中立的观点，或相反，某人的工作就是发现作弊者。见 Gigerenzer and Hug（1992）。

［15］Friedrich（1993，p. 313）。

［16］同上，p. 314。

［17］Sharpsteen and Kirkpatrick（1997，p. 627）。

［18］参见 Mele（2001，第 5 章）。

［19］有证据表明，"情绪状态促进适当的刺激过程"，而"注意过程涉及这种效果"（Derryberry，1988，pp. 36，38）。鲍尔（Gordon Bower）和福加斯（Joseph Forgas）重新讨论了证据：情绪使得"对模糊刺激的情绪式一致解释是更可用的"。

［20］参见 Keltner et al.（1993）。

［21］参见 Mele（2003）。

［22］Mele（2001，p. 120）。要求 p 是假的，这纯粹是语义上的。根据定义，某人被欺骗是相信 p，当且仅当 p 是假的；同样真实的是，在自我欺骗中相信 p。这种要求并不意味着 p 是假，对于自我欺骗的动力学有特别重要的作用。数据的偏见处理有时会导致别人相信一种重要的命题 p，这个命题 p 是偶然真实的。在这样的事例中这是自我欺骗，但人们在相信 p 时并不是自我欺骗的，也不能获得信念 p。在欺骗的相信 p 及误信 p 之间是有差异的。

［23］就联结中的偏差和非偏差的因果关系，见 Mele（2001，pp. 121-123）。

［24］这是 Mele（2003，p. 164）著作中的测试建议的一个修改版本。与爱马仕（Charles

Hermes）和麦克劳克林（Brian McLaughlin）的讨论激发了这种修正。一些错觉的信念的问题可能会引起这种测试，见 Mele（2001）。

［25］也参见 Mele（2001）。

［26］Rorty（1988，p. 11）。

［27］那些喜欢按信念度来思考的人，应该把我的这些解读表达为“*S* 相信 *p*”速记为“*S* 相信 *p* 在一定程度上大于 0.5（从 0 到 1 的范围内）”。

［28］这篇文章来自我的早期作品，主要见迈乐（A. R.，Mele）的著作（2001 年）。

第十三章　自主行动者与社会心理学

埃迪·纳米亚斯

像自主状态那样，自主行动者（autonomous agents）能够管理自己。他们不受外力控制，或不受外部人员操纵。他们为自己定下目标，为自己的选择和行为确立原则，并且他们能够根据这些原则来行动。正如审议民主国家的立法以平衡各方利益一样，自主行动者有意在他们自己相竞争的愿望与价值观之间达成一致。正如好的政府公开制定他们的法律而无隐秘集团的不当影响，自主行动者通过有意识的审议来形成他们行动的原则，而没有无意识力量的不当影响。自主行动者是自我控制的，而不是意志薄弱的，是自我认识的而不是自我欺骗的。这说明，这种情况对自主行动者是有好处的。

事实上，我们相信我们中的大部分人都是自主行动者。[1]然而，这是对常识信仰的一种威胁。一些哲学家认为，如果因果决定论是真实的，那么我们就没有自由意志，因此我们就不是完全自主的或者不能对我们的行动负责任。[2]人们也许还担心，如果某些身心关系的解释属实，那么我们以这样一种方式有意识地讨论一种现象，而这种现象是，我并不是真的自主。哲学家还分析了政治自由和威胁人们自主的各种社会政治体系。

但对于自主性（autonomy）的其他威胁是不经常讨论的，威胁不属于形而上学领域或政治领域，而是属于心理学领域。这些威胁基于人类心理学假定的事实，即表明我们并不是根据我们有意识选择的原则来管理我们的行为的。例如，如果我们的行为主要是受到无意识的弗洛伊德式欲望的支配，而不受我们深思熟虑的欲望世界的支配，那我们所拥有的自主性将比我们假设的自主性少得多。或者，如果我们的行为是斯金纳式历史强化的结果，而不是有意识的考虑，那我们的行动将通过环境而不是通过我们的原则来形成。由于弗洛伊德和斯金纳的影响力已经减弱，我们可能会觉得，我们已经脱离了心理学对我们自主性造成的这种威胁。但是，正如我在下面将要解释的，来自社会心理学的最近可行的理论和证据，对自主行动者构成了重大威胁。

1. 自主媒介

在本节中，我将更充分地说明我所说的自主行动者。在下面的章节中，我概述了社会心理学中的相关研究和威胁着我们自主性的各种方式，以及我们对这些威胁作出的一些反应。

关于自主行动者的大多数概念明确地要求行动自由，这种行动自由是根据某人意愿而行动的能力，而不受外部的约束。但是，这种自由对于自主性来说是不够的，因为行动者也可以被内部制约或被外部因素以更隐约而不是强制或强迫的方式影响着。例如，行动者可以有成瘾行动、恐惧症，甚至有强烈的感情，而他们宁愿不被这种感情所影响。或者行动者可能会受隐藏操纵的影响（如广告），或受到无法确定的情境因素（如同行的压力）的影响，行动者已经知道这些影响，但他们不希望受这些因素的影响。这些情况表明，自主性需要的不仅仅只是根据某人的意愿而自由行动；在某人的意愿和价值观中，他也需要一些内部一致性的措施，并要求一些理解自身及其情境的能力。我将根据原则和知识方面来讨论这些需要。[3]

1.1 自主性要求反思性选择原则

我们成人是自主性的，这种方式是幼儿和动物所没有的。这部分是因为，我们经常被感动不仅是因为在给定情形下我们有强烈的冲动，而且因为我们能够根据我们长远的目标，包括我们的道德和社会责任，来考虑我们当前的愿望。[4] 然而，如果我们每次行动都去反思我们的目标和责任的话，这将是效率低下的。相反，我们往往冷静、仔细地考虑这些问题和反思性地建立我们希望回应的方式，当面对相关情境时无需太多的反思。[5] 这种讨论可以采取条件推理形式：当我在类型 X 的情形中时，我应该做 Y。举例来说，如果我发现自己面对一个人需要帮助时，我的反应应该是帮助他；当我考虑求职者的情况时，我应该忽略不相关的信息，重点放在我认为重要的信息上。余下的细节可能有些模糊，但目标是建立行动的原则和推理的原则，即使当你在行动的时候没有进行或不能进行有意识的思考，这些原则将引导你在某些类型情境下以特定的方式来行动，以便你的行动与你的反思性思考相一致。

因此，自主行动者要求有形成原则的能力和根据原则来行动。这些原则应是通过有意识思考形成的，而不受任何无意识动机的影响，如果行动者知道这种无意识动机就会拒斥它们。这些原则应该尽可能在内部保持一致，以便行动者不必违背自己的一些原则，这是其他人也在行动的原则。

鉴于这种自主的概念，我们可以看到，一个行动者的自主性在某种程度上受到威胁，是因为他对这些因素的无知，而正是这些因素导致其行动违背了自己的原则——也就是说，如果他认识到这些因素，他就会拒斥它们。同样，行动者的自主性受到合理化的威胁。在这种情况中，行动者发现自己的行动违背其有意识选择的原则，但会通过追溯理由来证明其行动的合理性。在这里，行动与先天原则（prior principles）是不一致的，先天原则（对自己及他人）的解释是根据事后原则，对这些事后原则作出调整以符合行动。[6] 当然，我们都易于受到无知和合理化情况的影响。但是，比起我们所意识到的挑战，我们的自主性是否在更大程度上更易于受到这些挑战呢？

1.2　自主性要求知识

这些考虑进一步表明，自主性取决于行动者知道自己原则的能力和知道如何根据原则行动的能力。在理想的情况下，自主行动者可以向自己和他人明确说明他们行动的原则。至少，他可以确认，他是否根据推理而行动，他要考虑的是接受这些。如果行动者不知道导致他的行动被违背的动机状态或外部因素，那么即使他有原则知识也是无用的。为了使行动者的行动与他的原则相一致，忽略阻碍行动者能力的这些因素，行动者会抵消这些因素的影响。最后，即使行动者感觉到有更多的动机促使其行动违背其原则，那他也必须知道如何让自己根据自己的原则来行动。因此，自主性要求一些能力，这些能力能准确内省某人行动的动机，并且了解一个人的行动为什么就如他行动的那样。在一定程度上，如果我们不知道我们自己和我们的情境，那么我们将缺乏自主性。

1.3　自主性的程度

请注意，上述条件并不意味着我会提供一种关于自主性的分析；我不知道自主性的充分必要条件的完整集是什么样的。相反，我是根据满意度来描述这些条件的。直观地说，不同的行动者似乎都有或多或少的自主性，行动者似乎在不同的决定或行动中都或多或少地运用了自主性。行动者自主性的程度似乎很好地匹配了这一程度，即他们知道自己行动的原则和知道如何根据这些原则行动（虽然我可能忽略了其他条件）。因此，如果在某种程度上这些条件被妥协，那么自主性也被妥协。[7]

以这种方式来看待自主性与我们归因于道德责任（例如，赞美和谴责）的实践是一致的：我们把责任归因于不同的程度，这些程度部分取决于：①在何种程度上，行动者具有形成原则的相关能力和按原则行动的相关能力；②在何种程度上，行动者有机会根据他们自己的原则行动。例如，我们认为孩子可以担负责任的限度在于，他们已经成熟到可以理解他们的行动，而认为成年人担负责任的限度在于，他们有立场知道自己的责任，并能根据自己的责任相应地控制自己的行动。[8]

最后，这种观点让我们看到，对自主性的经验挑战了来自不同的限度。例如，关于人类心理学的信息表明：我们拥有的自主性比想象中的要少，而没有表明我们完全受制于我们无法控制的力量的影响。因此，解读我讨论的其余内容的一种方式是：在某种程度上，社会心理学的理论和实验结果表明对于这种能力的限制，这种能力需要自主性，在哪种程度上我们的自主性是妥协的。我的主要目标是让人们关注，在很大程度上被人们忽视的对自主性的经验威胁，并从深度和广度上研究这种经验威胁。这些要点将使本章的主题更具说服力：那种自主权应该进行经验上的研究，如同概念上的研究一样，并探讨针对自主性的经验挑战，职责至少是阐明一些对自主性造成全面性威胁的理论，如决定论。[9]

2. 社会心理学的威胁

那么，我们已经看到，在某种程度上行动者缺乏自主性，他无法知道自己行动的动机或行动的理由，或无法知道影响他行动的情境因素，这些行动违背了他的原则。此外，在一定程度上，行动者缺少自主性，如果他的行动与已采用的原则相冲突，或者如果他在考虑这些原则的话，那么他会拒斥合理的行动。

在过去的几十年中，社会心理学的研究表明了对这些自主性条件的明显限制。[10]具体而言，一些社会心理学家已经解释他们的研究，正如以下所展示的三个相互关联的论题。

（1）情境论原则（the principle of situationism）：我们的行为受到外部环境因素的影响是显著且令人惊讶的，我们并不承认这些外部环境因素无法控制。通常，我们不希望这些因素对我们造成这样的影响，如果我们知道这些外部环境因素存在的话。

（2）性格特征的消失（the disappearance of character traits）：在不同的情况下，如果内部倾向状态不健全或不稳定的话，传统的性格特征也不好预测行为。因此，鉴于某些情境因素的力量，我们赞成或鼓励发展的一致性原则往往是无效的。

（3）民间心理学及内省的错误（the errors of folk psychology and introspection）：我们一般不知道前两个论点，因此我们对自己和其他人行为的解释是基于错误的民间理论或不准确的内省。关于什么原因刺激我们的行动，内省并没有提供给我们特权。

2.1 实验结果及蕴含

为了澄清这些论题，我总结了一些实验的结果。[11]最常用的实验范式是简单的。心理学家操控了某些因素，我们不希望这些因素影响到我们的行为。然而，受到操控因素影响的实验组，行为明显不同于对照组，说明该因素对行为有影响。同时，各组内的行为是一致的，足以表明其他因素——包括性格特点——在决定行为时没有明显的作用。通常情况下，受试者被要求解释他们那样做的原因。受试者并没有提及操控因素起到了任何作用；相反，他们提到更多其他“原则性”因素，来作为他们选择和行动的理由。这些实验涉及相对琐碎的行为，在这种情况下，受试者可能会觉得有责任提出合理化的行为，这些行为通常不受反思性选择原则的引导。[12]然而，其他涉及情境的实验，在实验中大多数的人可能寻求行动与他们的反思性原则是相一致的。我将关注涉及道德相关行为的实验。

（1）在1964年，当吉诺维斯（Kitty Genovese）① 在皇后区被刺伤并遭到强奸时，她呼叫了半个小时寻求帮助，当时有40个人目击了事件但并没有伸出援助之手，甚至没有人打电话报警。社会心理学家开始测试缺乏这种干预是否可能是由于情境因素——在场旁观者的数目——而不是像媒体解释的那样，即纽约人固有的冷漠和麻木。大量实验表明，目击一种紧急情况或目击一个人遇险的人数越多，那么就会降低人们去干预的机会。例如，当受试者听到一个妇女摔了一大跤时，70%的单独受试者都会去帮助她，但如果受试者坐在一个冷漠的同伴旁边，那么只有7%的人会进行干预。[13]一种合理的解释是，当我们周围有其他人时，我们对情境的感知会改变；自觉有责任采取行动会被这一可能性所扩散，即考虑其他人（可能）采取行动的可能性。[14]混杂的问题是，如果确实没有人采取行动，我们就认为这一情境不太严重——如果没有人作出反应，是因为情况毕竟不是特别糟。[15]

但是人们并不承认这种群体效应，“我们以所知道的各种方式探询这个问题：微妙的、直接的、委婉的、直截了当的方式。但问题总是得到相同的答案。受试者坚持主张，他们的行为不受在场的其他人影响。在面对证据时，人们会否认在场的其他人确实抑制了帮助的行为”[16]。相反，当那样询问时，受试者像媒体一样提及性格特征（如冷漠或利他主义）来解释自己和他人的行为——性格特征明显并不符合人们的行为——或他们提及扭曲其行为的情境感知，但受试者并不承认他们受情境因素的影响。据推测，人们拒绝承认群体效应的影响，表明他们并不接受群体效应是一种正当的影响因素。相反，他们明确阐述的原则是指性情（dispositions），对那样非常需要帮助人的反应主要是基于那些人需要多大的帮助。因此，看来人们可能不根据自己的原则来采取行动，因为他们不承认情境因素的影响或接受情境因素来作为其行动的理由。

（2）在另一个实验中，普林斯顿神学院的学生被要求准备一次演讲，内容可以是关于古德撒马利亚人寓言（the parable of the Good Samaritan），或者是关于自己工作前景的演讲。部分受试者被告知他们要晚点进入报告厅，而另外的部分学生则不必如此。途中，他们遇到一个人，瘫倒在门口，咳嗽并发出呻吟声（如圣经故事中那样）。有63%“先走的”受试者提供了帮助，而只有10%的“后走的”受试者帮助了这个需要帮助的人。受试者的帮助行为及他们自己报告的个人

① Kitty Genovese 案例一直被视为“旁观者效应”的经典案例。Genovese 小姐于1964年被一个系列强奸杀人犯用刀捅死。根据报纸报道，这个过程长达30分钟。在引起一位邻居的注意后，杀人犯逃离现场，10分钟后重回现场并继续捅 Genovese 小姐直到她死亡。报纸报道38位目击者目击了凶杀过程，但是没有一个人出来阻止或者打电话报警。这在当时社会上引起了很大的轰动。——译者注

性格特征或与他们的演讲主题之间并没有被发现有明显的关联性。[17]通过改变他们对情境的感知，“匆忙”的因素影响了一些受试者，“因为时间紧迫，他们并没有感知到小巷子的场景是作出道德决定的机会”[18]。同样，人们没有意识到情境因素对他们感知或行为的影响。[19]即使人们认为自己是无私心的，即使他们宁愿不受（像存在匆忙）因素的影响，他们认为这些影响对于帮助那些需要帮助的人来说是无关紧要的，很难看出他们是如何有意识地推翻这些因素的影响的，他们并不相信这些因素影响了他们。

（3）伊森（Isen）和莱文（Levin）① 进行的一项研究表明，受试者发现公用电话上有一枚硬币，并因此有了“情绪提振”（mood boost），比起没有发现硬币的受试者来说[20]，发现有硬币的受试者中有 14 个人更可能帮助一个路人捡起掉在地上的报纸。同样，没有人预知或想要表明，他们的帮助行为受到了这种看似无关紧要因素的影响。

（4）最后，著名的斯坦利·米尔格兰姆（Stanley Milgram）② 的服从实验发现，大约 2/3 的受试者会在实验中将男子电击成昏迷状态。[21]情境主义（situationists）表明，小量的增加电击使受试者很难找到一个合理的点来质疑实验者的权威性。[22]人们当然不会自己预测，他们将继续并超过这一危险的临界点，即受试者似乎是无意识的按下 450V 的开关，开关上写着“危险：×××”。假设我们自己的原则，将会阻止我们执行此类行为。但没有预测到的是，许多人会选择按下 450V 的开关。[23]

① 美国心理学家 Alice Isen 和 Paula Levin 做了一项实验，他们随机选择一些人，在他们打电话时发现前一个打电话的人留下了一枚 10 美分的硬币，另一些人则没有。然后所有的人都被赋予帮助一个女人拣起她丢在他们身前一叠纸的机会。Alice Isen 和 Paula Levin 声称在 16 位发现硬币的人当中，有 14 位帮助了那个女人，而在 25 位没有发现硬币的人当中，只有一个人帮助了她。进一步的研究发现了在是否愿意把一封遗留在电话亭的写有地址的邮件寄出去相类似的例子：那些发现硬币的人更愿意把信寄出去。——译者注

② 关于服从的经典研究是由社会心理学家米尔格拉姆于 1963 年在美国的耶鲁大学进行的。这项研究是社会心理学领域最具影响力的实验之一。米尔格拉姆通过公开招聘的方式，招聘到 40 名自愿参加者，他们包括教师、工程师，职员、工人和商人，平均年龄为 25～50 岁。受试者被告知，将参加一项研究惩罚对学生学习影响的实验，要求两人一组，用抽签的方式决定其中一人当学生，另一人当教师。教师的任务是朗读关联词，学生的任务是记住这些词，然后教师呈现这些词，让学生在给定的 4 个词中选择两个正确的答案，如果选错了，教师就通过电击作为对其的惩罚。事实上，研究者事先已经安排了每次抽签的结果总是真正的受试者作为教师，而作为学生的却是实验者的助手。学生的胳膊上绑上电极；被绑在椅子上，以便在记忆词汇发生错误时被教师惩罚。教师与学生之间是通过声讯的方式进行联系的。教师的操作台上每个电键都标明了电击的严重程度，从 15V 的“轻微”到 450V 的“致命”。这些电击实际上都是假的，但为了使教师相信整个实验，让其接受一次强度为 45V 的电击作为体验。在实验中，每当学生出错，主试就命令教师施予电击，而且要加大强度；随着电击强度的增加，学生也由呻吟、叫喊、怒骂逐渐到哀求、讨饶、踢打，最后昏厥。若受试者表现犹豫，主试则严厉地督促他们继续实验，并说一切后果由实验者承担。结果显示，在整个实验过程中，当电压增加到 300V 时，只有 5 人拒绝再增加电压，当电压增加到 315V 时，又有 4 人拒绝服从命令，电压为 330V 时，又有 2 人表示拒绝；之后，在电压达到 345V、360V、375V 时又各有 1 人拒绝服从命令。共有 14 人（占被试人数的 35%）作出了种种反抗：拒绝执行主试的命令。另外 26 名受试者（占被试的 65%）服从了实验者的命令，坚持到实验的最后，尽管他们表现出了不同程度的紧张和焦虑。——译者注

在上述实验中，每个人对自己和其他人行为的解释是，这与性格特征或原则性理由相关，而忽略了情境因素，这些因素事实上产生了重大的差异性。也就是说，人们不知道他们行为的重要原因，如果要求他们解释自己的行为，他们往往试图提供合理化、虚构的理由来解释他们行为的意义。[24]心理学家罗杰·沙克（Roger Schank）总结了整个思路："我们不知道我们如何决定事物……我们用潜意识来作决定；有意思的是为那些作出的决定，而负责编造那些听起来合理的理由。"[25]

在某种程度上，情境因素在决定我们的行为时起了很大的作用，人们内部性情的差异似乎只起到了相对较小的作用。也就是说，一个特定的情境因素（如找到一枚硬币）能够引起大多数受试者类似的行为，因此，沙克主张：个人性格的差异相应地在产生其行为时的作用是微不足道的。问题在于，在社会心理学中的这种工作是否意味着要取消性格特征，而社会心理学和哲学中对此的反应是存有争议的。[26]我不会尝试去裁定这种争议。我只不过表明，即使这种取消不是合理的，在某种程度上我们通常假设性格特征在我们行为中起到了较小的作用，如果性格特征在某种程度上将威胁到我们行动的自主性的话，那么行动并不符合我们所认同的原则。[27]

除了上述描述的这些实验外，"性格特征消失"的证据来自测试主体相关行为的实验，通过各种情境旨在引出性格-相关的反应（例如，诚实性、外向性、冲动）。例如，哈茨霍恩（Hartshorne）和梅（May）通过检查学生偷钱、说谎、考试作弊的意愿测试了学生的诚实性。[28]虽然受试者在任何这样一种重复出现的情况中表现出的行为总是相同的，但他们在这样情境下的行为并不一致。例如，知道某一个学生在考试时作弊，但这并不确实地表明他将会偷窃或说谎。一般来说，人们预言了性格特征的描述与行为之间有一种高度的相关性，这种行为与"性格-引出"情境相关，但事实上，这种相关性符合了一个非常低的"可预测的上限"（predictability ceiling）。[29]换句话说，比起我们正在考虑所采用的行动者相关格特征来说，如果我们想知道为什么行动者在情形 X 中会那样行动，我们最好要么看他们过去如在 X 情形中的行为，要么看大多数人在 X 情形中表现行为的方式。

这些结论产生了一个关于自主性的问题，因为我们为自己行为采用的这些原则通常不是针对具体情况的；相反，这些原则看起来更像是性格特征，并且这种性格特征以一种适当的方式来决定我们对各种情境的感受和反应。根据诚实原则来行动，就要求克服撒谎或欺骗的倾向，在一系列情境中，撒谎或欺骗的这种行为是不适当的。我们通常不会形成情境-特定的原则。例如，特别是当我们不着急时，会有帮助他人的欲望。[30]相反，我们的目标是发展一致性倾向，对情境方面的反应，这种情境方面要求诸如无私、慷慨、勇气或勤奋的性格特征。在情境因素中，这些倾向被无法确认的变量干扰得越多，我们的一致性就越少，而我们并不希望无法确认的变量来影响我们。如果我们对这些倾向如何轻易地被干扰认识得越少，那么我们能作出的有意识的努力也就越少，这种努力是用来支撑其采取一致行动。[31]

在某种程度上，我们把这些倾向性的性格特征确定为我们的原则，但事实上这些原则与行为并不一致，我们用建构的概念来认同自己，而不是通过实际的动机状态来认同自己。这限制了我们的原则对行动的影响。如果未来的行为不是基于所拥有的性格特征来准确预测的话，那么基于性格特征采用的行动原则似乎是无果而终的。我可能反思性地认同存在着慷慨性（being generous），但这样做在某些程度上似乎是无效的：①我无法预测自己如何受情境因素的影响，这种因素会随着不同“给定的”时机而变化；②这里没有这种如慷慨的性格特征可以培养。社会心理学的研究表明，消失的性格特征在某种程度上从而威胁我们的自主性，这表明这种威胁限制我们的能力来形成一致行动的原则，并限制我们的能力去探究如何根据我们的原则来行动。

这样的研究也表明，这种威胁对我们的知识有更系统的限制。如果我们通常根据性格特征来解释人类行为，而忽视不引人注意的情境影响，这表明：我们对自己和他人行动的解释和预测往往是不准确的。此外，根据这种观点，我们的内省报告了为什么我们真实的感觉和行动是基于我们（大部分不准确的）的民间理论，而不是基于我们自己的直接心理过程。社会心理学家认为，我们民间心理学经历了基本归因错误，“在人格特质和倾向中人们的膨胀信念是重要的，再加上他们不能确认情境因素在影响其行为方面的重要性”[32]。然后，社会心理学家认为，当我们反省为什么我们会如所做的那样去感觉和行动时，我们领会了最合理的民间心理学的解释，而不是准确地内省到我们自己的心理状态：“主体报告的准确性是如此低，表明任何可能存在的（内省的）通道不足以产生普遍的正确性和可靠的报告。”[33]

有众多的社会心理学实验表明，我们的民间心理学和我们的内省是不准确的。[34]我将描述一个对自主性造成威胁的实验。尼斯比特（Nisbett）和贝洛斯（Bellows）要求大学生评估一个候选人吉尔，她将申请律师工作。[35]受试者根据四个标准（“亲和力”、“同情心”、“智力”、“灵活性”）对吉尔作出评价，在他们阅读了关于吉尔的生活、学历信息的三页申请文件后，并优先面试她。吉尔文件中的五种因素受到不同学科组的操控：①吉尔是否被描述得有吸引力；②她是否具有较高的学历；③面试时她是否洒了咖啡；④她最近是否遭遇了车祸；⑤受试者是否被告之他/她随后将遇见吉尔。在根据四个标准评价了吉尔之后，受试者被要求去反省这些因素中的哪一种影响了他们的评价，并评价每一个标准。[36]

结果表明，“演员”受试者的内省报告与实际产生作用的各种因素很少相关，各种因素是通过主体之间的比较来确定的（有一例外，正如受试者所报告的那样，学历确实影响智力的判断）（图 13-1）。例如，受试者报告：吉尔是否发生了意外，这一条标准对他们同情她的判断产生了巨大的作用，而且吉尔的学历对于他们喜欢她的程度也有着最大影响，但当将这些操纵因素与主体的判断作比较时，发现这些内省报告是不准确的；相反，他们相信，到目前为止他已经见过吉尔，最强的作用是受试者对她的同情心（以及她的灵活性）的判断，并认为吉尔在面试时洒了咖啡，这对他们喜欢她的程度的影响最大。

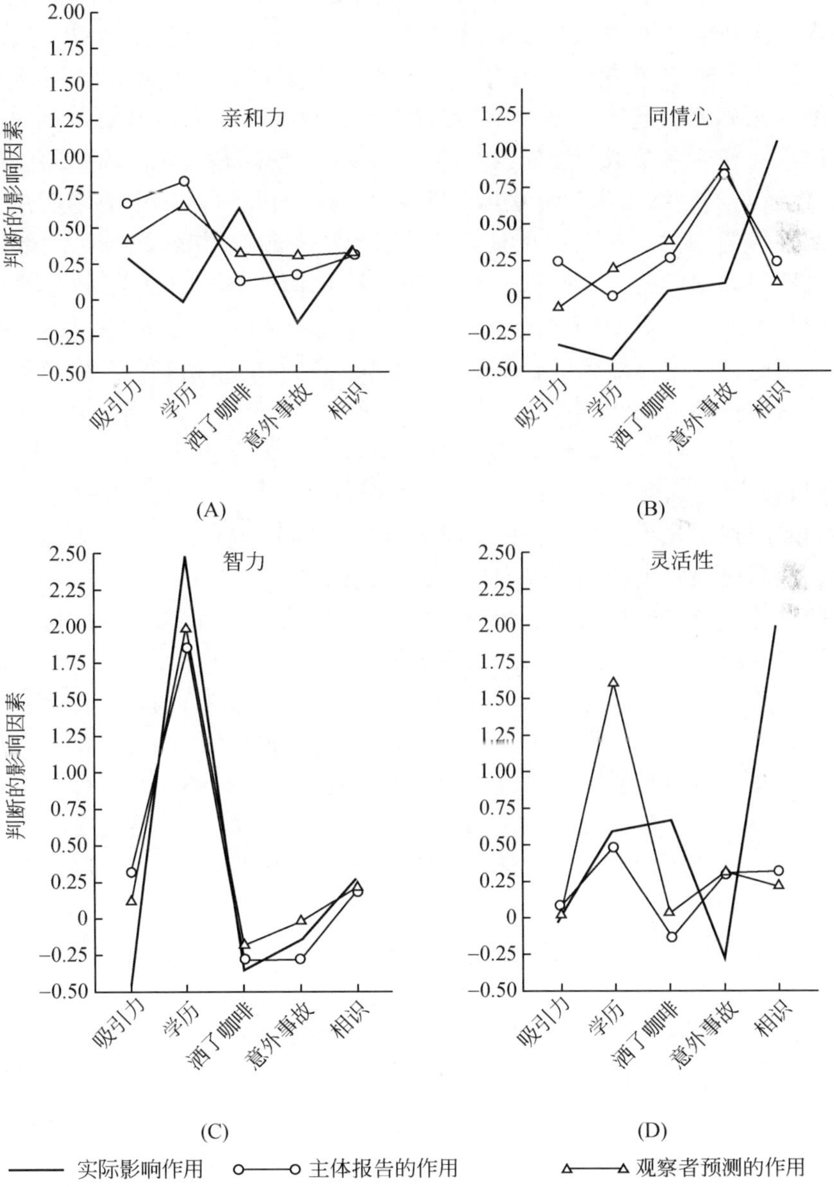

图 13-1

图 13-1 是 Nisbett and Bellows（1977）的实验。直线代表了五个操纵因素（在 *X* 轴上）中的每种实际作用来作出判断（*Y* 轴），这种判断是用来衡量“演员”受试者的；带圆圈的线条代表“演员”受试者的内省报告，关于每个因素对他们判断的作用；带三角形的线条代表了“观察者”受试者的预测，预测各因素对他们判断的作用。①

第二组“观察员”受试者被要求只是想象他们正在判断一些申请不定工作的候选人，实际上“观察员”受试者不查看关于候选人的任何信息，然后他们来评估这五个因素（外貌、学历等）将是如何重要的，他们用五个因素来判断四个标准（亲和力、同情心等）。在统计学上，这些受试者的预测等同于——因此，同样不准确——受试者的报告，他们实际上考虑的是吉尔所给出的信息（图 13-1）。作者对这些结果的解释表明，实际上内省的受试者作出的判断并不是基于他们所报告的理由。相反，他们没有意识到各种因素如何影响了大部分的判断，并且他们以同样的方式回顾式地说明什么理论化影响了他们，不知情的受试者用理论化来解释影响他们的因素。在两种情况中，给出的理论一般是错误的。在一种情况中，理论是准确的，因为学历和智力之间的联结看似符合合理的文化标准，但这种标准是关于判断的，作者解释说：“只有存在正确的因果理论，并且在特定事例中这种因果理论能正确地应用时，口头报告才会是正确的。”[37]但“在受试者报告中，内省只起到了很小一部分作用”[38]。因此，社会心理学家表明，我们的内省，关于为什么我们所做的就像看起来那样的内省，更像是一种理论推理，推断他人处于我们情况中可能会如此做。

尼斯贝特和威尔逊从这一实验得出结论：“在认知过程发生时，比起一个局外人会呈现他的历史和刺激的隐性知识来说，人们认为没有关于心灵运作的确定知识，后者是更可怕的。”[39]事实上这确实是可怕的，因为我们的自主性被妥协，如果事实证明当我们思考自己正在做什么时我们内省到了行动的理由，实际上这理由并不涉及我们原则的可靠通道，相反涉及我们不准确的民间心理学的“只是如此”的故事（“just so” stories）。如果心理学家发展的理论预言我们自身行为比我们自己所能做的预言更好的话，那么这种威胁似乎更为严重，因为预言可以与控制携手。

让我更准确地讨论这种关于自主性的威胁情况。在这些实验中，当受试者提供他们行动的态度与理由时，他们通常会做以下两件事情：①主张这些因素因果地影响了他们；②试图解释这些因素，证明他们的态度和行动是合理的。例如，受试者报告，当他们知道吉尔发生过意外时，这会使他们对待吉尔更有同情心，他们的解释大概不仅受到那些因素的影响，而且他们认为，那些因素的影响是合理的（例如，她会更好地理解痛苦）。相反，受试者报告吉尔洒了咖啡，不是他

① 转自 Nisbett and Bellows（1977，p. 619）。

们评估喜欢她的一个因素，并报告说，他们认为洒了咖啡这对他们没有影响；他们也认为，洒了咖啡也应该对他们没有影响——笨拙不是喜欢（或不喜欢）吉尔的一个好的理由。[40]在这种情况下，受试者报告作为他们判断基础的理由，通常与他们接受（或会接受）的原则相一致。然而，这些实验表明，受试者认为的不相关的因素，事实上却是很有影响力的，而大部分他们认为重要的因素，事实上都是不重要的。如果在某种程度上这样的结果是可以被推断出来的，似乎我们提供了解释我们行为的理由，但更多的是像回顾行动的合理化。

此外，这些实验表明，我们知识的局限性如何影响了我们的行动，且这些行动与我们的原则相一致。对每一个无法确认的却影响到我们行动动机的作用，我们思索这种作用如何影响到我们未来的行动，且这种行动相应地受到了限制。举例来说，如果你雇佣某人来工作，你很可能会考虑一些对自己来说是重要的标准，以及如果候选人满足这些标准，你将如何作出决定。但你的判断似乎可能往往受到无法确定因素的影响，而你并不希望被这些因素影响到，如候选人的外貌或他们是否在面试时洒了咖啡。[41]精确的知识越少，即关于哪些因素可能影响你的判断，那么你越不能控制这些因素的影响，你越不想受它们的影响——也就是说，你越不能根据自己的原则来行动。

2.2　对社会心理学威胁的回应

我已经提出这些实验的结果及社会心理学角度的诠释，是为了突出他们对自主行动者提出的挑战。不过，我现在将提议一些途径来回应尼斯比特和贝洛斯的解释，以反驳这些威胁来为我们的自主性辩护。我主要的目标是要说明，为什么在这种程度上我是自主性的行动者，在很大程度上，这是一个经验问题。但是现在我要表明，在很大程度上，这仍然是一个悬而未决的问题。[42]

首先，人类行为对于社会心理学证据的适用程度尚不明确。举例来说，这些实验通常涉及复杂实验计划、精确设计的“受欺骗”的受试者，受试者正在做一些事情，而他们并没有被告知自己正在做什么。在某些情况下，没有什么理由认为受试者对正在研究的行动感兴趣，所以他们可能并不是真的有一些理由，即被视作他们行动的理由——当他们被询问时，他们只是提出一些理由。[43]也许我们考虑得更多的是行动，而更少考虑情境作用的影响。一些情境作用肯定会涉及情境的突出方面，我们进入这一突出方面是我们自己有意识地选择这样做。例如，当某人谨慎地决定要成为一名急诊室医生时，他们有意把自己放在一种情境中，即这种情境使他们帮助处于困境中的人。想成为一名专业哲学家，以深思熟虑地作决定，那么作这种决定是要包含更少的情境性。

此外，在实验中，要求受试者解释自己的判断和完成实验之后的反应。当受试者报告他们的经历时，他们在这一过程中不是内省式的而是回顾式的，这一过程是在他们之前的任务期间产生的。也许受试者的贫乏思维记忆使他们在解释了一些问题时归因于他们贫乏的内省。[44] 这些实验不要求受试者去考虑，在行动之前希望什么样的原则来影响他们，以确定是否这样的考虑可以中和受试者报告的理由与他们行动之间的不相关性。如果要求受试者在他们参与相关行为之前要考虑行动原则的话，这对测试将会发生什么是有帮助的。[45] 要求事先测试内省作用的实验，以确定这种关于自己原则的有意识思考的影响。

事实上，一些实验已经试图确定某类事先内省对自己行为的影响。然而，这些实验表明，对我们内省态度的理由可能不利。具体来说，实验意味着当受试者反省他们为什么感觉到如此做事时，他们可能不是获得了他们感觉到的真正理由，而是提出了他们认为是合理的理由，而这中断了他们报告的感觉与之后的行动之间的一致性，但之后他们甚至可能后悔作出的选择。根据蒂莫西·威尔逊(Timothy Wilson)① 的观点，其结果是："自我反思并不总是有益的活动"；事实上，"至少有时未经考虑的选择是值得作出的"[46]。

例如，一个实验是要求约会中的情侣报告关于他们关系的感觉，包括他们认为这段关系会维持多久。一组受试者首先要求反省他们这种感觉的理由，即关于他们关系的感觉，而对照组受试者刚刚报告了他们的态度而没有进行反省。对于内省的这些受试者来说，比起对照组的受试者（0.62）来说，受试者的报告态度(如他们认为这段关系将会持续多久）与他们的行为（即在数个月之后他们是否仍在约会）之间的关联明显下降（0.10）。[47] 正如威尔逊所解释的，内省受试者对他们的感觉提出了看似合理的理由，但这不是直接接近他们真实感觉的真正理由。那么这些受试者调整了他们报告的态度以符合他们想出的导致他们行为的理由，这种行为是由他们"真实"态度所刺激的，并不符合他们的内省报告。

实验中（其他类似的[48]）产生的问题不仅提供了更多的证据，即我们通常是在错误地解释我们的行动和态度；而且也表明，我们经常根据未经考虑的动因来行动，事实上，我们并不接受将这些动因作为行动的原则。幸运的是，在这种情况下，实际上有一些实验证据限制了此类研究的范围。在约会和其他类似的研究中，当实验者控制了受试者的知识时（例如，搭档是否彼此了解），实验者发现，有丰富知识的受试者在内省他们的态度之后并没有遇到不一致的问题。也就是说，行为措施与受试者报告的态度连接得更加紧密，受试者的报告态度是基于

① 实际上有很多证据表明，人们很难去回顾他们行为背后的真正原因。30 年前，理查德·尼斯贝特(Richard Nisbett）和蒂莫西·威尔逊（Timothy Wilson）在密歇根一个自由市场进行了一个实验。研究者在店外摆了一张桌子，桌子上摆放了 4 双袜子，并在旁边竖了一块牌子，上面写着"消费者调查——哪双质量更好?"桌子上是 4 双女袜，从左到右分别标着 A，B，C，D。多数人（40%）选择 D，少数人（12%）选择 A。实际上，4 双袜子是一模一样的。多数人选择 D 仅仅是因为位置效应：研究者在研究之前就知道人们会更倾向于选择最右边的一个。但是当研究者去询问人们为什么选择 D 的时候，他们都说出了一个理由，譬如，针脚细腻、做工精细等。研究者甚至问他们有没有受到位置的影响，除了一个例外（一个刚学完位置效应的心理学学生），其他人都认为位置没有影响他们的选择。事实是，人们为自己的选择编织了一个合理的解释。——译者注

他们内省的理由。[49]这些研究表明，当受试者知道并关注相关问题时，他们似乎已经考虑好了他们想激发其行为的原则。因此，不像无知的受试者，他们不需要调整自己的态度以符合他们当时提出的理由。他们已经有好的理由，并且他们的态度和行为反思了这些理由。在这种情况下，我们似乎已经深思熟虑了我们感觉和行动的理由，正如我们所做的那样，这些深思熟虑已经“被充分理解”，因此，我们的行动与我们的原则相一致。对我们理由的内省并不会破坏我们的态度，相反，我们重新审视了为自己作出推理的模式。

这与我对自主性的解释是相一致的，因为它表明，世界知识的增加与我们自身行动能力的增长，以及我们的原则是相一致的。[50]它也表明，对某种原则的反思性考虑是让自己根据这种原则来采取行动的第一步。当无知的受试者内省自己的理由时，他们试图找出第一次行动的理由，并证明自己的态度是合理的；他们的行为并没有立即符合这些理由，这一点不足为奇。但是，这种内省可能引发干扰、克服习惯性行为的过程，并且未经考虑的动机与行动者接受的原则并不一致。[51]

我考查社会心理学研究还没有得出结论，即表明我们不是自主行动者。相反，我的目标是使人们关注社会心理学的一些影响，这些影响还没有得到充分的研究，并且我们的目标是要说明，我们自主性的范围可以而且应当得到经验性的研究。虽然我已经考查的研究确实表明，对自主性有一些重要的限制，但更多的实验要求了解，对我们原则是有意识的考虑，何时及如何对我们的行为产生了差异。很少有实验处理了我们所关心的态度和行动，这种态度和行动的结果是直接与我们重大的利益和目标相关的。而且也很少有实验考查我们想要如何被事先的思考所影响，而这事实上影响了我们的行为。

但抛开这些缺点，社会心理学为经验研究提供了有用的范式及出发点，这种经验研究长期以来一直被界定为一个纯粹的概念问题，即关于我们自主性的性质和范围的概念问题。[52]

注 释

[1] 后文我会解释一下为什么最好把自主性理解为一种行动者可能拥有的属性，并进行不同程度的运用。

[2] 自主性概念、自由意志与道德责任之间的联结是复杂的，部分是哲学家通过各种方式来使用它们。虽然，在这里我不会为它们辩护，但我相信对自主性充分解释将足以作为对行动者的自由和道德责任的解释，并且我的讨论可以以这种方式来解读。见 Taylor（2005）。

[3] 对于自主性的解释，表明了我所概述的一些功能，见 Frankfurt（1988，1999）；Dworkin（1988）；Taylor（[1977] 1982）；Wolf（1990）；Watson（1975）；Mele（1995）；Christman（1991）；Bratman（1987）；Fischer and Ravizza（1998）。但是，这样一些解释是根据自由行动者或道德上负责任的行动者要求的条件来描述的，而不是根据自主性的行动者来描述的（见第2部分）。

［4］我们经常对这类责任不采取强制性，这有些自相矛盾地表明，自主性可以被一种外部控制形式所支配，只要行动者自主地加入到这种控制中。

［5］遗憾有助于促进这种思考，即在下次时如何采取不同的行动。Watson（1975，p. 105）根据某人的价值观讨论了行动的重要性，“行动者——在一个冷静的、非自我欺骗的时刻——阐明了这些原则及总结最终是好的、可履行及可拥护的生活”。

［6］从不同的情况可能难以区分这种合理化，即行动者难以区分根据自己的行动来修改其原则，或根据他们的结果来修改其原则的情况。测试的一种方式是，行动者是否能用他并不真正持有的原则来合理化他的行动，就要看他在平时及在相类似的情境中是否也接受这些原则。

［7］当行动者有意地选择做某事时，这将影响他的机会，即他满足其后行动条件的机会，这时情况变得复杂。例如，他可能自发吸毒，并且知道吸毒将影响他自主行动的能力。因此，我们有时把责任归于这不是行动者自发产生的行动（例如，当他缺乏知识或失去控制时），因为这些行动是“起源于”行动或选择，这些行动或选择确实是自发地产生的（例如，许多酒后驾车的例子）。

［8］当他不知道自己的责任或不知道自己行动的后果时（这种无知本身无罪——见之前的注释），或当他处于极端情绪压迫或认知负荷时，这就解释了为什么我们会减轻行动者的责任。

［9］在其他地方，我考查了对自主性（自由意志）相类似的经验挑战，这种挑战来自探索人性的其他科学，例如，进化心理学或神经生物学，每种挑战表明了我们知识的某些限制及对我们动机和行为的控制。参见 Libet（1983）；Wegner（2002）；Nahmias（2002）。

［10］我要指出的是，社会心理学是一种多元化的领域；我所讨论的工作代表了对它选定的元素，特别是由 Lee Ross，Richard Nisbett，Timothy Wilson 及其他合作者领导的“情境主义者”阵营。对于情境主义者范式的反对意见，参见 Sabini，Siepmann and Stein（2001）；Krueger and Funder（2004）；Cotton（1980）。对自由意志与责任研究的影响的更详细的讨论，见 Nahmias（准备中），Doris（2002）及 Nelkin（出版中）。

［11］对于此类实验的广泛评论，见 Nisbett and Wilson（1977），Ross and Nisbett（1991）与 Wilson（2002）。

［12］例如，位置的影响：展示相同的产品，消费者往往会选择右边的那些产品，但他们否认位置的作用在在他们的决定中的影响，反而提出理由：他们为什么选择那种产品，而且这种产品优于其他（相同的）产品。见 Ross and Nisbett（1991，pp. 30-32）。Spinner（1981）讨论了要求条件的扭曲作用（也就是说，受试者被要求解释他们的行为）。

［13］参见 Latan and Darley（1968，1970）；Ross and Nisbett（1991，p. 42）。在另一项实验中，当一位孤单的受试者听到实验者假装癫痫病发作时，85% 的人对此进行了干预，当受试者认为还有另外一个受试者也在场时，62% 的人对此进行了干预；当他们认为有其他的受试者在场时，31% 的人对此进行了干预。在所有这些实验中，受试者越少，干预的速度越快。

［14］一位妇人听到吉诺维斯尖叫并解释，“我没有让”我丈夫打电话报警，“我告诉他，已经打了超过 30 个电话了”。

［15］实验后的面试表明：群体中的受试者用不同术语来描述紧急情况（例如，受害者的“呼救”变成了“抱怨”），并且群体受试者比单独的受试者更慢地注意到受害者。而当没有其他人似乎认为应该做某事时，受试者可能也希望采取行动而避免自己的尴尬，虽然在某些

实验中受试者甚至没有看到其他人的反应。

[16] Latane and Darley（1970，p. 124）。

[17] Darley and Batson（1973）。

[18] 同上，p. 108。

[19] 见 Pietromonaco and Nisbett（1982）。他们描述了受试者古德撒玛利来人（the Good Samaritan）的研究，然后要求他们来预测结果。受试者预言，在任何情况中，大部分神学院的学生会停下来帮助别人，但只有 20% 多的学生将帮助别人，如果是他们的宗教要求的话，这种要求是基于帮助他人的愿望。受试者认为，匆忙与神学院学生是否帮助别人没有影响。

[20] Isen and Levin（1972）。关于这些实验的干扰因素见 Miller（2004，附录）。

[21] 参见 Milgram（1969）。

[22] 参见 Ross and Nisbett（1991，pp. 56-58）。这种解释通过这一事实得到巩固，即受试者确实停止实验，当“学习者”似乎是没意识到大部分人都会这样做（电压在 300V 时），还有一点是他们可以提供停止实验的合理理由。这已经表明，许多其他因素与实验中的受试者行为不相关，其行为包括性别、年龄、社会经济、地位、国籍及各种个性措施。

[23] 在经过对他们的描述进行实验后，心理学家预测，只有 2% 的受试者将会继续进行到底。

[24] 但是，某些情况下受试者的行动与他们的原则是如此的不一致，以至于使原则脱离了他们的行动，并对他们的行动表示出惊讶和失望。这发生在一些米尔格拉姆受试者（Milgram's subjects）中，在另外一个著名的情境主义研究中，即津巴多（Zimbardo）监狱实验中，扮演狱警角色的受试者变得如此残酷和具有侵略性，而使得实验被迫终止。虽然，有些狱警为他们的行为提供了合理的理由，一个自我描述为和平主义者，他强行给囚犯喂食，说：“我不相信这是我做的。”另一个人说：“我对自己感到惊讶。我是一个真正的可鄙之人。”（Doris，2001，pp. 51-53）。比较美国士兵在阿布格莱布监狱的行为似乎是适当的（参见 Nelkin，印刷中）。事实上，津巴多日前在为自己的辩护中作证，并描述了那个狱警“在这些伤害的事件中，他们被自由意志和个人责任所包围……。（他们）被困在一个独特的情境中，行为的语境在这种程度上开始主宰个人的性情、价值观和道德观，他们转化成盲目的行动者，从而背离了他们通常意义上的个人责任”。

[25] 引自：www. edge. org.

[26] 详见如 Ross and Nisbett（1991，第 4 章）；Doris（1998，2001）；Harman（1999）；Flanagan（1991，第 13 章）；Merritt（2000）；Miller（2003）；Kamtekar（2004）。

[27] 尽管在情境主义与更激进的行为主义传统之间有一些相似之处——特别是他们共同主张：环境的条件在人类行为中发挥了重要的作用——情境主义者的确承认内部认知状态的重要性，即人们的知觉和他们情境的动机解释。然而，这些知觉情境的倾向在某些方面是比较具体的，并不支持认知性格特征的归因。

[28] Hartshorne and May（1928）。

[29] Ross and Nisbett（1991，p. 3）描述了“衡量个体在给定的个性特征维度与在新情境中的行为之间的差异，只有 0. 30 的最大的统计相关性，这种差异合理地测试这种维度”。心理学家接近不了大多数领域内的最新行为。

[30] 这并不是说，我们的目标不具有开放式、灵活的原则，而是说我们的目标对这些因素作出回应，我们接受或会接受这些因素的影响，而不接受那些我们不确认或我们确认但不

接受的因素的影响。

[31] 正是这种对性格特征的挑战导致一些哲学家——值得注意的有，Doris (1998, 2001) 及 Harman (1999) ——表明社会心理学挑战美德伦理学理论，因为这种理论似乎可能需要强大的性格特征。

[32] Ross and Nisbett (1991, p. 4)。在解释行为时，我们通常所指的性格特征——特别是其他人的行为——是一种实验研究所要求的主张，而不只是直觉的（同上，第5章）。其基本思想是，我们参与其他人——正如他们也是动态和有趣的，而不是参与他们的环境，看似环境是静态和枯燥的——因此我们把因果力归因于行动者（词语“行动者”本身表明了这一点)，而不是归因于影响行动者的情境因素。

[33] Nisbett and Wilson (1977, p. 233)。他们对我们成功预言其他人行为情况的解释是，我们通常与他人在相似的情境中互动。我们对自己行为的解释是准确的，“由于偶然正确地使用了（民间）理论”(同上)。

[34] 参见 Nisbett and Wilson (1977); Ross and Nisbett (1991); Wilson (2002)。

[35] Nisbett and Bellows (1977)。

[36] 由于每个受试者被陈列了四五种因素，每种因素提供了16份自我报告（四个因素中每一种因素的影响是关于吉尔的四种判断——也就是说，亲和力、智力、同情心和灵活性)。

[37] Nisbett and Bellows (1977, p. 614)。

[38] 同上，p. 623。

[39] Nisbett and Wilson (1977, p. 257)。

[40] 报告的因果影响并不总是作为合理的理由来提供，比如，有些人可能认为吸引力影响他们对“亲和力”的判断，但不接受那种影响是一个好理由。

[41] Ross and Nisbett (1991, pp. 136-138) 讨论了“面试幻觉”：受试者相信，面试与工作表现的相关率是0.6，在基于面试的判断与后来工作表现之间实际相关性通常低于0.1。

[42] 在此我将不探讨这种回应，即说明该研究是经验的或概念缺陷的。一些建议参见参考书目第10节。

[43] 许多研究是去处理消费者的选择或难题或快速作出选择。事实上，我已经发现只在一个实验中，即下面讨论的约会研究，受试者对于某事是理性的，这些事情将对他们自己的生活有直接的影响。

[44] 埃里克森（Anders Ericsson）和西蒙（Herbert Simon）的《口语报告分析》(1984) 表明，一致内省（concurrent introspection）比回忆更准确。

[45] 例如，在工作面试的研究中，据推测，许多受试者在某个时候思考学历对判断智力有影响，也许就像他们所报告的——这些思考在这些判断中起了重要的作用。

[46] Wilson and Schooler (1991, p. 192)。参见 Wilson (2002)。

[47] Wilson et al. (1989)。有人可能会认为，我们不期望或不关心能够为我们的浪漫情怀提供准确的理由（判断某人的爱情观点，似乎是错误)。然而，我们确实为我们为什么在我们的关系中（对自己、朋友和家人）提供理由，大概我们希望这些理由在现实中承载了一些关系，我们不希望用这样的理由来扰乱我们行动中的实际感受。

[48] 例如，对投票行为的研究表明，在报告他们的态度之前，受试者内省到为什么他们喜欢或不喜欢候选人，这种内省从而扰乱了他们报告的态度；因此他们的行为与他们报告的

态度的关联性明显很低，比起不用内省的控制组受试者来说为-0.43：0.46（Wilson et al.，1989）。

［49］在约会的研究中，内省的受试者都很了解他们的伴侣，行为与报告态度的关联性是0.56；相比只交往很短时间的受试者，其关联性是-0.19（Wilson et al.，1984）。对投票研究引用之前的注释，受试者很了解政治学，报告态度与行为之间的关联性是0.53（Wilson et al.，1989）。

［50］事实上，社会心理学知识证明自身可以增加我们的自主性：①通过提高我们的能力专注于我们往往忽略的情境影响，参见 Beaman，Barnes and McQuirk（1978）；参见 Pietromonaco and Nisbett（1992）；②通过告知我们如何操控我们的环境来增加我们根据原则行动的可能性（例如，“波动因素”在环境中的细微变化可以显著增加我们实现计划行动的能力）；③通过降低我们的自信，尤其是在我们性格特征优势方面的自信，使我们不靠这些自信来指导我们成功地通过这种诱惑人的情境。

［51］参见 Holt（1989，1993）。

［52］本章是来自思考了数年的观点，我要感谢许多读者和朋友的反馈，特别是 wen Flanagan，al Mele，Dana Nelkin，John Doris 及 Manuel Vargas。

二、意　　识
Consciousness

第十四章　现象意识的认知作用

蒂齐亚纳·扎拉

许多概念都被包含在所谓的“意识”中。意识象征了若干不同的现象，这些现象可能与不同的认知功能相关，并且最终这些现象要求有不同的解释。“现象意识”（P-意识）① 的概念是指那些使我们能够区分不同的感官经验的定性属性（qualitative properties），例如，对红色和绿色的经验。痛苦、快乐、红色的鲜明生动性及红酒的味道都是定性经验的例子。虽然 P-意识是一种普遍现象，但它通常被认为只是一种副现象（epiphenomenon），在认知中没有因果作用。[1] 许多非人类物种都可以体验到气味、颜色或快乐，即使这些体验在性质上不同于我们人类。[2]

我们已经从神经心理学区分了隐性知识和显性知识，其中大部分信息处理可以被无意识地完成。[3] 那么，为什么这样一些信息会获得如此惊人的现象特征呢？难道它在认知过程中能起到某些作用吗？它可用于什么类型的更高的认知功能呢？

在本章，为了回答这些问题，我将提出一些建议，并为认知中的 P-意识描绘一个生物上可能适用的功能。为了采纳意识概念并且为了理解现象属性的因果作用，必须表明这是一种自然类，即一种现象可以被分成：待解释的事物（explanandum）及可以被整合成一种科学的心灵理论。

在这里，我们将首先论证，必须放弃两个公认的观点：现象意识的普遍性及现象意识的明显统一性。我将主张，P-意识不同于其他形式的意识：P-意识与我们的知觉非概念经验有着密切的关联，因此，它们共享了我们知觉系统的一些模块化属性。[4] 因此，我将为这一主题辩护：P-意识必须被视为一种归类（label）我们经验和内部心理状态的方式。[5] 分类是认知过程的一种基本功能，因为它使我们能够区分、确认我们自己的心理表征。假定 P-意识的作用是允许源监控（source monitoring）的元认知机制来查明我们信念和心理状态的感知来源。正如神经心理学文献所表明的，有缺陷的源监控可以解释幻觉、虚构症和错误的自我归因的心理状态。因此，源监控的定性关联表现为一个进化产物，进化产物的出现是要克服环境与行为的复杂性。

---

① P-意识（phenomenal consciousness），也有学者将其翻译成知觉意识（P-意识）。——译者注

1. P-意识概念

在本节中，我将讨论这一问题：是否所有的意识状态在本质上都具有现象属性（phenomenal qualities）。虽然在日常生活中，我们通常处于一种混合的认知状态，但现象属性不同于命题态度。意识现象表征是非概念的，与知觉系统的模块输出有着密切的关系。

布洛克（Ned Block）区分了两种主要的意识概念："现象意识"与"获取意识"（A-意识）①。[6] 而P-意识对应于心理状态的定性或经验属性，"A-意识"概念是指在推理中所使用的有用的信息，以及对言论和行动中的理性指导，或指知觉表征的内容。一个人可以拥有命题态度，例如，认为"雪是白的"，但不知道"雪是白的"经验是像什么样。[7] 相反，相同的信念可能导致其他人形成"白茫茫雪景"的非语言形象或是形成"雪是白的"话语听觉形象。

然而，尽管P-意识和主体间性（例如，归属感、所采用的视角）是与经验相关的，但它们需要在概念上被区别开来。因此，我将提供一个更受限的P-意识概念，并对P-意识与"感受性"进行区分，在内格尔（Nagel）的术语中，"感受性"是与主体经验相关的概念。[8] 内格尔的概念是基于这样一种观点：在原则上主体间性是一种不可还原的现象，与此相关的观点是，P-意识是心灵的普遍特征。与此相悖的观点是，P-意识与心灵表征理论相一致[9]，我将假设，现象属性与表征的非概念内容是相关的，这种表征被用作推理的线索，这些推理用来指导主体经验或高阶思维。从这种观点来看，内格尔的"它像什么"的经验对应于那些特定的认知状态，这些认知状态在推理上是混乱的，因此，可以通过人们存在的二阶状态来充分解释这些认知状态，二阶状态是相对于一阶状态而言的。

根据塔伊（Tye）的观点：

> ……信念不可能有现象内容。只当*A*内容是非概念的及蓄势待发（poised）时，它才能被分类为现象。信念不是非概念的，它们也不是适当准备好的。它们处于认知系统内，而不是向它提供输入。[10]

同样，德雷斯基（Dretske）写道：

> （经验）使得某人知道无论哪种表征的属性，是一种表征了objets（承认*C*是表征），如果有这样的objets的话，无论objets的这些属性是什么。如果你愿意，那就是意识的表征理论。[11]

根据这种观点，经验的内容对应于我们非概念表征的意向内容，这种经验内容是由外部因素决定的。这种方法的麻烦在于，它必须解释人们如何能够识别自

---

① （A-意识）access consciousness，有学者将其翻译为功能意识。——译者注

己的心理内容，这种内容基于内部线索，而不要求与外部环境相一致。

2. 模块化与 P-意识

发生在我们身体上的大部分的生理过程被实现，不涉及任何意识经验或监测功能。我们没有意识到我们的免疫系统，我们也没有感觉到我们的胃的每次收缩，我们不知道在每个时刻我们保持的平衡。如果我们考虑到复杂的无意识任务，诸如认识形状和目标，我们甚至不知道为什么认知涉及所有的意识。为什么我们是有知觉的生物，为什么我们不像无意识的机器那样呢？

在本节中，我将为这个论题辩护：我们经验的现象属性反映（mirror）了神经计算过程的某些模块属性。在福多的版本中（1983），模块性是一个整体的认知系统概念，这种概念主要假设了两种不同的组成部分：负责知觉表征功能的输入分析系统和负责理解、推理和固定信念的中央处理器。根据福多的观点，无意识过程是通过特定模块域来实现的，这种特定模块域是以胶封性（encapsulation）、相对的不可入性（relative inaccessibility）、特定域（domain-specificity）、强制性（mandatoriness）和自主性（automaticity）为特征的。此外，模块性是生物上的硬连接（hardwire），与固定神经结构相关，并遵照定义明确的发展序列与神经心理学分类的具体模式。考虑感知系统的模块性质，因此P-意识被胶封性、自主性和强制的过程来协调，这种过程对实用性的考虑不敏感，并与自主或深思熟虑的高阶意识认知过程特征极其不同。只有模块系统的输出体验了现象学的凸显（salient）。这些属性只出现在模块性与中央系统的交接处。

然而，尽管现象属性在信息上是独立于感知系统的产物，但P-意识的认知作用是与表征的统一性问题相关的，被称为捆绑问题（binding problem）。[12] 在大脑中，不同类型的过程发生在不同的身体位置。例如，色彩分析、形状认知和视觉事件的移动和其他特点是在视觉皮层的不同部分发生的。然而，我们的大脑建构了视觉事件的单一和整体的观点。这类信息的整合需要一种绑定机制，例如，这种绑定机制以便我们能够同时确定颜色、方向、运动，并形成单一的对象，而这个对象在概念上可以被确定。根据经验的观察，位于不同皮质区的神经元可以并行运行[13]，来自神经生理学[14]的证据表明神经元群之间的锁频（frequency locking）可以解释特定感知情境中不同功能的整合。

这种暂时并行的神经活动通常是与意识相关的。正如达马西奥（Damasio）所指出的：

> 用大脑分析世界的组成部分是不够的：大脑必须与制造整个实体和事件的那些部分绑定在一起，实体和事件是可以确认和回忆的。意识必须是基于执行绑定的机制。[15]

同样，克里克和科奇（Koch）主张，绑定机制是基本的神经生理学机制，这种神经生理学机制不同于意识形式的基础：

> 我们在神经层次的基本假设是：把意识看成是与特定类型的活动相关的，这是有用的，而这类活动可能是皮质系统中的神经元子集。意识无疑可以采用不同的形式，这取决于它所涉及的皮质部位，但我们的假设是：这是一种（或是一些）基本的机制构成了意识的全部基础。[16]

与这种观点相反，我主张绑定机制本质上通过并行的神经活动整合了意向内容，以便形成了表征的统一性（representational unity）。在这种整合的形式中，不同的模块–特定的非概念表征可用于高阶机制，诸如执行和监控功能、推理、规划和决策及多元认知过程。[17]这是与概念相一致的，至少部分的人脑必须承载“全局工作空间”（global workspace）[18]，其表征内容是A-意识。

经验证据支持了现象心灵的模块性本质，这种经验证据主要来自神经生理学的证据和几个具有高度选择性的神经心理学缺陷。脑损伤发生后会出现认知功能障碍，这有时揭示了意识的具体方面可以有选择性地被削弱。例如，盲视病人在他们的一定视野范围内是看不见的，即他们的现象经验在视觉模块性中是选择性地被削弱的。[19]然而，尽管他们完全不知道到自己残余的视觉能力——他们只是主张，在视力测试时他们是“猜”的——这些病人仍然能够执行视觉处理任务，诸如定位简单的视觉刺激、运动的基本模式。[20]

其他类型的神经心理学并发症（如失忆症、侧忽略症、失认症）可以改变或抑制质性经验的特定方面，强烈表明信息处理的感知域内部存在着分离。据此，我们可以从脑损伤研究中得出结论：现象属性似乎与专门的神经结构有关。这些有选择性的并发症支持了这种观点：感性的P-意识不是全局分布的，P-意识是具有模块特定性的，其模块化属性反映了该组织的知觉输入模块。经验的质性属性主要来自功能上专门的模块化系统，并且正是因为它在这个功能上的分离，经验的定性属性才被赋予一种有区别力的功能。我们可以尝、看、闻一个苹果，但我们从来不会把苹果的红色与苹果的气味或与苹果的味道弄混。

3. P-意识与知晓感

为了确定P-意识的认知作用，一定要避免混淆P-意识概念与那些各种形式的A-意识概念。[21]从而为存在的特定功能提供经验证据，并提供与P-意识相关联的不同神经的可能性。

在Block（1995）的评论中，赞拉（Zalla）和帕尔玛（Palma）已经表明，一种普通的称为“知晓感”（feeling of knowing）（或当检索项是一个词汇，称为“舌尖”经验）的现象，事实上可以被视为经验支持这种概念差别的实在性。[22]事实上，尽管受试者在回顾他们已经“储存”在记忆中的一些项目有困难时，对于了解这些项目，受试者仍然有着明晰的感觉，而不用去确认它。几个实验表明，该信息确实是存在于记忆中：当大部分的受试者被暗示或提示了部分信息后（如回忆起单词的第一个字母），这部分的受试者能够检索到“缺失”的项目，其成功率通常高于纯粹的随机猜测。[23]在“知晓感”情境中，我们是处于P-意识状态中，而不是同时处于A-意识状态中，但表征或概念的内容不可用于有意识的思考、规划或推理。

在文献中讨论的“知晓感”现象，围绕着两个解释的主轴：基于跟踪的观点，它假定存在一种内部监控系统，或者基于推理及语境知识的一些恢复程序形式。[24]一种可能的假设是，由于脑损伤，监控系统无法创建二阶意识状态，无法获得信息。事实上，关于损伤患者的神经心理学研究，已经试验性地与“知晓感”的判断可靠性缺陷连接在一起，这种可靠性缺陷与通过额叶病变产生的元记忆障碍有关。[25]虽然P-意识与A-意识总是在一起，但“知晓感”案例似乎支持它们是不同状态的观点。

4. P-意识及其神经关联

在现代认知神经科学中，一种非常严肃的主张是：P-意识在系统上与特定的物理神经状态相关。[26]然而，意识属性是从这一论题中形成的，即神经复杂的不可操作功能的论题。它没有解释为什么每个大脑区域并不等同于意识，也没有解释为什么脑损伤可能会选择性地改变现象经验。此外，每当P-意识被描述为某些类型的A-意识机器、神经组织或信息整合的突现功能时，其结果通常是一种副现象。这里的问题是，通过选择而被保留的不是P-意识本身，而是潜在的神经或功能机制。因此，P-意识是一个偶然的副现象，其自身在认知中没有发挥因果作用。

根据德阿纳（Dehaene）和尚热（Changeux）的观点，A-意识的神经关联可以通过广集的“工作空间神经元”（workspace neurons）来确认，这种“工作空间神经元”是由远程兴奋轴突（long-range excitatory axons）连接的，例如，连接到额叶和顶叶区的枕部皮质视觉区。[27]作者还指出，在统一表征间存在赢家通吃的竞争，这种现象是在“全局工作空间”中传播的，也就是单一的现象表征相互竞争来主导A-意识的工作空间。正如布洛克所表明的，因为单一的P-意识表征在不同的脑区间有它们自身的神经关联（也就是，在MT/V5中的运动经验；作为在颞叶中梭形脸部区域所面对的经验），P-意识和A-意识在大脑中是被差异地实例化的。[28]作者得出的结论是：意识的统一神经关联概念没有理解经验数据——特别是信号检测理论的数据——因为由于主体的动机或期望，相同的经验内容可能会导致不同的报告和现象经验。

关于P-意识的功能基质和神经基质的不同证据，来自神经心理学对注意力的研究。莫斯科维达（Moscovitch）和优密塔（Umiltà）区分了两类注意力子系统，这类子系统与不同神经相关联。[29] 这个假说支持了这一观点：注意力机制由可能是负责 P-意识的“后子系统”(posterior subsystem) 所召集；而“前子系统”(anterior subsystem) 对应于努力而自愿发展的注意力，这种注意力将与几类 A-意识相关。这些猜测也是与沙克特的骰子模式（Schacter's Dice Model)[30] 及解剖学证据相容的，这种解剖学证据假设 A-意识系统在大脑的额叶区，并假设 P-意识知觉系统在后顶叶。[31]

5. P-意识的功能与作用

归类为 P-意识作用的质性假说，在源监控的实验研究中发现了经验证据。心理学家约翰逊（M. K. Johnson）及其合作者进行了多次研究，他们发现主观上和现象质性的表征是被主体系统地用来区分真实和虚构的事件，区分自传式事件和其他类型的信息，如知识与信念。[32] 一些类型的表征质性属性（无论是它们感知细节的丰富性还是生动性或是它们观点的本质）有助于辨别、判断和归因心理事件的更广泛的过程。

不同的现象功能与功能上独立的神经基质相关，并允许有不同的推理过程。

存在着不同领域的语义知识、自传体式知识及身体表征，它们对于建构自我意识都特别重要。现象属性和质性属性伴随着一些心理状态，如知觉、本体感受和自传体记忆状态，这使我们能够把心理状态和经验归因于我们自己。[33] 正如托尔文（Tulving）所指出的，源自感知的记忆有更多的感官和语境细节，而来自思维的记忆产生了更多关于推理概念操作的信息。[34] 当记忆信息没有回忆质性现象特征时，记忆是作为知识或信念被体验的。

作者主张，区分不同类型表征的能力反思了源监控的操作，这种源监控把进行的心理事件指定给一个特定的源起源（source origin)。[35] 他们确定了三种重要类型的源监控：外部源监控、内部源监控和内–外部实体监控。这是关于所有这些系统来源的多重线索：感觉/知觉信息、语境（空间和时间）信息、语义细节、情感和认知操作。作者还表明，由于这些现象经验的缺少与自我生成事件的贫乏或不可靠的信息一样，对不同心理表征本质的困惑可能导致虚构并发症和错误归因。

实验研究已经表明，源记忆（source-memory）在精神分裂症上的缺陷可能与伴随的幻觉行为密切相关。[36] 当直接的视觉控制被阻止，而提供一种模糊的视觉反馈时，精神分裂症患者无法区分他们自己的手部运动与其他人类似的手势。因此，他们不知道自己的行动，也缺乏对运动反应的联机监控。

6. P-意识的适应值

从进化的角度来看，意识的适应值是一个难题。每当我们指定 P-意识的因果作用时，我们都会面对“重要的副现象论悖论”[37]。即使这是经验本身的现象特征，P-意识可能最终被证明是副现象的，并随附于大量的物理状态和操作，它们中的每一个状态和操作都有自身的功能和因果关系，这种自身的功能和因果关系完全独立于我们定性的经验。

副现象在进化生物学中是非常有名的。特征是不能被选择的，但来自其他特征的选择结果是进化副现象的。最经常提到的例子是人类的下巴，它是作为面部和下颚缩小的结果而出现的。[38]同样，如果P-意识被认为是某些神经状态的随附属性，那么它只不过是一个偶然和中立的大脑进化的副产品，这种副产品对个体的生存没有影响。

在目前的工作中，我已经主张P-意识有一种适应性的生物学功能，也就是说，把感知系统的输出称为非概念表征。即使现象表征被指派为一种概念内容，一旦现象表征达到中央系统的话，那么现象功能就被用来建立它们的源起源。关于意识状态的真正因果作用的假设，由于意识状态的现象属性，从而需要该状态在因果上是有效的，尽管事实是它们是在物理上被实现的。这意味着，这些属性的任何进化解释都必须捕获各种现象状态产生的适应性作用，而不是捕获特定物理支持或功能的相关性。

如果我们接受了这种假说，即P-意识已经通过进化而直接产生，满足一种适应功能的话，那么我们必须假定：①P-意识是部分表现型（part of the phenotype）；②只存在基于现象状态的神经状态中，因为现象状态有一种适应功能。根据这种观点，P-意识是通过自然选择形成的，并履行其职能。此外，如果现象质性是副现象的，那么就很难解释为什么我们的知觉会产生各种现象状态，而这种现象状态对应于外部世界的表征特征。从这个角度看，现象属性导致了认知系统的进化，这种进化是关于提高辨识能力的，在内源监控的情况下，现象属性主要涉及心理状态的自我归因和行动。

正如雪莉（Sherry）和沙克特（Schacter）所说的那样，语义和情景系统有着与动植物演化史般不同的进化，因为它们在功能上促进不同的适应目的。[39]复合记忆和学习系统的适应优势依赖于单一系统，在不同环境中遭遇到的不同问题不能给出适当的具体的反应。程序性记忆（知觉和运动技能）是基于无意识察觉，并且保存不同事件上的不变量，这些不变量被用于完成自动和过度学习的行动。相反，情景记忆摆脱了原本统一的记忆系统，而这个记忆系统是为了解决特定域的问题和完成具体的操作，如存储自我相关的知识，进行心理状态和行动的自我归因。鉴于这些考虑，P-意识的认知作用在区分内部状态与自我归因的过程中，可以被更好地理解。

正如休梅克（Shoemaker）所评论的，我们的交流与解释我们行为的能力相配合，一起直接进入我们的心理状态。[40]因此，重要的是我们不仅要了解信念、欲望和意向的内容，而且要了解行动和信念的理由。即使我们通常没有明确地意识到对事情的感觉和看法，当有需要时，我们最终可以知道，并使用这种关于事物现象表象的隐性知识加以判断、调整或修改我们的知觉信念。为了完成这样的操作，我们必须保留这些表征起源（例如，记忆的与想象的；知觉的与回忆的），这些表征正好用于推理和合理地控制言论和行动。像信念的辩护和修改过程——特别是知觉信念——对非概念表征的定性功能是敏感的。

在日常生活中，关于信息来源的知识有助于练习控制我们自己的意见、决定和行动的能力。如果我们记住一个“事实”的来源，那么我们拥有的信息对于评估其真实性是重要的。当主体经验感觉缺失时，有意识记忆的功能作用是显著的，正如失忆症患者的情况。虽然失忆症患者可以猜测自己的过去，但他们不愿意相信有足够的信息来采取行动。

7. 结　　论

在本章中，我一直认为，P-意识的适应值和认知作用可以用周边的感知系统的模块结构来加强，并与源监控机制有关。中央认知过程对经验的质性属性是敏感的，这些经验的质性属性被用来决定高阶表征的来源。根据这一假说，P-意识被选择是作为标记一些表征的方式，并实现其起源的信息。这种适应价值可以解释，为什么在更高级的物种中它是如此普遍。知觉的P-意识可以使生物体对显性刺激物保持敏感，这种刺激是与其生存相关的。感官经验的生动性能够作出更可靠、更快速的反应，这样一种选择性压力可以用来支持一种更加强大的现象学感知系统。因此，生物体能够更好地应付在复杂生态环境中出现的各种情境。所以，P-意识应该被认为是一种对自然选择起作用的适当表形特征。根据神经状态的替代性解释，把质性属性看作副现象随附性，而这可能很难解释这一事实，即很难解释它们对应外部环境的意向功能。

概言之，我已经提出P-意识副现象概念的另一种理论，人们把心灵设想为被赋予一组机能上的专门模块和一组中央系统，该模块与该系统部分地促进了“全局工作空间”。[41]

注　　释

[1] 参见 Churchland (1988); Dennett (1988, 1991)。

[2] 参见 Nagel (1974)。

[3] Schacter (1991)。

[4] 第一个论题与塔伊和德雷斯基的P-意识概念是相一致的 (Tye, 1995; Dretske, 1995)。

[5] 参见 Zalla (1996)。

[6] Block (1995)。另见本书的第三章。

[7] 参见“知识论”，其也来自 Jackson (1986)。

[8] Nagel (1974)。

[9] 参见 Tye (1995); Dretske (1995)。

[10] Tye (1995, p. 138)。

[11] Dretske (1995, p. 104)。

[12] 参见本书第十五章对意识统一性的讨论。

[13] Singer (1993)。

[14] von der Malsburg and Schneider (1986)。

[15] Damasio (1989, p. 125)。

[16] Crick and Koch (1990, p. 266)。

[17] 心灵的元表征理论也被用来解释归因自己和他人心理状态的能力，并被用来预测基于这些状态的行为 (Leslie, 1987; Sperber, 1994)。

[18] Baars and Newman (1994)。参见本书原著第204页。

[19] 这些患者遭受脑损伤的病痛，并且他们的失明区精确地对应于初级视觉皮层损伤的位置。

[20] Weiskrantz (1986)。

[21] 参见 Block (1995)。

[22] Zalla and Palma (1995)。

[23] 参见 Hart (1965); Schacter (1983); Schacter and Worling (1985)。

[24] 参见 Koriat (1993)。

[25] 参见 Shimamura and Squire (1986); Janowsky Shimamura and Squire (1989)。

[26] Edelman (1989); Damasio (1989); Crick and Koch (1990); Koch (2004)。

[27] Dehaene and Changeux (2004)。

[28] Block (2005)。

[29] Moscovitch and Umiltà (1989)。有趣的是，Williams James (1890, pp. 393-394) 把注意力定义为多种方式。首先，他区分了感官注意力和智能注意力；其次，注意力是直接的，即当刺激物本身很有趣时，或是派生（统觉注意力），即刺激物是与其他事物相关的。注意力通过反射也可能要么是被动的、非自愿的、不费力的，要么是积极的、自愿的。他自愿的注意力总是派生的，但感官和智能的注意力可能是被动的，或者是自愿的。对于其所指涉的被动感官注意力，可能是现象意识的本质特征。

[30] Schacter (1989)。

[31] 参见 Dimond (1976)。

[32] Johnson (1988); Johnson, Hashtroudi and Lindsay (1993)。

[33] 一种综合征的病人拒绝承认他们左臂瘫痪的"事实"，这种病患与右后、非语言半球的深层病变的综合征相关。在临床文献中存在许多趣事。"身体图式"的临床神经心理学表明，尽管我们可以概念上地表征作为"对象"的我们的胳膊和腿，但关于胳膊和腿的正常经验是属于我们自己的。我们可以假设缺乏本体感受质性经验，原因是人们的对身体部位的错误归因。

[34] Tulving (1985)。

[35] 参见 Johnson et al. (1988, 1993); Suengas and Johnson (1988)。

[36] 参见 Daprati et al. (1997); Franck et al. (2001)。

[37] Kim (1993)。

[38] 虽然下巴首先不是由进化形成的器官，但当全面发展时并不排除它获得辅助功能。

[39] Sherry and Schacter (1987)。

[40] Shoemaker (1991)。

[41] 非常感谢 Tim Bayne 对本章的早期版本所提的有益意见。

第十五章　意识的统一性：一种制图学

蒂姆·贝恩

许多解释意识的路线关注意识的统一性。一些理论家主张，意识是统一的——事实上，一些理论家坚持认为意识本质上是统一的。其他理论家断言，意识的统一性是一种错觉，如果它并非一成不变的话，意识通常不是统一的。不幸的是，涉及意识统一性的解释，任何一方的支持者都很少讨论。意识被统一意味着什么呢？在本章中，我提供了一种对意识统一性制图学的简要介绍。在下文中，我将介绍若干统一性关系，这种关系可以掌握意识状态间的统一关系。在下面的章节中，我会表明，这些统一关系如何可以被用来建构各种意识统一性概念——就是我所说的统一论题（unity theses）。我们通过对确定意识（不）统一性的讨论，这些统一论题为我们提供了一系列的参考点。

1. 统一性关系

若干统一性关系构成了意识。在这里，我将介绍四种统一的关系。[1]

第一种统一性关系是主体统一（subject unity）。当主体有相同的主体经验时，意识状态是主体统一的。我现在的经验是主体统一的，你当前的经验也是主体统一的。

第二种统一性关系——或者更确切地说，统一性关系的类型——是表征统一（representational unity）。表征统一关注经验的表征内容。一种形式的表征统一性涉及表征内容的整合，这种整合是以各种感知对象为基础的。我们不仅仅体验颜色、形状、运动等，而且我们还体验如有颜色、有形状的对象和在运动中的对象。表征统一性的解释已经成为众所周知的绑定问题。

第三种统一性关系是通道统一（access unity）。经验内容通常用于“消耗系统”——这种系统负责意向行为、口头报告、信念形成、感知分类、记忆巩固、注意力的自愿分配，等等。大概地说，一组经验的成分在某种程度上将是通道统一性，它们的内容对主体的消耗系统有用。

最后一种统一性关系是现象统一（phenomenal unity）。当经验有一种联合现象学时，它是现象统一的；也就是说，这同时有几件事情，人们同时体验到它们。例如，有痛苦经验的一些事物，一些如看见一只狗的事情，还有一些可能是有一只狗的经验与痛苦经验在一起的事物。人们可以把现象统一看作一种经验拥有的关系，现象统一性是以一种单个现象状态的成分的形式而存在的。[2]

这些统一关系与我们现在正持有的一种立场有关系，这种立场是去检查意识统一性的各种概念。

2. 一致性论题

意识统一性概念关注表征的一致性。根据一致性论题（consistency thesis），现象上统一的经验必须是表征上一致的。巴尔斯（Baars）似乎把一致性的论题牢记在心，当他表明意识统一性涉及这一观点时，“在任何特定时刻，意识经验流……是受限于单一的内部一致性内容”[3]。巴尔斯本人认为，在这种意义上意识是统一的，许多其他理论家也都同意他的意见。[4]

但是，这种一致性论题是否正确呢？双眼竞争现象表明，意识显然是对表征的不一致性有抵抗性。当某人的眼睛被呈现不同的图像时——比如说，一朵向日葵和一幢房子——某人的视觉经验通常在这两种图像之间进行切换。另一种典型的情况是，要么看到了房子要么看到了向日葵，但不是同时看到二者。[5]尽管如此，图像实验表明：两种刺激是同时被处理的。[6]但如果两种刺激是知觉上被处理的，那么我们为什么每次只能意识到其中的一种呢？也许意识机制确保了不一致的知觉是不能在现象上被统一的。多稳定图像（multi-stable）的现象强调了类似的结论。人们可以把内克尔立方体①看成是有一个或其他两个方向，但不能认为它同时有两种方向（自己试试看吧）。

但是，因为意识抗拒表征的不一致性，从而一致性论题似乎是假的。考虑反戴着眼镜的效果[7]，在适应之前，这种眼镜会导致视力内容与触觉内容的不一致性：这个花瓶看起来就像是混乱的，但感觉它似乎是正确向上的方式。当然，这些实验数据表明：意识对一致性展现出了一种驱动，经过一段时间后，人们各种感官形式的内容是彼此协调的。但我在此的观点是，如果只是暂时性的话，意识支持跨模态（inter-modal）知觉的不一致性。

有人可能会质疑这种主张，这些案例包括不一致内容。[8]事实可能是，涉及不同模块的视觉和触觉经验需要（或至少表明）它们的内容有所不同。也许我们不应该认为在不同知觉模块中的经验都具有相同的意向对象，但我反对这种异议。在我看来，两种经验的表征内容是不一致的，因为它们不能被同时满足（这一事实支持了这种观点：两种经验证明不一致信念是合理的）。

有人可能会试图修正一致性论题，以处理跨模态不一致性。这样做最明显的方式是去限制一致性，而约束内模态情境（intramodal contexts）。[9]根据这种修正

---

① 著名的“内克尔立方体”是瑞士博物学家内克尔在1832年设计的，意在说明视觉对透明立方体的透视关系可以作不同的理解，画有斜线的面既可在最前面，也可在最后面。——译者注

的一致性论题，现象上统一的经验与单一模块性必须是表征上一致的（我将撇开这一棘手的问题：知觉模块化如何可能被个别化）。难道修正后的一致性论题比任何原始版本进展得更好吗？也许不是。

试想一下瀑布错觉。它是由亚里士多德首次描述的。如果盯着瀑布看了一段时间，然后指导某人的目光投向一个静止的物体，相对于第一个物体的视运动来说，这个静止的物体似乎正在朝相反的方向运动。然而，同时，它看起来也是静止的。[10]

这里是弗赖斯比（Frisby）对所产生瀑布幻觉的经验描述："虽然后效应（after-effect）给出了一个非常明确的运动错觉，但显然移动功能似乎仍然是静止的。也就是说，我们仍然知道功能留在它们'适当'的位置，即使它们看起来像在运动。我们看到的是逻辑上的不可能性！"[11]

我们是否同时意识到了动与不动的目标对象？弗赖斯比似乎认为，许多作者已经加入到他这个阵营。[12]但我不那么确信。我可以看到物体似乎在移动，我可以看到它也似乎是静止的——我可以在这两种经验之间转移我的注意力——但我不确信：在任何时候我能同时经历上述两种方式。[13]

所谓的不可能对象为修正的一致性论题提供了另一种潜在的反例。[14]我最喜欢的事例是魔鬼音叉（pitchfork），也称为不可能的叉子，如图 15-1 所示。

图 15-1 魔鬼音叉

难道你对于魔鬼音叉的体验具有一致性内容吗？毕竟，正常的情况下应该会如此想：其他人怎样把魔鬼音叉视为一种不可能的对象呢？但可能人们根本没有把它视为不可能的对象。久而久之，也许人们只建立了魔鬼音叉是不可能的对象的感知。也许是因为没有这样一种观点，即人们的视觉现象学有不一致的内容。当人们把魔鬼音叉作为叉子（prongs）来体验时，它是直的；当人们把魔鬼音叉作为"把手"（handle）来体验时，魔鬼音叉的中间叉子位于上部叉和下部叉子之后，但人们不能同时体验叉子的两端。人们把魔鬼音叉作为一个整体来表征；这种表征有不可能的内容，但它不是一种视觉表征，而是基于视觉体验而形成的信念（这是一种关于某类对象的信念，这类对象必须是真实存在的，为了使人们能体验对象的各个部分）。所谓感知不可能的对象并不能证伪修正后的一致性约束，不过我认为不可能的对象对一致性约束产生了压力。

还有最后一点要考虑。假设修正的（跨模态）一致性论题是真实的——接下来可能会是什么呢？原本的一致性论题表明，意识的本质中的某些事物可能会从出现的单一意识状态中阻止不一致内容的发生。相比之下，比起意识来，修正的一致性论题有望告诉我们更多的关于知觉模块性方式和表征内容。

3. 可用性论题

另一种意识统一性的共同概念关注通道统一。根据可用性论题（availability thesis），主体意识状态的内容是全局可用的——它们对每个消耗系统都有用，主体拥有的这种消耗系统在当时是成问题的。如果可用性论题是正确的，那么主体当前经验的内容对于相同消耗系统是可用的，因此，他们的意识将在行为上被统一。

虽然很少以这些术语来表达，但人们认为，许多有用性论题被用于当前研究意识的方法中。例如，考虑意识的全局工作空间模型。[15]按照这种模型，意识内容在工作空间内发生，使它能够通过主体的认知系统来传播。有时持全局工作空间观点的理论家似乎把意识等同于全局可用性，而在其他地方，他们似乎表明，意识是属于全局可用性的范畴。无论哪种方式，全局工作空间模型都认为，意识与无意识内容之间的差异，在消耗系统范围内构成的内容是可用的：无意识内容只对消耗系统的有限范围有效，而有意识内容对于主体的消耗系统是全局可用的。

可用性论题符合正常清醒的意识，但可用性论题不那么适合所谓的变化的意识状态，如做梦和精神错乱。最离奇的事件都有可能在梦中发生，如一只狗变成了一头大象，一位年迈的祖母吃了一片仓鼠吐司，王后与布鲁斯结婚了，等等，这不用做梦者去意识到任何不一致性。虽然梦中的意识内容可能对一些主体的消耗系统是有用的，但它们似乎对涉及一致性检查、信念更新、内省，以及（至少在某些情况下）强化记忆的这些系统是没有用的。人们在昏迷时，意识与全局可能性之间的紧密关联似乎也会被放弃。一个精神错乱的人缺乏整合、监控和记忆的能力，这种能力通常与意识有关。[16]总之，全局可用性与清醒的意识之间的联结，似乎更多的是与觉醒（wakefulness）有关，而不是与意识有关。

可用性论题的支持者至少有两种方式来回应这些反对意见。首先，他可能会认为，在某种程度上产生了意识，而在做梦和精神错乱时某人看到这种有限可用性内容是对一种事实的反思，即这些状态只涉及最低程度的意识。我并不太赞同这种回应——无论涉及的是多么准确的“最低”形式的意识，在我看来，没有什么理由可以认为，这句话适用于做梦和精神错乱。做梦和精神错乱中所涉及的现象是，或者至少可能是和在正常清醒意识中所出现的现象是一样丰富。其次，可用性论题的支持者可能认为，只能在正常的清醒状态下才能维持意识与全局可用性之间的关系。这是一种更合理的反应，但这会使理论家已经放弃全局可用性方法，这种方法对于意识也一样。

即使我们把自己的关注限制在正常的清醒状态，但对意识的全局可用性解释也是成问题的。在本节的其余部分，我考察了大量并发症，每个症状都表明消耗系统由不同的通道（access）进入意识内容：内容对一些主体的消耗系统是有用的，但不是对所有的消耗系统都有用。

在卡片分类的维度变化（dimensional change card sort）任务中，研究者给儿童展示了两种目标卡片，并要求儿童根据某种如颜色维度，对一系列卡片（例如，红色的兔子和蓝色的车）进行分类。[17]在儿童对一些卡片进行分类后，然后告诉孩子要变换分类规则。不论首次呈现哪种维度，3 岁大的孩子通常不能变换分类维度。尽管如此，孩子们通常正确地回答了他们应该做什么的问题。他们的言语行为表明，他们意识到了后来变化的规则，但他们的分类行为表明，他们只知道先前变化的规则。简言之，孩子在知与行之间表现出了脱节现象。

在对正常主体的视觉感知研究中，一些研究已经提供对消耗系统的选择可用性的其他事例。试考虑由卡明（Cumming）[18]所进行的实验。卡明给受试者展示了一排水平的 5 个字母，字母一个接着一个排列，然后连续快速闪过。字母的这种时-空安排旨在产生一种被称为“连续空白”（sequential blanking）的后向对比遮蔽（metacontrast masking）形式。然后，给受试者一个视觉搜索任务。该指令是，如果（例如）字母 J 出现在显示器上时按下 J 键，当 J 没有出现时按下另外的键。当敦促他们尽可能快地作出反应时，受试者甚至不惜产生许多错误，他们对目标字母表出现的反应，往往是以一种“盲目的”立场快速（并正确）按下“目标呈现字母”的键，然而，片刻之后，受试者为产生的错误而道歉。[19]可以说，卡明的受试者对于其内容已经有经验了，这种经验内容的模式（手动按压按钮）是可用的，但不是另外一种模式是（口头报告）可用的。[20]

马塞尔（Marcel）的实验提供了相似的脱节（dissociations）事例。[21]马塞尔要求正常受试者，当他们发现一盏灯时，要在 200 毫秒内作出反应。要求受试者尽可能快地作出反应，要求他们用三种方式来立即作出反应：眨眼睛、按按钮及回答“是”。受试者经常给出不一致的反应。在一个单独的实验中，受试者可能说，他们用手指指着，然后报告他看到了灯光，但却不能用口头语言报告他看到了一盏灯。或者受试者可能通过按按钮表明他已经看到了灯光，但却没有回答“是”或眨眼睛[22]（马塞尔还发现，受试者并不知道他们的反应是不一致的）。此外，受试者似乎处于有意识的状态，这种状态的内容对受试者的消耗系统不是全局可用的。在任何特定的实验中，灯光的经验可以说对这些消耗系统是有用的，这种消耗系统涉及的是按按钮，而不是口头报告；或者反之亦然。

被称为“病觉缺失”（anosognosia）的临床症状也提供了反对有用性论题的初步证据。病觉缺失涉及缺少对失调现象的知觉——典型地是单侧性疏忽或偏瘫（身体的一侧瘫痪）。通常这种知觉的缺失是片面的，病人对他们的状况有“模糊认识”[23]。一位偏瘫患者可能口头上承认他的状况，但仍试图从床上起来或参加其他活动，这些活动（如编织）对他来说明显是不可能的。其他病觉缺失患者的行为方式表明他们知道自己的缺陷，但当询问他们的状况时，他们坚决否认自己有什么毛病。还有一些患者给出了不一致的自我评价：他们可能否认偏瘫的情况，但承认患肢是“懒惰”或“不听话”。偏瘫患者与病觉缺失患者可能主张，虽然他们自己能够从事某些任务，如爬梯子，但他们显然没有这样的能力为之，如果其他人受同一损伤影响的话，那么他们也将无法参与这些活动。

在刚刚回顾的每个症状中，主体似乎有意识状态，其状态的内容只对消耗系统是局部可用的。因此，这些现象提供了初步的证据来反对可用性论题。当然，这些症状都没有为可用性论题提供一种压倒性的反对意见。我认为，涉及意识状态的这些案例，其内容对于主体消耗系统只是部分有用的，相反，我可能会辩称：这些案例包括无意识内容的高层次可用性。也许孩子们在卡片分类的维度改变任务中的分类行为，是受到先前变化规则的无意识表征的指导，也许这些视觉状态不是有意识的，这些状态源自卡明实验中按按钮（猜测）的反应。另外，支持可用性论题的理论家坚持认为，这些状态是有意识的，但意识（现象）与主体消耗系统的全局可用性是不相关的，而是与内容可用性相关，这种内容可用性是主体消耗系统中每个成员的某些子集。两种反应路线都有话说，但在这里我缺少篇幅来评估它们。我在这里的目标是引起人们对这类案例的关注，对可用性论题施加压力，并论证这个论题远不如通常被认为的那样简单。

4. 统一性论题

我的统一性论题的第三部分关注主体统一与现象统一之间的关系。试考虑主体经验是什么样的，人们通常享有各种知觉、认知、情感和能动经验，无论这些知觉状态是如何众多、变化或复杂，它们是作为一种单独、全局现象状态的一部分（成分、方面）而出现的。正是全局意识状态的内容决定了你现在是什么样。

可以说，这种现象的统一性延展了正常清醒的现象，甚至包含了意识的非标准形式，如那些做梦的体验和精神错乱状态的体验，在这一思维的基础上，可以说，人们对于任何主体经验，将有一种全局知觉现象，这种全局知觉现象包含了这样一种体验，即主体在当时是有问题的。我们可以称这种提议为统一论题。[24] 如果统一论题是正确的话，那么在主体统一和现象统一之间有着一种深刻而密切的联系。

对统一论题进行充分的评估，显然超出了本章的范围。在这里，我将专心讨论一种对统一论题有影响力的反对观点——“脑裂异议”（split-brain objection）。

脑裂基本的症状是由胼胝体切开所引起的，纤维束是作为大脑的两个半球之间交流的主要渠道。这一程序对日常生活中的认知功能没什么影响，但细致的研究已经揭示了一种排列复杂的缺陷（deficits），这种缺陷在脑裂情况中偶尔有用。[25]

研究脑裂患者感知的标准方法涉及给患者两个脑半球投射不同的刺激物。[26]考虑一个典型的脑裂患者，当给脑裂患者呈现“钥匙圈”三个字时，结果“钥匙”二字落在脑裂患者的左边视野，而“圈”字落在脑裂患者的右边视野。该视觉系统对侧结构确保刺激物投影到左边视野，左边视野是被右脑所处理的，反之亦然。当要求患者报告他所看到的字时，脑裂患者将会说只看到“圈”字；并且在用左手时，他选择“钥匙”的图片，而忽视了“圈”和“钥匙圈”的图片。

人们普遍认为，这种行为表明，至少在实验的语境中，脑裂患者有两种同时发生的意识流。[27]对这个结论给出了两种论证。一些理论家把这诉求于脑裂患者明显的表征不统一：脑裂患者似乎有意识地表征了“钥匙”和“圈”字，但没有意识来表征“钥匙圈”。其他理论家诉求于脑裂患者明显的通道不统一：脑裂患者对“钥匙”二字的表征对一些消耗系统是有用的，而其对“圈”字的表征对其他消耗系统是有用的，但没有（或只有很少）主体的消耗系统可以同时有两种表征通道。

如果承认脑裂患者承受了刚才所概述的这类表征与通道不统一，并认为这是合理的话，那么这是反驳统一论题强有力的例子。但是没有理由认为，脑裂受试者确实遭受了这些表征和行为的不统一性。仔细检查证据表明，脑裂受试者中的意识知觉可以在他们大脑的左右半球之间交替，而不是每个半球支持其各自的意识流。这一主张的主要证据来自列维（Levy）及其合作者的研究，他们的研究涉及嵌合刺激，即通过联结在垂直中线的相同刺激而产生的刺激。[28]由于每个半球受到了不同的刺激，如果两种刺激表征被提升到意识层次来处理的话，人们将预期受试者会产生相冲突的运动反应。例如，人们可能会期望患者口头上识别如表情 A 的刺激物，然而却使用其左手指向了表情 B。事实上，这样的反应是非常难以察觉的：

> 在绝大多数有竞争性的实验中，检查所有患者所给出的某种反应，任务包括面部知觉、形成的荒谬言行、常见物体的图片、Xs 模式和正方形、词语和词义、押韵图片的语音图像、与颜色匹配的草图。此外，没有证据表明，没有作出回应的脑半球，它就根本没有任何知觉。因此，如果大脑右半球是通过文字或面部表情作出回应的，这并没有表明，大脑左半球对所作选择有任何参数；同样，如果左半球所作的反应，部分病人的行为没有表明与大脑右半球不一致性。[29]

列维和特瓦森（Trevarthen）发现，当要求病人基于视觉的外观来匹配嵌合刺激时，通常他们青睐呈现在他们 LVF 的图形（意指右半球），而指导患者基于他们的功能来匹配刺激物时，通常他们青睐呈现他们 RVF 的图形（意指左半球）[30]，但绝不会大脑左右半球同时支持意识知觉。可以说，对注意力的再分配，不仅改变了病人的经验内容，也改变了消耗系统，这种消耗系统对他们的经验内容有效。

那么我们又如何解释“钥匙圈”的数据呢？可以说，我们可以把刚才列维和特瓦森研究所报告的这种解释应用到这些有趣的报告中。也许患者说“圈”字的行动和伸手指“钥匙”的行为是连续的，而不是同时的。虽然这些“不一致性”行为的报告有时表明，它们是同时的而不是连续的[31]，但我不清楚是否有任何定量数据来支持这种主张。此外，即使正在谈论的行为是同时的，但可能的情况是：基于它们的意识状态不可能是同时的。不管怎样，我们的建议是，病人有连续“钥匙”和“圈”的经验而不是同时（和不统一）的经验，并且跨半球注意力的转换可能对这种改变负责。

列维和特瓦森报告的调查结果表明，这种直接“脑裂”案例没有反驳统一论题。当然，脑裂受试者确实遭受了某类意识的不统一性，但没有理由认为他们同时拥有两种意识流。当然，也还有对统一论题的其他挑战，但它超出了本章考查的范围。

5. 结　　论

在本章中，我已经研究了三种意识统一性概念——一致性论题、可用性论题和统一性论题。每种论题都试图抓住一个主要的方面，意识是——或至少看起来是——统一的。我已经论证，一致性论题和可用性论题面临着严峻的反对意见，我已经表明，统一论题的一种重要异议，它不可能如通常所假设的那样有效。但我不是详细探讨任何一种意识统一性概念，我的主要目标是提出一种意识统一性框架，其框架既可被用于了解各种症状，又可被用于评价意识解释。完成此框架是另一项任务，这个任务必须留待另一时间来讨论。[32]

注　　释

[1] Bayne and Chalmers（2003）。

[2] 在最近的哲学文献中，现象通常统一被称为所谓的“共同意识”（Dainton，2000；Lockwood，1989；Hurley，1998；Shoemaker，2003）。我更喜欢用“现象统一”而不是“共同意识”，因为心理学一直把“共同意识”作为一种不同的关系来用（大致来说，这种关系是，经验是共同主体统一而不是现象统一时，经验彼此移动），因为“现象统一”比“共同意识”描述得更准确。

[3] Baars（1993，p.285）。

[4] 参见 Tononi and Edelman（1998）。

[5] Rubin（2003）。

[6] Logothetis et al.（2003）。

[7] Kohler（1961）；Taylor（1962）。

[8] 感谢 Chris Maloney 下面的反对意见。

[9] Hurley (2000)。

[10] 有关如何使用唱机产生瀑布错觉，见 Frisby (1979, pp. 100-101) 的描述。1980 年以后出生的读者可能需要借用他们父母的唱机。

[11] Frisby (1979, p. 101)。

[12] 参见 Crane (1988)。

[13] 另一种可能性是，人们看到了，目标对象是相对于对象 *X* 在移动和目标对象相对于 *Y* 没有移动。

[14] Tye (2003)。

[15] Baars (1988, 2002); Dehaene and Naccache (2001); Dennett (2001)。另见本书原著，第 192 页。

[16] Gill and Mayou (2000); Lipowski (1990); Fleminger (2002)。

[17] Zelazo (1996, 2004)。

[18] Allport (1988)。

[19] 同上，p. 175。

[20] 这是可能的，即卡明发现的这种脱节是真实存在的，在早期和晚期的报告之间是真实存在的，而不是在按按钮和口头报告之间是真实存在的。Lachter et al. (2000), Lachter and Durgin (1999) 发现，早期（加速）的报告的优势超过了在元对比遮蔽研究（meta-contrast masking study）中迟缓的报告，但只有在刺激的遮蔽强劲时是如此。对于之前外观遮蔽的“过分书面”报告来说，目标刺激的信息似乎对于这一报告是简单有用的。

[21] Marcel (1993, 1994)。

[22] 其可能会认为，Marcel 的受试者只是不能给出积极的回应，而不是说给出一种否定的回应。但 Marcel 的报告指出，当他的受试者被指导对否定实验作出一个运动的反应时，他已经得到了相同的结果。

[23] Bisiach and Berti (1995); Marcel et al. (2004); Vuilleumier (2004)。

[24] Bayne and Chalmers (2003)。

[25] 参见 Bogen (1993); Corballis (1995); Gazzaniga (2000, 2005)。

[26] 研究裂脑的技术见 Gazzaniga (2000) 的一种实用性介绍。

[27] Davis (1997); Gazzaniga and LeDoux (1978); Marks (1981); Moor (1982); Puccetti (1981); Tye (2003)。

[28] Levy (1977, 1990); Levy and Trevarthen (1976); Levy, Trevarthen and Sperry (1972); Trevarthen (1974)。

[29] Levy (1990, p. 235); 也参见 Levy (1977)。

[30] Levy and Trevarthen (1976)。

[31] 参见 Gazzaniga and LeDoux (1978)。

[32] 非常感谢 Jillian Craigie 和 Neil Levy 对本章的早期版本进行的有益评论。

第十六章　延展认知与心灵统一性：为什么我们不是“延伸到世界”？

米凯莱·迪·弗朗切斯科

心灵在哪呢？难道它真的在“大脑中”？或而今心灵以稍微有些放纵的方式自己延伸进入外在世界？……每种思想都是通过大脑承载的。但是，思想流和自适应成功的理由，现在看来依赖于与外部资源重复、关键的互动。那么……在某种意义上说，人类推理者真正被分布有认知引擎：我们召集外部资源来执行特定的计算任务，就像很多联网的电脑一样能够请求其他联网的电脑来执行特定的任务。

——安迪·克拉克

1. 心灵的两种概念

根据心灵的模式，这一模式是由后经典认知科学而理论化，由心理过程所具体呈现，并且由认知过程所分布的事例。[1] 身体和环境有助于实现我们的认知任务，以一种变化和整合方式来实现，这种方式被认为是认知行动者的真实部分。根据认知的延展模式，至少“心灵”部分地外在于身体。使一条信息与其起作用是认知上相关的，并没有什么能阻止这种作用是从这种外部项目所得来的。相反，延展的认知模式导致了一种延展的主体模式，其根据是主体“是分散进入世界”的。

本章目的是对延展心灵和个人心灵进行比较。从民间心理学的意向来说，个人心灵是一类我们归因于（人类）本身的心灵。个人心灵有两种基本功能：它是主体性场所（locus）及理性场所。换句话说，首先，个人心灵提到了“个人本体论”[2]，或者，正如我所说的，它构思了一种主体空间，为了描述这种空间就需要意向语言。主体空间的特点是第一人称观点；它表达了一种个体观点；它展现了一种特有的统一性和现象学；它的内容是以特权方式被赋予主体的。其次，当我们解释人类行为时，个人心灵也是重要的，它描述了“推理空间”的规范性和意向性特点[3]；它使我们把理性行为理解成是理性的，并给予我们概念工具来把行动描述为行动的（不仅仅是偶然的）。

我们不应该把个人心灵等同于有意识的心灵。无意识的心理现象可能是个人心灵的一部分。但两者都不应该指称个人心灵，这种心灵意指一种激进的二元论形式。个人心灵可能（应该）被视为是亚个人（subpersonal）过程的产物，个人心灵的本质，是客观（第三人称）和因果解释的，这一解释是就神经关联、功能组织等方面而言的（即使当前没有解释是可用的）。在这种情况下，我会说，个人心灵是从亚个人过程突现的。[4]

在下面的篇幅中，我论证了只是纯粹因果信息的联结，这种联结描述了延展心灵范式中的一种认知系统，这种因果信息的联结不足以解释统一性的特殊类型，这种统一性对我们人格和主体性概念是至关重要的。主体空间的统一性不能依靠因果过程来解释，这一因果过程构成了延展心灵。事实上，这些过程忽视了内部和环境过程之间的范围。我们希望有一个口号是：我们可以延展认知，但不能延展对象。另外，为了能够解释这一事实，我们需要个人心灵的概念。

2. 延展心灵的认知模型

“心灵停在哪儿，其余世界从哪开始？”这个问题是在克拉克和查尔默斯（David Chalmers）的开创性论文《延展的心灵》（*The Extended Mind*）[5]中所展现的，在《延展的心灵》中，他们倡导一种特殊的外在论形式：“一种积极外在论，在推进认知过程中是基于环境的积极作用。”[6]积极的外在论概念背景是一种心灵模型，这种模型是由后经典认知科学而被理论化的。根据这个模型，（人类）认知行动者具有强烈的倾向“倚重环境的支持”——利用各种不同的工具，从笔和纸到航海计算尺，“以及语言、书籍、图表和文化的一般工具”[7]。环境的支持使我们执行认知行动，此类行动是一类（认知）活动，世界一部分的功能是作为一种“在头脑中进行，我们会毫不犹豫地承认这是世界的一部分”[8]。根据克拉克和查尔默斯的观点，这种模式使我们把世界看作是认知过程的一部分。

有人可能会认为，虽然基于脑的认知资源，旨在通过本质上允许人类获得他们的认知目标，而外部资源只是偶然可用的（一个主体可能会忘记他的笔或他的笔记本）。克拉克和查尔默斯拒绝这种反对意见，主张纯粹的偶然事件并不排除认知状态。从延展认知的观点来看，原因在于重要的是生物体与其环境资源之间的因果耦合，并且外部特征是“正如作为典型的大脑内部特征一样是因果相关的”[9]。正如我们将要看到的，这种结论在延展（外部）过程情况中是可以接受的，但把这种结论应用于延展心灵时，就会面临严重的问题。

重要的是要注意，尽管二者有明显的不同，但没有什么能够阻止经典认知科学和情境（situated）认知科学来共享一些关于心灵过程本质的形而上学的假设。即使后经典认知科学不再把心灵/大脑看作是一种（自我包含的）计算机，它的主要假设仍与这一基本观点相容，即其根据是信息过程是思维的基础。[10]与旧范式不同的是，部分过程是在环境中发生的，或部分过程利用了所涉及构成认知系统的物体。

根据延展认知模型，心灵的基本方面（如信念和欲望）外在于身体："头骨和皮肤不是神圣的事物。什么使得一些信息算作信念，并使信念发挥了作用，并且为什么只有从身体内部才能起到相关的作用，这些是没什么理由的。"[11]在这个意义上说，延展心灵发展了一种本质上的认知概念，这种发展基于信息过程，而该过程对于内–外部之间的区分并不敏感。它采用信息过程的概念，并把它作为关键概念来解释。这就需要：①当我们解释一种认知活动时，只涉及因果关系；②因果过程（尤其是信息过程）忽略了内部与环境过程之间的界限，因为心灵、身体和环境是整合系统的一部分。

然后，我们再重新设计认知系统和世界之间的界限。即使对这个问题进行更为谨慎的分析，其中的作者之一主张，这种心灵新图景"威胁了基本自我形象的重新配置，我们扩大我们个人的观点时，有时包括局部环境的方面"[12]。在下面的篇幅，我想表明，这种重新配置是没有必要的：人不是冒险地延展进入世界。至少，在个人与他们外部身体的认知资源之间的耦合，是两种不同现象之间的关系，这一点有重要的意义。

3. 认知、意识与延展心灵

对克拉克和查尔默斯观点的一种明显批评是，外部认知过程没有现象学内容。这里没有"像是那样"的事物，如果你从外部支持认知，那么为什么称呼这些状态为"心理"？它们应该被视为一种心灵所使用的工具，而不是心灵本身的一部分。作者的回答是，这种反对混淆了心理与意识。虽然把我们的意识排除在我们身体之外，这难以置信，但有许多认知过程（与记忆、语言、后天技能相联结[13]）并不是有意识的。事实上，心理与意识之间的区分在当代认知科学中是老生常谈的事情，因此任何对延展心灵模型的批评都是基于外部过程中意识的缺失，这是一种混淆的征兆。

但是，这个问题更为复杂。为了描述发生在外部环境中的一种"心理的"认知形式，这表明在某些方面这种认知过程与其他类型"心理"过程是同质的。但是，这是有争议的。毫无疑问的是，如果我们采用延展心灵范式，那么在内部与外部过程之间具有因果同质性（causal homogeneity）。但即使作者承认存在简单的因果关系，也不足以确保心理现象的存在。如果说我知道大英百科全书中所有的事实，这将是很愚蠢的，"只是因为我每月分期付款并在我的车库中为它找空间"[14]。注意，当我们比较心理活动和神经活动时也会出现同样的问题。有许多神经过程，它们对心理现象的存在是因果必要的，但并非被称为"心理"，如确定的神经递质（neurotransmitter）、轴突上髓磷脂（myelin）的水平、血液中的葡萄糖率的存在或缺少就是明显的例子。

所以，如果我们把自己局限在一个严格心灵与意识的认知概念中（忽略任何此刻提及的现象学层次[15]），那么这种认知概念很自然地真正地区分了心理过程与心灵出现的因果相关过程。

请注意，我们可能称之为“心理”的多种认知形式过程不能访问意识，但这些过程应该严格与“意识”过程有关。事实上，比起那些外部设备所处理的过程，当我们处理大脑中的亚个人层次运作时，大脑实现的认知过程的输出有权进入我们有意识的心灵中，以一种更亲密与更直接的方式进入我们的心灵。而这一亲密关系的性质对我们有意识心灵的运转方式有直接影响，并与我们认知系统的其他部分进行互动。现象学内容可能会影响后来的心理过程[16]：有意识的经验信念是“推理空间”的基石，因而对我们人类行动者的解释是至关重要的。

为了简洁起见，我们可以介绍“亚个人”(subpersonal）认知过程与“非个人”（nonpersonal）认知过程之间的区别。在一定意义上，两者就个人心灵而言都是“外部的”（一般来说，亚个人的大脑过程不是直接访问主体），但它们包容了（entertain）个人心灵中的不同关系。关键的一点是，当基于内部支持的亚个人过程内容有权访问意识时，它们显示了基于外部支持的亚个人过程的不同属性。如果我在我的笔记本上记了一些笔记，过后我又读了这些笔记，那么这些笔记就以不同于记忆的方式呈现在我面前。例如，由于误认，他们没有表现出对错误的豁免性。[17]当我回忆一些事情时，我不会问自己：“这里有一些回忆，它们是我的回忆吗？”(如果我这样做，这可能是一个精神错乱的症状。）相反，我会问自己：“这是我的诠释吗？”除了精神分裂症之类，我不会问自己“我心灵中的这些想法是我的想法吗？”但我可能会问自己“这是我的笔迹吗？”稍后我们会回到这点上来。

“向我属性”（mineness）[18]介绍了心灵统一性问题，事实是：意识状态通常是统一意识领域的一部分，“全部状态不仅仅是意识状态的联结，也是意识本身的状态”[19]。向我属性和统一性与经验视角（perspectivalness）相关：事实上，我们的意识经验把自我作为它们共同的中心。或者，用另一种比喻，事实是：每种意识经验被定位于主体空间，这种主体空间具有相关的结构，自我是其中的被关系项（relata）——意识经验的意向结构把自我作为一种稳定的元素，此元素与不断变化的对象成分有关。[20]

心理内容有效的方式是，个人心灵需要在主体及其“内部”状态之间有一种即时匹配。也就是说，当主体有意识地访问他的个人心灵内容时，他立即并直接地把它们作为他的一部分经验来体验。当他容纳我思（通常通过第一人称代词“我”而表达的）时[21]，她以第一人称的视角来思考自己，这里没有空间来确认错误。主体有一种体验，是立即和直接的体验，并把这种立即和直接体验来作为自己的体验[22]。

当然，只是通过阅读我笔记本上的笔记，我们可以用它们来记起一些事情。

当我们通过有意识的感知获得了信息时，我们可以把外部过程的结果作为我们个人头脑的输入。但这样获得的信息与个人心灵之间的联结完全不同于来自亚个人过程的联结，在后一种情况中：①内容是立即和直接对主体可用；②它表现了与主体的其他（意识）心理状态共同存在（co-presence）的关系；③它可作为一种非推理判断的出发点。[23] 所有这些个人心灵特征不是存在于延展心灵中。

现在，很容易想象对我的思路的一种批评意见：不是拒斥延展模型范式，而是我们宁愿转变主题，从延展认知转到意识上来。我想强调的是，我的观点不是说延展认知是不可能的。个人心灵（意识）所谓的不可还原的主体特征，并不是反对延展心灵模型的直接证据，因为该模型处理了更多认知过程的一般概念。我的（首要）观点是：在延展心灵与个人心灵之间存在鸿沟，概念资源对于延展心灵可用，但这并不足以填补这个鸿沟。我的第二个观点是如果我们不能填补这个鸿沟，那对延展主题概念来说是没有前景的。

4. 从延展认知到延展心灵？

延展心灵与个人心灵之间存在鸿沟表明，存在两类信息过程，这两类过程与我们的认知能力相联结。第一种是亚个人过程，这一过程为个人心灵提供直接的输入。第二种是计算活动更宽泛的集，这种计算活动与确定的认知目标是因果相关的。这种更宽泛认知过程的集可利用外部支持，在这种情况下只是与个人心灵间接互动。

我们应该注意到，这里有趣的区分不是在内部与外部，或生物与机械。让我们假设，在我们大脑中安装电子植入管是可能的，这种植入管可以产生某些信息，以立即和直接的方式来访问我们有意识的心灵，这种方式就如生物亚个人过程所做的那样。[24] 在这种情况下，我认为我们应该把植入管看作是第一类信息处理的例子，因为它们将为个人心灵提供直接输入。[25]

对于亚个人过程与个人心灵之间的关系，可能有许多的理论进行了描述。一种温和版本的理论试图限制个人与亚个人之间“二元”结果的区分。例如，它可以表现其作为相同输入“目的地变化”，正如埃文斯（Gareth Evans）在下面所提出的模型：

> 当感觉输入不仅仅与行为倾向相联结时……我们得出了有意识的知觉经验——可能在某些大脑发育更古老的部分——但也可作为思维、概念应用和推理系统的输入。因此，主体的思维、计划和熟思也都系统地取决于输入的信息性质。当这有进一步的链接时，我们可以说是人，而不是他大脑的某些部分在接收和处理信息。[26]

在这里，即使个人层次是新出现的一个方面，在主体所运用的思维内容与输入的信息属性之间需要一种系统的连接。[27] 更激进的版本可能会选择强调“因果空间”与“推理空间”之间的距离。[28]温和与激进的方法都将提供给我们关于思维和行为之间的不同联结，但我对这方面的问题不感兴趣。[29]现在的问题是，个人层次是从亚个人层次出现的。

我特别主张，虽然个人心灵可以从亚个人过程（从“亚个人心灵”）出现，这是可以想象的，但很难在延展心灵与个人心灵之间找到一种合适的联结关系。论述心理状态的两种方法之间的差异是如此之大，以至于我们可以假设它们之间有一种不可通约性（incommensurability）。

一种显然的答复可能是，修复延展心灵的一种适当子集过程是可能的，这个过程可以被视为个人心灵的涌现基（emergence-basis）。但问题是，通过延展心灵范式的概念资源来个别化这种子集是不可能的。对于它的支持者给出的理由是，延展心灵模型使内部和外部的区分无效并取消了这种区分。[30]对于子集适当的候选者来说，我们可以区分延展心灵过程，这始于个人心灵。

为了澄清这一点，让我们考虑延展心灵统一性的基础。我们知道，延展心灵是基于因果-信息关系的（这些关系涉及由系统发展的认知过程）。是否任何关系都是足够的好呢？假设一个苹果打中了我的头，造成了我关于万有引力定律的思考，难道苹果是部分的思维过程吗？显而易见，肯定的回答会产生这一问题——事实是克拉克和查尔默斯承认，显而易见的是，对他们的讨论，我们称之为“可植入性异议”（portability objection）的讨论来看是很明显的。大脑——反对者说——包括“一种基本的、便携式的认知资源”，大脑可以包含身体动作，但并不包括“我们更多偶然的外部环境方面”[31]。作者的答复是：“纯粹偶然的耦合并不排除认知状态。”[32]原因有二：首先，在将来我们也许能够把技术模块加入到我们的大脑中（例如，一种可以增强我们短期记忆的芯片）。我们对此的回答是，如果这种植入管产生一种真正的记忆形式，这种记忆形式提供个人心灵的直接输入，那么它仅仅表征一种亚个人过程生物基础的非生物发展——其过程的结果对个人心灵来说将不是外部的。

当我们考虑真正的如袖珍计算器、笔记本电脑等外部设备时，会出现完全不同的情况。在这种情况下，要回答可植入性的反对意见，克拉克和查尔默斯承认，可靠耦合是必需的。引用克拉克相关的观点：

> 心灵不能有效、慎之又慎地被延展到世界。……笔记本问题在那——它没有锁在车库里，或很少翻看。笔记本包含的信息很容易访问和使用。该信息会自动获得——不会受到严格的审查，这不像同伴在公交车上的深思。另外，信息独创性地被收集和被当前使用者所认可（不像百科全书中的条目）。[33]

这些要求听起来合理。事实上，在我看来，他们正试图在因果层次上精确地反映个人心灵的现象学属性，这种属性是我们在上面已经描述过的。我们描述个人心灵的功能，是通过说“它们允许从认知过程到心灵的通道”实现的。但是，从延展心灵的观点来看，我主张它们完全是特定的（ad hoc）。让我们以第三种要求为例，“信息会自动被认同——不受严格审查”。当亚个人过程的结果有权访问主体的有意识-个人心灵时，出现的信息会被自动认同。作为主体整合心灵的一部分，心理项目的结果“就在那里”，平静地思考、推理（和感觉）。但是，为什么这样一种不加批判的态度会被延展到笔记本中的内容呢？事实上，如果我读到一条笔记，我可以怀疑它，或由于不相信可以拒斥它；我也可以搁置关于其父子关系的判断，等等。我可以实现所有这些行动，而不顾我以前可能作出的任何明确的承诺，如“我保证我从未怀疑我的笔记本上的内容”。

在延展心灵模型中，心灵是一个帕菲特式实体（parfittian）[34]，一种社团，联结了一些过程，这些过程导致了认知任务的完成。这是一个民主社团，根据社团的规则，没有任何过程被排除在外。上面描述的这些限制意味着，它有助于从过程到心灵的通道，但它们隐含地使用了一种来自“个人”方面的心灵观点——这种心灵观点把我们主体内心生活归因为第一人称体验。当然，“可靠耦合”是一种有用的生物要求，但它与作为处理信息过程的事例没有关系。延展心灵模型需要过程的子集，这一子集组成了合理的整合主体（整合主体之中并没有苹果）。为了增强延展心灵的立场，延展心灵的支持者不得不趟主观性这一危险的浑水。一种延展的主体是否可能呢？

5. 从延展心灵到延展主体

在他们的目标论文中，克拉克和查尔默斯明确地主张，他们不是简单地说外部过程，他们想描述延展的心灵。正如我们在前面所看到的，他们在经验（可能是由大脑内部被确定的经验[35]）与其他如信念的心理状态之间作出了区分，但这种信念的心理状态可以部分地由外部环境来建构。

我们已经注意到，这样一种区分是有条理的但条理并不明显，因为我们心灵内容的现象成分可能是与我们计算它们的方式相关的。但在任何情况下，信念足以让路给主观性空间和我们框架中的理性——可以这么说，从认知行动者转换到主体。至少就人类来说，信念是可以有意识考虑的，有意识地被认同或被拒绝，它们参照的是我们对行动的解释。换言之，信念（和其他命题态度）有权访问“推理空间”——规范性和意向功能，“推理空间”是个人心灵领域的连贯部分。

在任何情况下，对于延展心灵范式来说，如果某事物以一种可靠的方式来转换内容，该内容因果地与认知目标相关，这些事物就是一种信念。必须增加可靠性条件来避免纯粹偶然的因果过程成为心灵的一部分（如上面苹果的例子）。但是，这样描述的信念是很难被定义为“心理的”，理由我在上面已经提过。把内容的媒介描述为“心理”要求，它可作为主体个人心灵的输入——以这种方式展示其与现象学、理性行动者和思维能力的正确连接。问题不在于用语，而是在于内容。当然，我们可以称任何我们想要的事物为“心理”。但是，下面延展心灵的用法，我们忽略了亚个人和非个人认知过程之间的区别。对上述提及要求的介绍，这对确保“可靠耦合”并没有帮助。

为了澄清这一点，我们可以看看奥托和印加的故事。[36]奥托患有老年痴呆症，他携带的笔记本起到了生物记忆的作用。奥托获悉的任何新的信息，他都记在笔记本上。让我们假设，他被告知在现代艺术博物馆有一个展览，他决定去看看。然后，他看了看笔记本上记的博物馆地址，所以找到了博物馆。现在，如果我们比较奥托与印加的故事，印加——他的朋友也听到了关于这个展览的消息，只记住了博物馆的地址，我们可能认为奥托的笔记本起到了如印加的生物记忆完全一样的认知作用。尤其是如果我们引入适当的限制来确保“可靠耦合”：“奥托经常使用笔记本，他很容易找到所包含的任何信息[37]，他自主地认同它[38]，等等。”奥托和印加的例子似乎是等同的，两个案例精确的基本因果动力学正是相互反映的。[39]

然而，因果动力学不是全部。因果动力学非常适合认知过程的扩大版本，但它只是忽略了这一区分，即访问感知一种外部条目性质与访问思维的一种内部内容性质之间的区别。这两个性质与解释奥托的行为是因果相关的，但它们却是不同的种类。注意，这里的关键点不是简单地缺少一种与奥托的检索信息相关的现象学。[40]问题的关键是，现象学维度与笔记本条目相关性的缺乏提供了这一事实的证据，即这些条目不是奥托个人心灵的潜在条目——它们无助于使奥托成为特定的主体。奥托的心理内容与笔记本条目之间的联系是因果的，而不是动机的（motivational）：它没有解释奥托行动的行为。换句话说，考虑一种理由，笔记本的内容被同化到奥托的个人心灵中。情况并非如此，如果奥托念笔记本的内容“我要去看展览”，但他并没有去，这不是意志薄弱的表现。如果笔记本包含不相容的条目，这并不等于一种内部的冲突。如果奥托读到“我能像超人那样飞”，但他不相信，他并不是自相矛盾，等等。

当然，根据提出的确保“可靠耦合”的要求，在许多方面，奥托的活动就如笔记本是他个人心灵的一部分一样。正如我们所看到的，原因是在经验层次，反映要求概念详细说明个人心灵的定义（正如现象学研究和逻辑分析所表明的）。但难道也要持久、易接近及自动地认同我们可以有“延展进入世界”的主体吗？即有特设充分的理由认为如此。根据我们以前采取的主观性概念，答案是否定的，奥托不是一个延展的主体，他继续感谢他的超级心灵假体（extra-mind prosthesis）。他是一个病态的人，可以通过外部支持实现他的认知目标。

但是，也许这种批评只是回避了问题。也许我们应该扩大我们的主体性概念，来承认可以称为“主体”的整合系统。我不认为这是一个好主意，合理性、规范性及现象学是主体性的基本方面，但这种主观性并没有把自己延展到个人心灵的外部。如果我们想放弃它们，最好停止谈论主体。[41]不过，让我们假设，我们可以延展主体性："生物有机体和外部资源的耦合。"[42] 为了避免混乱，在我们的例子中，让我们称这种扩大的实体为超级奥托（Super-Otto）。与奥托比较而言，超级奥托是扩大（延展）的系统。现在，为了证明他们例证了两类不同的实体，我应该考虑极其不同的方式，即他们获得自己的"心理"统一性的方式。

事实上，其对许多统一性方面的问题都有预期。当奥托运用他的感知能力从笔记本中获得信息时，他获得的内容有一种不同于这些内容的联结，这些内容对于他（主体）而言是可用的，是作为一些亚个人过程出现的结果。在后一种情况中，它们是现象学的一部分和单一的心理空间；它们包含了与其他心理状态概念的、规范的及动机的联结；（当作为我思的成分出现时）它们表现出"通过错误辨识来豁免错误"；它们不能通过明确的描述来表达。心理内容对于个人心灵可用的方式而言，需要一种在主体与他的"内部"状态之间的直接匹配。当主体是直接、立即知道他的经验是他的经验时，那么我们有权谈论个人心灵。[43]

这些都不能说是超级奥托：他/它是一个真正的帕菲特式实体，这种实体可以结合任何（可靠的）信息处理形式[44]——唯一需要的黏合是一种因果联结。当然，我们可以试图在他/它的扩大的心理空间重构亚个人和非个人过程之间的区别，从而解释影响"前精神"（pre-mental）层次的统一性过程与只影响认知过程之间的差异。但是，重申一次，这种区别始于个人层次，并且这种区别是在"附生物"层次向"下"作出的（可作为在个人层次基于心理特征个体化的出现物[45]）。这意味着，个人心灵的概念是我们获得的唯一的区分，这种区分是在可作为主观空间涌现基的（真正）亚个人过程与其他描述延展认知观点的非个人信息过程之间作出的。延展心灵范式不足以捕捉到我们称为"心理"现象的基本方面。

6. 结论：奥托、超级奥托及个人心灵

如果这里提出的反思是令人信服的，那么读者会愿意去接受这种观点，即个人心灵的视角对延展心灵的视角是不可还原的。认知过程对内部-外部的区分是不敏感的，它对内部与环境过程之间的界限是盲目的。然而，当我们把心灵、身体及环境作为综合系统的一部分时，我们忽略了主体及其心理空间。但由于个人心灵现象确实存在，我们通过延展心灵范式得出的对世界的描述是不完全的。

现在一个新的问题出现了：让我们承认个人心灵的视角是不可还原的；但如果它也是不相干的呢？换言之，如果我们想要探索通过（人类）生物和其环境的关系所产生的"认知动力学"时，难道个人心灵现象是重要的数据吗？或者，当我们试图了解描述我们人类特有的本质特征时，难道它们只是认知化石，人类发展的原始阶段的回忆，以及非常有限的重要回忆吗？

或许我们可以把类似的概念归功于 Chark（1997，p. 216）。在这里，克拉克

论及了这个问题：“设想心理和认知过程延展而进入世界，这意味着表现出的（并且肯定混乱的）自我泄漏与局部环境有相关性?”[46]克拉克的答案是：“是和不是。”“不是”的成分取决于他相信主体有意识内容这一事实，而意识内容附着于个体的大脑。但后来他指出，这种意识内容不是很重要，它们是“最好把自我的印象视为一个不断发展的心理图像”[47]。存在物仅限于这些意识内容，我们会忽略推理和思维的演变，通过心灵、身体与环境之间的密切和复杂的互动来描述其特征，这种互动是通过延展的认知心灵模型来描述的。我认为，当他强调自我意识的限制时，这种观点包含多种真理，但他严重地低估了个人心灵的重要性和诠释的丰富性。他也低估了个人心灵的延伸性，这种延伸性不受目前意识现象的限制，但这种延伸性包含了所有的现象，这些现象可以成为访问心灵或（更普通的）可以作为思维、概念应用和推理系统的输入。从这个角度看，我们的个人心灵是与行为的解释相关的，这是因为在自我和合理性建构中，情感和敏感因素具有重要性。[48]另一个原因是，个人心灵可以内在化，可以说，认知环境方面最重要是的语言。[49]人类文化发展，使个人心灵部分地吸收他们从概念和语言中习得的社会环境。从字面上看，内在语言是个人心灵的一部分，并且内在语言使我们的主观世界更加丰富和深化。语言言说者的心理生活有质的不同。举例来说，让我们假设，我们犯了一个错误并极大地影响到了我们的生活。我们对有关工作采用了错误的决定，结果我们的个人生活面临着严重的问题。当我们明白错误造成的后果时，我们可以描述我们的心灵充满了悲哀、悲痛、痛苦、悔恨、悲伤、后悔、痛悔等。我们拥有的概念资源越多，我们分析内心状态就越充分，而这仅仅是个开始。这些心理状态将基于信念、意见、愿望和希望来激励行动和行为，我们可以预先评估其连贯性和可取性。在这个意义上，主体的心理生活包含的这些心理状态不是一个静态的蓝图，而是一个动态的现实。所有这些心理状态都通过内省能力产生动力来检测，甚至通过语言使这些心理状态成为可能。[50]但是，请注意不同于延展心灵模型，在这里语言不是无边界实体的外在部分，而是作为一个综合心灵的适当部分已被内化到行为的。

我认为这是非常重要的差异，Clark（1997，p. 198）想要区分他的立场与丹尼特明显相同的主张（1991年），这可能不是偶然的。丹尼特说，我们的认知能力只部分地依赖于我们大脑的“硬件”——先天结构。[51]更重要的是，文化和语言影响大脑可塑的方式。公共语言作用于可编程式的大脑，并因此修改其神经中枢的组织。所以——用克拉克的话来说——对于丹尼特而言，公共语言即是工具，又是大脑（心理?/认知?）重组来源。与此相反，克拉克提出了延展心灵范式，它是“倾向于认为语言在本质上只是一个工具——一种外部资源……”[52]。

相反，为了厘清个人心灵如何不仅仅只是意识，我认为丹尼特的模型是非常有用的，并且是相关的。由内在化语言（如数学其他外部实践）刺激个人心灵，已经变得相当有效和复杂——非常不同于由延展心灵模型描述的无延展场所的直接意识。

请注意，如果我同意丹尼特关于我们个人心灵是相关的观点的话，那么在考虑个人心灵不可还原时，我不同意他的观点。[53] 众所周知，对于丹尼特（1991年）来说，自我是一个虚拟的实体，其统一性和一致性是虚构的，自我可还原于亚个人分布式和并行的过程。而我认为相反，我们应该把主体看作一个突现的实体，赋予其因果能力及与真实世界互动的能力。然而，从个人心灵还原到亚个人大脑活动的论题，是一个非常不同于从个人心灵还原到延展心灵的问题。最后再重复一次，如果我们采取延展心灵的立场，心灵与世界之间的任何区分都将会消失。我们不能通过纯粹客观的因果语言而孤立这些过程，对主体来说，我们反对将这些过程当作是内部的，以区别那些主体性的外部领域（规范性和意向特征）。只有当我们采用个人的心灵立场时，才能显露单一主体的存在。为了用单一句子来表达，仅有原因是不能从内部界定主体的；但如果我们选择了始于自我的相关因果链的话，那么我们已经是在因果语言之外。

可以这样说，比起批评延展认知本身的观点，我更感兴趣的是为个人心灵的必要性进行辩护。与其他批评延展认识（克拉克在2005年及2006年讨论过的例子）相比，我反而认为延展认知在许多方面的谈论是有用的和有见地的，特别是当它阐明社会和文化因素在塑造人类认知（和大脑功能）的重要性时。我们没有理由否认延展认知是一个真实和非常重要的现象。首先，我们的认知工具改变了我们心理任务的方式，这一任务是动态地发展和表达的。其次，以社会为动力的心理现象延展了我们个人的心理能力、目标和表现。作为他们（生物基础）开放的后果，人心（及一般人类）对技术的补充持开放的态度。但要如此合并，认知技术必须出示其内部对应物（外部支持是不够的）。从这个意义上讲，即使外部认知设备塑造了我们的个人心灵，但我们个人心灵是世界的一部分，我们主体不是扩散到世界中的。就媒介和思维而言，我们是统一的实体，从个人角度来看事物，个体不仅在世界中，而且拥有一个世界；我们是行为的主体和理性的实体。[54]

注　　释

[1] 参见本书原著第15页，ff. 87。

[2] 参见 Searle（1992）。

[3] 参见 Sellars（1956）；McDowell（1992）。

[4] 突现论主张，实在是在不同层次建构的，当一个特定的层次达到一定的复杂程度时，新的属性突现。这些属性不是基于它们低层次基础的知识来解释和预测的。它们还产生了新的因果能力，这种能力可以在较低层次执行它们的行动。事实上，这是不同类型的突现论，但对于这类突现论，我不采取任何立场（激进或温和），这些立场适应于此。参见 Di Francesco（2005）讨论的各种类型的突现论。

[5] Clark and Chalmers（1998）。

［6］同上，p. 7。

［7］同上，p. 8。

［8］同上。

［9］同上，p. 9。

［10］参见 Di Francesco（2002，2004）；Marconi（2001）。

［11］Clark and Chalmers（1998，p. 14）。

［12］Clark（1997，p. 214）。

［13］Clark and Chalmers（1998，p. 10）。

［14］Clark（1997，p. 217）。

［15］我们可能采用奈德·布洛克对访问意识和现象意识之间的区分，并且把自己局限于访问意识。参见本书英文版第 16 章第 4 页和第 14 章。

［16］这一主张可能受到对现象意识进行副现象论描述的捍卫者的批评。不过，我认为，这是现象属性所起的因果作用的证据。可能用一种已经提出的案例来争辩说，关于所获得信息的本质和来源——源监控——参见 Johnson（1988）；Johnson，Hashtroudi and Lindsay（1993）。现象属性在报告高阶认知系统时起因果作用。在这个意义上说，它们是认知上相关的，因为它们可能在评估信念和决策的过程中有因果效能，参见 Zalla（1996），以及本书英文版，第 194-195 页。

［17］参见 Evans（1982，第 7 章）。

［18］Metzinger（2004）。

［19］Bayne and Chalmers（2003，p. 27）。

［20］我把个人心灵统一性作为一种（现象学）事实，这一事实应在我们心灵的理论化过程中被考虑。不过，我承认我的分析是比较粗略的，对批评是开放的，在认知科学和脑科学中的新成果可能迫使我们放弃我们的现象学直觉。贝恩（此书，第 15 章）在许多方面提出了详细讨论，即我们可以解释意识统一性的论题。他还表明，对实验或临床病例的研究，或采用的某些普遍的意识模型，可以提高人们对（各种版本）统一性论题的怀疑。这个问题相当复杂，但我认为，如果我们采取心灵的突现论图式，这是维护统一性论题的时候，其根据是在亚个人层次的认知分裂与在高阶个人层次（突现的）统一性是相容的。个人心灵统一性（不同于意识统一性）是通过无意识媒介来实现的；但它表明自己是一个真实（和因果有效）的现象——在不同于其亚个人基础的层次上运作。

［21］参见 Evans（1982，第 7 章）。

［22］在这里，我把我思作为一系列能力的突现，信息连接于我们的身体状态、知觉状态、记忆状态等，其部分的复杂性和可分性与我们承认存在单一主体经验知识无关。当然，我思突现的先决条件必须被满足，以便我思（和主体）的存在。但在它们突现的层次上，我思和主体显示的属性必须首先被考虑，并且它是我们理想的主体经验成分。

［23］这意味着，它是推理空间的一部分。请注意，这种通常持有的信念和其他认知状态，没有考虑现象状态等。

［24］有关此问题的介绍，详见 Clark（2003，第 1 章）。

［25］因此，我们同意“这没有什么神圣的头骨和皮肤”。内部/外部的区分是相对于（个人）心灵而言的，而不是相对于身体。

［26］Evans（1982，p. 58）。

［27］同上，p. 159。

［28］参见 Sellars（1956）；McDowell（1992）；Brandom（2000）。

［29］我也明确地避免任何提及科学的意识理论——把自己局限于哲学领域。原因是，这是没有被广泛接受的科学意识理论。由于这里的描述涉及两种哲学观点，基于涌现关系的两种不同理解，我们可能阅读温和和激进的版本，这也许是有趣的。对这些理解，见 Di Francesco（2005）。

［30］参见 however n. 22。

［31］Clark and Chalmers（1998，pp. 10-11）。

［32］出处同上。

［33］Clark（1997，p. 217）。

［34］参见 Parfit（1984）。

［35］Clark and Chalmers（1998，p. 12）。

［36］同上。

［37］去履行一个非常困难的必要条件是，不仅对老年痴呆症病人——特别是如果我们考虑到笔记本上包含的大量的信息，来作为我们生物记忆可行的替代品。关于这一点，参见 Marconi（2005）。

［38］在这里我们可以再次怀疑，当谈到知觉和阅读方式，而不是只作为个人心灵的内容而呈现时，搁置对获得信息的关键评估是否真的可行。

［39］Clark and Chalmers（1998，p. 13）。

［40］同上，p. 16。

［41］事实上，我认为在本文中，没有什么表明这种取消主义态度是错误的。参见 Metzinger（2003）。在这个方向上是令人印象非常深刻的尝试。但在这种情况下，我认为我们应该承认，这里没有主体（停止谈论延展主体；主体延展进入世界，等等。）

［42］Clark and Chalmers（1998，p. 18）。

［43］当然，奥托是一个病人。所以有时他无法实现充分整合认识资源来（认为）确认行动，并且他是可以使用技术上的辅助手段的。但在这种情况下，我们说个人心灵受到损伤，而他使用了额外的心理设备——不是因为他心灵包括那些设备，比起移植腿来说，这更像是轮椅。

［44］Marconi（2005）讨论了一个有趣的心理实验：一位父亲的心灵是他懒惰女儿延展心灵的一部分（他女儿使用自动翻译器把拉丁语翻译成意大利语）。

［45］从这个意义上说，这些亚个人属性表现出了一种本体上依赖突现心理属性的形式。这就是为什么我们可以在某种意义考虑它们——心理。参见 Di Francesco（2005）对这个问题的本体论分析。

［46］为什么是局部的呢？在延展心灵模式范式中没有什么能够阻止自我传播进入世界最偏远的地区。

［47］Clark（1997，p. 216）。

［48］理性与情感之间的连接是当代认知科学和神经科学中被广泛接受的论题之一。要放弃一种名称，我们可以简单提及 Damasio 在这个领域的工作。参见 Damasio（1995，1999，2003）。

［49］不同于延展心灵的因果模型，这个过程是基于大脑的修正模式，该修正模式连接到

语言习得和口头能力，它很好地符合了大脑处理作为思维和主体性涌现基的观点。

[50] 一般来说，虽然语言与意识之间的关系可能是与我们目前的问题非常相关，但在这里我不会讨论关于心理状态自身是否由语言创造的问题。

[51] Dennett（1991，p. 219）。

[52] Clark（1997，p. 198）。

[53] 在本书第十七章中可以发现反对自我取消的一组论题（即使作者们对丹尼特的实际态度是谨慎的）。

[54] 我要感谢Tim Bayne，Diego Marconi及Massimo Marraffa对本文早期版本提出的意见。

三、媒介与自我
Agency and the Self

第十七章　极端的自我否定

拉尔夫·肯尼迪　乔治·格雷姆[1]

一个男人不相信自己的存在，就如一个男人相信自己是由玻璃做成的理由一样是不适当的。

——托马斯·里德

我们的主题“极端的自我否定”是一类关于个人存在的虚无主义。在其最显著的版本中，其观点是：人们会包容对“我不存在”思维的思考。这是与经常讨论的观点密切相关的（但不认同），例如，欧文·弗拉纳根（Owen Flanagan）的“主体的死亡”[2]，主题是这没有主体，没有行动者，没有自我。极端的自我否认之间的联结是简单的：如果这真的没有主体，没有行动者及没有自我，那么就没有我或你。

我们认为宣布主体的死亡为时过早，我们相信没有人有充分的理由认为自己不存在。在这一章中，我们试图解释和削弱极端自我否定。

1. 识别否定者

极端的自我否定面临着一个简单而明显有决定性的异议：如果我否认自己存在，那么我存在。我否认自己存在，因此，这不是真实的（应该明确的是，人们不能说“嗯，也许我只是认为我否认我存在”来回避这一异议）。

可以说这种反对是从笛卡儿开始的。在《沉思录》中，笛卡儿写到，虽然他可以设法相信，他没有身体并且世界中的物理对象也是一种幻想，但他无法假装他不存在。[3]艾耶尔（A. J. Ayer）把这种笛卡儿式的思维转换成了关键语言，说“我存在”，“……没有人理智和正确地使用这些文字，能用这些文字来作出他明知是虚假的陈述。……如果他成功地作出陈述，它必须是真实的”[4]。

鉴于这种反对意见，这样问是很有诱惑力的：“为什么任何思路清晰的人会赞同极端的自我否定呢？难道它的荒谬性真的是专利吗？为什么甚至要讨论这样一种观点呢？谁会支持这一观点呢？”我们必须立即面对这个问题；我们不想浪费我们的时间或使读者攻击一个稻草人。

天真的是，这至少有一些人主张自己不存在或已经死亡：这类主张是虚无妄想综合征受害者的特征。[5]但是，考虑到我们的目的，这个事实不足以表明我们不是在攻击一个稻草人；我们的意思是要经过全面理性、非妄想的思考后才行动，尽管以某些方式致力于极端自我否定的哲学家（和其他人），他们对这种有说服力的反对因素大概是适度敏感的。

因此，难道真的有这种人吗？肯定是有的，或者曾经有至少有一位，如彼得·昂格尔（Peter Unger）曾经写道："艾耶尔在指出一个人试图否定他自己存在的荒谬性时，当然是正确的。"但他立即接着宣布他打算否定自己的"存在的推定"[6]。

也许彼得·昂格尔是衡量笛卡儿论证的影响力，少数哲学家如此直截了当地拥护极端的自我否定。即便如此，这样一些观点对于哲学家和其他人来说是很常见的："这里没有如自我这样的东西"，"自我是一种幻想"，"这里没有思维的、经验的主体"和其他类似的事物。这样的一些人，即使他们不否定自己的存在，那这样的观点也是我们感兴趣的。他们似乎意味着，不仅否认他们自己的存在，而且还否认自我：我们是什么？我们相当赞同安东尼·肯尼（Anthony Kenny）的谨慎，这是"哲学上的混乱允许空间来区分'我自身'(my self）与'我自己'（myself）而产生的一种（特别的）有别于形而上学实体的幻想，但隐晦地和人类相联系，即是与你说话的人"[7]。

哲学家否认在最后一段的叙述中，往往自我的存在似乎正是做一些肯定告诫不要做的事情：允许区分"我自身"与"我自己"来产生一种特殊的形而上学实体（自我）的幽灵，然后否认这个成问题实体的存在。让我们抵制形而上学意义的那种空间，因此，难以使某人明智地否认他自身而不是他自己的存在。如果你否认了你自己的存在，那为什么你不能确定"我不存在"呢？正如彼得(Peter van Inwagen）写的："除了说话者的自我以外，（典型"我"所指涉的）可能是什么呢？"[8]

极端的自我否定可能是一般哲学观点建构的一部分，这使某人关于自我的概念与自身其他的概念相一致。[9]一个人必须进入图景，去领会的不仅仅是否认的理由，而是领会它是否实际是一种否定。彼得·昂格尔对模糊性的反思导致了极端的自我否定。[10]德里克·帕菲特（Derek Parfit)、布德（Buddha）和许多其他人都赞同自我否定的观点，这种观点作为一类存在不仅是真实的，而且在面对生活中的变迁时有利于保持平静。德里克·帕菲特写道："不要说'我会死'，我想，'在某些方面，这将是没有将来的经验与目前这些经验相关'。因为它让我想起这个事实涉及了什么，重新描述使得这一事实不太令人沮丧。"[11]

彼得·昂格尔是（或曾经是）一个极端的自我否定者。可以同样这样说德里克·帕菲特吗？坦白地说，这不太清楚。德里克·帕菲特描述他自己的观点是还原的而不是取消的：我存在，但是这个事实涉及的无非是如此这般的事情。我的存在不是一个"进一步的事实"，这一事实超出一定的经验、一定的物理过程及它们之间的某些关系。[12]

不过，我们倾向于把德里克·帕菲特看成是一个自我否定者。当我们读到他时，从重新概念化中来获得安慰，即某人自己未来的非存在只涉及将来的经验，这一经验的发生只是在特定日期之后与某人终止（demise）的思想相联系，这样的理解不涉及任何真正的存在终止（ceasing-to-exist）。正如我们看到的，这就是为什么提出的重新概念化，被认为是使前景“少一些暗淡”。

罗素曾经写道：“如果我们要避免完全不必要的假设，那么我们必须摒弃把主体作为世界的一种实际成分。”[13]维特根斯坦在他的《逻辑哲学论》中写道：“这里没有如主体的事物或思想或考虑的观点。”[14]

如果我存在，那么我确实在思考和考虑问题（或许这可以被质疑，但我们假设它是真的）。凡是在思考和考虑问题的事物就是一种主体，因此，如果主体不存在，那么我不存在。如果我要变得确信上述引用罗素和维特根斯坦所表达的观点的话，那么似乎我应该否认我们自己的存在。

那么丹尼特是否定论者吗？[15]仿佛丹尼特可以预见这个问题似的，他在《意识的解释》一书中提供了以下的一小段对话：“对话者：‘难道我不存在？’丹尼特：‘当然你是存在的。你来了，坐在椅子上，读我的书并提出挑战’。”[16]还有什么比这更简单的？丹尼特似乎是作为拒绝极端自我否定论者而被记录在册的。

在语境中，事情是不太清楚的。想想上一段的对话“叫我以实玛利（Ishmael）”，“你从我的嘴唇听到，‘叫我丹’，你不是把我的嘴唇叫作丹，或把我的身体称为丹，而是称我这个人为丹，理论家的虚构通过……创造，嗯，不是通过我而是通过我的大脑，通过多年来与我的父母、兄弟姐妹及朋友的配合”[17]。

如果丹尼特是对的，那么我是“理论家的虚构”。如果我（只是）一个虚构物，实际上我并不存在。我像白鲸一样，我的“存在”只不过是一种有一定性格的虚拟存在（小说、短篇故事等）。因此，我们是否可以认为与丹尼尔一样，认为他只是一个“虚构的故事”？足以有理由把他列入一个极端的自我否定者。[18]

汤玛斯·梅辛革（Thomas Metzinger）在《无人存在》(*Being No One*)① 的扉页上说道：“世界上不存在如自我这样的事物。”[19]他说，自我是一种幻想，尽管实际上没有任何人遭遇到过，因为“没有人的自我意识可能是幻觉，也没有人会混淆自己与其他任何事物”[20]。只是把自我称为一种幻想，这不足以判断自我完全是不真实的，因为关于幻觉的观点表明，有能力忍受幻觉存在的事物的观点都太强了。没有事物能够忍受一种幻觉的存在，这显然包括你和我。正如他在书后面的注释中写到的，“严格地来说，从来没有人出生，也没有人死亡”[21]。似乎还没有延展到，要称呼汤玛斯·梅辛革为一种极端的自我否定者。

---

① 汤玛斯·梅辛革主张世界上没有“自我”这种东西存在；也就是说，没有任何人有自我，只有意识经验中的现象自我（phenomenal selves）存在。他论证经验自我不是实体的存在，而是进行中的过程（process）。——译者注

2. 为什么要否认?

那么，否认是一个真正的现象，但绝不是对精神病患者的限制。正如我们前面所提到的，可以说这似乎没有什么事物支持否认，至少在其最极端的形式中，当肯定时，“我不存在”的主张不是真的。一些哲学家习惯表明有自我否定之类的事物，从而为研究辩护。

我要论证两件事情。首先，我们认为，至少在某些情况中极端的自我否定出现了一种倾向，一种采取扭曲或不适当的观点，这一类观点是为了存在，我必须是什么事物，以及或许为了知道我存在，我必须是什么事物。当极端自我否认谈论（承诺他们自身需要的观点）他们不存在时，他们通常是不明智地预设了个人存在的标准，这种标准是悲剧性的错误。其次，我们认为，作为意识主体相信自己存在信念的理由，很容易在有意识主体的经验中被找到。很明显，我们每个人都是作为有意识的主体或作为把自己看作有意识经验。因此，用来罗德里·克奇瑟姆（Roderick Chisholm）的话来说，“我们知道自己所经历的事情，依据事实，我们是知道自我或个人——知道自我或个人受到某些方式的影响的”[22]。

这里用一个卡通化的例子来说明，我们打算谈论一种倾向，这种倾向包括对个人存在不明智或不适当的限制标准。假设你曾经历笛卡儿哲学阶段，笛卡儿的主张是，本质上你是一个精神实体（immaterial substance），这种主张是真的，因此你受到了极大打击，这是很久以前了。现在，你是一个唯物主义者，但你仍然显著受到残余笛卡儿哲学的影响。因此，在你看来，如果你真的存在，你必须是一个精神实体。然而，似乎对你来说，这里没有精神实体。所以，你得出结论你不存在。接受笛卡儿标准的个人存在的结果是，你成了一个极端的自我否定者。

鉴于你现在的信念是这里没有精神实体，很明显一种更合理的想法将是，为了存在，你不必是某人。你直接知道你自己“感觉到了温暖、感觉到了寒冷……喜欢和不喜欢……感觉快乐或感觉悲伤”[23]；你明白自己有某些意识属性（感到幸福，等等）；这种表现提供了“中性话题”(topic neutral)[24]的根据：它证明我们相信自己存在是合理的，并且相信自己有相关的属性而不用证明任何特定的观点，这种观点是关于我们可能是什么样的事物。

3. 理解人的存在：自我表现

斯特劳森在对康德第一批判的评论中指出，代词“我”可以由个人使用，“意识（他自己）是作为如此这般”，“不用规范主体的身份，但指涉（他自己)”有意识的状态。[25]斯特劳森主张，要避免内省和自我归因概念，就是假设知道意识经验是我自己的，我需要知道我自己是一种“单一纯粹的和简单的对象"[26]。我可以知道，当我想到巴黎时而不用知道任何关于巴黎是什么样的事物才能想到它，内省在这里是中性的。

詹姆斯说："不论认为我是什么，我总是在同一时间多多少少知道我自己，知道我个人的存在。"[27]阿文·戈德曼（Alvin Goldman）说过类似的话："思考 X 的过程也带来了一种非反思性的自我意识。"[28]詹姆斯和阿文·戈德曼都有如下的主张：意识经验把自己表现为主体的修正、变化及个人拥有的经验。在体验中我知道自己是有经验的。詹姆斯表明，由于我知道自己是有经验这一事实，因此我可以确信我的存在。

假设一种思想或其他意识事件是在意识流中出现的，那么詹姆斯和阿文·戈德曼主张，这一思想或其他意识事件是作为其主体的修正而出现的。

詹姆斯则认为，只要主体知道他自己是被修正的，这就表明他知道他存在。此外，因为这体现了我受一定经验的影响或我有一定的经验，当然，也必须体现我是存在的事物。

我把这称为"自我表现"的论题。根据自我表现论题，当一个人有意识经验时，他理解自己正在体验经验，其中把自己理解为可以通过经验以某些方式来改变或修饰。我们应该说，这不仅在于他正在思考，而且他知道自己正在思考。詹姆斯可能补充了前面给出的描述：从他知道他正在思考这一事实中，因而断定他是明白自己存在的。

因此，对自我表现论题可概括如下：在意识经验中，把自己理解为受到经验的影响或修正，在此范围内，人们理解自己是存在的。

什么样的论题是自我表现论题呢？这是一个关于经验的现象学论题，关于一个人对自己的外貌是有意识的经验。它的目的是成为一种真理，关于意识内容及经验的现象学特征的真理。凭借对自己经验的反思，其真理性期望被理解或被鉴赏。

显然自我表现论题不是真实的。难道我正在想到巴黎，而不用认为我自己正在思考巴黎吗？重要的是取决于自我表现或自我意识是如何明确被（或有意）假定的。根据一些标准，这一命题，即经验把自身表现为它们主体的修正（詹姆斯-戈德曼论题），这一命题不是在每一种实例中都为真。[29]例如，假设为了理解经验中的自己，我必须有意识地考虑"我存在"这一命题。当他们提及对自我理解分别是"有点儿"或"非反思性"时，我们采取这样的要求，而不是詹姆斯或阿文·戈德曼所考虑到的。在任何情况下，不用离开自我理解明确性或专注性的讨论，很明显，我们相信，在通常情况下我们经历的意识经验中，至少我们自己是有经验的——知道自己被某种方式改变或修正。因此，例如，牙痛可以体现了我牙痛。我用我的手抓住我的下巴，用镜子检查我张开的嘴，并说"我牙齿有一种疼痛"或"我牙痛"。疼痛出现不只是在我中（in me），而是为我（for me），即我的疼痛。或试考虑感觉温暖、感受冷或感到快乐或悲伤，这种感觉可能消逝，它们是我们对其现象学套管（phenomenal sleeves）的描述。我为自己的幸福而高兴。我写信给朋友们告诉他们这件事。其中我理解自己是感到了幸福——正如修正的理解。

因此，让我们对表现论题陈述如下：通常在意识经验中，只要主体理解自己是受到经验的影响或修正，那么主体认为自己存在。牙痛出现可以不只是牙痛（不管这可能意味着什么），也可以是他牙痛。

"通常"限定表现论题是正确的，这是否意味着我们走出了极端自我否定的形而上学困境呢？如果一种牙痛似乎是我的，是否意味着是我牙痛，因此确保了作为主体的我的存在（至少在牙痛持续期间）？

这不是那么明确。这似乎是否定者的一些理由：似乎是修正经验和这些经验确实是修正的，意味着事实之间存在一个深刻的认知鸿沟，即"自我的"（selfy）一些经验内容和经验的本体论基础之间存在着一种认知鸿沟？尽管否定者主张，现象学是忘我（self-less）的基础。例如，彼得·昂格尔可能不介意承认，一些牙痛似乎是修正的。[30] 尽管他否定他的存在、牙痛和其他类型的意识经验。所以否定者可以很容易承认纯粹现象学论题，即一些经验似乎是主体的修正，但否认任何经验实际上就是主体的修正。不论人们知道与否，他可能会说，人们从没有认为自己是受到了影响或修正。

4. 意识与非个体性

假设否认者是正确的，尽管人们从没有认为自己是以这种或那种方式被修正的。经验必须用另一种相当的方式来描述，这将如何进行呢？

或许，在这种情况下，不是说"我的牙痛"，我们应该说"现在在这里出现了牙痛"，因而仅指牙痛，而不是指主体，主体似乎是形容词。我们把这种非个人的（impersonal）、忘我（self-less）称为"利希滕贝格式"描述，之后格奥尔格·克里斯托夫·利希滕贝格（Georg Christoph Lichtenberg）① 要求我们不要说"我认为"或"我经历"，而要说"思想在继续"、"经历在继续"，等等。[31] 德里克·帕菲特赞同"利希滕贝格式"的描述，他写道："我们可以充分说明我们的经验及经验之间的联结，而不用主张它们是主体所拥有的经验。""我们可以给出我所谓的一种非个人的描述。"[32]

极端的自我否定者以某种方式减少了其内省经验报告，但是间接的，提及自己是作为这些经验[33] 的主体，这是否仍然有足够充分的报告？在下一节中，我

① 格奥尔格·克里斯托夫·利希滕贝格（1742—1799），是18世纪下半叶德国的启蒙学者，杰出的思想家、讽刺作家、政论家。他深受康德、歌德、尼采、托尔斯泰、赫尔岑等几代哲学、文学大师的敬重和推崇。歌德把格奥尔格·克里斯托夫·利希滕贝格的作品比作指明问题所在的神奇魔杖。——译者注

们将考虑怀疑他能够报告的一些理由。

5. 经验的统一性及同一性

我们可以用非个人或"利希滕贝格式"术语来充分说明人们意识经验的基础，我们发现这是难以置信的。许多哲学家说，如果意识经验发生的话，那么自我或主体出现的意识经验必须存在。斯特劳森写道："主体的经验……只是必须存在的事物，只要有经验，即使就老鼠或蜘蛛而言。"[34]

休梅克主张："经验必然是主体体验的一种经验，而且涉及这种主体，就如弯曲的树枝包括分枝一样。"[35]奇肖姆（Chisholm）写道："当某人理解时，理解了什么……爱或恨只是自己的"；"不论人们知道与否，人们理解自己受到了影响或被修正。"[36]

我们发现，斯特劳森、休梅克、奇肖姆的这些主张相当融洽，因此现在就来讨论一些争论，至少在精神上是隐约的康德论者及其他相当明确的奇肖姆论者，都支持这种观点，即不提及主体，个人不能充分说明经验。

"康德式"论证是这样的：意识经验通常是作为时空延展世界中的对象。劳埃德（Lloyd）指出，这些经验正如客观世界一样，"真正不可避免的经验是真实的"[37]。劳埃德说在意识经验中，"我们有一个……世界，对我们来说是实在的"[38]。

麦金（McGinn）指出，世界是意识经验的外部形象（outward-face）。[39]而且世界正如所经历的一样，真实或典型的外部世界由不同元素所组成——有些跨时间、有些是同一时间（at-a-time）。而此刻，我可能有几种不同的想法、知觉和感受。假设，说明除了牙痛的发生，还有以下意识内容会出现：听到树枝噼啪作响、品尝甜巧克力和闻到腐烂鱼的臭味。同样，假设斯特劳森称之为"理解-经验"（立即理解话语意义的一种经验）在同一时间显著出现。[40]一种理解-经验，它不像痒痛、味觉或气味，它不具备专有或独特的感觉或知觉属性。[41]比如说，人们听到一种语言陈述后，理解并立即领会了它，这就是意识经验。某人说"闻到腐烂鱼的气味使你恶心"，你立刻明白其意思。其话语的意思是"现在你的经验就如话语的声音"[42]。

尽管是可分辨多重体验的每次内容，但通常都形成了一种统一意识或作为世界经验的一部分而重叠。通常情况下，即在此时此刻出现的内容之间有一种经验关系。这种关系是一种并存意识或共同出现的牙痛、鱼腥味、话语的理解等。这种哲学问题是，什么解释了经验世界的统一性？[43]什么联合了各种经验，如此使它们是一个单一的世界？"康德式"的回答是，它们被统一是因为它们体现了自我或主体，并且这种自我或主体本身是单一的。[44]它们"附着"世界，其中经验的统一性预设了一个我，因为我的经验形成一个统一的、同时是经验的整体。需要这样一个主体的存在来解释这一事实，即作为统一的事物（世界）所经历的是什么，而不是每个不同的意识内容来作为独立的世界（美味巧克力的世界，树枝劈啪响的世界，理解话语的世界等）。

我们把这种回答称为“康德式的”，是指没有学术主张。我们所要求的是不论这是不是我的内容，或是另一种形而上学实体（非物质实体或无论什么），它必须在那里——它必须存在，似乎，如果不同但同时存在的经验内容的现象统一性是可能的。因此，“利希滕贝格式”描述必然无法捕捉到所经历世界的统一性。例如，为了便于说明，假设以下句子事实：

目前在这里感觉牙痛；

目前在这里听到树枝噼啪响；

目前在这里尝到甜巧克力味道；

目前在这里闻到烂鱼的味道；

目前在这里理解了话语的意思。

假设疼痛不是一种体验，这种体验与甜蜜不相关或意义理解不相关。此时此刻每种经验都出现相同的现象。牙痛、树枝作响、巧克力味道、鱼腥味及话语理解同时是人们经验世界的部分。此时此刻我们怎样才能理解多个对象的经验，而不用预设它们是单个主体的经验或“绑定行动者”(binding agent）呢？正如巴里·丹顿（Barry Dainton）所指出的：“（在某种程度上）哪一种为经验的统一性负责呢？”[45] 非个体或“利希腾贝格式”的描述错过了关键的事情，不只是因为疼痛时闻到了腐烂的气味，也不仅是因为尝到甜味时理解了话语的意思。而是这些元素是作为单个经验世界的一部分而出现的。而且这似乎只是假设，这样的世界诉求于主体或自我时，才能以某种方式解释经验的现象统一性。

这是主体必要性的第二个论证，有着稍微不同的侧重点——强调的不是统一性而是同一性（identity）或经验的个体性。奇肖姆、威廉姆斯、范·克利夫(van Cleve）和其他人论证，意识经验不能被个体化，而是以一种参照“我”或参照主体经验的自由惯用语而个体化。[46] 关于意识的某些个体化事实是我限定(I-bound）或主体预设的。为了说明这一点，假设我的牙不痛，假设我以一种非个体的方式报告了牙不痛。我会说一些像“现在感觉不到疼痛一样”的事情。奇肖姆说，使用一种非个体的建构如“现在感觉不到疼痛”将是“轻率和非经验的言论并且远远超出了数据的保证”[47]。怎么会这样呢？奇肖姆用这些表达了什么意思呢？好吧，假设，我不知道微小微生物是有知觉的。[48]

假设这样一种微生物寄居在我的牙齿中，一直和我共享口腔空间。假设疼痛也在微生物中出现。如果是这样，说目前在这里感觉不到牙痛将是错误的，现在在这里是感觉到了疼痛或出现了疼痛，尽管是在微生物中，而不是我。更普遍的是，假定存在微生物，可能产生的问题是，“这里”和“现在”是指当我说此时此刻没有感到疼痛，这取决于主体没有感觉到（或在相反的情况下，感觉到了）

疼痛。意识经验的同一性部分地取决于其内容是直接体现的。(此时此刻) 疼痛的同一性与主体的同一性(存在或不存在)是分不开的,对主体来说,这种疼痛就是一种疼痛。

如果我说,我自己知道一种特殊的经验是真实的,我必须报告:“我感觉不痛”,假定通过格奥尔格·克里斯托夫·利希滕贝格的描述,提及的主体被排除。如果说,目前在这里没有疼痛是真实的,这是相对于报告的主体我而言的,但对于寄居在我牙齿中的(假设的)微生物来说就是假的。

奇肖姆的论点是,经验的个体化要求参照主体经验。再者,主体的经验是一种用证据来约定出现的意识经验,自我或主体是真实的。主体的经验不只是在经验中(在詹姆斯的意义上),而且是经验的必要前提。这个论点也有助于说明为什么如斯特劳森所说:“这样想或说将是毫无意义的:这……经验正在发生,但它是为我出现的吗?”[49]

是的,经验是为我出现的,我是它的主体。这就是为什么我以一种立场把它作为这方面的经验。通过论证而呈现与众不同的身份,这种论证离不开我自己在场或我存在,就如主体通过经验修正一样。

6. 意识的取消主义

现在我们理解的极端自我否定学说是什么呢?我们试图激发下列假设:意识经验预设了主体——真正的主体——的经验。我们也注意到,一些经验用它们自身的主题来表现主体的经验。例如,一些经验对我自己的表现来说,正如这是我的经验。因此,我们提出对极端自我否定者的下列挑战:假设出现了意识经验,也假设意识经验需要主体。最后,假设一些意识经验体现得就如主体自身的经验。但现在试图否认你存在,这是很难做到的事,非常困难的事情。这是因为——正如温和派詹姆斯-戈德曼论题所注意到的——一些经验似乎是你的。如果你否认,对你来说,它们似乎是你的经验,因为如果没有你,就没有主体的存在,它们是主体的意识经验,那么这只苍蝇所面临的是,如何更好地理解意识经验的统一性和同一性。注意,意识经验是主体预设,而不仅仅是主体出现的(通常情况下,是经验本身)。

“很好”,否定者可能说:“意识经验出现也许是真的,那么它们要求主体;这些主体有时似乎对他们自己来说是一种主体的经验,也许这也是真实的;没有我自己存在的话,我似乎不能把自己作为经验的主体,这也可能是真实的。那接下来呢?这对我是开放的:否定者只是完全否定意识经验,正如我据此所做的。我说,这是一个虚构的故事。如果这没有意识经验,那就没有主体;如果没有主体,那么就没有主体来体现意识经验自身。”

我们让否定者试想使用第一人称通道。“意识取消主义的回复”如何有很好的前景呢？否定者如何处理对它有利的论证呢？

这有许多种方法使其可以继续。他可以把所谓的意识经验设想为拥有某些属性（比如说，存在是无法言说的），然后否定任何事物具有这种属性。或者，他可以主张，意识经验必须具备几个共同的属性（例如，存在的不可言说属性并且主体的存在对第一人称内省描述有特权），但他随后否认这些属性是相容的。或者他也许会说，意识经验应避开科学的唯物主义世界观，然后又支持这种世界观。反驳他论证的策略将是找到一种他所接受的对意识的描述的观点（正好如获得正确的观点），然后论证满足这种描述（例如，意识经验真的不可言说或者真的符合了科学世界观等），或者这种描述不等同于意识的本质特征。

当然，否定意识是一个赞同极端自我否定的令人吃惊的奇怪先决条件。不过，这正说明，至少否定者似乎相信，否定意识经验的实在性是必要的；但无论如何，他肯定不会从这种否定中退缩。丹尼特写道："那实际现象是什么呢？""没有这样的事。"[50]根据丹尼特的观点，没有意识经验，也就没有现象学。在某种意义上，这似乎是一种现象学，那是因为意识经验（假的）记忆和和判断是通过大脑瞬间和连续所形成的，并创造了一种意识经验的非现象错觉。[51]个体经验似乎出现了，但实际并没有出现。

丹尼特的意识图像是错综复杂的，并且难以理解。不止一个哲学家把它称为完全错误的论点。[52]在这里我们没有地方来讨论这种观点，或没有篇幅来为它辩护，我们把丹尼特理解为一个对意识的否定论者。[53]只是丹尼特设法准确地确定了一种容易被忽视但正滑向一种极端自我否定者的观点：意识取消主义。

这种受丹尼特启发并为其辩护的极端自我否定论是如何有效的呢？显然，它只在某种程度上是有效的，在某种程度上否定意识是合理的，我们认为，正是在这里对于否定者来说事情开始变得没有希望。即便主要是物理主义者如奎因，而丹尼特在他的讨论中影射了的"奎因感受性"(quining qualia)[54]，但奎因不是一个关于意识的反实在论者或取消主义者。奎因早在 1952 年就评注（在那年有一篇论文介绍），他谴责物理主义并不意味着"否定我们的感官及至否定我们有意识"[55]。在他职业生涯结束之际，其写道："我已经被指控否定意识，但我没有意识到我这样做过。""我们不知道意识是什么样，也不知道如何把它置于令人满意的科学术语之下。"[56]

我们在哪里，我们又是怎么来到这里的呢？我们承认，对意识的"利希滕贝格式"描述或非个人描述对于描述某些经验的事实是不充分的。主体对意识内容的出现是适当的，经验的本质部分是与它形而上学的预设一样。在这里我已经让人知道这是另外一种重要观点。通常情况下，经验自我表现的修正特征，使得承认一个真实的我的基本原则比任何事物都强得多，这些事物可以说是支持极端自我否定的。当意识经验直接把自身呈现为其非常主体（如"我"）时，这种经验是主体的（是我的）经验，这是很显然的。那些自我否定者并不怀疑明显的非存在修正，意识取消主义似乎是唯一的选择。

请注意这一命题，即我们是意识主体的命题，不是一个非常重要的形而上学的主张。它是朴素的形而上学的不置可否（noncommittal）。斯特劳森主张，对主体来说，相信他们知道自己是非常独特的个体种类，这是一个自然和有力的诱惑——也许是单一纯粹的物质——正是因为思维和经验的自我归因涉及不使用主体同一性标准。[57]没有什么比这更加远离了内省真理。那种爱的感觉似乎直接是我的，这告诉我只有我正在经历这种感觉。关于我是什么样的事物，这没有普遍一致的说法。当我们知道自己是作为经验主体时，各种形而上学的观点与我们了解自己是相容的。

我们已经论证，在本章中，我们（至少是有意识的）除了谈到我们自身是作为主体经验以外，对于我们是其他什么说得很少。[58]因此，更普遍和形而上学的过度（fulsomely）是，我是什么？我们是什么呢？

当然，我似乎相信自己是一类通过变化而持续的诸如此类事物、一类被具现的事物，可以通过时空延展的世界来移动身体的事物。因此，正如通过运动和位置改变而持续的事物，坚持改变的事物和许多其他事物一样。

假设唯物主义是正确的。经验主体候选材料包括：整个神经系统、大脑、或许一个或另一个半球，或者可能完整鲜活的动物机体。[59]可以指出的是，把主体等同于某事物（如动物），其有强大的物理界线和跨时间的持续期间与我们感官一致，这种感官是我们所存留的，在世界中被体现及被嵌入。“我们（其中）可以自信地谈论一个不可否认的持续对象……这个对象知觉地追踪世界的物理的、时空路线。”[60]

我们是否应该接受意识主体的唯物主义呢？如果不是唯物主义，那么用什么观点来替代非唯物主义观点是合理的呢？令人烦恼的形而上学的问题依然存在。我们并不想阻止对候选者的进一步思考，以及对于个人存在的更加过度的形而上学的思考。然而，在本章我们试图表明，不需要这样特别令人生厌的解释来打败极端自我否定的情况及削弱你或我都不存在的命题。正如我们自身的主体及我们的意识经验是相互交织的。所以，除非可以找到某种方式来消除其主体的意识或从真正存在的世界去删掉意识本身，结论必然是，极端自我否定的基本观点有严重的缺陷，甚至是荒谬的。[61]

注　释

[1] 这完全是共同撰写的论文。作者身份的排序是随意的。

[2] Flanagan（1996，p. 7）。

[3] “但是我确实知道我存在，同时所有这些想象也存在，在一般情况下，一切事物与身体本质相关的观点可能仅是梦想（和幻想）。”（Descartes [1641]，1985）

[4] Ayer（1956，pp. 51-52）。

[5] Young and Leafhead（1996）；Stephens and Graham（2004）。

[6] Unger（1979，p. 234）。Unger 已经放弃了这一观点，参见 Unger（2004）。当前论文参考了 Unger（1979）的论文。

[7] Kenny（1988，p. 4）。

[8] van Inwagen（2002，pp. 175-176）。

[9] 参见 Flanagan（1996）。

[10] Unger（1979）。

[11] Parfit（1984，pp. 281-282）。

[12] 参见 Parfit（1984，第 3 部分，throughout）。

[13] Russell（1959，p. 136）。

[14] Wittgenstein（1951，§5. 631）。

[15] Flanagan（1992）。

[16] Dennett（1991，p. 430）。

[17] 同上，p. 429。

[18] 在与本文共同作者之一丹尼特通过电子邮件交流时，我曾询问他，为什么他不能接受一种特征描述，其中包括以下内容："我不是一个虚构的实体，我是真实的。或更确切地说，如果鲜活的人类动物是真实的，那么我是真实的。"丹尼特回应说，他不能肯定，但他更愿意说，他自己存在。所以，也许丹尼特最好被理解为一类否认自我存在（虚构除外）的理论家，但并不意味着他本人不存在。我们感谢丹尼特的信件。因为我们不希望坚持，他继续保持的极端自我否定形式，是我们在《意识的解释》中所发现的这种否定形式。

[19] Metzinger（2003）。

[20] 同上，p. 626，强调原文。另见 Graham and Kennedy（2004）。

[21] 同上，p. 633，n. 7。

[22] Chisholm（1978，p. 144）。

[23] Chisholm，in Hahn（1997，p. 28）。

[24] Smart（1959）。

[25] Strawson（1966，pp. 165-167）。参见 Bennett（1974）。

[26] Strawson（1966，p. 166）。

[27] James（[1892] 1961，p. 42）。

[28] Goldman（1970，p. 96）。

[29] 参见 Kriegel（2004）的详细和微妙的论证，但这个命题，事实上，始终是真实的。

[30] Unger（1979）。

[31] Shoemaker（1963）；Williams（1978）；Strawson（1994）；van Cleve（1999）。

[32] Parfit（1984，p. 225）。

[33] van Cleve（1999）。

[34] Strawson（1994，p. 133）。

[35] Shoemaker（1996，p. 10）。

[36] Chisholm（1978，p. 145）。

[37] Lloyd（2004，p. 250）。

[38] 同上，p. 251。

[39] McGinn（[1988] 1997）。参见 Strawson（1959）；Grush（2000）。

[40] Strawson (1994, pp. 5-13)。

[41] Strawson (1994, p. 7)。

[42] Dainton (2000, p. 11)。

[43] 康德并没有提出“最佳解释推理”的先验演绎，因此，我们继续使用“惊人”的引用。

[44] 再次，关于康德实际所说的主张，这可能是明显错误的，至少将是有争议的。如果说在大多解释中，对单一主体所体现的这些经验，超越了康德所说的意思，而“我思”必须能够伴随所有我的表征。一种精彩的讨论见 Bermúdez (1994)。

[45] Dainton (2000, p. 27, 附注)。

[46] Chisholm (1976); Williams (1978); van Cleve (1999)。

[47] Chisholm (1976, p. 41)。

[48] 见 van Cleve 所使用的例子。

[49] Strawson (1966, p. 165)。

[50] Dennett (1991, p. 365)。

[51] 对丹尼特的相关讨论，参见 Seager (1999, pp. 107-131)。

[52] Flanagan (1992); Galen Strawson (1994); Seager (1999)。

[53] 正如我们前面提到的，无论丹尼特曾经怎么想，但他不再愿意说他是虚构的故事。

[54] 参见 Dennett ([1988] 1997)。

[55] Quine ([1953] 1966, p. 213)。

[56] Quine (1987, pp. 132-133)。

[57] Strawson (1966)。

[58] McGinn (1999, p. 165)。

[59] 关于最近一个有影响力的讨论：我们是人类动物的可能性，见 Olson (1997)。

[60] Strawson (1966, p. 164)。

[61] 这一章的早期版本于2004年5月在伯明翰的阿拉巴马大学生物医学科学会议哲学问题议题上宣读，署名为第二作者。感谢与会听众的有益讨论。感谢 Adrian Bardon, Owen Flanagan, Richard Garrett, Stavroula Glezakos, John Heil, Uriah Kriegel, Christian Miller, Win-Chiat Lee and Dean Zimmerman 对早期草稿给出的意见。

第十八章 实验心理学、超验现象学、自我

斯蒂芬·L. 怀特

当代实验心理学家以经验的方式表明，视觉感知的内容是丰富的。例如，伊莉莎白·斯贝尔克（Elizabeth Spelke）说婴儿把“移动的对象作为主体”[1]，罗切尔·格尔曼（Rochel Gelman）、弗兰克·德金（Frank Durgin）和丽莎·考夫曼（Lisa Kaufman）谈到“知觉的不可能事件”[2]，“运转的因果印象”[3]，“预期的知觉（有活力、无生命、中立）”[4]，以及“一种有活力的知觉对象”[5]。其他研究者说，我们好像不仅把这种属性感知为机械的原因、有活力的媒介及行动者因果关系，而且将其感知为权力关系、目标和价值观。[6] 而“感知”显然意指直接地感知。也就是说，感知是被知觉的，不被知觉是由于某些事物要更直接地被感知。在本章，我将给出一种先验论证（这种论证是先天的，并基于我们有一种有意义的语言条件），即在这个意义上，感知确实是丰富的。在回答休谟关于自我的怀疑主义时，我将论证丰富感知的重要性。

丰富感知概念的定义（在视觉情况中），是相对于经验主义概念而言的。根据经验主义，视觉经验是最直接和立即给出的，根据类似性而被理解，这种类似性一方面是心理视觉领域及照相机图像（洛克暗箱[7]），以及文艺复兴及后文艺复兴时期的现实主义传统的手绘图像，或另一方面是其他视网膜图像。基于上述理由，休谟否认在感知中可以给出一种因果知觉或一种因果关系。例如，如果我们看到一个台球与另一个台球发生碰撞，导致另一个台球产生了运动，我们在视觉感知所有被给予的（所有我们拥有的视觉印象）是一件事接着另一件事。[8]

经验和实验心理学中的研究计划始于米萧特（Michotte），这一计划挑战了这些主张。米萧特明确地说，（不同于休谟）这是视觉的因果印象。[9] 他开创了一种研究方法，这种方法探讨和描述了时空参数，而参数中的印象是被诱发的。同样，吉布森的工作是把这归因于主体知觉的可供性（affordances），我们可以把这种可供性注解为它们外部环境功能上的相关属性。例如，岩石的结构不是作为一个有特定三维几何学的固体物中立地被给出的，而是作为一个座位或楼梯、桥梁、收容所或藏身之处来被给出的。[10] 这种丰富形式的感知与这类感知有着明显的类似性，这类感知是通过哲学的现象学传统中的主要图式来进行研究的。例如，萨特说：“当我追赶一辆有轨电车时……这有一种电车将要被我追上的意识……事实上，我当时被陷入了一个对象的世界；正是它们构成了我意识的统一性；正是它们用价值、相吸引和相排斥的属性来呈现自身……”[11]

但是，为什么给出的这些经验研究传统都支持丰富感知的观念呢？难道我们应该寻求哲学的或先验的或形而上学的支持吗？这似乎类似于寻求行星数目的先验演绎，之后寻求必要的经验方法来确定这样的结果，已经非常明确和得到充分理解。但是，有三种理由来拒斥这种类比：第一，许多当代哲学家提供了知觉和/或属性内容的解释，这种解释与丰富感知不相容。事实上，许多解释是与感知或属性内容（与语言/描述内容相反）完全不相容的。第二，它遵循的是：关于属性状态的本质或知觉状态的定性或感性内容没有一致性。第三，我将论证，知觉内容受理性思辨的支配，并且（因此）是受规范性考虑的支配，这种知觉内容没有物理题材与之相对应。

1. 现象学方法

对感受性及丰富感知都存在着怀疑主义的回应，我将主张，存在着一种现象学方法来回答所涉及的两种问题（我在这里只处理涉及丰富感知的问题）。我将论证现象学的视觉感知，这是相对于经验主义传统而言的，它既是紧缩又是膨胀的方法。这意味着，在某些方面，我们的视觉经验比传统所允许的视觉经验更加贫乏，但在其他方面则丰富得多。在本节中，我将阐明这一方法，其方法既包括先验成分，又包括后验（posteriori）成分。在下面的部分，我将概述先验论证，这一论证必须是关于丰富知觉的。

（1）非正式实验。这些实验都不是以科学的心理学语言来表达或依据任何正式方法论或仪器进行的。它们也不是经典的哲学思想实验。它们不同于实验，只是去描述一种学生的读物或练习，以及读者是可以直接参与进来的。但是，实验完全是直接经验的，并因精确性而易于被形式化。但是，他们真正的兴趣在于，诉求于我们直觉和想象的力量。至于我不能在这里探讨的原因，经验主义或感觉材料理论延缓了我们的想象，没有多少经验或传统的心理文献似乎能够离开这一主题。涉及的想象力和感知经验在参与我们开放的可能性时起到了至关重要的作用，这种开放的可能性内含于转换哲学立场的范式中。

通货紧缩实验包括：

（A）汽车的挡风玻璃。试想一下，从驾驶员的座位来看，要求使用四条直线画出最佳接近你的汽车挡风玻璃的明显形状。反应差别很大，最常见的是“真正的形状”——绕垂直轴对称梯形，基线长于顶线。但是，明显有三个方面的不同：顶线与基线集中于右边位置，顶线长于基线，双方的角不是围绕垂直轴对称的。在我与众多学生的实验中，没有人曾经理解了所有三个不同的方面，甚至理解了两方面的人相对也比较少。

（B）手和脚的例子。如果认为存在是记忆问题，而不是知觉问题，当你的眼睛到你的脚面的长度保持 4 英寸①时，那么试着站起来估算一下你的手表面上的长度比例（手腕到中指末端）。即使记忆没有起作用（正确率在 1/20 ~ 1/30），通常导致估算改变的因素从 1 个到 10 个不等。

在通胀实验方面，包括瑟伯图画（Thurber drawings）。詹姆斯·瑟伯（James Thurber）的图画描述一些人，我们是直接读到这些人的自我介绍的——例如，某些过于自信和举止过于激烈的（demeaner）人，他们期望主导社会的交往（我们很容易用 1 ~ 2 秒的时间就理解了他们）。但是这种间隔只用了很小一部分时间来决定，什么样的身体和面部特征决定了所表现出的这些属性（例如，面部表情不仅更多的是关于眼睛、嘴之类的表情或面部表情也不仅仅是眼睛、嘴部两者之间某些方面的关系）。而且在很多情况下，甚至很难用图画表现出这些特征（这是漫画的共同特征）。[12]

虽然这些实验难以最终定论，它们表明，感觉材料理论（sense-datum theory）的核心假设令人难以置信——我们认为最直接、最不成问题的通道，是形状、颜色和"色斑"的相对大小这种主张构成了我们的（心理）视域。我们通常可以通过视觉感知来直接感知外部对象的多种属性。如果这完全有可能的话，我们获得这样的经验重建感觉材料是有困难的。

（2）思想实验和非正式论证。经典的哲学思想实验和论证也支持通胀/紧缩现象学。作为一种紧缩的例子，如下。

广角镜头论证。使用图片隐喻来形容我们的视觉经验特征，我们倾向于说，我们采取的视角大约是 150°，所有的图像看上去完全是自然的，即使在我们摇头时它们似乎也保持稳定状态。这种特征的组合几乎是没有任何分歧的，其特征是关于没有视觉上的一致性，但实际上它逐渐削弱了与插图类似的任何文字的应用。一个镜头产生了看起来自然的图像，即使在帧的边缘为 50 ~ 35 毫米的相机中，它拥有大约 46°的视角。为了获得约 150°的视角，我们需要一个 10 ~ 12 毫米的镜头——在极端广角和鱼眼镜头之间的中间值。在框架内，这种镜片产生了极其巨大的扭曲。甚至一个只是适度的广角镜头，一个在场景内平移的电影摄影机就显示了物体的效果，而这种物体效果在摄影机行动时似乎改变了形状。事实上，在二维视觉图像中，结合我们自身看到的视角与物体似乎拥有自然、稳定的图像是不可能的。而且，更不用说，这不是关于当前镜头技术的事实，而是关于三维空间投影到二维表面的事实——文艺复兴时期的理论家们心知肚明的事实。[13]

通胀的例子包括：

（A）探路棍下的石头（stone at the end of the stick）。当我们正开车并经历了车祸时，我们感觉到了什么呢？按照经验主义的理论路线，有诱惑力的说法是，

---

① 1 英寸≈2.54 厘米。

我们身体的所有部位都感觉到了，这些身体部位与我们自己汽车的内饰相接触。但似乎更准确地说，在正常情况下，我们会触摸到我们汽车的防卫物，正如我们说，盲人用探路棍来感觉石块。

下面既是关于通胀也是关于紧缩的例子：

（B）布拉德利（Bradley）的例子。布拉德利描述了这一过程，他训练自己接受比正常视角更广的视角，事实上这从某一点谈到了，从球场的某个位置看整个篮球场。[14]假设我们可能有360°的视觉（当然，我们脑袋后面没有长眼睛），但这难道是一致的假设吗？那些受视觉经验相似插图控制的人或那些承认读到这些经验特征而这些特征又远离眼睛的物理结构的人，将会说这不是连贯的假设。然而，正如我们已经指出的那样，我们似乎用约150°的视角看待一切事物，并且一切事物似乎都在焦点之中。在特定时刻大家关注的焦点是什么，虽然其只占用了2°～3°的视角。因此，在我们眼前的空间视觉经验是一种建构。大脑整合了时间从马赛克或拼凑物中产生一种统一的视域。然而，如果是在这样的情况中的话，那么在原则上为什么如此，这是没有理由的（从计算限制中提取）——考虑布拉德利不断地向后看——大脑不能整合较长的一段时间，来产生一个360°的统一视域。考虑这些经验，当我们面朝前面时，我们当然会对一些发生在我们身后的事不敏感。但要说我们的普通视域是一种建构，可以说这个观点也完全类似地适用于我们的空间经验，该空间经验在我们最关注的领域之外。

（3）证词（公开驳斥）。我们已经看到了一个实例：关于我们的第一人称特征的信念（因此我们的证词），目前知觉是易于更正的。我们强烈地倾向于把我们的视觉经验看作图像，但广角镜头论题及布拉德利的例子表明，我们不可能是正确的。当我们知道在任何时刻只关注一个很小的视角时，我们发现了这点与我们似乎得到的关注整个视域点之间的差异。在回答后一点时可以说，无论关于眼睛、（心理）视域被完全关注的事实是什么——毕竟，没有什么阻止我们幻觉到有东西在明显移动（sharp edges），而对象根本就不存在于视网膜图像中。（这类似于经过计算机处理而使画面色彩更加鲜明的数码照片）但这种答复在前一种情况中并不可用。在这种情况下，关键不是视网膜图像缺少我们归因于视域的属性，而是图片（或图片集）不可能有那些属性，因此，无论我们对我们的视觉感知经验给出哪一种描述，图像隐喻及类似的描述在许多重要的方面都是完全不适当的。

（4）基于证词的实证实验（empirical experiments based on testimony）。许多当代实验涉及传统的米萧特的感知因果关系，这种关系取决于主体的证词，即他们对事件所描述的印象。通常情况下，描述的可能范围是开放式的，且在理解和编码这种反应时经常有大量的工作要做。这个成问题的例子，具体包括以下内容。正如哈丁C. L. Hardin的报告所述，在独特的实验室条件下，主体报告把色域看成是“红绿色”（reddish green）。[15]这明显不是关于可理解经验的描述，在亚人层次没有什么可以如此解释。现在需要我们进一步探讨这个问题。难道看似矛盾的描述只是一个人造物？例如，它是否只是实验情境下的一个产物，在实验情境下受试者感到有必要简明扼要地表达自己，从而产生了描述；当允许他们用详细和更微妙的方式表达自己时，明显矛盾的描述会消失吗？或者这算作一种视觉，它经历了可理解描述的一些错误设想，如果我们放弃了它们的表象，那么矛盾的描述就会消失吗（如布拉德得的例子）？或者（更可能），它是否对二者进行某些组合？

考虑一种类比：在我们没有学习任何现代物理学之前，我们可能倾向于把“弯曲空间”当作一个范畴错误来谈论。我们可能说，空间本身不能弯曲，但空间中的线条和物体显然是可以弯曲的。然而，在学习了相关物理学、非欧几何学和哲学后，我们学习了更深层的必要条件：我们的定义是可操作的。而我们已经意识到支持一种过于复杂的物理理论是无意义的（要素似乎没有对应的物理实在，如基本力①），仅仅是为了保持几何学的先验直觉。[16]

然后，试想一下，询问受试者，关于哈丁所引证的（哈丁认为，在他们没有拥有经验之前，经验是一种他们可能永远无法想象的事物）明显矛盾性，是否更像弯曲空间或像有 360°视觉这样明显的矛盾，抑或是更像是思考圆的方或思考 P 与非 P 都是真的，这种明显是难以理解的矛盾。随着对布拉德利或非欧几何类型有足够多的可比较点之后，似乎很有可能的是，受试者会产生极大的兴趣和有见地的反应——如果反应不可用，那么我们立即通过转换到亚个人层次来改变受试者。

类似的观点可能会出现在受试者的疼痛报告中，而这种观点他们并不介意，或者哲学文献中的这种标准情况，就如同看见了一只花斑母鸡，而不用看出母鸡身上的花斑有多少确定的数量。[17]为了得出参与脑裂实验的更丰富和更详细的经验描述，或为了得出催眠后的暗示作用，我们一直在考虑同样可以对连贯性限制进行观察。

（5）基于证词的临床研究（clinical research based on testimony）。临床文献不同于实验文献，它充满了丰富的描述，这种描述与解决难题有关，而这些难题是在回应一些实验文献时而提出的。例如，在《一个精神分裂女孩的自传》中，蕾妮通过访谈介绍了她的经历：

> ……我看到了一个无边无际的平原，极大的、无限的地平线。树和篱笆是硬纸板，像舞台装饰物放置在这里和那里……[18]我看到的东西，光滑如金属，如此切开、如此相互脱节、如此发亮和拉紧——它们使我充满了恐惧。比如，当我在看一张椅子和一个罐子时，我不是在想它们的用途或功能——罐子不是装水或牛奶的东西。椅子不是用来坐的东

---

① 通用力包括四种：强核力、电磁力、弱核力、引力。——译者注

西——而是失去了自己的名字、自己的作用和意义的事物……[19]

这些描述使得经验主义者的实验概念毫无意义，反对丰富感知的背景解释完全可以理解，因为正是蕾妮的描述失去了可供性。

类似的情况也适用于奥利弗·萨克斯（Oliver Sack）对半侧忽略的偏盲（hemianopia with hemi-neglect）经验的描述："梨树消失了，但这正是梨树所在的地方。一个空出的地方是没有意义的；他只是认为梨树所在的地方不在那里了。"[20]

同样，这似乎是矛盾或不一致的。怎么能有一个地方或空间（相对于空间之中的事物）消失了呢？这种解释特别令有着视觉经验概念背景的经验主义者费解，因为视域左边感觉材料的消失可能永远无法解释主体右边的空间被丢失。但这正是与早期讨论的360°视觉和弯曲空间有关的情况。奥利弗·萨克斯增加了对他情况的现象学描述，我们可以把这作为我们的线索。

> ……认识到这点（他的病情），在理智上并没有什么事物能改变知觉的缺陷，或者说，没有什么事物能改变感觉上的缺陷，感觉除了是我所看到的之外什么也不是，因此，去看或寻找所谓房间的"左"半边是毫无意义的。随着意志的强烈作用，就如一个人强迫自己一英寸一英寸地移动，在噩梦中我把自己的头转向左侧。[21]

首先，想象一下，一个人接近左边空间的态度就像是意志极其薄弱或某人经历抑郁症——也就是说，即使当人们知道这样做会更好时，人们也很难面向或朝向这个方向。现在想象一种更加极端的情况，某人左边空间完全不再提供行动的机会（在大致吉布森意义上的"可供性"）。现在考虑的是，在何种意义上的空间存在呢？这是丰富感知的先验论证的意蕴，这种感知是一个人生活的私人空间（这个空间是人们可以执行基本的行动），它先于并且比外部的、几何空间更基本。事实上，（我们将会看到），它是私人的、生活可供性空间——行动的机会——使得行动可能并为有意义的语言提供根据。这种可供性私人空间本身是由我们行动的技能和能力来定义的——逃生机会的可供性空间只是特定生物的机会，这类生物有某些行动者的（agential）能力和责任。因此，如果面向左边行动的可能性已经消失，那么不仅仅是空间中的对象，包括空间本身也已经不再存在。

这种分析可以用来非常合理地回应另一个例子。正如奥利弗·萨克斯对他在骨折后试图行走所进行的描述，我们可以说，从他主体或有活力的身体图像来移动他的腿。

> 地板似乎在几英里①之外，然后是几英寸；房间突然倾斜，并打开了轴线……然后我感知了混乱的来源。来源是我的腿，或者说，用毫无

① 1英里≈1.609千米。

特色的圆柱粉笔样的事物来当作我的腿……现在圆柱体是有上千英尺①长，现在大约是两纳米；现在它是胖的，现在它是瘦的；现在它是以这种方式倾斜，现在它以那种方式倾斜。它不断地改变大小和形状，改变位置和角度，这种变化在一秒钟内发生四或五次……[22]但是是什么在我脑海中产生了这种剧变（explosion）呢？难道仅仅是来自腿部的感觉变化，或是因为它被迫第一次承受重量、去站立、去活动？确实这种看法对此是过于复杂……这种混乱不是来自感知自身，而是来自先于感知的空间、度量标准（measure）。即使我正在经历它，我觉得我正在见证度量标准、测量和世界的基础。[23]

当我们专注于先前例子中的比较明显的描述时，描述中令人困惑的方面消失了：生活空间和身体的联结不仅是外部的（因果的），而且是内部的——它们互相建构对方。在一定程度上，奥利弗·萨克斯正在经历他身体形象的激进修正（有活力身体），外部的、有活力的空间本身在激进的转变过程中也会被经历。而如果某人的空间常识概念是欧几里得几何学的话，那么这个人知道这种常识概念是不会变化的，但人们对此却提出了异议，那可能的回答是，奥利弗·萨克斯指出（正如我们所看到的），人们对这种情形的理解力可能是独立于其现象学的。

（6）基于间接方法的实证实验、发展研究和临床病例。通道的间接来源（即不通过证据）包括如皮电反应（galvanic skin response）和经典计时行为（非语言反应）研究。严格的行为表现并不能单独代替证据，因为我们通常不能确定这样的表现，在个人层面上对主体是否可用。它也是缺少完整证据的输出的，但这种证据是由主观经验的定义来体现的。

在这种语境下，特别有趣的是，当前的研究是基于对注意力的数量，即婴儿对各种感知现象给出的注意力——尤其是包括所谓的不可能事件。目前还不清楚，在何种程度上这些反应可以被认定为是行为，因为它们很可能会涉及实验者的解释，解释什么才可算是注意力的体现，但在完全行为术语中并没有成文标准。

2. 丰富知觉的先验论证

大致的论证如下：

A. 语言→说明通道；

B. 说明通道→媒介；

C. 媒介→媒介现象学；

D. 媒介现象学→丰富感知。

---

① 1英尺≈30.48厘米。

（“→”可以读为“先决条件”）。关于前提A，简单地说就是：如果语言要有意义，如果它超越形式演算，那语言必须有根据。也就是说，除了由词典定义所提供的这类字与字之间的连接外，还必须有语言与世界之间的一些联系。在一些字词与世界之间必须有连接，这种连接是以更多的语言内容为媒介的——这种连接我们通常称为实例或证明。但是，我们对主体话语意义的归因是受某些要求所限，（总的来说）这些要求是我们要使主体有理性。

这意味着我们必须准备去处理示范版本的弗雷格问题。例如，某人指着右边的窗户说：“这船属于一家跨国公司”，指着其左边的窗户说：“这船不属于跨国公司”，而（尽管他自己没意识到）他指出相同船的船头和船尾，并在逻辑上说了关于船不相容的事情。因为这个人明显应该是非常有理性的，必须以船舶本身呈现自己的不同方式来解释和合理化明显矛盾的信念。我们不能诉求于这个人可能会给出对船舶的不同描述，因为我们需要一个示范案例来说明语言如何可以作为基础。当然，这种诱惑是说，船是通过两种不同感觉材料被给出的，这种不同的感觉材料是由不同的船舶所产生的。但是，我们已经看到了对这类知觉现象学的一些异议。

正如我在其他地方讨论过的，该解决方案是说，通过两种不同的陈述模式来给出对船的描述（所有人都知道对于不同的船有不同的陈述模式），由于对两种基本行动的可能性进行不同的包装，我们可以指向船头并指出其空间范围，人们知道如何走向它，或指导某事或其他人接近它。如果一个人的观点模糊不清，他知道如何移动以便从不同角度来察看它，等等。此外，船尾呈现出了大量不同行动的可能性。请注意，这是对主体可用的行动可能性。单纯的因果处理，其自身对主体不是直接可用，也不能起到同样合理化的作用。

但是，媒介（agency）、媒介现象学及丰富感知之间的连接是什么呢？想象一个消极的主体，他同意所有关于我们的客观事实，他也理解行动者语言的推理作用，但他不理解行动。这位消极的主体说：“如果一切事物是被决定的，那就没有如行动这样的事物，并且如果事物是随意性的，那么这也没有什么帮助”，“除量子不确定性（Quantum indeterminacies），未来如同过去一样是确定的”。正如我们可以假设的，消极的主体理解了行动者语言的推理作用，那必定缺少的是一些经验事物。我们可以想象，消极主体的经验只是最极端的蕾妮版本，即我们可以使自己连贯。那么我们必须增加消极主体的什么经验来获得媒介的经验呢？

试想一下，你是具有多重人格的主体，并且意识到了共同身体的运动受到另一个人的控制。如果你无法获得其他主体的意向，那么理解身体的运动将会像理解其他那些主体一样——你会觉得你像傀儡一样行动，因为你没有特殊通道。即使你获得了其他主体有意识的意向，这种意向是在描述性语言术语中明确形成的（我们自己行动的一小部分事物），那么这也不足以使身体运动是可理解的。这是因为你可能还缺少如控制经验的知觉成分：前景（foreground）和背景的关系、外观、实际时空关系、机遇与责任（吉布森式可供性）、表现的属性和意义。但是，如果一种有意义的语言预设了媒介，而媒介预设了丰富感知，那么我们有自己想要的论据：一种先验论证，即我们的现象学必须是通胀的，它相对于经典感觉材料理论来说是通胀的——例如，一种包含有丰富感知的通胀理论。

3. 自我的应用

休谟关于自我的怀疑论（在任何意义上是与通常所理解的概念相连接的）是基于一个简单的论证：通过内省我们不能得出任何事物，这种内省是一种主体的经验。休谟得出结论，我们只是拥有大量的经验而已。[24] 因为经验不是主体，大量的经验或一种经验都不能起作用，这相当于关于自我的怀疑论。事实上，休谟在此基础上得出结论：我们甚至不能给术语以意义。

休谟显然从未考虑过这一可能性，即我们进入自我可能是通过我们知觉而访问我们自己的身体的，这有很好的理由来解释世界中的客观物质实体。这样普通的对象不能回答我们的主体经验概念——至少在这样的描述或概念之下不能。但是，休谟所寻求的是，我们在错误的地方获得真正的自我；这是对这一假设的替代，这一假设即如果我们有真正的自我，那必须通过内省来获得。这一替代是，我们约定我们自己（作为行动者）隐含在可供性（affordances）结构中。在被约定的时机中，我们约定自己隐含地具有一定的权力。在考虑责任时，我们约定自己在某些方面处于弱势。这只不过是我们在上面看到的一点：我们身体和我们的生活空间是相互构成的。我们约定自己作为行动者（并因此作为主体）处在一个行动者的世界——一个有行动机会的有意义的世界，我们能够执行行动，我们能够做一些值得做的事情，以及一个我们可以选择事物的世界。

然而，如果我们按休谟的观点——至少在第一个实例中——否认自我与客观实体的一致性，其客观实体是物理世界的物理实体（physical body），那么自我与客观实体之间又是什么关系呢？这个问题可以通过考虑两个概念方案之间的关系来解答，我们一直在讨论这两种概念方案：一种是客观物理科学，一种是与行动者感知相关的概念。我将表明，这两种关系是一种辩证关系。这意味着可以部分地参照来自科学哲学的不可通约性概念来解释，也可部分参照与库恩（Kuhn）和汉森（Hanson）这些哲学家相关的感知负载理论（theory-laden）来解释。[25] 然而，这种辩证关系的概念远远超出了我们在当代分析科学哲学语境范围内所讨论的任何事情。

如果说感知是汉森意义上的理论负载，相当于说在定义的意义上，感知是丰富的。没有受过物理学训练的人只看到了电线、金属、玻璃，而专家却看到了 X 射线管[26]，而这种不可通约性关系是直接的。如果完全不同理论的支持者真的看到了不同世界的话，那么每个理论都产生了其自身的基础，这里就没有一个中立的数据机构，例如，理论家用来参照判决争议。这并不是说他不去遵循判决，而是这种争议永远不能得到解决，或者说这些理论家除了彼此谈论过去，永远也解决不了争议。

从行动者及客观角度来看，在这种意义上，我们超越了不可通约性概念。在这种特殊的情况下，我们可以说，行动者的感知是由理论和实践承载的，如果全面考虑的话，每种观点都有潜力来破坏另一种观点。正如我们在讨论消极主体时所看到的那样，如果我们认为宇宙是决定的，那么似乎就没有真正的媒介或行动的空间。此外，在解释我们如何能够成为自己行动的主体者时，似乎承认随机性是没有任何帮助的。因此，物理宇宙似乎没有解释客观的潜在性质，这种性质承诺我们自己是行动者，是自己行动的真正主体者，并为后果负责任。另外，把科学看作我们所做的许多简单事情之一，就是给予科学一个实用主义的角色，这似乎与其雄心勃勃地主张科学客观性不一致。

但可以说这种关系是辩证的，甚至超越了这一点。因为几乎每种观点都有破坏对手的潜力，每种观点也同样必须通过对手来产生。自我批评构成了意向性，产生了关于自我的客观性。例如，作为推理者来批评自我是足以证明自我作为推理者的客观性研究，而这些研究可以而且通常导致我们行动者的才能（capacities）和能力（capabilities）的提升。但是，出于同样的原因，对科学理论的合理性和意义的批判性反思预设了行动者的观点。正如我们所看到的，媒介是通过我们的语言意义来预设的，更不必说是通过我们科学语言的意义来预设了。

那么，其结果不仅是辩证的——每种观点凭借其最深切和最内在的本质都产生了其对立面——正是在这个意义上它是不稳定的，在它们之间不能取得永久和稳定的平衡。但是，缺少固定和确立的一劳永逸的永久分工是阻碍不了上述的异构现象学方法论的。我们假设，合理性的假设有效是主体基于融贯主义方法论（coherentist methodology）的，这种方法提出主体的自我观念对修正是开放的。但是总体上，合理性只是合理性，而正如对现象学方法所表明的，丰富感知的先验论证是完全与主体观点及自我的经验现象学全部研究相容的。

注　释

[1] Spelke（1995，p. 142）。

[2] Gelman，Durgin and Kaufman（1995，pp. 50-184，153）。

[3] 同上，p. 154。

[4] 同上，p. 157。

[5] 同上，p. 173。

[6] Premack and Premack（1995，pp. 185-199，188）。

[7] Locke（[1690] 1975，book II，chapter XI，section 17）。

[8] Hume（[1748] 2000，section 7，part I）。

[9] Michotte（1963，p. 255）。

[10] Gibson（1986，pp. 127-143）。On Gibson，见本书英文版，pp. 55-56。

[11] Sartre（1992，pp. 48-49）。

[12] Thurber（1985，pp. 199，383）。

[13] Wheelock（1977，pp. 70-71）。

[14] *Esquire*，October 1993，p. 57。

[15] Hardin（1988，p. 125）。

[16] Reichenbach（1958，第1章）。

[17] Armstrong（1969，pp. 219-220）。

[18] Sechehaye（1951，pp. 36-37）。

[19] 同上，pp. 55-56。

[20] Sacks（1998，p. 73）。

[21] 同上，p. 75。

[22] 同上，p. 111。

[23] 同上，pp. 112-113。

[24] Hume（[1739-40]，2000，p. 261）。

[25] Kuhn（1962）；Hanson（1961）。

[26] Hanson（1961，p. 15）。

第十九章　如何处理自由意志问题：概念分析和实证科学的作用

马里奥·德·卡罗

我们必须相信自由意志。
我们别无选择。
——艾萨克·辛格（Isaac Singer）

自由意志问题已经被定义为是“棘手的”问题[1]，“可以说是哲学中最困难的问题”[2]，正如它是一个“任何不可信的事物可以有……任何人可以提出的并被广泛公开讨论的主题”[3]。休谟（在提出他自己有争议的解决方案之前）在言语中透露过，最复杂的问题指的是“最有争议的形而上学问题，最具争议的科学问题”[4]。在这种语境中，这是休谟提及包括哲学和科学的部分真知灼见。当然，自由意志问题的主要困难之一是，要了解哪些作用来自哲学（作为一种实践，本质上涉及概念分析）及哪些作用来自实证研究。

原则上，当人们反思这两个领域在讨论自由意志所起的作用时，下面三个选项是开放的：

（1）科学的孤立主义观点（scientific isolationist view）：“自由意志问题是与经验相称的，所以在原则上——如果它能够被解决——它可以单独通过实证科学来解决（也就是说，不期望哲学对这种讨论提供任何真正的帮助）。”

（2）多元论观点（pluralist view）：“鉴于自由意志问题具有双重性本质，自由意志问题必须同时被视为哲学和实证科学问题。”

（3）哲学的孤立主义观点（philosophical isolationist view）：“自由意志问题是一个概念问题，必须被视为一种先验的问题，因此，这个问题完全属于哲学的概念分析（即不期望科学提供任何真正的作用）。”

我认为第二种观点是正确的，而第一种显然是错误的，而第三种是更巧妙的错误。我将依次探讨这些问题，首先，我们需要了解一些必要的介绍性话语。

1. 自由意志问题

在一般情况下，自由意志的直觉是被威尔弗里德·塞拉斯（Wilfrid Sellars）称为“显性意象（manifest image）”的基本组成部分，即基于常识的概念框架始于哲学分析。但是，如果自由意志的直觉是一种深深根植于我们的显性意象中，那它也是最抽象、最复杂甚至是最模糊的意象。因此，哲学的主要任务之一是澄清这种直觉，以了解其确切的内容、含义及其可能性。

最初，哲学家通常仅通过分析和提炼显性意象来讨论自由意志问题。更具体而言，主体问题是如何使人类的自由与某些神的属性相一致，即神完美的先见之明和预先决定（预先确定）我们生活的能力。然而，经过科学革命，对自由意志的讨论发生了巨大的变化，因为许多人开始认为，自由意志的真正威胁来自自然的决定律，(不同于休谟）这被视为产生于“普遍自然的必然性”[5]。最近，具体的物理非决定论可能性增加了另一重要的讨论部分。然而，自由意志问题，一直是可以说是与显性意象和科学意象之间自然张力最相关的一个例子。

在一般情况下，这种张力似乎是结构性的。然后，在理智上通过固定手段来减缓这种张力是至关重要的，但即使这样，也许两种意象之间的协商也是不确定的（在我看来，在任何情况下，不断协商的观点比替代理论更不理想：一种繁盛的科学主义，贬低了显性意象，一种非理性主义观念否认科学的本体论意义，而一个精神分裂症者的看法是把两种意象都看作是正确的，尽管它们之间有结构上的张力）。[6]

自由意志的问题对这种内在的张力也不例外，因为它很容易通过快速浏览对想要的观点进行确认。优先考虑显性意象的哲学家认为，我们的自由是不可否认的，正如最有影响力的著作写道：“我们当然都注定要相信自由——而且事实上，注定要相信我们是自由的。”[7]相反，许多优先考虑科学意象的哲学家主张，自由的直觉是一种幻想，尽管可能是有益的幻想，本着这一精神，一位持这种观点的哲学家写道：“幸运的是人类在自由意志问题上被欺骗了，这似乎是实现文明道德化和个人价值的一种条件。”[8]最后，一些作者为一种非常悲观主义的观点辩护，即关于自由意志问题，协调显性意象和科学意象之间的可能性：

> 似乎在自然界中定位人类行动者的尝试，要么在方法上不能反映一种限制，即科学能够告诉我们关于自己的什么事情，要么它继续破坏我们所珍视的观念，即我们是自由和自主的行动者。[9]

考虑到这一问题产生了这种矛盾观点，我讨论了自由意志的相同定义就不足为奇了。直到最近，例如，大家都同意自由意志观点至少需要两个条件：①行动者的自我控制；②其执行其他过程的可用性（这被称为“替代的可能性条件”）。[10]现在，这种一致性消失了，最主要的原因是协调这两种条件与世界的科学意象之间存在着客观困难，而概念分析是从显性意象中提炼出来的。鉴于此，一些学者已经开始对相关的替代可能性条件发起了挑战。然而，是否放弃这种条件是非常有争议的，这种条件用来确实判定我们自由直觉的合理性。[11]

无论如何，我们可以说，关于自由的讨论的分歧几乎无处不在。关于这种困境，我们可以很容易给出所激烈辩论问题的部分清单：

(1) 自由意志的思想内容是什么，这种内部一致的想法是什么？[12]

(2) 意志的自由观点是否完全有意义呢？[13]

(3) 自由意志与因果决定论和（或）非决定论是否相容呢？[14]

(4) 自由意志和道德责任之间是否有本质上的关联呢？[15]

(5) 自由意志与社会、政治自由之间是否有一种结构上的关系呢？[16]

(6) 难道我们是真的享受自由意志，如果是这样的话，是在什么场合会享受自由意志呢？[17]

(7) 我们能再放弃我们有自由意志这种信念吗？[18]

这份清单表明，在讨论所谓的自由意志问题时，人们实际上是在处理一组不同的问题。清单上列出的前五个问题似乎本质上是概念性维度（或至少大部是），而第六和第七个问题似乎具有鲜明的经验维度。因此，这种多样性表明，哲学和科学之间的分工可能是必要的——至少是从所有方面打算接近自由意志问题的一种方法。

2. 自由意志理论的分类学

传统上，自由意志理论的分类学取决于相容论和非相容论（compatibilism and incompatibilism）之间的基本区别。相容论理论（compatibilist theories）肯定自由意志与因果决定论具有相容性，而非相容论理论否定这一点。相反，非相容论在自由意志论（自由意志存在的并且只能根植于非决定论）和强决定论（hard determinism）（因为决定论是真实的，所以没有自由意志）中有明确表述。然而，在这里我们所感兴趣的问题是——在处理自由意志问题时，科学和哲学分别起什么作用——对补充另一种分类学是有用的，我在本文的开头提到：这是“科学孤立主义”（自由意志只是科学研究的领域）和“多元论”（“科学和哲学都必须面对自由意志问题”），以及“哲学的孤立主义”（“自由意志只是哲学研究的领域”）三者之间的区分。

正如我们很快就会看到的，科学孤立主义的大多数版本是非相容论的（非反思）形式，更具体的是自由意志论形式，而科学孤立主义不常采用相容论形式，这应该不足为奇。一般情况下，自由意志论者的观点往往会以理论化的尊严（theoretical dignity）给出自由意志的直觉观点，而这种自由意志对显性意象是适合的。当这样（天真）的想法被认为是很容易联想到物理非决定论时，典型的产物是科学的孤立主义观点。相反，相容论是一种非常复杂的哲学观，为了发展相容论要求进行概念分析；因此，在一般情况下，它不只是在科学的基础上得到辩护。

然后是几种多元论形式，其根据是自由意志问题只能联合哲学和科学来讨论。大多数自由意志理论都属于这个联合讨论，因为在陈述我们有自由意志时，他们主张自由意志要求给出某些非决定论条件。因此，依赖于非决定论的自由意志只能由哲学分析来建立，科学研究只能确定所要求的非决定论条件是否是真实的。[19]此外，相容论的一些版本属于多元论组：这些都是所谓的“超相容论的”(supercompatibilist) 观点，它主张自由意志的决定论是存在的。另外，在这种情况下，这便是哲学也是科学的工作：哲学表明，自由意志要求决定论，而科学必须确立决定论是真实的。[20]

在我看来，在关于自由意志的讨论中，多元论是最有前景的观点。然而，这不容易发展并不奇怪，因为对概念结果的分析（这种概念分析提炼自由概念的适当显性意象）与那些实证研究（这种研究被包含在科学意象中）进行结合是十分困难的。

除了科学孤立主义和多元论外，还有哲学孤立主义。前两种版本分别试图证明自由意志论和相容论的先天性（即通过纯粹的概念分析来得出）。第三种版本是一种怀疑主义的观点，即根据自由意志的概念有矛盾，因此结论是这不可能有任何自由的行动者。所有这些观点（有所不同）都以某种方式处理自由意志问题，但这些方式并没有为任何实际经验的作用留下空间。

3. 科学的孤立主义

按照科学孤立主义的观点，自由意志问题本质上是经验问题。因此，如果它能够解决，它只能够通过实证科学来解决（如通过神经科学和/或通过进化心理学来解决）。鉴于此，从严格的理论观点来看，自由意志的问题没有不同于——除了其一般性——对什么是精神分裂症或孤独症问题的理解，而行动者受到上述病症的影响。

这种看法是非常天真并显然是错误的。正如我们所看到的，对自由意志问题认真的讨论并没有脱离初步概念分析，没有脱离所涉及的二者概念的正确定义，没有脱离理论的选择。当然，考虑到自由意志问题的抽象性和概念起源，这些都是哲学的任务（顺便说，这是非常复杂的）。

因此，很可惜——但不奇怪（考虑到科学-哲学的关系表面上通常是如何被处理的）[21]——提出的自由意志问题，由于这样或那样的科学成就，仿佛它处在被最终解决的边缘。通常情况下，这种观点假定一种“非反思的自由意志论”形式，它或多或少是通过下列方式进行辩护：“直到人们普遍认为，牛顿的决定性框架是正确的，自由意志才是一个真实的问题，因为决定论显然挫败了自由。[22]但是，现在量子力学已经明确地证明了决定论的谬误。现在我们知道自然法则、存在的非决定论并不代表对我们自由的威胁。因此，所谓的‘自由意志之谜’终于被揭开了：它并不神秘了！”[23]

正如前面所说的，这种论证是错误的，这有几方面的原因，也是有益的考虑。首先，我们将很快会看到，很可能是决定论挫败了自由。不过，即便如此，这也是完全不“明显”的（如果能获得，这样的证据必将要求非常成熟的智力）。此外，一种大胆的陈述应该是非常可疑的，如科学已经证明非决定论真理性（因此，间接地，自由意志是存在的）。一般而言，认识论和科学史应该使我们质疑这一主张，关于断言实证理论正确性的主张。除了没有经验理论可以完全证明这个显而易见的正确事实外，我们也不能排除，在将来量子力学会被决定性的重新解释或被决定论理论所取代。[24]

此外，这样想是很合理的，在任何情况下，亚原子的非决定论世界本身不足以去推断存在自由意志。首先，在宏观层面，亚原子非决定论是否有重大影响，这是非常有争议的。罗杰·彭罗斯（Roger Penrose）有名的辩护是真实的：心灵（包括自由意志）有特殊性，因为它可以执行非计算行动（据称，心灵凭借微观系统来执行，心灵系统维持了大规模的量子一致性活动）。[25]同样真实的是，据欧文·弗拉纳根的报道，“现在，混沌理论、复杂性理论和自组织动力系统理论中的这些工作表明，人类的神经系统，至少有时是以本体论的非决定论方式运作的”[26]。然而，大多数人的观点似乎是，脑机制的运作是决定的或是“准一决定性的”(在某种意义上，在讨论自由意志问题时相当接近理想的决定论，人们可以忽略前缀“准”字)。在此基础上，一些人甚至主张相同的观点，即负责我们行动有意识的意志（conscious will）是虚幻的。[27]此外，决定论论题通常与其他两种非常普遍的主张相结合：事件之间的因果关系和行动是事件。从这种结合来看，关于决定论或准决定论、定律的许多推断，都要退回到行动的因果关系上来。[28]总之，如果决定论真的代表了对自由意志的威胁，尽管有量子力学，那么我们仍有理由继续担心下去。

但是，在评估哲学和实证科学处理自由意志问题应分别起到的作用时，我有更多的话要说。事实上，一个纯粹概念性论证表明，即使我们能够确定（尽可能地具有说服力）非决定论与产生的行动是相关的，但我们的自由仍未被证实。这种观点是，假设我们的行动以一种纯粹的非决定论的方式被产生，那么它们将任意地发生或随机地发生。正如休谟已经注意到的，随机性是自由的对立面，或至少是我们所关心的自由的对立面（没有人会真的认为，一个随意产生的行动可能是“自由的”!）那么，让我们更准确地来讨论这个论证。

如果一个行动 a 是通过行动者 A 引起的，但不存在决定性的原因，那么事件的因果链先于 a 产生，这必须有一个时刻 t，在 t 时并没有特殊的未来行动路线是必要的（也就是说，行动路线的实现不是决定性的）。因此，在时刻 t，除了 a 以外，还有一些其他行动路线必须在物理上是可实现的。这就是说，如果在行动被执行之后，时间退回到 t，关于 a 的不同行动路线可能源于完全相同的情况。(换一种看法，如果有另一个可能的世界 W^*，直到 t 一直与我们的世界相同，在世界 W^* 中的行动通过 A^* 所引起——A 的副本（doppelganger）——A^* 的行动将不同于 A 所引起的行动)。然而，这意味着，在这种情况下，没有人和事在产生行动路线时有任何影响，这种行动路线终结了 a 行动的产生，取而代之的是其他潜在的行动。这意味着，A 无法控制 a 行动的实际产生；无法由行动者控制行动的产生，这不是自由的行动，而只是纯粹的偶然。因此，我们已经看到，非决定论通过自身——远离自主产生的自由——产生的只有随机性。

但关于这一问题可以要求有不同的回答：难道非决定论也使自由成为不可能的吗，正如它经常所坚持的那样？或者，换种方式，难道非决定论不能增加一些其他因素来使自由成为可能吗？正如自由意志论者们（他们认为自由需要非决定论）所论证的那样，这是一个有争议的问题，我们将在下文中进行讨论。

但是，在这个阶段，人们应该注意到，上面陈述针对非反思性自由意志的论证清楚地表明，在讨论自由意志时，哲学与其概念解释和分析起到了重要作用。其作用是通过确定正确的范围，以及所涉及概念的使用条件和评估经验相关性证据来实现的。在这种意义上，哲学的作用不局限于评估非决定论与自由之间的关系。另一个事例是非常普遍的观点，即如果我们的行动是被确定的，那么依据事实我们将没有自由。现世的哲学讨论在这方面确实证明：在最低限度，决定论与自由意志的不相容性完全是不明显的。事实上，所谓的相容论的辩护者们（观点是自由与决定论相容）已经提出许多不同的模式，这种模式是用来消除他们所认为的“这一混乱，即可以使决定论看起来击败了自由的混乱”[29]。即使他们的辩护成功了，但这还是有争议的，可以肯定的是，决定论与自由非相容论题不能被视为理所当然，因为它至少需要一个非常复杂的概念分析。

然而，在对相容论概念层面进行分析时也遇到了两个实际的困难。首先是解释上述提到的自由意志“替代的可能性条件”。传统上，相容主义者已经试图表明，在决定论情景中，如果我们在附加条件的术语上正确地解释它，这一条件仍然能被实现。[30]然而，正如先前所说的，相容主义者最近已经尝试一个更有前景的策略，他们只是想放弃所谓的自由的条件。对这个提议的争议仍然非常活跃，去猜测将得出什么样的结论尚为时过早。

相容论的第二个概念问题是新出现的，但更有威胁性。它是通过一种被称为“结果论证”(consequence argument)[31]的讨论所产生的。这是“结果论证”的非正式版本。为了行动自由，执行某一特定动作，行动者必须控制该行动。然而，要做到这一点，行动者必须要控制其中的一种，或是两种因素，如果决定论是真的，那么行动就是必然的——即遥远的过去事件和自然规律就都是必然的。然而，这两种因素都超越了行动者的控制，因为过去是不可更改的，并且自然规则是不可避免的，因此，行动者无法真正地控制其执行的动作。当然，因为这种推理可以从所有人类的行动者及其行动中被归纳出来，如果决定论是真的，那么人类可能从来不曾有过或将来永远也不能自由地行动，因此，决定论与自由是不相容的，因为它定义的主张被证明是错误的，所以相容论也是错的。

这种讨论引起了广泛而有趣的争论。相容论者试图对结果论证作出回应，通过挑战其前提，以及挑战其所诉求的推理规则来进行回应。[32]这种争论仍然是开放的。不过，我们感兴趣的是，这次争论与概念是相符合的，因为它与自由意志论有关，一种纯粹的哲学分析必须确立自由理论的证据及合理性。

4. 多 元 论

所有这些表明，在自由意志的讨论中，仅有科学是无法发挥独到的作用的。这并不表明，不能或许不应该明确补充概念的分析。其实，大部分的主要观点意指，如果自由意志必须是真的，那么自然世界必须是以适当的方式（每种观点以自己的方式来描述）被构造。当然，确定世界的结构是经验科学的任务。从这个意义上说，许多在上一段中提及的经验证据是非常相关的。这是我所谓的“多元论”方法论立场：除了概念分析之外，对自由意志的研究也要求实证研究，即解释自然世界是如何实际运作的。

大部分自由意志论的观点都属于多元论。一位著名的当代自由主义者罗伯特·凯恩（Robert Kane）已经发展出一种理论，该理论根植于非决定论因果关系中的自由域（free-dom）。这意味着罗伯特·凯恩必须回答前面提到的论证，即决定论隐含的随机性。根据罗伯特·凯恩的理论，我们真正关心的自由意志，是一个使我们成为自己行动的“真正的原创者”，在我们有意识的讨论中来体现它，这是通过非决定论过程产生的，而这个非决定论过程既不是反因果的，也不是纯粹随机的。更确切地说，根据罗伯特·凯恩的理论，讨论的是“意志作用”不确定的结果，当我们在替代的行动过程之间选择时，我们会经历一种“意志作用”。在这样做时，我们在相互竞争的推理之间作决定是没有必要的，这种竞争性推理支持不同的选择。在这种意义上，罗伯特·凯恩写道：“我们最终作出的选择，虽然未确定，但仍然是理性的（来自推理）和自愿的（与我们的意志一致）。”[33]因此，非决定论加上“意志作用”使自由成为可能，而不仅仅是产生的随机性使自由成为可能。

这是罗伯特·凯恩在概念方面发展的一种分析。至于经验方面，罗伯特·凯恩推测，即使混沌系统是确定的，“混沌与量子物理的结合，可能提供了人们所需的真的非决定论”。罗伯特·凯恩的观点是，在大脑中可能存在混沌过程，即“在发射单个神经元中夸大了量子不确定性”[34]。当然，这是一个高度推测的假设，但我们在这里感兴趣的是其经验的特征：如果它被证实，那么这种证实将必须来自神经科学和（或）其他经验科学。

因此，罗伯特·凯恩的观点同时被应用于特有的哲学分析和一些具体的经验假说中，这意味着它可以在两个层面同时受到挑战。在哲学层面，传统的反对意见，即把非决定论看成隐含有随机性仍然是悬而未决的（尽管在产生行动时，罗伯特·凯恩希望诉求于推理的作用）。在实证层面，罗伯特·凯恩的观点致力于大脑运作方式的独特观点；在这方面，最终的判决是实证研究。除了上述优点之外，多元论在这里的代价也是显而易见的：一个理论必须在哲学和科学两个层面为自己辩护。

罗伯特·凯恩基于非决定论事件-因果关系，提出了一种自由意志理论，即一种被称为“行动者-因果关系”(agent-causation) 的更激进的自由意志论形式。激进的自由意志理论集中于这一观点：行动者的自由假设了行动者的因果能力，即行动者的能力引起了世界的变化，而不是变化是被如此决定的。这种观点的一种更有影响力的版本是最近由蒂莫西·奥康纳（Timothy O’ Connor）所提出的——他为了使自己的建议自然地被接受——联结了行动者因果关系和突现论观点，这种突现论观是关于行动者在自然世界中的位置。蒂莫西·奥康纳认为，对于他们自身的存在而言，行动者的因果能力取决于大脑微观结构的特性。另外，行动者具备的功能（包括例证“自上而下的因果关系”的能力，这种能力对于自由意志必不可少)，对于微观结构层次的因果能力是不可还原的。有鉴于此：

> 促进行动者-因果能力的属性不会产生一种作用；相反，它能使行动者去确定一种作用（在限制范围内)。这种能力是否、何时及如何被运用，这是由行动者自由决定的。[35]

蒂莫西·奥康纳承认，所有这一切都具有很强的推测性。据他介绍，对概念的分析表明，如果自由意志存在，那么行动者必须有特殊的因果关系能力。但是，如果这些能力实际上是真实的——并且因此，如果自由意志也是真正的事实——那这是一件该由实证科学来确定的事。在此，诉求于科学哲学家如南希·卡特赖特（Nancy Cartwright)、物理学家伊利亚·普里高津（Ilya Prigogine）及生物学中一些新的研究，蒂莫西·奥康纳指出，“现代科学知识不能完全地把突现论图像的一些因素排除在外，这些因素是一些高度组织化的现象”[36]。因此，“与完整的理论相比,突现论的问题只可能在结束阶段时才能得到解决”[37]。

此外，这种自由意志论形式必须利用到两方面的数据。在概念方面，这种观点必须回答惯常的异议：非决定论是如何产生自由的，不仅仅是随机性。在经验方面，它必须解释行动者特定的因果能力如何能与世界的科学意象相一致。另外，在这种情况下，对这一理论进行辩护要求来自哲学和科学的贡献。

最后，相容论的一些版本也属于多元论组：这些都是所谓的“超相容论”(supercompatibilists) 的观点，其要求存在自由意志的决定论。[38] 在这种情况下，同样也是哲学和实证科学的工作。在哲学层面，正如我们看到的，超相容论者必须处理两个大问题，这两个问题适用于所有相容论观点，也就是说，超相容论者必须解释他们的观点如何能够处理这一困难，即有关自由意志可能替代条件的困难及他们如何不受结果论证的影响。在实证层面上，超相容论有一个替代的问题，即简单相容论所没有的问题（自由仅与决定论相容，但并不需要它)。通过致力于决定论的存在，超相容论者（像大多数的自由意志者一样）都希望他们的猜测将被实证科学所证实。

5. 哲学的孤立主义

根据哲学的孤立主义观点，概念分析是我们在处理自由意志问题时所必须关注的事情。从这个角度来看，例如，康德为自由意志论的先验形式辩护，认为自由意志直觉（这种直觉被视为一种能力，一种开始新的因果链条的能力）只能在本体层面（哲学规则）中得到证明，而不是在自然世界中（只能由科学来研究）。[39]但似乎对于绝大多数哲学家来说，康德的解决方案是非常令人不满意的，因为康德的二元论立场，也不能给予行动者真正的自由（自由的直觉——然而它可能是正确的也可能是错误的——意味着在自然世界，我们此时此刻是自由的，而不是一种先验的立场）。

斯特劳森提出了另一种非常有影响力的哲学孤立主义形式。[40]根据斯特劳森的理论，即使科学证明了我们完全是被决定的，那么我们不会或不应该招致关于我们道德责任和对全局（global）自由的质疑。[41]虽然在这里没有篇幅来讨论这项提议，但应该注意的是，这种质疑至少是由两部分组成的：一种标准性要求（在任何情况下都去怀疑我们的责任和自由，这对我们来说是不合理的）及一种描述性要求（我们永远不能做到这一点，这是一个事实）。两种要求都已令人信服地被批评过了。[42]然而，我们在这里特别感兴趣的是，斯特劳森的主张隐含地预设了一种没有说服力的假设，即没有科学的结论能永远迫使我们修订我们的显性意象（这可能意味着，实际上不可能或理性上是不可能做到的）。事实上，即使科学意象与显性意象之间的摩擦不可避免，正如我们所看到的，它们仍然彼此深受对方的影响。一方面，科学的进步是主要原因之一，如亚里士多德时代的显性意象不同于牛顿时代和爱因斯坦时代的意象。另一方面，显性意象往往限制了科学理论的可接受性。理论或多或少地受到欢迎——它们的运气可以相应地改变——这取决于它们是如何激烈地挑战显性意象。若要换种方式的话，值得怀疑的是，它是否会能够找到显性意象和科学意象之间的“反思性平衡”（reflective equilibrium）；从理智的观点来看，这种观点与斯特劳森的观点有所不同，我们没有责任在显性意象和科学意象之间保持协商，这是不可能的。

那么这是怀疑论观点，即通过概念分析主张自由是不可能的，并且为了更好地理解这个问题也没有必要提及科学。因此，根据这些意见，我们对自由的信仰只是一种幻想。[43]其普遍的弱点是（除了这一事实外，即他们对自由概念的分析是可以被挑战的）[44]，概念分析的假设是完全独立于我们认知系统的其他部分的。简言之，怀疑论观点假定了分析判断和综合判断之间怀疑式的区别。然而，正如奎因非常有名的表述，今天的分析（概念）可能是明天的综合（经验），反之亦然。[45]因此，关于哲学问题不可能用任何最终的先天话语来表达。

最后一件应该说的事是关于自由的怀疑论观点。非常频繁的是，这些怀疑观点灵感来源于一种极端的自然主义态度，即无论什么都能被自然化（即被还原）。这种自然主义态度至少在原则上已被淘汰；根据许多作者的观点，这正是自由的情况。因此，我们不需要任何实证研究来得出我们是不自由的结论。这种怀疑策略可能看起来像严格的哲学观点（在这种情况下，将会是另一种哲学孤立主义）。但要注意的是，从这种观点来看，哲学本身必须被自然化——它已成为科学的一部分（或者，也许它在自然科学中取消了自己）。由于哲学没有超越实证科学，这些观点也可以作为科学孤立主义的情况而呈现。

无论如何，这些极端的自然主义观点遇到了一个深刻的概念问题（在其他概念之间），即解释他们想要取消的信念内容。[46] 在这方面，斯蒂芬·L. 怀特（Stephen White）对斯特劳森的陈述有一种有趣的回复。斯特劳森的陈述是：自由意志是虚幻的。斯蒂芬·L. 怀特问：如果自由是一种幻觉，那么幻觉又是什么呢？[47] 斯蒂芬·L. 怀特补充道：

> 如果自由和媒介（agency）对决定论的假设是不一致的，而对随机性的假设，对客观的形而上学事实的其他假设同样也是不一致的，那么从任一客观主义的形而上学的观点来看，概念是不一致的。当人们认为他们有自由意志时，那么他们认为自己有一种神秘性。[48]

关于这种极端自然主义的看法还有另外一个有趣的观点。正如我刚才所说的显性意象（包括自由的原始直觉意象）与科学意象有结构上的张力。我还补充道：即使没有解决这种张力的现成方法，我们注定试图尽可能多地放宽这一方法。这是多元主义者试图做的。他们的目的是通过同时考虑来自显性意象的直觉和源于科学的实证结果来解释自由。[49] 考虑这两种意象之间的结构张力，这可能是一个诱人的努力，就此而论，一些著名的哲学家指出“没有什么可以相信”（nothing believable），这并不足为奇，这些哲学家的观点曾经被提供给一种关于自由的理论。[50]

然而，许多人有不同的观点。欧文·弗拉纳根明确表示：“如果这有如自由行动者或自愿行动的事情，如果科学意象是真实的话，在物理上就不能避免因果律支配所有事物。”[51] 因此，正式地把显性意象——更具体地说，显性意象的自由意志部分——转换为科学意象的可能性，欧文·弗拉纳根持乐观态度。但是请注意，本段中的“如果”从句，留下了“幻想家”的选择是悬而未决的，也可能是自由直觉正好是错误的。还要注意明确的理想化基调：如果一些现象可以被还原，至少在原则上还原到自然科学是非常好的；否则，我们必须得出结论：现象不存在。

无论如何，在之前的相同工作中，还有另外一个提示的通道，似乎表明其他事物，即欧文·弗拉纳根可能知道他的方案可能无法很好地运作。这里因为把显性意象融入科学意象可能被证明是一个非常艰巨的任务，甚至是不可行。即使可行它也有可能无法正常运作，因为在还原失败的情况下，排除自由意志将不是明智之举。对于所有这些，欧文·弗拉纳根写道："保留一些适合人类行动者的自然概念，但不是所有在传统中的自由意志概念都值得保留。"[52]人们不禁要问，采取"自由意志的传统概念"将会得到什么结果？把它分割成几部分，并丢弃非自然化的部分，即使它们是值得保留的。

难道这个程序使我们的理智进步了吗？难道在显性意象和科学意象之间不能更好地进行协商——即使这可能被证明是一个没完没了的任务？[53]

注　释

[1] Nozick（1981，p. 292）。

[2] Wolf（1990，p. vii）。

[3] Nagel（1985，p. 112）。

[4] Hume（1748［2000］，p. 95）。

[5] Kant（1787［1965］，p. 469）。值得注意的是，决定论的真理性并不意味着人类的行动是必然的，而只是说它们是被需要的（毕竟，它们不能在所有可能的世界中现实化），关于这一点见 Audi（1974）。

[6] 参见本书第十八章。

[7] Van Inwagen（1998，p. 172）。

[8] Smilansky（2001，p. 88）。

[9] Earman（1992，p. 262）。

[10] "任何充分的自由行动者概念必须提供某种意义上的可能性和自主性"（Watson，1987，p. 145）。对于自我控制与自由意志之间的联系，见 Mele（2001）。

[11] Dennett（1984）。在建立自由意志（和道德责任）时，替代可能性理论理应发挥的作用，这存在着巨大的争议，参见 Frankfurt（1969），也参见 Fischer and Ravizza（1993）；Widerker and McKenna（2002）；Fischer（2002）。

[12] Van Inwagen（1983）；Strawson（1986）。

[13] Chisholm（1964）；Frankfurt（1971）；O' Connor（2000）；Clarke（2003）。根据斯特劳森的理论，"'自由意志'是一种主题的惯用名，在讨论这一主题时最好不要参照意志"（Strawson，2005，p. 286）。

[14] 见下文第 3 和 4 小节。

[15] Strawson（1962，1998）；Fischer and Ravizza（1993）；Fischer（1999）。

[16] Pettit（2001）。

[17] van Inwagen（1989，1994）；Fischer and Ravizza（1992）。

[18] 最近一些作者主张，关于自由意志中的信念是幻觉。然而，这些作家分离关于这种信念是否可以或应该被放弃的问题：Strawson（1986）和 Smilansky（2001）认为这将是不可取的，几乎也是不可能的；Honderich（1988）及 Pereboom（2002）承认了相反的观点。

[19] 不同的自由意志论各自解释了非决定论现象在何时、何地发生取决于自由：参见 Kane（1996）；Ekstrom（2000，p. 4）。

[20] 在一般情况下，决定论是一个关于所有时代所有事件的全球性论题。然而，对于那

些对自由意志问题特别感兴趣的人，关注人类世界的局部决定论将足以燃起相容者的梦想和导致对手的噩梦。

[21] 关于这个问题，参见 de Caro 及 Macarthur (2004) 所载文章。

[22] 事实上，约翰·伊尔曼 (John Earman) 为这一想法提供了充分的理由，甚至牛顿力学也不是一个"决定论范式"(John Earman, 1986, p. 2)。

[23] Eddington (1929), Compton (1935), Eccles (1994), Penrose (1994) 提供了这一论题的精细版本。

[24] Weatherford (1991); Earman (1986, cap. 11); Hodgson (2002)。

[25] Penrose (1989)。

[26] Flanagan (2002, p. 121)。然而更谨慎的是，欧文·弗拉纳根还补充道：大脑过程的非决定论不是基于本体论，实际上是取决于我们的认知局限。

[27] Libet (1981, 2002), Walter (1999) 和 Wegner (2002) 认为这个意义上产生了新的独创性，如果实验证据是非常具有争议性的话。关于里贝特 (Libet)，参见 Libet and Commentators (1985); Libet, Freeman and Sutherland (1999); Dennett (2003, 第 8 章)。关于沃尔特 (Walter)，参见 Bayne (2002); 关于威格纳 (Wegner)，参见 Nahmias (2002) 和 Bayne (2006)。关于决定论有益的讨论及其对自由的影响也见 Dennett (1984), Honderich (1988), Weatherford (1991, 第 10 章), Pereboom (2002), Bishop (2002)。应该注意到，混沌系统如果不可预测，那也应该考虑决定论 (Earman, 1986, 第 3 章)。

[28] Davidson (1970)。

[29] 同上，p. 63。

[30] 关于这次争论，参见 Berofsky (2002)。

[31] Van Inwagen (1983)。

[32] Kapitan (2002)。

[33] Kane (2005, p. 136)。

[34] 同上，p. 134。

[35] O' Connor (2000, p. 14)。还有另一种自由意志论形式，有时也被称为"简单的自由意志论"，这种行动者控制理论的设想为本质上是非因果的：参见 Ginet (1990) 及 Ekstrom (2000, pp. 89-92)。这种观点还需要经验来证伪决定论 (所以它暴露给典型的反自由意志者论证：非决定使自由与随机性相一致)；然而，简单的自由意志论还面临另一个更具体的责难，即从因果关系断开自由，它产生了行动的副现象论。

[36] O' Connor (2000, pp. 114-115)。但对于这个问题，蒂莫西·奥康纳没有提及，而人们可以有效地提及 Dupré (1993)。

[37] O' Connor (2000, p. 115)。

[38] 从休谟到艾耶尔，这一观点已经得到许多传统相容论的辩护。

[39] Kant (1787, 1788)。关于康德的自由理论，见 Allison (1990)。

[40] Strawson (1962)。

[41] 同上，p. 11，也可参见 Strawson (1998)。

[42] Russell (1992); Strawson (1986)。

[43] 见前，n. 18。

[44] 许多人如 van Inwagen (1998)，联结了反自由意志论题 (非决定论意味着随机性)

与结果论证，以证明所有一切可能的自由理论都是错误的，因此自由意志是不可能的。但是，这个“夹击论”（pincer argument）两个部分是否真正有作用是有争议的；如果把它应用于被称为“行动者因果关系”的自由意志论版本，这更有争议。在 de Caro（2004）的研究中，我认为，人们可以通过研究社会科学对待行动者的方式来论证、支持自由意志，在这方面，我们可以说科学意象整合和完善了显性意象。

[45] Quine（[1951] 1953）。

[46] 正如 Stroud（1996）表明的，类似的困难影响了许多的尝试（由科学自然主义所提出的主张），这种尝试是还原或消除不受欢迎的因素，如价值、颜色、数字和意义。

[47] White（2004，p. 203）。

[48] 同上。值得注意的是，甚至一些自然主义者，如麦金会同意，在他们看来，自由成为一种神秘性事物（“自由意志是一个神秘性事物，而这其中就在于它的可能性”），参见 McGinn（1999，p. 168）。另一种神秘性是为什么他们丝毫没有怀疑这一点，即他们可能被认为是极端自然主义观点的归谬法。

[49] 有关此问题的其他意见，参见本书第 13 章。

[50] Nagel（1986，p. 112）。

[51] Flanagan（2002，p. 135）。

[52] 同上，p. 127，斜体字。

[53] 我要感谢斯蒂芬·L. 怀特关于此问题提供的无数宝贵的讨论，也要感谢本·谢尔曼（Ben Schupman）仔细地阅读本章之前的版本。

四、社会媒介
Social Agency

第二十章　无声动物的信念

西莫内·戈扎诺

动物的心灵问题导致了哲学上持续的争论。[1]非常著名的讨论是，笛卡儿认为动物就如自动的、复杂和迷人的没有内部生命的机器一样，是没有言语的。[2]即使在达尔文理论之后，这种观点仍然有市场，是达尔文理论之后形成的智力环境，达尔文理论结束了人类与其他物种之间的鸿沟。很长一段时间达尔文理论被认为是揭开这些动物思维能力的唯一希望，通过教动物一种形式的语言，从而用心理来阐明不明的事物，这一立场产生了大量的研究成果。从20世纪30年代的凯洛斯（Kellogs）到20世纪50年代的黑叶斯（Hayeses），再到加德纳斯（Gardners，20世纪70年代）及普里麦克（Premacks，20世纪80~90年代），他们在教授动物一种符号系统上作出了巨大的努力，以便检测动物的认知能力。[3]尽管最近有趣的发现表明[4]，这一尝试所预设的范式最近被发现都受到了挑战：难道思想必然需要语言吗？这也就是说，去设想一种非语言行动来驱动及通过思想状态来计划是否有可能呢？

支持动物智力研究的思考已经由许多哲学家[5]和动物行为学家[6]所推进，但即使是在动物行为家中，仍对其持普遍的怀疑论态度[7]，存在主要的反对意见是，动物行为可以通过参照复杂的刺激和反应系列来解释。赋予有别于人类的其他动物一些主要的思维形式，这是中间立场[8]，但是，一些支持动物有概念归因的人继续主张，概念依赖于符号处理的能力。[9]

它所揭示的是，哲学家、实证科学家、心理学家及动物行为学家们集中于思维-语言问题，这一问题开辟了两组学者之间交流思想和方法的可能性。在本章我将首先讨论针对动物信念的论题，强调这种互动的精神；然后，我将概述内容的功能状态的个性化条件和归于动物意向性状态的一些普遍条件，这些条件源自针对动物信念的论证；最后，我将测试针对那些实证案例的条件进行论述。

1. 针对动物信念的论证

在多年前写的论文中，马尔科姆（Malcolm）描述了一只狗追着一只猫的场景。猫跑向一颗橡树，但在最后的时候，它突然改变方向消失在附近的枫树林中，“狗没有看到这种策略，跑到橡树下……并兴奋地朝树枝上咆哮”[10]。据马尔科姆的观点，我们可以说，狗认为猫在橡树上，但我们不能说，它有“猫在橡树上”这样的想法。这种观点一直遭到戴维森的抨击，如果没有掌握一门动物语言，他拒绝动物有这种想法的可能性。根据戴维森的理论，对于意向状态的适当归因有三个关键的先决条件：①一般认为，归因于任何人的信念必须反映语义的透明度[11]，因为这样的逻辑功能被认为是在对命题态度的讨论与其他事物的谈论之间进行了区分[12]；②语义透明度需要掌握概念；③相反，概念的归因预设了整体论的概念形式。因为对于动物来说，它既不可能去归因概念，也不能有整体的概念网，把语义上不透明的思想归因给它们是不可能的，因此，无言的动物不可能有信念和愿望。最后，戴维森认为，为了有一种信念，人们必须有一种信念的概念，即概念的状态可能是真或是假的状态。现在，即使有一些作家已经质疑语义透明度的重要性，而这种语义透明度是意向性所要求的[13]，我赞同戴维森的观点，这种功能对于分析意向状态来说是重要的。[14]那么继戴维森之后，我们就可以把假设无言动物有思想的问题，转换成我们是否可以在排除语言表达的语境中使透明度有意义这样的问题。

在整个对动物信念的分析中，戴维森实质上遵循着类似的“罗素原则”[15]，据此，为了考虑对象或对对象作出判断，人们必须知道正在谈论哪个对象。[16]在戴维森的理论中，罗素原则这类知识要求完全排除概念性知识。然而，用这种形式来解释罗素原则似乎太强硬了。试想观察到两块红色纹理的补丁，其中一块比另一块的颜色深。假设你开始相信，你左边的那块颜色深过右边的那块。考虑这种可能性：你缺少关于两块补丁颜色深浅的相关概念，那么随后你就不能被归因于有上述提到的信念。此外，罗素原则不正确似乎有更深层次的原因。信念是知识的基础，因为至少可以采取知识来判断真实信念的合理性。如果不相信这种或那种的方式，那么就什么都不知道了。现在，采取如罗素原则之类的东西来作为信念归因的前提，这一前提假定相信（believing）这种概念问题是正确的，因为这个前提远比固定条件复杂得多。

为了拯救这一原则，另一条可靠的路线是：削弱其满足的条件。在两种颜色的补丁情况中，罗素原则可以通过非概念化的差异能力来得到满足。[17]这种建构的弱版本是由斯特劳森所给出的，当每次感知到某一对象时，主体的知识有能力区分对象，当某一对象出现时，有能力认出它并且有能力区分关于某一对象的事实。[18]因此，我们可以说，区分能力至少是“非概念性的”，正如感知的区分与承认，“概念”——作为关于事实的知识情况。[19]许多人强烈反对非概念内容的观念。[20]取而代之的是，这些作者们提出示范性概念（demonstrative concepts）的观念，示范性概念起到如同归因非概念内容的作用，而无需整体讨论。试想一下，在一块黄色的食物前面，我说：“这是可食用的。”这种示范性有足够明确的指涉，来使我的对话者产生这样一种信念：这里某些东西是可食用的，而他无需知道什么样的东西是可以食用的。因此，示范性概念不允许产生任何与特定问题有联系的推理，因而它只允许与可食用性概念的部分联结。不过，这个例子可能是戏剧性的：如果我们吃的每个对象都不能被识别（想象世界中的食物不断变化，我们每次都必须检查），那么这将不会有稳定的推理联系，这种联系是我们可以用它来修复可食用性概念。另外，这种可食用的信念将允许在归因实践中有不透明性替代物。因此，尽管示范性概念不符合戴维森心中的个性化概念的条件，他是如何形成这一立场的，关于古人是否相信地球是平的这个问题[21]，没有明确的答案——他们充分相信这得归功于个体的信念。

正如我所说的，我认为戴维森是正确的，即他主张思维归因的标准之一必须是不透明的，所以我们应该假定，基于要素的思维需要参照不透明的思想，这些要素本身既不需要有充分的本质概念，也不是完全被个体化或被联结。那么总的想法是，一个系统可以被归因于一个知觉上固定的信念 p，如果在信念稳定期间，包括在信念 p 中的要素，或者是知觉上的区分或通过系统来认识；或者是系统区分了关于它们的事实。例如，在这种特殊情况中，如果信念 p 是关于 a 是 F 的信念，根据上述提及三种可能性方式之一，如果系统能够区分个体 a 和属性 F 的话，那么这种信念可以被归因于这一系统。一种系统形成所有区分能力，这种能力我们应该把它归于系统的认知窗口（epistemic window）。然后，我们可以说，这种信念可以被归于一个系统，其要素属于系统的认知窗口。[22]一些系统好像有一个贫乏的认知窗口：大多数动物被认为不具有知道对象事实的能力。从这个意义上来说，我认为关于动物概念的许多讨论，受这一观点的影响是有失偏颇的，这一观点是：概念是全有或全无的实体，并且这些实体的标准是由有技能的成年人所设置的。但是，不应该以这种方式来使用概念：我的原子概念极不同于一个物理学家的原子概念，相对于我的原子概念而言，而我 4 岁的儿子可能获得了关于物理学原子概念的组成部分。[23]

为了把感知上稳定的信念赋予没有语言的动物，光有认知窗口是不够的。事实上，认知窗口不足以保证系统对语义上不透明思维的敏感性，因为语义不透明帮助我们区分了关于信念的言论与其他言论，最重要的是表明了认知窗口和语义透明度是如何结合的。[24]

在这方面，最重要的是质询语义透明度的哲学意义是什么。即使知识需要信念，认知窗口的认知条件和语义透明度的认知条件共享了语义功能，但并不一定承认互指的替代物保留真理（salva veritate）。我所强调的是，真理是比知识与信念更强大的概念：可以说如果你能得到一个真理本身，那么你会得到关于那个真理的所有可能表达；而如果你能够分离出若干纯粹知识或一个确定事实的信念，即使你的知识被认为是合理的并且你的信念被认为是真实的，那你将不会获得有关这一事实的全部真相。这是因为关于那个事实的其他可能真的形式，并不一定包括分离出的知识或信念。一方面是知识与信念之间存在着差距；另一方面是真理标明了我们认知的易谬性。也就是说，真理标明着关于事实我们可能是错的，即使我们正好相信了相同的事实（“不是塔利谴责开提林，而是西塞罗谴责开提林!")。正是认知的易错性、存在错误的可能性和能够认识这些错误的可能性，使得意向归因有了意义。[25]那么把错误的问题当成一种意向状态正确归因的额外要求，这是没有必要的，正如戴维森所认为的：这样一种条件已经包含在语义透明度的要求中了。

2. 信念的要求

根据功能的方法，系统有复杂的内部运作方式，以及根据功能上的状态和过程来解释的构架。关于这种方法的一种最深刻的分析是，罗亚尔（Loar）认为功能状态是一种横向联系的网络。[26]这个网络包括感知输入，以及如推理之类的内部运作及行为输出。功能状态是通过理论建构的过程而被个体化的，功能状态的内部状态是通过系统的整体行为来分析、比较和对比的。这个横向网络也有一些垂直连接。有一些功能状态，其实往往是通过非心理条件来激活的，因此我们可以说，这些状态与某些真值条件有关，即使这些状态独立于真值条件之外。[27]

那么功能方法的最突出任务之一是一种输入——不论是感知或概念及一种输出——任何类型的行为，解释二者之间的内部状态和过程，以便于个体化这些状态和过程的内容。解释可以被视为一种认知过程，其目的在于个性化功能状态的内容。反过来，如果它们是被嵌入认知状态（如信念）或意动状态中（如欲望），这些内容可能有不同的功能状态。这些内容和它们的状态确定了因果作用，其因果作用由这些状态自己所确定。然而，当我们想知道是否把信念归因于动物时，有必要考虑这个观念的哪些功能是我们要归因于动物的。在我看来，有三种不同的方法，我们可以用来详细说明概念的内容。[28]

2.1 1型内容

如果系统区分一种属性，例如，*F*，那么我们认为这有一些内部过程，对于其过程我们可能解释为一架F-探测器。由此产生的状态可以被认为是功能状态，其内容是"*F*是存在的"[29]。这种解释是基于指示（indication）的关系，这种指示是最简单的解释形式。[30]试考虑一个检测水箱中有水的测量仪器表，我们可以说，仪器表明水箱中有水存在。然而，这个仪器表明，它与水箱被个体化的方式无关：如果仪器表明有水，则说明 H_2O 分子的一种液体状态或我正好有一杯这样的液体，那么一种指示关系只允许用于清晰的解读。[31]至于预测系统行为的问题，某人拿起来阅读并不要紧，所有可能相等的解读有着同样的预测或诠释能力。严格地说，检测系统显示，这个机械装置是处于一定的环境中：如果一切运作正常的话，它以某种位置漂浮在水箱中，接下来是完全透明的。其结果是，只有在系统出现故障时，1型内容不能与适当的真值条件相联系。例如，只有当仪器或它的检测设备出了故障时，即使水箱中没有水，仪器可能表明水箱中有水。

如果一切运作正常，那么内容会表明它与什么相关。因此，1 型内容是透明的，只有在出故障时的情况可以是假的。因此，没有意向状态可以被归因于系统，该系统被赋予 1 型内容。

2.2　2 型内容

2 型内容就如那些 1 型内容一样，通常是与一些真值条件相关的。然而，为了切断系统中给定状态与一些真值条件之间的联系，系统的故障是没有必要的，那些真值条件通常对那种状态中的系统负责。再次考虑马尔科姆家狗的例子。当我们说狗向树咆哮时，不严格地说是因为狗认为猫在树上，我们说狗处于一种认知状态，我们解释这种认知状态认为，狗有“猫在树上”的内容。正如在 1 型内容中，对于马尔科姆家狗的内部状态的解释也要考虑到其他共同延伸的解读。[32] 但是，正确理解功能状态并不意味着真值条件认为猫不在树上也是有可能的，即使狗的视觉器官是什么也没有，即视觉器官出了问题。让我们澄清一点：根据系统行为的解释和描述及按照激活那种状态的可靠联系，你可以个性化正确的内容归因，而这项内容无需是真的，也不用看系统中的任何故障。为了纠正错误的 1 型内容状态，你应该修复（至少部分的）系统结构；而为了纠正错误的 2 型内容状态，你应该提供系统本身更多的信息。假设一个系统呈现出关于 2 型内容归因是合理的行为，那么我们必须在刺激和反应之间假定一些表征功能，也就是说，一些认知活动在感觉输入和运动精神的输出之间进行协调。这充分表明，这类内容并没有考虑到每一个可能的替代物，至少一些替代物可能会改变系统的行为——正如我们看到的，当看到戴维森把心理内容归因于行动者的标准时，这正是我们想要的：把心理活动归因于除人类以外的动物的倡导者，对不透明标准进行辩护。

2.3　3 型内容

在这里，传统上我们把获得的内容概念归结于人类。在这种情况下，内容允许我们进行不透明的解读和在内容正确的个性化与真值条件之间建立一种较弱的关系。如果约翰认为是西塞罗谴责了开提林，并不意味着约翰相信塔利也谴责了开提林，因为即使西塞罗是塔利，但约翰不可能有这些信息。在 3 型内容的状态中，归因谈话是不透明的。之所以如此，是因为众所周知，意向内容指涉对象是通过一种“表达模式”（mode of presentation）及多种表达模式，即通过各种可能的方式来确定一种给定状态的事务或事件的，这种表达模式比真值条件更细密，其真值条件与意向内容相关。为了有一个良好的预测或对系统行为的解释，在 3 型内容情况中，获得正确的表达模式是必不可少的。最后，正如在 2 型内容状态中所描述的，约翰有一种内部状态的可能性，这种内部状态的内容并不表现事件的给定状态，这种状态也并不需要约翰的认知或感觉器官有任何问题。同样，3型内容允许不透明解读，并且如果系统没有故障的话，那么3型内容可能是错误的。

我们应该如何使用这些不同的内容概念呢？重要的是要注意，把3型内容归因于一种系统就要求3型内容表明不同的行为，这些行为是关于形成约翰信念内容的要素，并且这些要素能被不同的表征模式所理解。“难道西塞罗会谴责开提林？”约翰对这个问题的回答是“是”，并不意味着约翰对“塔利是否谴责开提林？”这个问题的回答是“是”。难道在2型内容运作时，这种情况会发生在动物身上吗？2型内容与3型内容之间的不同是精细度（granular fineness）的差异。思维-语言的倡导者，如戴维森和乔姆斯基都坚持认为，如果一种思维不是如我们人类的思维一样精细，那它就不是一种思维。他们已经排除了其他不同精细思维的可能性。2型内容的可能性表明，至少还有另一种可行的选择：2型内容在描述这种要素之间的方法时确定了等价集，这种等价集所构成的给定信念内容比3型内容所确定的信念范围要大得多，但不如1型内容全面。如何才能评估这种差异呢？那就是系统必须有能力，使自己的行为适应表达模式中的变化。

3. 无声动物的内容归因

为了在动物中找到合理的候选意向行为，我将考虑欺骗性行为，因为这些行为可以通过语言和无声动作来产生。在人类之间有许多不同的欺骗行为，即使欺骗本身似乎也是一种意向性概念，有一些案例表明，以非意向性的方式进行欺骗是有可能的。[33]为了加强对欺骗的意向解释，它应该被看作是自愿的和目标导向的，因为欺骗行为不应该是一种自主的反应（如伪装或模仿），并且不应该是偶然达到其目的（欺骗的结果由目标驱动产生）。让我通过一个事例来澄清这些。在《奥德赛》（荷马笔下的“奥德赛”）中，尤利西斯通过隐瞒自己的身份来欺骗敌人。他打扮成一个流浪者来到了伊萨卡（Ithaca），他的欺骗是自愿和目标导向的，他是自愿的，因为他不是一个自主的反应者；他是目标导向的，因为尤利西斯作为流浪者的行动，目的不是在纯粹展示他的欺骗能力，其欺骗的结果是想查证敌人的政治和道义行为。这个欺骗的事例是否建立了一种意向归因的正面案例呢？我们是否可以说，尤利西斯的敌人相信“来了一个流浪者”？我认为答案是肯定的。尤利西斯的敌人可能认同这种信念“来了一个流浪者”，原因如下：①“流浪者”、“尤利西斯”要素和来到伊萨卡的属性属于他们的认知窗口，这些元素可以通过功能状态来描述，这种功能状态是根据他们不同的内容来解释的；②尤利西斯的敌人归因了“尤利西斯来了”的内容，这将是有可能的，即这等于所假定的信念内容；③对功能状态的归因可以解释为有一种内容，这种内容并不意味着对功能状态的归因，可以解释为有其他的内容，因此我们可以说，尤利西斯的敌人相信“来了一个流浪者”。

应当强调和认为的是，诉诸自愿和目标导向不是对意向内容的问题的乞求：因为我已经在这里解释过这些概念，这些概念可以通过使用1型内容来归因，而意向概念至少要求有2型内容。现在，我将提到的三个条件概括如下。为了得到关于内容 p 的意向状态，系统 S 必须：

（1）有一种认知窗口，其要素形成了内容 p；

（2）支持另一种内容 q 的归因，内容 q 满足条件（1）并且外延相当于 p；

（3）p 与 q 之间产生的差异行为（即归因 p 并不意味着归因 q）。

现在，在这种情况下应该考虑什么型的内容呢？是否有必要只考虑3型内容或者只考虑2型内容就足够了呢？正如我们所指出的那样，2型内容的精细度不如3型内容，但这种精细度足以切断真值条件与正确条件之间的联系，因为对相关功能状态的归因，可能与机能失常无关。我认为，它们足以承认对出现属性的固定化（fixation），当尤利西斯作为一个流浪者出现时，这种属性起作用了。因此，我们应该表明，对动物欺骗的情况作出解释是有可能的，通过对情境的满足来满足条件，这种情境是我们假设了尤利西斯和他的敌人，这是一种挑战。

考虑下面的两只家养的黑猩猩所表现的事例，两只黑猩猩的名字分别为：奥斯汀和谢尔曼。奥斯汀比谢尔曼小并且服从谢尔曼的领导，但它不像谢尔曼那样怕黑。晚上，它们都在一间小屋里休息。因为谢尔曼白天一直在欺负奥斯汀，随着晚上的来临，奥斯汀作出欺骗的情况来扭转统治秩序。在没有被谢尔曼看到时，奥斯汀就会离开它们的小屋，发出奇怪的声音仿佛是有人在小屋外，然后回到屋里并用担忧的姿态观察外边。谢尔曼变得恐惧并停止欺负奥斯汀。[34]

这种欺骗的情况是自愿的，由于一些自主机制，奥斯汀本身不会产生那种行为，如果谢尔曼不在附近的话它也不会产生那种行为；奥斯汀的行为是目标导向的，其目的是促使谢尔曼停止欺负它。但我们最重要的目的是，可以根据内容来解释动物的功能状态，然后归因动物的意向状态，这在案例中应该考虑。让我们详细地来分析这种结论。

我们是否可以把谢尔曼归因到一种状态，其状态的内容是“屋外有东西正在制造响声”？我认为我们可以肯定地回答。我们可以把这种状态归因给谢尔曼，因为：①谢尔曼区分了所有内容所描述的相关元素和其他如响声或产生响声的要素，并区分了屋里及屋外存在的属性；②把谢尔曼的内部功能状态解释为有这种内容将是有可能的，即“这是我屋里的同伴在屋外制造的噪音”，一种解释偶然地等同于假设的意向状态，谢尔曼区分了这种意向状态的要求；③功能状态归因可以解释为“屋外有东西正在制造响声”的内容，但这一解释不意味着功能状态可以归因为解释“这是我屋里的同伴在屋外制造噪音”的内容。通过上面的分析表明，可以认为谢尔曼有“屋外有东西在制造响声”的2型内容意向状态的归因。[35]现在，归因是通过系统的认知窗口来获得的，即通过它的区分能力来保证。这些能力容许谢尔曼拥有两种表达模式，这种模式与相同真值条件相关。因此，我们认为非语言动物有一种基于两种2型内容的意向状态。这一案例表明，为了拥有意向状态，语言并不是必要的要素。

也许有人会反对说，没有理由把这样复杂的思想归因给谢尔曼和奥斯汀。从行动主义来看，认为它们对刺激的反应出现在每时每刻，这是充分的。这种反应是很常见的情况，然而却有些矛盾。事实上，动物的行为越是复杂，包括仔细陈述趣闻的结果及出现的实验条件的细微结果，必须阐明的动物行为的解释就越多。其结果有着非常复杂的行为解释，不过，这种解释是使它们更强大，也易于解释越来越多的人类行为。因此，我们可以获得动物的非心理性（non- mentality），代价是失去我们自己的心态。此外，在无声动物的情况中，放弃意向性解释会降低在动物行为学的中简单性和可预测性；以及它们本体论简易性的优势。这里，似乎经验和哲学的利益产生了分歧。

这种分析使我们能够满足他们诉求的其他要求，如奎因、丹尼特和戴维森，他们关于意向状态归因的要求。其中的要求之一是，意向系统不能孤立地存在。目前的分析即使是最低限度，也是通过两种任一无声动物来满足这个条件的。事实上，我所讨论的行为依赖于交流上的互动：相信的条件是由动物（奥斯汀）来确定的，而信念则归因给了另一种动物（谢尔曼）。从一定意义上说，响应的行动是由欺骗者和受骗者所共享的，这支持了这一假设：这些动物之间有一种天生的“心灵理论”，其理论是共享的和用于交流的。[36]现在，既然我在两只黑猩猩身上没有假定任何特殊能力，那么我们可以假设黑猩猩其他个体物种身上同样存在着如上面两只黑猩猩的心灵设备。

另外，也可以通过这种方法来满足第二个要求：一种单一的、孤立的信念有能力来设想一种意向系统，这是难以置信的，因为这些状态是整体性的。不过，我确定的建议是基于这一假设，即这至少应该具有两种等效内容的功能状态。但是，这种过于简单化的系统将是一个极端的例子。对于每一个信念，我们必须承认：每个状态的不同要素可以被归因为部分的其他复杂功能状态。

4. 意　　识

我一直认为，就动物而言，我们有合理的理由把意向状态归因给一种系统，这种系统表现出：

（1）行为由功能状态支配；

（2）可以根据内容来解释这些功能状态，这种内容是由认知窗口内部的差异来支撑的；

（3）系统展示了行为模式，该模式满足某些条件。

我使用灵长类动物的例子，是因为它们为我们提供了丰富的证据作为这种归因的根据，但动物不是唯一的无声意向系统。为了寻找其他可能的候选者，必须考虑进一步的经验和实验数据。

我想从两个普遍的注意事项中来得出结论。首先，由于所谓的“语言转向”，这有一种基于语言模型来叙述思想的倾向。因此，任何非语言形式或前语言思维几乎已经先天地被排除了。事实是，那些遵守“语言转向”的人，不仅往往视语言为一种用于分析的有用的方法论工具，而且也对思维本质强加一种实质性的约束。再次考虑意向性问题，如果我们根据语言来分析意向性，可能有如下两种主要的路线：或者我们把语言作为表达相关研究的唯一数据，从而用语言来约束思维；或者我们延长意向域，使意向域包括了这些行为，即行为满足了从语言推断出来的某些复杂标准。第一个传统或许占主导地位，认为语言反映思想，即使“语言可能是哈哈镜……它是我们拥有的唯一一面镜子”[37]。另外一种传统是，把语言看成是展示或表征某些潜在现象的方法，而无需把这种认知机制当作语言学所必要的性质。用奎因的话来说，“把命题态度的对象当作句子，并不要求主体去说对象句子的语言，或任何其他语言”[38]。在本章中，我采用第二条路线。我们对思维的归因并不意味着对语言内在状态的归因，因为通过对相关复杂的非语言行为的分析，这种归因可能是合理的。

另外，通过把思维归因给动物，我们不认为动物存在一种与人类的认知状态完全相同的能力。语言使更复杂的认知态度成为可用的，这种更复杂的认知态度要求一种不同层次的分析。为此，一些哲学家把信念与不同的信念状态进行比较。[39]但是，如果我们把自己局限在某些感知上固定的信念的话，那么在某些情况下，这种由人类所运用的认知能力似乎要更接近那些在相似情境中由某些无声动物所表现出来的认知能力，而不是更接近于人类在语言任务中所执行的认知能力。出于所有这些原因，我认为，这里呈现的分析可以使我们从不同角度来考虑思维与语言的关系。[40]

注 释

[1] 通篇我将使用“动物”指涉生物，它们具有复杂的行为能力，这种能力足以产生它们的心理问题。

[2] 尤其见笛卡儿的《方法论》第5部分（[1637] 1982）。

[3] 参见 Wallman（1992）。

[4] 参见 Savage-Rumbaugh（1986）。

[5] 参见 Agar（1993）；Allen（1992）；Allen and Bekoff（1997）；Bennett（1976）；Bermúdez（2003）；Dennett（[1983] 1987）；Hurley（2003；forthcoming）；Malcolm（1972）；Routley（1981）。

[6] 参见 Byrne and Whiten（1988）；Cheney and Seyfarth（1990）；Premack and Woodruff（1978）。

[7] 参见 Bennett（1991）；Davidson（1975，1985，1997）；Dennett（1995，1996）；Heil

(1992); Heyes (1993, 1998); Lowe (2000); O' Leary-Howthorne (1993); Premack (1988); Stich (1979)。

[8] 参见 Glock (2000); Peacock (1992)。

[9] 参见 Stephan (1999)。

[10] Malcolm (1972, p. 13)。

[11] "语义透明度",广泛地被视为意向性的特征,"语义透明度"是由包含有像"相信"、"欲望"等这样动词的句子所具有的共同特征。在这些句子中,共指(coreferential)表达式的替代可能会改变它们的真值——与所谓"莱布尼茨律"相反。这些句子的相关功能是它们不能满足存在推广律和真理功能原则。

[12] Davidson (1985, p. 475)。

[13] 例如,参见 Searle (1983)。

[14] 塞尔把意向状态视为直接指涉它们的真值条件,因此允许任何类型的指称代词替代物。但这种观点使我们将不能从发现中学习到任何事物:正如晨星是暮星,事实上,这样做我们学习不到任何新事物。

[15] Russell (1912, p. 58); 参见,Evans (1982, p. 65, 90 等)。

[16] 例如,……一个人不能只相信他或她看到一只猫;为了相信这一点,我们必须知道什么是猫,看到的是什么,最重要的是人们必须认识到,不论多遥远,某人可能是错误的这种可能性(Davidson, 1999, p. 8)。

[17] Peacocke (1992)。

[18] Strawson (1971)。

[19] 确认似乎构成了一个重叠区。一些形式涉及非概念的知识,其他也一样。在下面我将考虑非概念的确认。

[20] 参见 McDowell (1994); Brewer (1999)。

[21] Davidson (1975, p. 168)。

[22] 这项建议与伊文思的《共性约束》有某些共同之处;它断开了允许非概念元素的可能性与伴随不具有作为首要目标的语义合成性之间的联系。

[23] 关于这一观点,参见 Allen (1992); Allen and Bekoff (1997)。

[24] 应该强调的是,语义不透明不是个体意向状态的充分必要的条件。说话的方式,甚至科学解释是语义上不透明的。

[25] 支持这种反对意见,见 Davidson (1999); Allen (1999)。

[26] Loar (1980)。

[27] 在横向和纵向联系之间的对比也可以根据提出的归因目的来设置,不论是解释行为或是促进对世界的沟通。内容归因的统一观点,更多注重第一个目的,见 Bilgrami (1992); Pereboom (1995)。

[28] 接下来可能会使你记起德雷特斯基的分析(1988 年)。不过,我将断开与德雷特斯基的联系(见下文,注释[31])。

[29] 这同样适用于个人类型的个体化情况。

[30] 参见 Stalnaker (1984)。

[31] Dretske (1988, pp. 70-74) 反驳这一观点。

[32] 对动物观念持相反的意见,见 Allen and Hauser (1991); Chater and Heyes (1994)。

［33］见 Chisholm and Feehan（1977）。

［34］Savage-Rumbaugh and McDonald（1988）。在此事之前，谢尔曼和奥斯汀事例中被引入一个“坏怪物”，即一个穿着金刚的衣服的人在屋里吓唬他们。不过，我不认为这改变了我提出的概念。

［35］而且，请注意，不能说谢尔曼相信具体的某事（或人）正在屋外制造响声，因为他不知道是什么或是谁正在制造响声。然后，我们也有失败的情况，对跨信念语境的存在推广律失败的情况。

［36］参见 Premack and Woodruff（1978）；Whiten（1991），批评的观点参见 Heyes（1998）。

［37］Dummett（1988，p. 7）。

［38］Quine（1960，p. 213）。

［39］Cohen（1992）；Dennett（1978）；Stich（1978）。

［40］这篇文章始于我在塔夫茨大学认知研究中心当访问学者时，成形于我在罗格斯大学认知研究中心（Rutgers University，RuCCS）做访问学者时。我要感谢这两个中心。我特别感谢丹尼特和布莱恩对我的不断激励。感谢 Francesco Ferretti，Ausonio Marras，Carlo Penco，Silvano Tagliagambe 对之前的草案提出的宝贵意见。

第二十一章　朴素心理学与模拟

克里斯蒂娜·梅尼

在20世纪70年代，“黑猩猩是否有心灵理论”[1]的论文恢复了关于朴素心理学的讨论，也就是说，理解行为的强烈倾向是根据如信念、欲望等心理状态来解释的，从而产生了许多问题：非人类的动物能否“心理化”？朴素心理学如何发展？它是天生的吗？它是模块化的吗？

未来20年是以描述朴素心理化本质的两种内部理论之间的讨论为特征的：理论论（theory theories，TTs）和模拟论（simulation theories，STs）。简言之，根据理论论来解释行为，我们用一种心理学知识使心理状态与行为相关。一些理论论者为这种强版本的方法辩护，根据这种理论，关于心灵理论，小孩儿的心灵就如天真的科学家一样。[2]这种方法的大部分拥护者认为，心理学知识并不建构特定的领域。相反，私人特定属性、心理表征是通过对公共表征的分析来推断出的，如通过图片、绘画和语言等公众表征来推断。

其他理论家为一种不同的假设辩护，这种辩护是根据我们被赋予一种专用于归因心理概念的认知机制来进行的。根据艾伦·莱斯利（Alan Leslie）的理论，例如，我们拥有心灵机制的理论（theory of mind mechanism，ToMM），一种由全人类所共享的专业系统。[3]从幼年时期起，心灵机制理论就活跃在适当的位置，并由此推断出民间心理学陈述的形式：

〈行动者〉〈心理状态〉即〈内容〉

（例如，“彼得认为晚餐上有馅饼”。）

来自一种知觉行为。

因此，在这个理论框架中，朴素心理学不是来自类科学的个体，而是来自成熟的生物学的、特殊的器官。

尽管有一些重要的区别，理论论共享了这种观点：朴素心理学是基于拥有的真正心理学概念。这个关键点是通过模拟论来反驳的。概括来说，根据模拟论，心理概念并未涉及心理化。相反，模拟是朴素心理学的核心。为了预测和解释行为，我们将自己放置在其他人的立场并看如此将会发生什么（可能是反事实的）情况。此过程只需要执行系统，即我们计划和组织行为的认知系统。在心理学解释中，这一过程具有一定的特殊性。首先，虽然行动计划是基于真实的知觉状态，而心理学理解的决策机制一般把假想情况当作输入；其次，计划的行动并不是真的被执行，而是归因为解释的行动者在执行中抑制了作出的决定。当杰克站在一只咆哮的藏獒面前，要想预测他会怎样做，必须通过我们假想自己处于杰克的位置来预测杰克会做什么。此外，尽管（通过模拟）"发现"，杰克会逃跑，而我们则不会动。描述模拟论是主要的目的，施蒂希和尼可斯（Nichols）讨论了决策机制的离线过程。[4]

实际上这也有各种模拟论。根据"温和"版的模拟论，心理概念不能完全从模拟中排除掉。考虑这一理论，即我们将关注自身利益的理论，阿尔文·戈德曼声称，通过模拟，我们给自己归因假想的心理状态，这种状态我们可以内省及转移到其他人身上。[5]罗伯特·戈登（Robert Gordon）坚决反对第一人称优先的心理学内省。[6]根据他的"激进"模拟观，我们改变观点和解释行为时无需使用任何类型的心理概念，甚至不用提及自己。作为与本章有关的主题，让我们更详细地考证这两位作者的观点。

1. 模拟理论

1.1　阿文·戈德曼的观点

根据阿文·戈德曼的理论，运行的预测模拟路线如下：

（1）我们看到（更普遍的是知觉到）*X* 行动，或者我们想象看到了 *X* 行动；

（2）我们采用 *X* 的角度来看问题（实际上当这是有可能的，或者在我们的想象中是有可能的）；

（3）我们知道自己头脑中在想什么，并发现当我们身处在 *X* 的位置时将会做什么（设 *B* 是子程序的结论）；

（4）我们把 *B* 归因给 *X*：*X* 的行为就如同我们处于她所在的情境所表现出来的行为一样。[7]

至少在简单的情况中，行为的预测可能不涉及非心理学分析，我们看到 *X*，不用访问任何心理状态，我们就可以预测 *X* 的行为。当我们模拟 *X* 面对一头激怒的狮子时，我们可以通过一种自主过程来预测 *X* 的行为，如逃跑的反射过程。因此，在这些简单的情况中，上述概述的路线似乎是多余的。

另外，在少量的基本案例中，需要一种真正的心理学归因。当灯突然熄灭时，简一个人单独留在一间房子。我把自己放在她的位置上。但是，然后呢？难道我会大声喊救命或者我很兴奋？为了作出预测，我需要关于孩子性格的心理假设：难道她怕黑？还是她喜欢黑暗？要回答这类问题，我们必须知道所涉及的心理状态与行为之间的典型关系。正如我们将看到更多的细节，这种知识是典型心灵理论的例子。

如果我们考虑相反的过程，将涉及心理状态的行为解释归因到一种大的范围，通常是归因到有意识层次。当我们看到 *X* 正在做 *B* 事件，我们先作出一个假

设 R：关于 X 行动的心理原因。为了测试 R，R 是被提供给我们的决策机制的。让我们假设，D 是这个过程的输出。如果 D 匹配 B，那么作为其行为的原因，R 就被归因给 X。[8] 阿文·戈德曼和施瑞帕德（Sripada）最近提出了一种重发现过程的解释，来作为这种"生成与测试的启发式"(generate-and-test heuristic) 替代物。[9] 然而，据他们说，这种"无媒介的共振模式"仅限于面对面的情感识别；它并不解释以信念（欲望）为基础的解释行为，因为生成与测试的启发式依然是有效的。

阿文·戈德曼承认，上述概述路线的第三步涉及心理状态归因。正是这使得他的理论成为温和派。然而，他主张心理学归因是仅限于第一人称的情况。因此，正是第一人称优先性减轻了所涉及的理论知识的权重。

在 1993 年，阿文·戈德曼提供了第一人称知识来源进行更清晰的描绘。事实上，这一点对他来说是至关重要的：他承认我们拥有第一人称成熟的心灵理论，模拟的作用将仅仅是使用一种特定的理论成为一种启发式。相比之下，根据阿文·戈德曼的理论，通过一种基于内省和质性的认同过程，我们内省地知道自己的心理状态。为了检测我们目前的心理状态，在心理状态表征的功能作用与储存在我们记忆中的心理状态的功能作用之间，我们不尝试进行匹配。相反，我们通过匹配它们内在的、非关系的定性性质来确认心理状态。因此，对我们自己的心理状态的认同有一个感性的、非关系的特征[10]，不包括概念-理论的层次。这也是真实的命题态度，如信念和欲望。例如，我们确认我们的信念：巴黎是法国的首都，同样确认我们的信念：3 是一个素数，这些信念都是通过自身的感受性(qualia) 确认的。

1.2 罗伯特·戈登的观点

在他激进的模拟理论中，罗伯特·戈登强烈地批评对阿文·戈德曼来说是很关键的两个假设：第一人称优先性及（有限）心理状态归因的必要性。[11]

当模拟时，我们不假想自己是另一个人。相反，我们变成对方，在模拟玛丽的情境中，我成为玛丽。"我"改变了其指称，"我 = 玛丽"这个等式成立。由于人称代词不完全僵化（derigidification)，可以删除任何内省的步骤：我们首先并不是把一种心理状态归因给自己，然后再转移到其他人身上（如玛丽)。因为在模拟时，我们就成为玛丽，不需要进行转移。

事实上，罗伯特·戈登的理论比阿文·戈德曼的理论更强。想象某人问你一个关于你心理状态的问题。根据罗伯特·戈登的理论，要回答这个问题，让我们运行一个"上升路线"(ascent routine)。上升路线是一个过程，即我们把关于心理状态的问题转变成语义上更加简单的问题，而不用指涉心理状态。当有人问你："你觉得巴黎是法国的首都吗?"你把认知问题转换成更加简单的"巴黎是法国的首都吗?""是"的答案在更高层次被继承，产生最终的答案"是的——

我认为巴黎是法国的首都”。根据这种观点，心理学概念只是一个我们在语言实践中学习使用的语法前缀。真正的推理过程发生在较低的非认知层次中。

心理状态归因的第三人称情况也是类似的，第三人称情况只涉及一个更复杂的模拟路线。为了回答这一问题“艾米利亚是否认为狗要咬她?”我们把自己当成艾米利亚（即在模拟语境中“我=艾米利亚”）并问“狗是想咬我，我=艾米利亚?”这个问题。最后，把我/艾米利亚置于答案之前：“我=艾米利亚（不/没有）认为狗要咬我，我=艾米利亚。”

2. 最近的主题

20世纪70年代，人们对朴素心理学产生了新的兴趣，20世纪80～90年代是理论论与模拟论之间的争论期，最近十年似乎主要讨论以下两个主要议题。

首先，许多作者都主张，朴素心理学的不同方面都是基于不同的过程和认知机制。例如，心理状态的自我归因可能独立于其他过程，如行为预测/解释及心理状态的非正统归因等过程。[12]

其次，许多工作已经涉及朴素心理学过程的神经基础。在这方面的一个重大步骤是已经发现了镜像神经元（mirror neurons，MNs）。[13]

2.1　镜像神经元

在猴子中，体内的腹外侧运动前皮层的延髓中（F5）包含有手和嘴动作表征代码的神经元。一些F5神经元对行动敏感，即全部不同的运动共享相同的目标。相反，当F5神经元以一种准确的方法来执行时，有非常具体的细胞仅编码一种行动（例如，某种抓的动作）。

不仅动物执行一种动作时，而且当它看到相似动作被其他个体执行时，这是F5神经元中的镜像神经元、视觉运动细胞在释放。

大部分镜像神经元可以适当地被看成是多模态。例如，当猴子执行一种动作时，当它看到并听到有另外一只猴子也在执行相同的动作时①，它发怒了，这是镜像神经元在释放。[14]

最近的数据表明，当行动最重要的部分被隐藏时，大多数镜像神经元也会被激活。例如，当一个不透明的屏幕覆盖了行动的关键部分，如手势互动（hand-object interaction），也可以被理解为是镜像神经元的释放。[15]

有确凿的证据表明，反映系统也存在于人类大脑之中。[16]

---

①　即另一只猴子在模仿它的动作。——译者注

2.2 维托里奥·加莱塞和阿文·戈德曼的观点

在发现镜像神经元的神经生理学家中，维托里奥·加莱塞（Vittorio Gallese）关注他们数据的理论后果。特别是他与阿文·戈德曼合写的一篇很有影响力的论文，他们提出镜像神经元是支持模拟论的证据。[17]

他们认为，镜像神经元是基于阿文·戈德曼（见上文）所提出的模拟过程。在神经层次，当我们看到 X 向一个目标行动时，我们的镜像神经元开启并模拟相同的动作。因此，我们有一条线索以我们自己的方式来个体化 X 的目标。

虽然在他们联合写的论文中，维托里奥·加莱塞和阿文·戈德曼在一个相当表面的层面上，留下了关于模拟神经基础的解释，但最近维托里奥·加莱塞更详细地解释他自己的理论，即关于朴素心理学中镜像神经元所起的作用。

2.3 维托里奥·加莱塞的观点

关于镜像神经元的发展史，维托里奥·加莱塞作出假设：镜像神经元参与了预测建模（projective modeling）。[18]预测模型是一种内部表征，其表征了在时间 t 时，预测有机体状态 $t+x$，从而考虑预防性的控制我们行动的后果。

维托里奥·加莱塞争辩说，在预测建模使用了镜像神经元，吸收其反映神经只需要一秒钟，同样重要的功能是：预测其他行动者的行为。换句话说，镜像神经元已经把表征能力从自我模型延伸到自我和他人的模型。

由于镜像神经元的活动，两个个体共享了维托里奥·加莱塞所称为的以我们为中心的表征空间。[19]在这个空间中，表征被建构的形式是：

我/X（目标导向的行为）（例如，我/X 抓牢了香蕉）

在阿文·戈德曼的意义上，以我们为中心的空间中没有留给第一人称以任何优先性。我们已经看到，根据阿文·戈德曼的理论，模拟输出过程关注模拟者本身及其后才被归因于其他行动者。相反，维托里奥·加莱塞过程中的关键步骤发生在中立空间。因此，他最近的著作阐明了在何种程度上他与阿文·戈德曼有所不同。

为了排除任何可能的误解，重要的是要注意，镜像神经元模拟与阿文·戈德曼的理论是不相容的。“神经模拟”只不过是漫长过程的第一步。我们的镜像神经元模拟处于中立位置是有可能的，然后我们的决策机制是在以我们为中心的模拟中而实现的（在心理层面）。然而，第二步并不直接紧跟着第一步。换句话说，阿文·戈德曼的模拟理论是一个独立的假设，这种假设应该被独立地进行辩护。

2.4 重回阿文·戈德曼的观点

不幸的是，阿文·戈德曼理论似乎并没有为人类朴素心理学的能力提供好的解释。

正如我们前面提到的，阿文·戈德曼的模拟论是关于认知机制的理论，其模拟论是基于两个要点：①为了心理化，我们使用自己的决策机制；②通过一种基于感受性的非概念认知程序，我们把心理概念归因给我们自己，然后转移给其他人。

我对①没有异议。在心理学（相对于神经）意义上，模拟很可能涉及解释。我们的镜像神经元做好它们的本职工作，并且在许多意向推理中吸收了我们的决策机制。[20]不过，这是模拟实践的纯粹启发作用，是心理学能力背景理论的认知捷径。让我们回到简处于黑暗房间中的例子。当灯灭了时要预测他会做什么，通过考虑他的心理态度，我们必须校准我们模拟的决定。这类调整是一种普遍的现象。我们通常做的是，（无意识地）提问自己：在特定情况下，把自己的心理作为一种心理模型来使用是否是一种好的策略。即使当心理学作用没有进行调整时，仍可以作出这种分析。是什么使得在朴素心理实践与行为计划之间产生了相关的差异性。阿文·戈德曼低估了这一理论的干预性，所有注意力全部集中在模拟组件上。相反，我认为民间心理学是理论方面的核心，同时承认模拟的重要性是一种启发式实践。[21]

至于②，我完全不同意阿文·戈德曼的观点。特别是我否认信念可以通过它们内在的质性被个性化。诚然，查尔斯再婚的信念有一种特殊的性质（至少对卡米拉来说）。但其他信念，我倾向于赞同完全没有特殊的性质。例如，我愿意确信我的信念：2 是 4 的平方根，这种信念是真实的；但这种认知状态并没给予我任何特别的感觉。实际上，它似乎完全不依赖于任何性质。如果信念状态通过他们的感受性被个性化，那么我们如何相信一些没有定性的事物呢？

此外，即使在定性显著的信念情况中，不同的人可能有着根本不同的感受性。因此，我们可以想象，卡米拉和女王伊丽莎白有着不同的感受性，这种感受性与我们关于查尔斯再婚的信念是相同的。

根据其结果，更重要的是，事实上阿文·戈德曼的解释意味着，沟通是不可能的（或是神秘的）：如果信念——更普遍的，与命题态度——是通过一种内在的、完全私有的状态如感受性等来定义的话，不同的人持相同信念，如果他们有不同的感受性，那么就不能保证信念的传递性。

当然，在某种意义上，信念在交流时就发生了变化。尽管如此，似乎很难否认，即使两个完全不同的人也可以进行交流和讨论。更有趣的是，在正常情况下，完全不同的人通常会进行良好的沟通。

这种情形可以从对信念个性化的相关解释来得到理解，信念个性化的相关解释反对阿文·戈德曼所概述的内在框架。在相关的解释中，信念是通过其功能和作用被个体化的，即信念通过其他心理状态和行为的输入及输出之间的关系被个体化。当信念从一个人转移到另一个人时，它的功能和作用发生了变化。当一个人的信念成为另一个人心灵的一部分时，信念在不同的语境中被整合。在当前情况中，两个人的背景只是部分不相同；因此，我们假设信念状态在沟通中并不是完全改变了。相反，当我们讨论一个与我们完全不同的人时，我们对信念状态的功能和作用，采用了一种更认真的重组（reorganization）。因此，即使出现严重的误解，真实地理解问题也是很困难的。然而，理解既不是不可能的，也不是完全神秘的。

因此，成功的沟通要求，信念通过它们的功能和作用来定义。质性感觉可能是（实际上是）这一过程的副作用（side effect）。

如果拒绝阿文·戈德曼关于第一人称通道的立场，接下来会发生什么呢？他的心理学模拟论将不仅与神经模拟论相容，而这将有一个真正的连续性。不过，阿文·戈德曼框架的核心是第一人称优先性论题，这是一个纯粹理论活动。他从根本上否认，我们在系统中真正地使用（第一人称）心灵理论。否则，他的心理学模拟论将瓦解，变为理论论的温和形式，理论论的温和形式的特点是通过特别浓重的口音模拟启发式组件。[22]

2.5 镜像神经元和罗伯特·戈登

就本身而言，维托里奥·加莱塞关于以我们为中心的假设更适合罗伯特·戈登的激进模拟论。需要记住的是，罗伯特·戈登否认有任何第一人称优先性。在模拟中，我们成为其他人，并让我们的决策机制在一个中立的立场运行。在较高的层次中，这一过程准确地通过镜像神经元的模拟作出反应。在神经层次，这一过程可以描述如下：我看到玛丽拿起一块蛋糕。我的镜像神经元释放并且我进入了以我们为中心的空间。当我想要一块蛋糕时，我/玛丽进入了相同的身体状态。当我/玛丽是在那种状态时，我/玛丽吃了蛋糕。因此，玛丽将会吃蛋糕。

不幸的是，在我看来，罗伯特·戈登的模拟论是有严重缺陷的，特别是对于上升路线的假设有很多的反对意见。我不怀疑这一事实，即我们使用的这类策略是心理状态归因中有益的启发式。我同意我们并不真地询问自己所有的认识论问题，而是我们忽略了“你相信……”的前缀所关注的内容。不过，这需要心理概念来作为纯粹的句法标签，但没有任何真实的意义。相反，我知道“相信”概念的意义，以及知识内涵谓词的语义属性：我知道保留真值的替代性原则可以被违背（例如，我可以相信刘易斯·卡罗尔是《爱丽丝梦游仙境》的作者，而不相信查尔斯·道奇森①是《爱丽丝梦游仙境》的作者）；我也知道，真与假的

① 刘易斯·卡罗尔（Lewis Carroll），真名叫查尔斯·道奇森（Charles Dogson）（1832—1898），是一位数学家，长期在享有盛名的牛津大学任基督堂学院数学讲师，出版了好几本数学著作。《爱丽丝梦游仙境》是刘易斯·卡罗尔兴之所至，给友人的女儿爱丽丝所讲的故事，写下后加上自己的插图送给了她。后来在朋友的鼓励下，刘易斯·卡罗尔将手稿加以修订、扩充、润色后，于1865年正式出版。刘易斯·卡罗尔后来又写了一部姐妹篇，叫《爱丽丝镜中奇遇记》并与《爱丽丝梦游仙境》一起风行于世。——译者注

含义是暂时的（即我可以相信汤姆已经独立，而不论他是否真的独立），以及我相信存在推广原则（即我可以认为目前法国国王是秃头，即使没有法国国王）。如果信念谓词只是句法标签，罗伯特·戈登应该解释我们所有人是如何超前的、没有困难地知道这种语义特征的。

更重要的是，即使我们假设，这种上升路线不只是一种启发式的，即信念谓词确实是句法标签，这并不意味着，上升路线可以推广到其他心理学谓词。因为在这样的情况下，心理学谓词之间的差异将消失：如果心理学谓词消失，那我们该如何区分日常用于归因给 X 的信念与日常用于归因给 X 的欲望呢?

在罗伯特·戈登看来，这个过程大概简化了原始的心理学问题，通过忽略心理谓词来回答较低层次的问题。我的观点是，低层次的问题（X）不能被回答，除非我能够区分对 X 的不同态度（“我被问到欲望是什么？信念是什么”，等等）。这一步重新引入心理概念——不是单纯的标签，而是真正的概念。

换句话说，如果排除心理谓词是真正有效的，我们如何能回答剩下的问题呢？为了作出回答，我们必须知道我们谈论的是什么心理状态。也就是说，我们必须知道，相信 X 意味着什么，而不是（例如）欲望 X 意味着什么。因此，即使信念-概念被排除，整个问题也将重新出现在其他心理谓词中。

再次，应该强调的是，拒绝一种心理学模拟论——在这种情况下，罗伯特·戈登的心理学理论——不需要自动地反对维托里奥·加莱塞的假设，即关于以我们为中心产生的神经模拟的假设。

3. 神经模拟起什么作用?

综上所述，我们的分析表明，心理学模拟论本身不能解释朴素心理学的推理，它似乎要求关于心灵的概念、关于理论知识的干预。它还指出，在原则上神经模拟论独立于心理学层次上阐明的模拟论。因此，对心理学模拟论的拒绝并不排除镜像神经元这种可能性，即它可能与朴素心理学解释相关。事实上，我的目的是使（减少作用）神经模拟与心理学理论方法相一致。为此，我要澄清一个观点：我认为，心理学推理的许多方面是基于神经模拟；但我也觉得，心理学推理最重要的方面似乎有一种非模拟的神经基础。

不用模拟来理解意向性

根据哲学家彼得·雅各布（Pierre Jacob）和神经学家马克·金勒诺得（Marc Jeannerod）的理论，镜像神经元对运动意识进行编码——例如，执行一种基本操作的意向，如用右手食指按下开关。[23] 他们还指出，运动意向只是我们当前归因的几种意向性之一：先天意向性、社会意向性和沟通意向性。在他们看来，镜像神经元甚至不能编码先天意向，在他们的例子中，开灯的意向性用不着其他较原始的意向状态。归因这些意向性，需要一种心灵理论。

然而，最近关于人类的研究表明，镜像神经元可以编码先天意向性。[24] 当某人为了实现目标而执行一种动作，而不是为了达到另一个目标而执行相同的动作时，先天意向启动（相应地，当猴子看到某只猴子以行动获得了具体的目标时，先天意向启动，而不是看到人类行动者行动获得另一目标时，先天意向启动）。因此，这样看来，这些细胞不是编码直接的行动，而是编码更抽象、末端的目标。继续这一争论将是非常有趣的。不过，我想提醒大家注意的另外一点是，纯粹的知觉神经元——即没有模拟性能的细胞——也可以在社会意向性归因中起重要的作用，在高层次心理学实践中也起着更加重要的作用。

我们已经知道，猕猴的颞上沟（superior temporal sulcus）神经元对于查看身体的特定部分和生物运动的特定种类是敏感的。[25] 例如，当猴子看到全身的特定视图时，如前面、后面等，颞上沟细胞会选择性地释放，而其他颞上沟神经元会编码所注视的方向或编码脸部的方向。至于不同运动的特殊性，一些颞上沟神经元是专门编码生物平移、旋转等运动。大多数颞上沟细胞只回应特定方向上的运动，如从左到右，或向外偏离的运动。

那些颞上沟神经元的功能是什么呢？我们需要认真考虑的一种可能性是，颞上沟神经元构成了非模拟意向状态属性过程的神经基础。正如彼得·雅各布和马克·金勒诺得所表明的，两个（或更多）行动者之间的互动——我想补充，这种互动比一种行动者-对象的朴素心理学实践互动更重要——似乎通常并不是由模拟来解释的。[26] 例如，解释服从行为的神经基础，似乎只涉及知觉信号，与模拟无关。事实上，我的神经元如何决定两个行动者，是谁在模拟呢？我可以自己选择采用的角度；但它一定不是自主的并且是单纯基于神经系统的行为。更普遍的是，有许多案例模拟似乎并不涉及三元关系、沟通情况等。

最近，沃尔特（Walter）等进一步的研究是在同一方向上进行的，即确定模拟作用的范围。[27] 他们发现，在神经影响研究中，在人类的旁扣带回皮层前部（the anterior paracingulate cortex），一个前额区精密地参与对进入社会交往的人进行意向归因。在旁扣带回皮层前部的神经元并没有模拟性能。

考虑到所有这些数据，神经模拟的作用肯定不是无效的，但它的作用相当小。斯布尔（Gergely Csibra）最近提出了另一种解释，对其作用已经提出了更为严格的限制。[28] 斯布尔注意到，当行动者只模仿动作时，镜像神经元不释放。也就是说，当没有真正的对象需要理解时，镜像神经元不发射。对于标准观点来说，在他的论文中描述的这些和其他特征是成问题的，根据镜像神经元模拟发现一种行为的意向：在导致发现的过程中，行为不是真实的（但只是模仿），而镜像神经元参与其中。镜像神经元应该有助于揭示这种伎俩。相反，镜像神经元保持了沉默。为了解释这些数据，斯布尔作出一种假设：通过神经的非模拟基础来理解一种行动。他声称，颞上沟神经元做了关键工作，把它们纯粹的知觉表征发送到 F5 前运动区，众所周知，F5 前运动区是被连接在一起的。来源于颞上沟的一种纯粹知觉表征被发送给镜像神经元，镜像神经元开始运作，它们运作的事物是不同于标准观点所说的那些事物。许多工作仍必须在这个方向进行，但来自丹·斯佩伯（Dan Sperber）的一项假说表明，镜像神经元更适合概念神经元。[29]

一种彻底的反阿文·戈德曼式观点，即以某种方式与斯布尔主张相容的观点，对这种观点进行更多细节的探索将是有趣的。根据这种观点，在 Meini（2002）概述了在种系发生时，我们祖先基于非模拟神经基础，第一次获得心灵的第三人称（原）理论，如对视线方向的分析。然后，模拟神经元被用来把第三人称原知识传递到第一人称原知识，从而为第一和第三人称完整的朴素心理学提供基础。

当我们开始调查实验数据时，我们对一个真正的、非启发式的心理学模拟作用持怀疑态度。这种怀疑来自反对阿文·戈德曼和罗伯特·戈登模拟论的一些哲学争论，在这部分的实证分析中似乎证实，模拟不是朴素心理学的核心，甚至也不是神经层次的核心，一种纯粹的知觉神经基础似乎是更为重要的。

4. 结　论

对比如“阿文·戈德曼的模拟”的新笛卡儿式唯我主义理论特征，我赞同共享模拟空间的假设。[30]我还是相信模拟在朴素心理学推理中的重要的启发式作用。然而，在我看来，关于镜像神经元的重要研究，连同心理学界给出的这些标准神经系统数据，隐藏了一些重要问题，这些问题与神经病学和心理学层次相关。我试图在本章勾勒出更具综合性和现实的观点。

在神经病学或心理学层次发展的模拟论，明确强调人类与其他物种之间的连续性。在我看来，任何形式的奥卡姆剃刀都是一个很好的起点。但我也认为应该认真采用反证。一种含糊的取消主义的态度冒着一种不能充分解释人类思维复杂性的风险。[31]

注　释

[1] Premack and Woodruff（1978）。
[2] 参见 Gopnik（1993）。
[3] Leslie（1987）。
[4] Stich and Nichols（1995）。
[5] Goldman（1995）。
[6] Gordon（1995）。
[7] Goldman（1995）。
[8] 同上。
[9] Goldman and Sripada（2005）。

[10] 其他模拟理论家共享没有这一步，如 Heal（1995）。

[11] Gordon（1995）。

[12] Nichols and Stich（2003）。

[13] 参见 Rizzolatti（1988）。

[14] Kohler et al.（2001，2002）。

[15] Umiltà et al.（2001）。

[16] 参见 Fadiga et al.（1995）。

[17] Gallese and Goldman（1998）。

[18] Gallese（2003）。

[19] Gallese（2004）。

[20] 参见 Stich and Nichols（1995）；Meini（2001）。

[21] 在这里我还没有考虑其他温和派的模拟理论家，如 Jean Heal 或 Gregory Currie，他们不同意阿文·戈德曼的第一人称假设。不过，因为他们承认“心灵的迷你理论”（Heal，1995）的干预，我认为他们容易遭受同样的批评，我转移到阿文·戈德曼关于模拟的真实作用。

[22] 参见 Meini（2001）。

[23] Jacob and Jeannerod（2003，2005）。

[24] Iacoboni et al.（2005）。

[25] 参见 Perrett et al.（1982）；Jellema et al.（2002）。

[26] Jacob and Jeannerod（2005）。

[27] Walter et al.（2004）。

[28] Csibra（2005）。

[29] Sperber（2005）。

[30] 参见 Meini（2001）。

[31] 我非常感谢 Pierre Jacob 及 Alfredo Paternoster 对本章不同版本的评论，这些评论非常有用。

第二十二章 社会心灵

弗朗切斯科·弗雷蒂

根据经典模型论——对人类学、哲学及20世纪相当一部分的语言学来说是重要的——人的心灵是对个人社会生活的反映。这种模型论有两个方面的特点：在论题方面，即外在于个体的（社会-文化）因素相对于个体的内部（生物-心灵）成分具有优先性和自主性；在观点方面，即心灵是通过外部因素的一种内部化过程来确定的——遵循着“从外部到内部”的单向构成路径。这两方面创造的二元论对经典模型的有效性提出了质疑。

本章的基本假设是一种整体论，而不是人类心灵概念的二元论。针对经典模型论提供的单向（one-way）视角，我们应当说，心灵是双向构成过程的产品，其中一方进行“从内部到外部的因素”，那些相反方向行进的是“从外部到内部的因素”。我们的观点是，人类心灵是这些因素的产品，这些因素对个体来说既是内部的又是外部的。在这些方面，这样的观点似乎表征了一种平凡的真理，其真理并没有什么吸引力。然而，在这些方面有很好的理由来提出心灵的社会性质的论题。首先，因为试图统一过去心灵理论并未成功。其次，因为这些失败的尝试所引起的困难，今天似乎让位给更令人信服的解决方案。当代认知科学和神经科学可以有效地提供令人满意的生物-认知手段的解释模型，这种手段包括管理复杂的成员之间的个体关系。这些手段，正如我们将看到的，是研究内部/外部之间关系的宝贵工具，也是以一种新的视角重新考虑人类心灵的统一性质论题的珍贵工具。

1. 外部因素对个体的首要性

在20世纪对人类的本质进行理论反思时，出现了两个特征：首先，科学精神和科学本质之间的区别是基于社会实在的自主性；其次，外部因素的重要性优于内部因素。这两个特征密切相关。它们汇聚于人类的二元论概念：考虑个体外部因素产物（社会文化）等同于把生物学视为只是它们本质的微小方面。只有科学精神才能抓住人类真正的本质，科学中行动的自主性完全来自于自然科学。

1.1 社会实在的自主性

根据涂尔干（Émile Durkheim）的理论，认为社会实在性应该在其纯粹的形式中得到分析。社会实在性有一个自主和独立的状态，社会学家的工作必须着眼于区分两种现象的次序：个体实在体现了社会实在，而社会实在被视为“一种自成一类的实在，大大有别于体现该种实在的个别事实”[1]。社会实在是自主的，并且先于个体的心理状态：

> 它们是由行动、思维方法和外在于个体的感觉组成，凭借它们执行控制他（him），它们被赋予一种强制权。因此，由于它们由表征和行动组成，不能将它们混同于有机现象，也不能混同于心理现象，这种心理现象不需要保存及通过个体意识来保存。因此，它们构成了一个新物种，它们必须被专门指派给所谓的社会（term social）。这是适当的，因为很显然没有个体来作为它们的基础，除了社会之外它们可能什么都不是……[2]

教育的强制性突出了构成过程的单向性（unidirectionality）：社会实在普及个体，使他们成为社会行动者。这种循环是通过一个精确的心灵概念来闭合的，更确切的是，通过人类本质的确切概念来闭合。如果教育是塑造个体的事物，通过教育被社会化的个体是可塑的和不确定的。从这个角度来看，个体本质只表征“不确定的原料，这种原料是由社会实在所决定和改造的”[3]。

人类本质是可塑的和不确定的理论，受到了20世纪大部分的心理学、人类学和哲学的支持。这一理论的激进版本被称为萨皮尔–沃尔夫（Sapir-Whorf）假说①。两个假设可以描述它。第一，“语言决定论”(linguistic determinism)，个体的思维是通过他们的语言范畴来确定的；第二，“语言相对论”（linguistic relativism），不同的语言决定不同的思维。托比（Tooby）和科斯米德斯（Cosmides）定义了“标准的社会科学模式”这个人类心灵的概念。[4]一种批评可能将矛头指向了托比和科斯米德斯所定义的这种观点，但就本章的目的而言，我们不会详细考查这种批评，重要的是考虑外部因素的重要性与人类本质之间的关系。当这唯一路径从“从外部到内部”行进时，事实上所需要的是一种显著的可塑和不确定的心灵。但是心灵真的可能以这种方式被目的化吗？功能结构唯一模型，其标准模型（the standard model）似乎指与白板类似的东西——一种毫无希望的关于心灵的假说。[5]托比和科斯米德斯的“不可能的心理学”，是基于标准模型，“不可能的心理学”有一种二元区分，即在自然科学和科学精神之间的二元论。因此，为了克

① 萨皮尔–沃尔夫假说（Sapir-Whorf Hypothesis），这一假说的实质是对语言反映现实还是创造现实这一问题的一种解释。归结起来有两点：一是语言因其自我成形、自我创造的能力而能决定人们对世界的认识，是形成人们世界意象的积极因素，这叫语言决定论，即一个人的思维完全由母语决定，因为一个人只能根据其母语中编码设定的范畴和区别定义来认识世界；人们的思想在很大程度上是由语言决定的。二是不同的语言不能表示同一个社会的现实，世界意象随着人们赖以思维的语言体系的不同而变比。这叫语言相对论，即语言结构有无限的多样性。因此一种语言系统中所编织的范畴类别和区分定义为该语言系统所独有，与其他语言系统中所编织的范畴类别和区分定义不同。——译者注

服二元论，心灵概念应致力于一种有效的解释评价。

1.2　统一的方法

正如白板的概念一样，语言决定论和语言相对论的影响明显在减退。时间已经开始协调自然科学和科学精神之间的关系，这一观点已经成为一种普遍的趋势。对于认知科学的某些领域的观点，目前我们可以饶有兴趣地来考虑维果斯基的工作，他试图提出一种心理与人类的统一愿景。[6]

对于维果斯基来说，人类的特殊性是由语言习得来保证的。正是这一事件决定了孩童思想是完全不同的新组织。因此，由于语言是一种外在于个体的工具，是由人们之间的社会-历史交往所产生的，成长导致了儿童高级认知功能的发展，这被认为是一种内在化的过程。在这里，这一过程的本质是有趣的。我们知道，“以自我为中心的语言”（egocentric language）构成了决定性的媒介设备，作为一种沟通工具，社会语言成为思维的一种工具：

> 当社会语言（之前用于描述成年人）转向内部（turned inward）时，儿童能力中的巨大变化是使用语言来作为一种解决问题的工具，这种变化发生稍微晚于他们的发展。儿童诉求于自己，而不是诉求于成人；因此，语言除了需要人际使用之外，还需要一种内省功能。当儿童发展一种指导自己的行为方法时，之前这种方法的使用一直与另一个人相关；当他们根据行为的社会形式，来组织自己的活动时，他们成功地把社会态度应用于他们自己身上。社会语言内在化过程的历史也是儿童实际智力社会化的历史。[7]

因此，思维的社会化是与社会语言内在化密切地联系在一起的。事实上，所有高级的心理功能应该按照社会关系的内在化来考虑，甚至个体的心理因素也是社会关系内在化的结果。

外部因素的重要性优于内部因素的重要性，这构成了维果斯基对认知科学某些领域的基本影响。例如，丹尼特和克拉克使用概念的外部支撑来去除关于外部过程的计算权重，以这种方式移除心灵中的结构和外部功能。[8]根据这些作者的理论，最突出的外部支撑是公共语言、系统符号；个体在出生后就发现这些系统符号是现成的（外在于自己），通过习得过程，系统符号侵入他们的心灵。例如，典型的自我反思和元表征的能力就取决于这种侵入。丹尼特主张，自我反思性的思维可以永远存在而无需公共语言；特别是他强调，如自我反思的能力可以永远存在而无需这种建构过程——“始于这种或那种符号和象征……公开的、公众的使用，并且产生了实践，其后这种实践可被内在化和被私人提供”[9]。

有一种观点是特别值得注意的，即过程的激活是通过符号被公众所使用的，这一过程构成一种现象，该现象也被作为所有侵入的意图和目的。这种理论在何种程度上可以经得起仔细的考查呢？由于这些语词是克拉克和丹尼特理论的中心，而不是语言，我们有理由去质疑，当今可用的语词习得模式是否以这样或那样的方式符合了这两位作者所提出的理论。[10]

答案是否定的。当今普遍的经验模式走向了完全相反的方向。来自认知心理学的数据突出了这样的事实：在其他因素之中，语词的习得受到强有力的内部约束因素的指引。[11]我们没有经验数据来支持这一理论，即语词侵入心灵的理论。语词的习得要求内在心灵是丰富的，并且以一种复杂的方式来建构心灵。

维果斯基的一位追随者试图促进心灵与社会的融合，但这仍然是心灵的二元论概念，这仍然是关于社会实在的概念，这种社会实在是一种外在于个体的自主实体。维果斯基外部因素的自主性和重要性所付出的代价是，正如我们所看到的，指涉一种可塑和不确定的心灵。然而，没有事实来支持这样一种心灵概念。当今绝大多数涉及习得过程、认知能力的运作和病理的模式，都把心灵视为一种丰富而复杂的整体处理设备。因此，由于心灵概念不受经验数据的支持，不能提供一个可靠的基础，心灵概念必然要找到一种替代路径。我们的论点是，只有考察双重建构过程的可行性，只有“从外部到内部”进行，反之亦然，才有可能真正地实现心灵与社会的整合。现在是时候认真考虑在建立社会互动时，是个体的哪种内在因素在发挥作用了。

2. 一种替代的建构过程：生物–认知的社会基础

人类不是唯一的社会性动物。对人类社会本质的理解策略始于他们的特征，当这些特征为真时，它们被整合用来研究人类与其他社会动物所共享的特征。社会不是一个抽象的实体，每个社会都是由一定数量的个体构成的，这些个体组合在一起并建立与对方有关的关系网。从这个角度来看，人类社会无疑也具有其自身的特性，不能抽象地只从个体的生物–心理学特征来理解人类社会：他们可以在群体交流中形成个体数量与关系种类，事实上，群体是受到生物–认知系统性质的约束的，这种生物–认知系统是每个社会动物的特征。[12]

对于单个个体而言，群体解决了多重适应性问题。然而，群体生活也造成了紧张关系：社会关系要求神经系统能够管理他们。邓巴（Dunbar）强调了这种限制，即将大脑皮质的体积强加给社会群体的容积。[13]按照贝尔托（Berthoz）的理念，当大脑本质上是作为一台机器来预测未来，预测自己或他人行动的后果、“拖延时间”时，在管理与其他个体的关系时，神经系统的作用明显地被显露出来了。[14]最高级的进化物种是那些已经学会对其他事物拖延时间，包括在狩猎猎物和在预测肉食性动物攻击时，大脑主要是一架生物机器，其目的是要领先其他人一步。

有能力来预测其他人的行动是社会智能的特征。人们解决问题时的差异是物理环境所强加于其上的，当某人与其他人对同一问题竞争解决方案时，这种竞争对于适应的观点是至关重要的。汉弗里（Humphrey）表明，社会智能的起源是人类智能向前发展的真正进化过程。[15]随着“马基雅维利智力”(Machiavellian intelligence）的出现，伯恩（Byrne）和维顿（Whiten）指出，灵长类动物必须紧迫地处理进化挑战，即能够具有预测和控制其他人行动的能力，并使用这种能力成为自身拥有的手段。[16]拥有一种社会智能意味着拥有一种理解和预测行为的系统，也就是一种解释的系统。现在，是什么解释了行为呢？

让我们以人类为例。他们解释行为的方式似乎符合丹尼特所定义的“意向立场”，即理解和预测行为的能力（自己或他人的行为），这种能力是通过把心理状态归因给行动者实现的。[17]这是“心理化”行为的能力，也是所说的“读心”能力。为了突出这一事实，心理化是通过一种复杂而综合的知识系统来产生的，这种知识系统与行动者意向立场相关，普里麦克（Premack）和伍德鲁夫(Woodruff）称这种能力为心灵理论。[18]尽管两位作者都承认，黑猩猩也拥有这种能力，但当今流行的理论还是心灵理论：“表征一类‘心理的界限’(mental rubicon)，支持人类认知能力的独特性。”[19]实际上，谈到的心灵理论诉求于命题结构系统，该理论成为复杂元表征系统的基础，并且不能轻易假设除人以外的动物也有这种元表征系统。

只参照心灵理论来解释心理化能力，似乎大部分是徒劳的，因为心灵理论明确划分了人类的心理化能力与动物心理化能力，并且从自然主义观点再次提出了不可接受的不连续性形式。根据维托里奥·加莱塞的理论，意向立场归因“完全取决于元表征，这种元表征是生物学上不可信的，它是通过把命题态度归因给其他人而建立的”[20]。因此，我们如何从连续论观点（continuist point of view）来解释人类典型的心理化能力呢？

首先，心理化与心灵理论并不一致。假定我们有能力来解释行为，这是有可能的，这种行为能力并不使用命题态度来解释行为。模拟理论把理解行为视为将自己置于别人的立场来开展行动，为从连续论视角研究心理化提供一种重要的作用。[21]一些具有巨大社会意义的认知技能，如模拟和移情实际上能够基于理解模型来被解释，这种认知能力特别接近进化先行者的论题，这一论题是基于一些不同于解释心灵理论的假设。

这样的模型有着重要的实证支持。里佐拉蒂（Rizzolati）等已经发现一类神经元——“镜像神经元”，它最初是在猕猴的运动前皮层得到确定的，这类神经元在执行有目标的行动时很活跃。[22]例如，当猕猴捕获独立的对象时，这些神经元会释放，例如，当它们用手或嘴来捕获对象时，这些神经元会释放。这类行为的共同点是，以其自己的目的构成了行动，但这类行为不包括运动。人类也拥有反映系统，这类系统不仅是在执行行动时可以被激活，而且在观察其他人在实现这一活动时也可以被激活。在这种情况下，这些观察到别人行动的人并不能有效地实现所观察到的行动。然而，正如运动系统被激活的情况：知觉到一种行动意味着对该行动的模拟。[23] 在消除理解行动的人与有效行动的人之间的区别时，模拟模型为元表征模型提供了一种替代性的解释。这一举动对社会智力层次的影响在“模拟和移情”这两个重要的认知能力中得到确证。

12～21 天大的婴儿是能够模仿伸舌头和张嘴的。模拟被认为是心理化能力的先兆，原因是模拟预设了对行为的解读，这种解读是基于已经确定了的目标、意向和欲望。[24] 最有趣的是，这些模拟所产生的第一种形式是，正如维托里奥·加莱塞所主张的，是“以我们为中心”立场所形成的：

> 早期我们对社会认知理解模拟的重要性在于，它表明人际间的联系在我们生活之初就被建立起来，当没有有机体能包容这种内省表征时，是因为还没形成有意识的经验主体。然而，主体自我意识的缺失并不排除所构成的一种原始的“自我与他人空间”，一种没有主体的自相矛盾的主体间性形式。在“以我们为中心”的空间中，婴儿与其他个体共享这个所栖居的世界。[25]

基于相同的模拟机制，也是构成了移情的基础（Gallese，2003c）。对他人行动的观察导致了情绪和感觉的共享，这些情绪与感觉超越了对行动进行概念分类。对这些行为所表达的情感的理解，来自自主的、没有媒介的高级认知能力。这是再次参照了具现模拟（embodied simulation），这种模拟提供了对移情的关键性解释。这种参照对心灵本质有一种更普遍的反射（repercussion）。与其说是元表征心灵通过潜在的心灵理论的过滤概念系统解释了其他事物（作为外部主体），还不如说心灵概念是作为“共振机制”而出现，一种系统自身模拟了外在所发生的事物（Rizzolati et al.，2002）。

维托里奥·加莱塞正确地说出了：仅仅参照元表征系统不能穷尽所有心理化行为的可能性，包括人类也一样。上面的主张，即心灵理论的存在只能参照一系列人类与动物所共有的认知先驱是正确的。不过，目前尚不清楚在维托里奥·加莱塞所提出的模型中，心灵理论所起的作用。某些主张似乎承认，心灵理论可以与心理化能力共存，这种心理化能力是基于具现模拟模式的：心灵理论进化先驱存在，这一主张事实上意味着承认心灵理论的存在；然后，元表征不是心理化的唯一方法的这一主张，意味着它们是这样做的一种手段。其他主张似乎走向了相反的方向，需要注意，心灵理论是基于心灵的“解构”模型，例如，维托里奥·加莱塞认为，现有的经验证据使我们得出结论：这种模型在生物学上是不可信的。

关于最后一点，要作出三方面的考虑。第一，虽然模拟论提供了关于认知构成要求的重要标志，这些认知要求构成了一些关系-建构能力的基础，但很显然，这些能力并没有详尽地解释人类形成相互之间关系的方式。人类需要利用一种共同的遗传系统，这种系统对于其他动物也是如此，如果这种观点是真的，但仍有工作要做。它无法解释在人类建立他们的人际交往时，它们能够建立什么样的具体关系。当人类社会性成为分析对象时，同样连续性要素也有必要去研究所描述的特殊性。第二点考虑是关于一种更普遍的观点：心灵应该是什么。这种观点是在对维托里奥·加莱塞著作的解读过程中形成的，在把心灵作为一种共振机制与把心灵作为一种表征符号系统时，二者之间似乎产生了无法解决的冲突。我们的想法是，两种观点并不相互排斥。我们在这里不会详细地研究这个问题。[26]第三点考虑是关于元表征与断裂论（discontinuist）之间的关系。我们应当提出的理论是，处理元表征的系统发生（phylogenesis）主题是有可能的，因此，采取元表征立场并不意味着本身追随一种断裂论概念。

心灵理论表征了人类解释行为的特有方式。这并不意味着心灵理论是人类心理化行动的唯一方式，或者并不意味着心灵理论可以忽略与其他动物共同的认知先驱。然而，这意味着心灵理论的特殊性等待着合理的解释模型。人类心理化典型的本质是由语言作用给出的，语言构成了特定元表征系统。对语言与心理化之间关系的分析，打开了测试心灵概念的可能性之路，这种心灵概念的双向建构模型是令人质疑的。我们应当证明，处理这方面的问题，是走向心灵和社会之间关系的真正统一之路，是外部与内部因素之间的协同进化。只有这样一种假说，才可以解释人类认知系统的连续性和特殊性。

3. 元表征的连续论

虽然元表征系统构成了心灵理论的基础，但它也被用作人类与其他动物之间的明确划界证据，我们的想法是把心灵理论视为人类特有的心理化体系，并不一定意味着要追随断裂论观点。支持这一观点的证据来自对心理化发展史的研究。从这些研究中出现的第一个数据是，元表征和主要表征之间的关系不能有效地被主题化，根据明确的反对意见而被主题化。这是不同的层次和不同的元表征形式。考虑元表征是用于归因命题态度，它显然是人类所拥有的，因此，与人类环境相关的非人类动物不能理解元表征，而只能理解主要表征。在这个方向上，一系列的文章提供了争论的线索，这些文章分析了元表征起源是始于对非人类的动物案例的分析。[27]更具体地说，进一步的线索是由萨登朵夫（Suddendorf）和维顿的文章所提供的，他们认为文中要求连续论对事物的看法过于悲观。[28]

首先是术语学的问题。根据佩纳（Perner）的观点[29]，把“元表征”区分为两种不同意义是适当的：

（1）目的是一种表征的表征。

（2）目的是作为表征的一种表征的表征。

传统上，元表征的完整意义是上述的定义（2）。为了确认这类表征状态的存在，对错误信念的测试被认为是有效的测试。事实上，为了通过这项测试，佩纳强调，人们必须掌握二者之间的区别：一种表征它表征了什么及如何表征作为事物的事物（它如何表征以特定方式存在的事物）。然而，为了把这种能力归因于心理化，而在归因的过程中使用了虚假信念测试，这种测试可能以一种有限的方式校正人的能力，校正所提出的问题。由于虚假信念测试强加的限制过于严格，因而动物无法通过这一测试，但这并不是说动物无法使用元表征。因此，只是说它们不能在其完整意义上使用元表征。

元表征的一个有趣的中间层次是次级表征（secondary representation）。次级表征是由一些重要属性所描述的，如“悬置”的能力，这种属性是通过退耦（decoupling）过程所描述的，退耦过程是由莱斯利·郝维兹（Alan Leslie）在假装游戏中所提出的[30]，正常的因果关系限制了首要表征与外面世界的联系。这种悬置使次级表征能够接受假设或虚拟的情境，用这种情境来给出多方的和替代的图景是有可能的，这种情境本身可能是矛盾的：在一种事实或一种对象中，如假装游戏同时表征对象的可能性，对象是什么（让我们说对象是一根香蕉）与我们假装对象是什么（一部电话或一把手枪）？根据萨登朵夫和维顿的理论，这种属性对心灵的本质有着重大的意义：

> 当然，同时接受第二个模型的优势是有能力来校对二者——也就是说，有能力使它们理解命题的关系。因此，我们创造了这个新词校对心灵（collating mind），用校对心灵来描述这类使用了次级表征的心灵（Suddendorf，1999）。校对心灵有能力来考虑情境的心理模型而不用知觉到它（无论是过去、未来或是在假设中）。尽管这种能力可能是成为高阶意向系统的一个先决条件，但它可能是一种更普遍的技能，是被应用于除了读心之外的其他各个领域的技能。[31]

校对心灵是一种参与复杂概念活动的能力。它不仅是对“心灵”的初步理解（除了认知状态外），而且是对对象持久性的理解，达到目的的推理、移情、模拟，对外部表征的理解及通过反映对自我的认可。实验数据表明，次级表征能力是合理的，在2岁的孩子和类人猿中会以类似的方式出现这些能力。这些表征被认为是发展的基本桥梁，即从首要表征通往完整意义上的元表征的桥梁。数据确证了“进化简化性”（evolutionary parsimony）论题具有同源性，而不是类比性，正如进化论题是理解某些物种属性的基础。从这个角度来看，类人猿与人类共享了次级表征的特点，这些特征是它们从共同的祖先所继承的。

最后一点还有待讨论。是什么允许基于次级表征的心理化体系可以通往一种能够归因认识状态的心理化体系，甚至是通往虚假的认识状态呢？如何能把一种普通和共享的心理化能力转换成那种特定能力呢？这种特定能力是由命题态度所调整，由心灵理论所表征的。

4. 协同进化

心灵理论的特点是，在虚假信念语境中有能力来理解行为。为了理解这种行为，"命题态度所归因的特定内容对理解是至关重要的，在观察者自己的世界观中，正是因为特定的内容不再是简单的被反思"[32]。这种归因命题态度所起到的决定性作用是因为某类语言结构，即述补结构、句子结构中对象的主要心理状态动词（认为、相信、猜想等）包含了一种从句，如：

玛丽认为约翰想要一罐可口可乐。

因此，连接语言与心灵理论的关键点是很有可能的，它指定了建构述补结构的句法：

> 述补结构诱使我们进入一个不同的世界，女孩心灵的世界，如我们所知的那样，悬置我们通常检查真理的程序。通过这种方式，语言抓住了心灵的内容，理解了信念的相对性和知识状态。这些句子的形式通过一种方式也诱使我们去包容其他可能的心灵世界，这种方式是不可用且无需嵌入命题的。图像不能捕获不存在物，也不能捕捉虚假的东西及嵌入的虚假信念，除非我们旁边有一个命题翻译者。因此，自然语言的这种特殊属性允许对一类事件进行表征——他心内容——不被捕捉，除非通过一种如自然语言一样复杂的系统来表征。[33]

只有语言拥有表征工具，才必然使认知系统能归因心理状态，并赋予认知系统以命题内容。这一假说的实证证据可以在聋哑儿童的案例中找到。实验结果突出了这一紧密的联系，即在聋哑儿童中，以及在描述事件时，他们贫乏的句法没有能力来归因意向状态，但二者之间有一种密切的联系。聋哑儿童的案例支持了语言在思维中的建构作用的观点。正如德·维利尔斯（de Villiers）所主张的，"一个少言或没有语言的个体将无法形成适当的表征，这一表征是别人所持有的虚假信念的表征，因此关于那个人的行动就是没有依据的推理"[34]。泰格-弗那斯伯格（Tager-Flusberg）走了同样的路径。[35]同样，在她的假设中，基于补语的句法结构先于通过虚假信念测试的能力，因此，句法结构必须有深刻的认知基础。因此，谈及语言意指公共语言，根据上述作者所列出的语言，即历史-自然语言，认为通过历史-自然语言所提供的经验数据加强了语言理论这一观点是有可能的，而语言理论仅是作为外部支撑。因此，难道我们应该重新承认外部因素的重要性超过了内部因素的重要性吗？再者，难道我们必须回到单向建构过程的旧理论吗？

回答这个问题的一种方式是问自己：心理化或语言这两种成分，谁先于谁，换言之，是哪种因素构成了另一种因素。[36]简单来说，语言的作用是在开展心理化能力时实现的，因此这里必须有一种语言。语言优于心理化的假说遇到了关于语言起源的巨大困难，这是一个简单的推理。当从更普遍的沟通形式来研究语言演化时，这种语言的演化是人与其他动物所共享的，这种演化指涉了元表征系统，这似乎是所采取的不可避免的一个步骤。按照格赖斯（Grice）的观点，斯波伯和威尔逊把说话者的意图作为语言的理解-生产（comprehension-production）

的基础。[37] 提及说话者的意图强调了编码模型的困难（根据沟通是由编码和解码信息所实现的），在口头交流中这种编码模型解释了理解-生产的过程。此外，如果没有一种能够解读其他人的心灵的工具的话，那么解释这些过程是不可能的。支持这一理论的实证证据来自自闭症主体所表现出的困难——受到心盲（mindblindness）的影响[38]——在沟通的情况中，正如在比喻和讽刺的情况下[39]，说话者说了什么和说话者打算说什么之间的鸿沟是很明显的。如果语言是以读心设备的存在为特征的话，那么从沟通到语言的进化通道中必须预设有这样一种工具。换言之，心理化必须先于语言。事实上，正如奥里吉（Origgi）和斯波伯所主张的：

> 语言的话语功能……一直为沟通者的意图提供这种非常精确的和翔实的证据。这意味着，正如我们知道的，作为一种物种的适应物所发展的一种语言，它已经涉及沟通推理的变化，因此，它有能力进行严肃的读心。在其他方面，从关联理论的观点来看，在我们先辈中存在的读心相关理论，是语言出现和演化的先决条件。[40]

语言的交流取决于一种机制，一种最初归因于行为解释的机制。只有承认有这样一种设备，才可能有解释语言的出现；只有承认这种机制的出现，才有可能解释建构心灵理论时语言的作用。此外，如果没有能力进行心理化，那既不可能解释个体发育，也不可能有效地使用语言，即理解和产生语言表达的能力。在其他方面，有可能难以解释是什么使语言成为语言。

坚持心理化体系的重要性超过了语言的重要性，但并不排斥这一事实：语言一旦形成，将对心理化能力有反作用。正如我们所看到的，在建构人类个体间的特定关系的技能中，语言中的补语有着重要意义。然而回顾维果斯基的理论，维持这种理论并不等于回到过去。事实上，依赖语言的心理化体系中排除了外部因素优于内部因素这一可能性，并调整了这一理论的可能性。语言与心理化之间的关系必须根据共同演化过程来考虑。

5. 结　　论

对人类社会本质的研究，标志着对这种特殊性的研究，即使对自己与其他人（动物）进行了区分。由于人类不是唯一的社会性动物，因此，描述人类的特殊性不能独立于与他们所共享的其他社会性动物来分析。为了解释人类统一的本质，有必要同时解释连续性要素和特殊性，这一特殊性是用来描述人类的。对于这一假说，社会心灵代表了一种有效的测试背景。语言的作用是建构特定心理化的工具，人类也可以使用这一工具，事实上，只有通过承认语言本身运用了心理化体系，才能承认在语言的起源和共同使用中，语言是进化上的先行者。语言是管理人际关系的主要工具，完美地体现了人类共存的特性和连续性。

对社会关系的生物-认知基础的关注，清楚地阐明了这一事实：超越对意向的说明，所有的假设都给予心灵的外在因素以特权，继续诉求于一种单向的建构过程，但这种假说不能解释人类统一的本质。只有通过接受外部与内部因素共同演化的观点，才有可能提出符合自然主义观点的人类本质概念。正如很容易想到的，在这个方向上仍有许多工作有待完成。具体来说，至少去实现外部与内部因素之间共同演化的观点是有可能的，这是一个等待有效解释的模型的任务。然而，至少从方法论角度来看，这种方式是被搁置了。双向建构过程的分析似乎是唯一避免以二元论术语来考虑人类存在的方式，因此，要在区别自然科学与科学精神之间奠定最后一块基石。[41]

注　释

［1］Durkheim（［1895］1982，p. 54）

［2］同上，p. 52。

［3］同上，p. 132。

［4］Tooby and Cosmides（1992）。

［5］参见 Pinker（2002）。

［6］参见 Frawley（1997）。

［7］Vygotskij（1978，p. 27）。

［8］Dennett（2000）；Clark（2003）。

［9］Dennett（2000，p. 21）。

［10］对语词习得限制领域的单独研究，大部分功劳必须归于丹尼特和克拉克。根据“侵入”是一个根本不可持续的理论，他们提出了语言习得理论，即所有语言习得的理论。在乔姆斯基之后，每一个语言习得假说必须考虑刺激参数的贫乏，这一论证似乎排除可塑和不确定的心灵观.。

［11］Bloom（2000，2004）；Landau and Gleitman（1994）。

［12］社会关系必须不断地被约束这一主张，通过对生物-认知机制的分析，才使其成为可能。实际上，我们承认内部与外部因素之间有一种不对称关系。从这个意义上说，尽管区分了不同的分析层次，我们的研究与科斯特科（Kostko）和比克尔（Bickle）（本书，第二十三章）的论点是一致的，为了以一种适当方式来说出行为中社会因素的因果作用，就必须有一种神经机制理论来应用它们。

［13］Dunbar（1993，1996）。

［14］Berthoz（［1987］2002）。

［15］Humphrey（1975）。

［16］Byrne and Whiten（1988）；Whiten and Byrne（1997）。

［17］Dennett（1978）。参见本书原版，p. 3。

［18］Premack and Woodruff（1978）。

［19］Gallese（2004，p. 165）。

［20］同上，p. 166。

［21］Gordon（1996）。

[22] Rizzolati et al. (1988)。

[23] Gallese (2004)。

[24] Meltzoff (2002); Gattis et al. (2002)。

[25] Gallese (2004, p. 162)。

[26] 详尽的分析见本书第二十一章，在第二十一章中已经证明一些模拟-理论与一些理论-理论模型的相容性。

[27] Cosmides and Tooby (2000); Sperber (2000); Suddendorf (1999); Whiten (2000); Whiten and Byrne (1991)。

[28] Suddendorf and Whiten (2001)。

[29] Perner (1991)。

[30] Leslie (1987)。

[31] Suddendorf and Whiten (2001, p. 630)。

[32] de Villiers and de Villiers (2003, p. 337)。

[33] de Villers (2000, p. 90)。

[34] de Villiers and de Villiers (2003, p. 338)。

[35] Tager-Flusberg (2000)。

[36] 参见 Sperber (2000)。

[37] Sperber and Wilson (1986, 1995, 2004)。

[38] Baron-Cohen (1995)。

[39] 参见 Happé (1995)。

[40] Origgi and Sperber (2000, p. 165)。

[41] 非常感谢 Giovanni Iorio Giannoli 和 Thomas Suddendorf 对本章以前版本提出的宝贵意见。

第二十三章　社会行为与脑干预：还原主义的新策略

阿龙·科斯特科　约翰·比克勒

对社会行为感兴趣的哲学家，通常处理他们的研究时并不关注来自神经科学或来自社会科学的实验结果，他们这样做是有充分的理由的。尽管这些学科与传统哲学问题潜在相关，如合理性、决策及个体认同等哲学问题，但这些问题在方法上的局限性已经被证明是巨大的。虽然社会科学跟踪有机体对它们环境的自然反应，但这些科学无法明确说明在这些机制中，环境的功能对行为（作为身体动作）所施加的影响。另外，神经科学在寻找行为潜在的具体细胞和分子的机制时，在很大程度上被局限于在人工条件下分析简单的、高度受控的行为。但最近，神经科学与社会科学朝着更好的理解因果机制的目标开始进行整合，其因果机制是以社会行为为基础的。在这里，通过对最近一项研究的描述，我们详细地探讨这种整合，并显示猕猴群体中社会等级占优势的阶层，其大脑中多巴胺 D2 受体的数量和可用性的影响，以及随后个体猴子自我管理可卡因对易感性的影响。[1]我们将利用这项研究来厘清其对每一种学科的相关影响，而这些学科有助于我们理解因果机制，其因果机制以社会行为为基础。虽然我们将讨论还原论神经生物学的优先性，但一种道德规范争议较少：方法论的障碍，即之前的哲学家对复杂的社会行为感兴趣，而忽视了社会科学和神经科学的实验结果，这种实验结果已经不能再获得了。社会神经科学的出现改变了这一点。哲学家需要面对最近的整合或冒一种不相关研究的风险。

1. 社会科学和神经科学是平等的合作伙伴吗？一种案例研究

在传统上，社会科学和神经科学已经渐行渐远，各自有不同的研究的目的和方法。不过，正如它们的研究目的已经开始整合，人们已经发现这两种学科在跨学科项目中开始彼此合作。社会心理学家约翰·卡肖普（John Cacioppo）和他的同事清楚地阐明了，在研究基于社会行为的因果机制时，为什么社会科学和神经科学不仅可以是合作伙伴，而且必须是合作伙伴：“只要或者生物学层次的组织或者社会层次的组织被认为是不必要的或不相关的，那么对（行为）的综合性解释将是晦涩的。”[2]解释社会行为要求一种“多层次综合分析”。各学科关注组织的不同层面，并有不同的方法，在这种层次，用这些方法来解释现象是适当的。需要每种资源来充分解释因果机制，这种因果机制是社会行为的原因。

每个学科的相关性似乎很明显。一个正常运转的神经系统对参与任何有意义的社会互动形式是必不可少的。理解他人的行为，要求有能力形成对他人心理状态的表征（例如，思维、意向、信念、欲望），并且这种能力依赖于正常运转的神经系统。要明白这一点，人们只需要考虑患者的临床研究，考虑具体脑部病变情况。达马西奥（Damasio）和艾斯林格（Eslinger）报告了一位患者的情况，该患者在眶额皮层做了切除脑膜瘤手术。[3]手术导致了他的左眶皮层右边功能和部分左边功能的丧失，左眶皮层区域与边缘系统中的情感中心有着广泛的联系。虽然在智力测验中患者的得分高于平均值，但他失去了对社会情况作出适当反应的能力，也无法对与他互动的人的动机和态度作出准确的评判。奥剃斯特（Autists）经历了类似的行为缺陷。基于感知经验（例如，“这个人现在很悲伤”），患者可以对人和事物形成一阶表征（first order representation），但他们不能形成二阶表征（例如，“那个人现在很悲伤是因为他认为其他人在取笑他”）。[4]他们太缺乏归因其他人心理状态的能力，所以难以进行有意义的社会交往。[5]

对参与社会行为来说，正常运转的神经系统是必不可少的，因为社会行为与神经生物学相互施加了影响。[6]最近，麦克·纳德（Michael Nader）及其同事的研究可以用来作为一种解释这种相互影响的例证。[7]以前对啮齿类动物（如老鼠）的研究表明，多巴胺系统受到干扰能改变激励反应和增强可卡因的作用。麦克·纳德的实验延展到非人类的灵长类动物身上：衡量个人对社会群居数的影响、多巴胺 D2 受体可用性及可卡因的自我管理。在 Morgan et al.（2002）的研究中，20 只猕猴被单独饲养了一年半。对猕猴进行 PET 扫描确定 D2 多巴胺受体的相对分布，这些受体涉及可卡因的增强和上瘾。[8]所有单独饲养的猴子，不论这些猴子在社会安置中未来的领导地位如何，但在统计上，在基底神经节中有着相似的 D2 受体分布率。[9]但是，一旦发生从个体向社会群居的转换，一种稳定的统治等级就建立了，在统计上取得主导地位的猴子明显增加了 D2 受体分析容积率（平均百分比变化为 22.0% ±8.8%），获得从属地位的猴子的 D2 受体分析容积率没有增加（相对于他们个体的群居率）。这一增长使突触多巴胺数量减少（因为更多的受体用于配体结合）。更高层次的突触多巴胺，被称为“多巴胺多动症”，与因药品滥用而增加的脆弱性有关。[10]毫不奇怪，无论从自我管理的静脉注射次数来说还是从可卡因注射总量（毫克/千克体重/次）来说，在麦克·纳德实验室里社会安排中占主导地位的猴子，自我管理的可卡因频率低于下属猴子。下属猴子每次总共摄入的最佳剂量比占主导地位的猴子多一倍以上。[11]

而在开始接触到药物时，猴子的社会地位对 D2 受体的分布和可卡因的增加有重大影响，对这些相同猴子的进一步研究表明，持续、长期暴露于可卡因可以减轻这种影响。Czoty et al.（2004）发现，在基底神经节的 D2 受体分析容积率或在所有社会性群居猴子中的自我管理可卡因方面没有重大的差异，这些社会性群居的猴子自我管理的可卡因是2~5年内一周几次。持续暴露于可卡因导致占主导地位的猴子增强自我管理，表明在所有猴子中药物最终充当一种增强剂的作用而与社会地位无关。研究推测，社会地位作用的减弱表明，可卡因使用呈“阶段”性增长。Morgan et al.（2002）的研究参照“习得”阶段研究了可卡因初步接触的影响。另外，Czoty et al.（2004）的研究参照“维持”阶段跟踪猴子持续暴露于可卡因的影响。麦克·纳德和他的同事们争辩说，我们不应该指望环境的变化影响可卡因的初始（习得）增强作用，即社会地位同样影响了可卡因后期的（维持）增强作用。

虽然进一步的研究要求，确定神经生物学状态与连续的药物滥用之间有关系，但研究表明，他们结果的意蕴是明确的。由于基底神经节的D2受体在数量和分布上的变化，可卡因自我管理的易感性最初无法被预测，可卡因自我管理的易感性，比猴子的统治地位结构先出现。比起遗传的易感性的结果，药品滥用的脆弱性更是一个社会/环境因素的结果。乍一看，他们的研究结果似乎代表了卡肖普的“多层次综合分析”的范例。虽然神经生物学对了解D2受体分布变化是必不可少的，但是如果不承认相关的社会影响的话，这些结果似乎就不能正确解释占主导地位的猴子的情况。

2. 作为竞争对手的社会科学和神经科学：确定环境因素的因果状态

麦克·纳德的工作清楚地证明了环境因素对理解社会行为因果机制的作用。但是难道这表明在这些工作中，社会科学与神经科学是平等的合作伙伴？我们认为，通过对组织层次的仔细观察及对各学科特征的解释方法的仔细观察，把社会科学和神经科学的平等合作关系置于不稳定的平面上，甚至社会行为也被置于不稳定的平面上是比较好的。

我们是从一些抽象的哲学思考开始的。传统上社会科学关注个体与他们嵌入的社会环境之间的互动。他们强调环境影响，而环境又影响自我观点和行为。为了描述这些环境的影响，社会科学家系统地观察和描述行为，经常估量或处理社会环境的各个方面。他们的描述通常假定用抽象实体来解释特定的行为。正如卡肖普等指出的：“社会世界……是一组复杂的抽象概念，其概念表征行动，并影响了个体、群体、社会和文化之间的关系。”[12]这种抽象概念的事例包括社会隔离、社会/同伴的压力和社会地位。在麦克·纳德的研究中，使用的社会抽象就是社会地位，即在灵长类动物统治阶层的地位。

另外，在神经和其他生物组织中，神经科学最终（至少现在）关注细胞和分子机制之间的相互作用。神经科学试图根据这些潜在的微观层次的互动来解释行为。一种显著的神经科学的态度是还原的，宏观层次的假定逐渐还原到潜在的微观层次动力学上。还原论通常被描述为“向上确定”或被描述为一种“由下而上”的研究策略，因为还原论试图证明在更基本的物理层次，过程是如何因果地为更高层次所描述的过程负责的。[13]

还原论承载了若干有效的方法论假设。一种假设是物理领域的因果封闭：每一事件都有一种原因，有一种物理原因。另一种是金在权（Jaegwon Kim）所指的作为因果继承的原则：在更高层次描述的因果属性与较低层次描述的因果属性是相同的，它们是从潜在的基础中被继承的。[14]尽管这些假设往往被哲学家（包括金在权）当作关于世界的形而上学的主张，但大多数神经科学家会认为在实际的科学实践中他们使用了有效的方法论假设。[15]

在这些方法论假设中，因果的概念在起作用，这与社会科学的因果概念形成了鲜明的对比。例如，卡肖普等强调：

> 在一定程度上，所有人类的行为都是生物学的，但这并不是说生物还原论同意对复杂行为进行简单、单一或符合要求的解释，或者也不是说分子形式或表征对理解人类行为提供了唯一的或最好层次的分析。这些由社会科学所发展的摩尔（社会）结构，提供了理解高度复杂活动的手段而无需说明每个个体最简单成分的行为，因此摩尔结构为描述复杂系统的行为提供了一种有效手段。[16]

他们建议：虽然生物层次对理解以社会行为为基础的因果机制是必不可少的，但对人们特定的行为，可以有一种“有效”解释，而无需诉求于生物学。当然，语言似乎是原因。

需要注意的是，抽象哲学转移到具体科学，在麦克·纳德的研究中，这种张力是明显的。一方面，这清楚地表明，猴子的主导地位主要导致脑部区域多巴胺D2受体数量和分布的变化，随后个体猴子对自我管理可卡因的易感性是：“一种有机体的环境可以产生深刻的生物学改变，这种改变与有着重要的行为相关性。”[17]然而，在其他地方，作者采取了更加谨慎的用语：“D2受体的连接（binding）潜在地与环境影响有关，并与可卡因相关-滥用的脆弱性有关”[18]；“……在对可卡因滥用的易感人群中，个体的差异可以由社会优势等级来调节。”[19]不论采用什么术语，我们想知道的是，猴子的统治地位是如何引起神经元层次的这些变化的。有什么具体机制负责这些变化吗？但有一点是明确的，在有把握指定任何此类机制之前，有必要进行更多的研究。有一些事情正在缺失，尤其是当人们谈论把社会等级作为一种行为的原因，是不需要指定神经机制时，而在指定的神经机制中，社会等级发挥了作用。当主张这种影响在特定受体分布层次的变化是可估量的时，它最终必须与分子机制相连接，这种分子机制驱动了特定神经元的基因传递和蛋白质合成。一般来说，在我们可以参照环境之前，或在社会科学家（包括社会神经科学）所假定的任何抽象概念之前，为了估量神经生物学或行为影响的原因，我们必须能够解释它们是如何转换到神经和分子机制的。因为只有分子机制才能促进神经传递素（neurotransmitter）释放神经肌肉接头来引出肌肉收缩（即行为），并且基因传递与蛋白质合成改变了受体的分布。这不是一种形而上学的指令，而是科学的讨论。

在一定程度上，我们要求有一种因果机制来解释社会行为，目前尚不清楚社会科学与神经科学如何是平等的合作伙伴。社会科学与神经科学的概念之间的因果立场形成了鲜明的对比。接受社会科学与神经科学二者的因果解释就导致了熟悉的“因果二元论”——这一问题在实际的科学结果中已经被觉察，而不仅仅是抽象的哲学根据。[20]正如卡肖普及其同事所主张的，如果所有行为都是生物学的，那么很难理解社会科学所假设的抽象概念如何能够对行为施加因果作用，而它自己本身却不是生物。另外的要求是，假设有两种充足的原因，一种是社会的，另一种是物理的，在相同意义上的“原因”导致相同的行为。目前，已经知道生物组织层次受到了影响——正如麦克·纳德工作所表明的，像基底神经节多巴胺 D2 受体的分布——加剧而不是解决了社会神经科学的这个问题。

社会科学家的一种可能选择是，把举证责任转嫁到神经生物学还原主义者那里，而不是屈从于还原主义者的要求。为了说明社会抽象概念如何可能是因果有效的，社会科学家可以要求还原主义者表明：生物学现象如何解释这些抽象概念。然而，这不是一个富有成效的路线。对社会行为进行神经生物学研究只是刚刚开始见效。不过，这是一个神经科学家越来越愿意承担的任务。社会科学家表明，由神经生物学还原主义者所设想的伙伴关系，要求环境与特定行为有相关性。但是，随后神经科学寻求神经和分子机制，在正常情况下，这种机制是由这些环境功能所引出的，反之，这些环境功能又使生物学和行为作用是可测量的。这种方法并不排除实体或其他抽象概念的影响，这种影响是由社会科学所假定的，而社会科学是一种需要解释的现象。相反，这种方法取消了现象社会科学所被赋予的因果有效性。从还原论神经学家的观点来看，这些抽象概念所保留的作用和一般社会科学所保留的作用都是纯粹启发式的。还原论神经学家详细说明了社会行为和过程的参数，其行为和过程需要神经科学的因果机制的解释。

这种评价并不是贬低社会科学家任务的重要性或难度。正如麦克·纳德的工作所表明的，在一定程度上，这个任务可以通过一种更精确的描述来完成，即描述在统治阶层中某人的地位和作用。主导地位被赋予了一种益处，即增加获得环境功能如食物、配偶和领土。从属地位降低了获得所有这些因素的机会，并且增加了社会孤立的压力。这些功能反过来要求进一步说明：它要求表明每种功能如何可能导致神经和分子层次的变化，并且这种变化是合理的。所提供的进一步说明，反过来要求神经科学家去研究除多巴胺激励系统之外的神经回路和区域（麦克·纳德的私人信件）。这样社会科学从本质上帮助了对神经元和分子机制进行研究，这些神经元和分子机制负责特定的社会行为，而神经科学最终的抽象根据是由社会科学所假定的，即通过确定神经和分子机制彼此之间的转换来假定的。

3. 社会行为、潜在的脑干预及心理神经学还原

目前，我们可以把新还原主义方法与心灵哲学画等号。还原主义经常提出的一个问题是：大脑活动如何引起主体的意识经验。最近还原主义的反应是诉求于对神经和分子机制的干预，这种干预产生了主体意识经验。[21]引导这些干预的一种技术是类似于微小数量的调节神经元（<100）的微刺激（microstimulation），这些调节神经元处理的是环境刺激或运动指令的具体功能。比尔·纽森（Bill Newsome）的实验室已经促进在非人类灵长类动物中进行这种运动和深度的立体探测，通过在内侧颞叶皮层（MT 区）的神经元簇的微刺激来负责处理神经位置和运动方向。[22]

布里顿（Britten）和维泽尔（van Wezel）通过基于视觉线索的空间来引导对自我运动的判断，当猴子移向空间（“航向”）时，这种视觉线索通过内侧颞皮层（MST 区）神经元簇的微刺激来回应不断变化的视网膜刺激模式。[23]微刺激作用并不局限于视觉刺激。通过在灵长类初级躯体感觉皮层快速地适应神经元的微观模拟簇，罗莫（Romo）等引起了指尖摆动（fingertip flutter）的感觉。[24]在严格控制行动措施的基础上，猴子无法区分实际的指尖刺激和皮层微刺激。

无论这些微刺激研究是否对现象意识提出了一种可行的还原主义方法，但这种研究仍然是有争议的。但还原主义者作了进一步说明：“干预细胞/分子及行为追踪”可考虑由 Bickle（2003）所倡导的实践还原（reduction-in-practice）。他们还建议为社会现象的还原解释提供一种潜在的策略。正如通过在细胞层次的直接干预来产生感官判断是有可能的，通过直接操控他们所假设的神经或分子机制来产生特定的社会行为也是有可能的。这将需要对所涉及的神经和分子细胞进行更好的理解，这种策略似乎很清楚。例如，在麦克·纳德的工作中，一旦我们得到了神经及分子机制更清晰的图像，其中社会地位被转导成神经流，那我们便可以争取直接操控这些机制，这种神经及分子机制独立于实际社会环境来产生特定的社会行为，如导致药品滥用的脆弱性或将来在统治阶层中的地位。这与当前还原主义在神经科学中实践的总体目标是一致的。

目前，这种干预策略对社会行为仍然处于完全推测性的阶段，在研究方法方面还存在一些困难，需要更多的社会抽象概念来对其进行精确的表述。在多细胞的程度上，细胞之间和分子机制的相互作用产生了一种特定的社会行为，表明这种社会行为需要二者共同的微刺激。很显然，这比迄今为止的微刺激效应要更为高级，后者已经被认为是能够产生相对简单的经验和习惯效应的。

然而，当前的神经学有其他的干预技术，可以用来集中研究与社会行为有关的基因因素。根据麦克·纳德的研究，通过人为的过量表达控制多巴胺 D2 受体

蛋白合成的基因，有可能跳过环境的影响，让猴子对可卡因的依赖性产生显著的抗药性。现在关于人转基因啮齿类动物的研究已经提供了类似的结果。现在的生物技术可以去除、改变或者增强与某些细胞和分子反应相关的基因。通过改变用于合成多巴胺 D2 受体的基因，研究者可以追踪其对社会行为的影响效应（例如，处于群体优势地位或者对可卡因的自我控制）。一些啮齿类动物的研究已经表述了这种情况。基罗斯（Giros）等敲除了老鼠的多巴胺传递蛋白的表达基因[25]，这个操作导致细胞外的多巴胺浓度变高，这些老鼠的可卡因依赖性变得很低。另外，研究者去除了老鼠中一系列一元胺的传递蛋白的基因，导致社会行为中的攻击性行为增强。[26]

麦克·纳德在研究灵长类动物时，研究结果引证出遗传因素在产生社会行为时的重要性，这应该没有人会感到惊讶。毕竟，受体受到蛋白质的配置，受到基因传递和蛋白质合成的直接控制。如果它们在具体脑部区域的数量和分布是部分占优势地位的生物学机制和可卡因自我管理易感性的话，那么基因传递的核心是产生这些社会行为。通常，这种传递可能由环境刺激来提示（传导进入当前适当的神经系统）；但或许它可以直接通过大脑未来的直接干预来诱发——并伴有行为作用。尽管许多实际的障碍在研究灵长类动物行为中实际上产生了干扰，但这一策略为社会神经科学还原论提供了真正的希望。

注　释

[1] Morgan et al. (2002)。

[2] Cacioppo et al. (2002, p. 35)。

[3] Damasio and Eslinger (1985)。

[4] Brothers (2002)。

[5] 见本书原著，p. 303。

[6] As reviewed in Cacioppo et al. (2003)。

[7] Morgan et al. (2002)。

[8] PET 是正电子发射断层扫描的缩写，解释为脑功能成像技术。摩根等（2002 年）使用了多巴胺 D2 受体放射性配体，当猴子们再次被单独安置 5～12 个月后，它们再被安置在一个已经建立稳定等级的社会群体中。PET 利益区（ROIs）包括了基底节和小脑内的控制区（D2 受体密度低）。

[9] Morgan et al. (2002，表 1)。

[10] Marinelli and White (2000)。

[11] Morgan et al. (2002，图 4)。

[12] Cacioppo et al. (2002, p. 21)。

[13] 参见 Churchland (1986); Kim (1993); Bickle (1998)。

[14] Kim (1993)。

[15] 我们假定这里没有争论，大多数的神经科学家至少是方法论上的物理主义者，他们研究的目的是揭示负责行为的物理机制。

[16] Cacioppo et al. (2002, p. 21)。

[17] Morgan et al. (2002, p. 169; 斜体部分)。

[18] 同上, p. 169, italics added。

[19] 同上, p. 171, italics added。

[20] 参见 Bickle (2003)。

[21] 参见 Bickle (2003, 第4章); Bickle and Ellis (forthcoming)。

[22] Salzman et al. (1992); D'Angelis, Cumming and Newsome (1998)。

[23] Britten and van Wezel (1998)。

[24] Romo et al. (1998, 2000)。

[25] Giros et al. (1996)。

[26] Shih et al. (1999)。

参 考 文 献

Adrian, E.D. (1928). *The Basis of Sensation: The Action of the Sense Organs*. New York: Norton.

Agar, N. (1993). "What do frogs really believe?" *Australasian Journal of Philosophy* **71**: 1-12.

Allen, C. (1992). "Mental content." *British Journal for the Philosophy of Science* **43**: 537-553.

Allen, C. (1999). "Animal concepts revisited: The use of self-monitoring as an empirical approach." *Erkenntnis* **51**: 33-40.

Allen, C. and M. Bekoff (1997). *Species of Mind*. Cambridge, MA: MIT Press.

Allen, C. and M. Hauser (1991). "Concept attribution in nonhuman animals: Theoretical and methodological problems in ascribing complex mental processes." *Philosophy of Science* **58**: 221-240.

Allen, J. (1995). *Natural Language Understanding*. Redwood City, CA: Benjamin/Cummings.

Allison, H. (1990). *Kant's Theory of Freedom*. Cambridge: Cambridge University Press.

Allport, A. (1988). "What concept of consciousness?" In A.J. Marcel and E. Bisiach (eds.), *Consciousness in Contemporary Science*. Oxford: Clarendon.

Armstrong, D.M. (1970). "The nature of mind." In C.V. Borst (ed.), *The Mind/Brain Identity Theory*. London: Macmillan.

Armstrong, D.M. (1969). *A Materialist Theory of the Mind*. New York: Humanities Press.

Arnold, M. (1960). *Emotion and Personality, Vol. 1. Psychological Aspects*. New York: Columbia University Press.

Audi, R. (1974). "Moral responsibility, freedom and compulsion." *American Philosophical Quarterly*, **19**: 25-39.

Auyang, S. (2001). *Mind in Everyday Life and Cognitive Science*. Cambridge, MA: MIT Press.

Aydede, M. (2004). "The Language of Thought hypothesis." In E.N. Zalta (ed.), *The Stanford Encyclopedia of Philosophy* (http://plato.stanford.edu/archives/fall2004/entries/language-thought/).

Ayer, A.J. (1940). *The Foundations of Empirical Knowledge*. London: MacMillan.

Ayer, A.J. (1956). *The Problem of Knowledge*. London: MacMillan.

Baars, B. (1988). *A Cognitive Theory of Consciousness*. Cambridge: Cambridge University Press.

Baars, B. (1993). "How does a serial, integrated and very limited stream of consciousness emerge from a nervous system that is mostly unconscious, distributed, and of enormous capacity?" In G. Bock and J. Marsh (eds.), *CIBA Symposium on Experimental and Theoretical Studies of Consciousness*. London: Wiley.

Baars, B. (2002). "The conscious access hypothesis: origins and recent evidence." *Trends in Cognitive Sciences* **6**: 47-52.

Baars, B.J. and J. Newman (1994). "A neurobiological interpretation of Global Workspace Theory." In A. Revonsuo and M. Kamppinen (eds.), *Consciousness in Philosophy and Cognitive Neuroscience*. Hillsdale, NJ: Erlbaum.

Ballard, D.H. (1991). "Animate vision." *Artificial Intelligence* **48**: 57-86.

Ballard, D.H. (1996). "On the function of visual representation." In K. Akins (ed.), *Perception—Vancouver Studies in Cognitive Science, Vol. 5*. Oxford: Oxford University Press; also in Noë and Thompson (2002).

Baron, J. (1988). *Thinking and Deciding*. Cambridge: Cambridge University Press.

Baron-Cohen, S. (1995). *Mindblindness: An Essay on Autism and Theory of Mind.* Cambridge, MA: MIT Press.

Baron-Cohn, S. and J.E. Harrison (eds.) (1997). *Synaesthesia: Classic and Contemporary Readings*. Oxford: Blackwell.

Baron-Cohn, S., J. Harrison, L. Goldstein, and M.A. Wyke (1993). "Coloured speech perception: Is synaesthesia what happens when modularity breaks down?" *Perception* **22**: 419-426.

Baron-Cohen, S., M. Wyke, and C. Binnie (1987). "Hearing words and seeing colours: An experimental investigation of synaesthesia." *Perception* **16**: 761-767.

Baum, E.B. (2004). *What is Thought?* Cambridge, MA: MIT Press.

Bayne, T. (2002). "Review of H. Walter, *Neurophilosophy of Free Will*." *Metaphyscology*, http://mentalhelp.net/books/.

Bayne, T. (2006). "Phenomenology and the feeling of doing: Wegner on the conscious will." In S. Pockett, W.P. Banks, and S. Gallagher (eds), *Does Consciousness Cause Behavior? An Investigation of the Nature of Volition*. Cambridge, MA: MIT Press.

Bayne, T., and D. Chalmers (2003). "What is the unity of consciousness?". In A. Cleeremans (ed.), *The Unity of Consciousness: Binding, Integration, Dissociation*. Oxford: Oxford University Press.

Beaman, A.L., P.J. Barnes, B. Klentz, and B. McQuirk (1978). "Increasing helping rates through information dissemination: Teaching pays." *Personality and Social Psychology Bulletin* **4**: 406-411.

Bechtel, W. (1998). "Representations and cognitive explanations: Assessing the dynamicist challenge in cognitive science." *Cognitive Science* **22**: 295-318.

Bechtel, W., A. Abrahamsen, and G. Graham (1998). "The life of cognitive science". In W. Bechtel and G. Graham (eds.), *A Companion to Cognitive Science*. Oxford: Blackwell.

Bechtel, W., P. Mandik, J. Mundale, and R.S. Stufflebeam (2001). *Philosophy and the Neurosciences: A Reader*. Oxford: Blackwell.

Bechtel, W. and R.C. Richardson (1993). *Discovering Complexity: Decomposition and Localization as Scientific Research Strategies*. Princeton: Princeton University Press.

Beer, R.D. (2000). "Dynamical approaches to cognitive science." *Trends in Cognitive Sciences* **4**: 91-99.

Beggs, I., and J.P. Denny (1969). "Empirical reconciliation of atmosphere and conversion interpretations of syllogistic reasoning errors." *Journal of Experimental Psychology* **81**: 351-354.

Bem, D.J. (1962). "Self-perception theory." In L. Berkowitz (ed.), *Advances in Experimental Social Psychology, Vol. 6*. New York: Academic Press.

Bennett, J.F. (1974). *Kant's Dialectic*. Cambridge: Cambridge University Press.

Bennett, J.F. (1976). *Linguistic Behaviour*. Cambridge: Cambridge University Press.

Bennett, J.F. (1991). "How is cognitive ethology possible?" In C. Ristau (ed.), *Cognitive Ethology*. Hillsdale, NJ: Erlbaum.

Bermúdez, J.L. (1994). "The unity of apperception in the Critique of Pure Reason." *European Journal of Philosophy* **2**: 213-240.

Bermúdez, J.L. (1998). *The Paradox of Self-Consciousness*. Cambridge, MA: MIT Press.

Bermúdez, J.L. (2000). "Personal and sub-personal: A difference without a distinction." *Philosophical Explorations* **3**: 63-82.

Bermúdez, J.L. (2003). *Thinking without Words*. Oxford: Oxford University Press.

Bermúdez, J.L. (2005). *Philosophy of Psychology. A Contemporary Introduction*. New York: Routledge.

Berofsky, B. (2002). "Ifs, cans, and free will: The issues." In R. Kane (ed.) (2002).

Berthoz, A. ([1987] 2002). *Brain's Sense of Movement*. Cambridge, MA: Harvard University Press.

Bickerton, D. (1995). *Language and Human Behavior*. Washington: University of Washington Press.

Bickle, J. (1998). *Psychoneural Reduction: The New Wave*. Cambridge, MA: MIT Press.

Bickle, J. (2003). *Philosophy and Neuroscience: A Ruthlessly Reductive Account*. Dordrecht: Kluwer.

Bickle, J. (forthcoming). "Reducing mind to molecular pathways: Explicating the reductionism implicit in current cellular and molecular neuroscience." *Synthese*.

Bickle, J. and P. Mandik (2002). "The Philosophy of neuroscience." In E.N. Zalta (ed.), *The Stanford Encyclopedia of Philosophy* (http://plato.stanford.edu/archives/win2002/entries/neuroscience/).

Bickle, J. and R. Ellis (forthcoming). "Phenomenology and cortical microstimulation." In D.W. Smith and A. Thomasson (eds.), *Phenomenology and Philosophy of Mind*. Oxford: Oxford University Press.

Bilgrami, A. (1992). *Belief and Meaning*. Oxford: Oxford University Press.

Bishop, R.C. (2002). "Chaos, indeterminism, and free will." In R. Kane (ed.) (2002).

Bisiach, E. and A. Berti (1995). "Consciousness in dyschiria". In M. Gazzaniga (ed.), *The Cognitive Neurosciences*. Cambridge, MA: MIT Press.

Bjorklund, D.F. (2004). "Introduction: Special issue on memory development in the new millennium." *Developmental Review* **24**: 343-346.

Blake, R., T.J. Palmeri, R. Marois, and C-Y. Kim (2005). "On the perceptual reality of synaesthetic color." In L.C. Robertson and N. Sagiv (eds.), *Synaesthesia: Perspectives from Cognitive Neuroscience*. Oxford: Oxford University Press.

Block, N. (1978). "Troubles with functionalism." In C.W. Savage (ed.), *Perception and Cognition: Issues in the Foundations of Psychology. Minnesota Studies in the Philosophy of Science, Vol. 9*. Minneapolis: University of Minnesota Press.

Block, N. (1983). "Mental pictures and cognitive science." *Philosophical Review* **90**: 499-541.

Block, N. (1986). "Advertisement for a semantics for psychology." In P. French, T. Uheling, H. Wettstein (eds.), *Midwest Studies in Philosophy, Vol. 10*. Minneapolis: University of Minnesota Press.

Block, N. (1995). "On a confusion about consciousness." *Behavioral and Brain Sciences* **18**: 227-287.

Block, N. (2005). "Two neural correlates of consciousness." *Trends in Cognitive Sciences* **9**: 46-52.

Block, N. and G. Segal (1998). "The philosophy of psychology." In A.C. Grayling (ed.), *Philosophy 2*. Oxford: Oxford University Press.

Bloom, P. (2000). *How Children Learn the Meanings of Words*. Cambridge, MA: MIT Press.

Bloom, P. (2004). *Descartes' Baby. How the Science of Child Development Explains what Makes Us Human*. New York: Basic Books.

Bogdan, R. (1993). "L'histoire de la science cognitive." In L. Sfez (ed.), *Dictionnaire critique de la communication*. Paris: PUF.

Bogen, J.E. (1993). "The callosal syndromes." In K.H. Heilman and E. Valenstein (eds.), *Clinical Neuropsychology*. Oxford: Oxford University Press.

Boghossian, P. (2003). "Blind reasoning." *Supplement to the Proceedings of the Aristotelian Society* **77**: 225-248.

Botterill, G. and P. Carruthers (1999). *The Philosophy of Psychology*. Cambridge: Cambridge University Press.

Bower, G. and J. Forgas (2000). "Affect, memory, and social cognition." In E. Eich, J.F. Kihlstrom, G.H. Bower, J.P. Forgas, and P.M. Niedenthal (eds.), *Cognition and Emotion*. Oxford: Oxford University Press.

Bowlby, J. (1980). *Attachment and Loss, Vol. 3, Loss*. London: The Hogarth Press.

Braddon-Mitchell, D. and F. Jackson (1996). *Philosophy of Mind and Cognition*. Oxford: Blackwell.

Braine, M.D. and D.P. O'Brien (eds.) (1998). *Mental Logic*. Cambridge, MA: MIT Press.

Brandom, R. (2000). *Articulating Reasons. An Introduction to Inferentialism*. Cambridge: Cambridge University Press.

Bratman, M. (1987). *Intention, Plans, and Practical Reason*. Cambridge, MA: Harvard University Press.

Brentano, F. ([1874] 1973). *Psychology from an Empirical Standpoint*. London: Routledge.

Brewer, B. (1999). *Perception and Reason*. Oxford: Oxford University Press.

Bringsjord, S. (1995). "Computation, among other things, is beneath us." *Minds and Machines* **4**: 469-488.

Britten, K. and R. van Wezel (1998). "Electrical microstimulation of cortical area MST biases heading perception in monkeys." *Nature Neuroscience* **1**: 59-63.

Broad, C.D. (1954). "Emotion and sentiment." *Journal of Aesthetics and Art Criticism* **13**: 203-214.

Brook, A. (2001). "The unity of consciousness." In E.N. Zalta (ed.), *The Stanford Encyclopedia of Philosophy* (http://plato.stanford.edu/archives/sum2001/entries/consciousness-unity/).

Brothers, L. (2002). "The social brain: A project for integrating primate behavior and neurophysiology in a new domain." In Cacioppo *et al.* (2002).

Bruce V., P.R. Green, and M.A. Georgeson (1996). *Visual Perception*. Hove: Taylor & Francis.

Burge, T. (1979). "Individualism and the mental." *Midwest Studies in Philosophy* **4**: 73-121.

Burge, T. (1986). "Individualism and psychology." *Philosophical Review* **95**: 3-45.

Byrne, A. (1994). "Behaviourism." In S. Guttenplan (ed.), *A Companion to the Philosophy of Mind*. Oxford: Blackwell.

Byrne, R. and A. Whiten (eds.) (1988). *Machiavellian Intelligence: Social Expertise and the Evolution of Intellect in Monkeys, Apes and Humans*. Oxford: Clarendon Press.

Cacioppo, J.T., G.G. Berntson, R. Adolphs, C.S. Carter, R.J. Davidson, M.K. McClintock, B.S. McEwen, M.J. Meaney, D.L. Schacter, E.M. Sternberg, S.S. Suomi, and S.E. Taylor (eds.) (2002), *Foundations in Social Neuroscience*. Cambridge, MA: MIT Press.

Cacioppo, J.T., G.G. Berntson, J.F. Sheridan, and M.K. McClintock (2002). "Multilevel integrative analysis of human behavior: Social neuroscience and the complementing nature of social and biological approaches." In Cacioppo et al. (2002).

Cain, M.J. (2002). *Fodor: Language, Mind, and Philosophy*. Cambridge: Polity Press.

Calvo Garzón, F. (2006). "Towards a general theory of antirepresentationalism." *British Journal for the Philosophy of Science* (in press).

Calvo Garzón, F. (submitted). "The extended mind and the reactive brain: A fourth position".

Campbell, J. (1994). *Past, Space, and Self.* Cambridge, MA: MIT Press.

Campbell, J. (1997). "The structure of time in autobiographical memory." *European Journal of Philosophy* **5**: 105-118.

Campbell, S. (2003). *Relational Remembering: Rethinking the Memory Wars.* Lanham, MD: Rowman and Littlefield.

Campbell, S. (2004). "Models of memory and memory activities." In P. DesAutels and M.U. Walker (eds.), *Moral Psychology: Feminist Ethics and Political Theory.* Lanham, MD: Rowman and Littlefield.

Chalmers D. (1996). *The Conscious Mind.* Oxford: Oxford University Press.

Chater, N. and C. Heyes (1994). "Animal concepts: Content and discontent." *Mind and Language* **9**: 209-246.

Chella, A., M. Frixione, and S. Gaglio (1997). "A cognitive architecture for artificial vision." *Artificial Intelligence* **89**: 73-111.

Chella, A., M. Frixione, and S. Gaglio (2000). "Understanding dynamic scenes." *Artificial Intelligence* **123**: 89-132.

Cheney, D.L. and R.M. Seyfarth (1990). *How Monkeys See the World.* Chicago: University of Chicago Press.

Chisholm, R.M. (1964). "Human freedom and the self." In G. Watson (ed.) (1980).

Chisholm, R.M. (1976). *Person and Object: A Metaphysical Study*. La Salle, Ill.: Open Court.

Chisholm, R.M. (1978). "The observability of the self." In J. Donnelly (ed.), *Language, Metaphysics, and Death*. New York: Fordham University Press.

Chisholm, R. and T. Feehan (1977). "The intent to deceive." *The Journal of Philosophy* **74**: 143-159.

Chomsky, N. (1975). *Reflections on Language*. New York: Pantheon Books.

Christman, J. (1991). "Autonomy and personal history." *Canadian Journal of Philosophy* **21**: 1-24.

Churchland P.M. (1981a). "On the alleged backward referral of experiences and its relevance to the mind-body problem." *Philosophy of Science* **48**: 165-81.

Churchland P.M. (1981b). "The timing of sensations: Reply to Libet." *Philosophy of Science* **48**: 492-497.

Churchland, P.M. (1981c). "Eliminative materialism and the propositional attitudes." *Journal of Philosophy* **78**: 67-90.

Churchland, P.M. (1998). "Activation vectors vs. propositional attitudes: How the brain represents reality." In P.M. Churchland and P.S. Churchland, *On the Contrary. Critical Essays, 1987-1997*. Cambridge, MA: MIT Press.

Churchland, P.M. and P.S. Churchland (1996). "McCauley's demand for a co-level competitor." In R.N. McCauley (ed.), *The Churchlands and their Critics*. Oxford: Blackwell.

Churchland, P.S. (1986). *Neurophilosophy: Towards a Unified Approach to the Mind/Brain*. Cambridge, MA: MIT Press.

Churchland, P.S. (1988). "Reduction and the neurobiological basis of consciousness." In A.J. Marcel and E. Bisiach (eds.), *Consciousness in Contemporary Science*. Oxford: Clarendon Press.

Churchland, P.S. and T.J. Sejnowski (1992). *The Computational Brain*. Cambridge, MA: MIT Press.

Clark, A. (1997). *Being There: Putting Brain, Body, and World Together Again*. Cambridge, MA: MIT Press.

Clark, A. (2001). *Mindware: An Introduction to the Philosophy of Cognitive Science*. Oxford: Oxford University Press.

Clark, A. (2003). *Natural Born Cyborgs. Mind, Technologies and the Future of Human Intelligence*. Oxford: Oxford University Press.

Clark, A. (2005). "Intrinsic content, active memory and the extended mind." *Analysis* **65**: 1-11.

Clark, A. (2006). "Memento's revenge: The extended mind, extended." In R. Menary (ed.), *The Extended Mind*. Aldershot: Ashgate.

Clark, A. and D. Chalmers (1998). "The extended mind." *Analysis* **58**: 7-19.

Clark, A. and C. Eliasmith (2002). "Philosophical issues in brain theory and connectionism." In M.A. Arbib (ed.), *The Handbook of Brain Theory and Neural Networks*, 2nd Ed. Cambridge, MA: MIT Press.

Clarke, R. (2003). *Libertarian Accounts of Free Will*. Oxford: Oxford University Press.

Cleeremans, A. (ed.) (2003). *The Unity of Consciousness: Binding, Integration, Dissociation*. Oxford: Oxford University Press.

Clore, G. and A. Ortony (2000). "Cognition in emotion: Always, sometimes, or never?" In R. Lane and L. Nadel (eds.), *Cognitive Neuroscience of Emotion*. New York: Oxford University Press.

Cohen, J.L. (1992). *An Essay on Belief and Acceptance*. Oxford: Oxford University Press.

Compton, A.H. (1935). *The Freedom of Man*. New Haven, CN: Yale University Press.

Copeland, B.J. (2000). "Narrow versus wide mechanism: Including a re-examination of Turing's views on the mind-machine issue." *The Journal of Philosophy* **96**: 5-32.

Corballis, M. (1995). "Visual integration in the split-brain." *Neuropsychologia* **33**: 937-959.

Cordeschi, R. (2002). *The Discovery of the Artificial. Behavior, Mind and Machines Before and Beyond Cybernetics*. Dordrecht: Kluwer.

Cosmides, L. and J. Tooby (2000). "Consider the source: The evolution of adaptations for decoupling and metarepresentation." In D. Sperber (ed.), *Metarepresentations. A Multidisciplinary Perspective*. Oxford: Oxford University Press.

Cotton, J.L. (1980). "Verbal reports on mental processes: Ignoring data for the sake of theory." *Personality and Social Psychology Bulletin* **6**: 278-281.

Coulson, S. (2005). "Metaphor comprehension and the brain: Empirical studies." (http://hci.ucsd.edu/coulson/260/coulson1.doc).

Craik, K.J.W. (1943). *The Nature of Explanation*. Cambridge: Cambridge University Press.

Crane, T. (1988). "The waterfall illusion." *Analysis* **48**: 142-147.

Craver, C. (2001). "Role functions, mechanisms, and hierarchy." *Philosophy of Science* **68**: 53-74.

Craver, C.F. (2002). "Interlevel experiments and multilevel mechanisms in the neuroscience of memory." *Philosophy of Science* **69**: S83-S97.

Craver, C.F. (2005). "Beyond reduction: Mechanisms, multifield integration, and the unity of neuroscience." *Studies in History and Philosophy of Biological and Biomedical Sciences* **36**: 373-395.

Crick, F. and C. Koch (1990). "Towards a neurobiological theory of consciousness." *The Neurosciences* **2**: 263-275.

Csibra, G. (2005) "Mirror neurons and action observation. Is simulation involved?" (http://www.interdisciplines.org/mirror/papers/4).

Cummins, R. (1983). *The Nature of Psychological Explanation*. Cambridge, MA: MIT Press.

Cummins, R. (2000). "'How does it work?' vs. 'What are the laws?' Two conceptions of psychological explanation." In F.C. Keil and R.A. Wilson (eds.), *Explanation and Cognition*. Cambridge, MA: MIT Press.

Cutting, J. (1986). *Perception with an Eye for Motion*. Cambridge, MA: MIT Press.

Cytowic, R.E. (1989). *Synesthesia: A Union of the Senses*. New York: Springer Verlag.

Cytowic, R.E. (1993). *The Man Who Tasted Shapes*. London: Abacus.

Cytowic, R.E. ([1995] 1997). "Synaesthesia: Phenomenology and neuropsychology—A review of current knowledge." Reprinted in Baron-Cohen and Harrison (1997).

Czoty, P.W., D. Morgan, and M.A. Nader (2004). "Characterization of dopamine D_1 and D_2 receptor function in socially housed cynomolgus monkeys self-administering cocaine." *Psychopharmacology* **174**: 381-388.

Dainton, B. (2000). *Stream of Consciousness: Unity and Continuity in Conscious Experience*. London: Routledge.

Damasio, A.R. (1989). "The brain binds entities and events by multiregional activation from convergence zones." *Neural Computation* **1**: 123-132.

Damasio, A. (1994). *Descartes' Error*. New York: Putnam.

Damasio, A. (1999). *The Feelings of What Happens. Body and Emotion in the Making of Consciousness*. New York: Harcourt Brace.

Damasio, A. (2003). *Looking for Spinoza. Joy, Sorrow and the Feeling Brain*. New York: Harcourt Brace.

Damasio, A. and P.J. Eslinger (1985). "Severe disturbance of higher cognition after bilateral frontal lobe ablation: Patient E.V.R." *Neurology* **35**: 1731-1741.

D'Angelis, G., B. Cumming, and W. Newsome (1998). "Cortical area MT and the perception of stereoscopic depth." *Nature* **394**: 677-680.

Daprati, E., N. Franck, N. Georgie, J. Proust, E. Pacherie, J. Dalery, and M. Jeannerod (1997). "Looking for the agent: An investigation into consciousness of action and self-consciousness in schizophrenic patients." *Cognition* **65**: 71-86.

Darley, J. and D. Batson (1973). "'From Jerusalem to Jericho': A study of situational and dispositional variables in helping behavior." *Journal of Personality and Social Psychology* **27**: 100-108.

Davidson, D. (1970). "Freedom to act". Reprinted in Davidson (1980).

Davidson, D. (1976). "Hume's Cognitive Theory of Pride." *Journal of Philosophy* **73**: 744-757.

Davidson, D. (1980). *Essays on Actions and Events*. Oxford: Oxford University Press.

Davidson, D. (1984). "Thought and talk." In Id., *Inquiries into Truth and Interpretation*. Oxford: Oxford University Press.

Davidson, D. (1985). "Rational animals." in E. Lepore and B. McLaughlin (eds.), *Essays on Action and Events*. Oxford: Blackwell.

Davidson, D. (1997). "Seeing through language." In J. Preston (ed.), *Thought and Language*. Cambridge: Cambridge University Press.

Davidson, D. (1999). "The emergence of thought." *Erkenntnis* **51**: 7-17.

Davis, L. (1997). "Cerebral hemispheres." *Philosophical Studies* **87**: 207-222.

Davies, M. (2005). "Cognitive science." In F. Jackson and M. Smith (ed.), *The Oxford Handbook of Contemporary Philosophy*. Oxford: Oxford University Press.

Dayan, P. and L.F. Abbott (2001). *Theoretical Neuroscience: Computational and Mathematical Modeling of Neural Systems*. Cambridge, MA: MIT Press.

Deacon, T. (1997), *The Symbolic Species. The Co-evolution of Language and the Brain*. New York: Norton.

De Caro, M. (2004). "Is free will really a mystery?" In De Caro and Macarthur (2004).

De Caro, M. and D. Macarthur (2004). *Naturalism in Question*. Cambridge, MA: Harvard University Press.

Dehaene, S. and L. Naccache (2001). "Towards a cognitive neuroscience of consciousness: Basic evidence and a workspace framework." *Cognition* **79**: 1-37.

Dehaene, S. and J-P Changeux (2004). "Neural mechanisms for access to consciousness." In M. Gazzaniga (ed.), *Cognitive Neurosciences,* 3rd Ed. Cambridge, MA: MIT Press.

DeLancey, C. (2002). *Passionate Engines.* Oxford: Oxford University Press.

DeLancey, C. (2006). "Ontology and teleofunctions: A defense and revision of the systematic account of teleofunctions." *Synthese* 150: 69-98.

Dennett, D.C. (1978). *Brainstorms*. Cambridge, MA: MIT Press.

Dennett, D.C. ([1981] 1987). "Three kinds of intentional psychology." In Id., *The Intentional Stance*. Cambridge, MA: MIT Press.

Dennett, D.C. ([1983] 1987) "Intentional systems in cognitive ethology: The 'Panglossian Paradigm' defended." In Id., *The Intentional Stance*. Cambridge MA: MIT Press.

Dennett, D.C. (1984). *The Elbow Room*. Cambridge, MA: MIT Press.

Dennett, D.C. ([1988] 1997). "Quining qualia." In A.J. Marcel and E. Bisiach (eds.), *Consciousness in Contemporary Science*. Oxford: Clarendon Press.

Dennett, D.C. (1991). *Consciousness Explained.* Boston: Little Brown and Co.

Dennett D.C. (1993). "Review of J. Searle, *The Rediscovery of the Mind*." *The Journal of Philosophy* **60**: 193-205.

Dennett, D.C. (1995). "Do animals have beliefs?" In H. Roitblat (ed.), *Comparatives Approaches to Cognitive Sciences*. Cambridge, MA: MIT Press.

Dennett, D.C. (1996) *Kinds of Minds*. New York: Basic Books.

Dennett, D.C. (1998). *Brainchildren*. Cambridge, MA: MIT Press.

Dennett, D.C. (2000). "Making tools for thinking." In D. Sperber (ed.), *Metarepresentations. A Multidisciplinary Perspective*. Oxford: Oxford University Press.

Dennett, D.C. (2001). "Are we explaining consciousness yet?" *Cognition* **79**: 221-237.

Dennett, D.C. (2003). *Freedom Evolves*. New York: Viking Press.

Derryberry, D. (1988). "Emotional influences on evaluative judgments: Roles of arousal, attention, and spreading activation." *Motivation and Emotion* **12**: 23-55.

Descartes, R. ([1637] 1982). *Discourse on Method.* In E. Haldane and G. Ross (eds.), *The Philosophical Works of Descartes, Vol. 1*. Cambridge: Cambridge University Press.

Descartes, R. ([1641] 1985). *Meditationes de prima philosophia (Meditations on First Philosophy).* In J. Cottingham, R. Stoothoff, and D. Murdoch (eds.), *The Philosophical Writings of Descartes, Vol. 2*. Cambridge: Cambridge University Press.

De Villiers, J.A. (2000). "Language and theory of mind: What are the developmental relationships." In S. Baron-Cohen, H. Tager-Flusberg, and D. Cohen (eds.), *Understanding Other Minds: Perspectives from Developmental Cognitive Neuroscience*. Oxford: Oxford University Press.

De Villiers, J.A. and P.A. de Villiers (2003). "Language for thought : Coming to understand false beliefs." In D. Gentner and S. Goldin-Meadow (eds.), *Language in Mind. Advances in the Study of Language and Thought*, Cambridge, MA: MIT Press.

Di Francesco, M. (2002). *Introduzione alla filosofia della mente*, 2nd Ed. Rome: Carocci.

Di Francesco, M. (2004). "Mi ritorni in mente. Mente distribuita e unità del soggetto." *Networks* **3-4**: 115-139. (http://lgxserve.ciseca.uniba.it/lei/ai/networks/04/).

Di Francesco, M. (2005). "Filling the gap, or jumping over it? Emergentism and naturalism." *Epistemologia* **28**: 95-122.

Dixon, M.J., D. Smilek, and P.M. Merikle (2004). "Not all synaesthetes are created equal: Projector versus associator synaesthetes." *Cognitive, Affective and Behavioral Neuroscience* **4**: 335-343.

Dixon, M.J., D. Smilek, C. Cudahy, and P.M. Merikle (2000). "Five plus two equals yellow." *Nature* **406**: 365.

Dimond, S.J. (1976). "Brain circuits for consciousness." *Brain, Behavior, and Evolution* **13**: 376-395.

Dodds, E.R. (1951). *The Greeks and the Irrational*. San Francisco: University of California Press.

Doris, J. (1998). "Persons, situations, and virtue ethics." *Nous* **32**: 504-530.

Doris, J. (2002). *Lack of Character: Personality and Moral Behavior*. New York: Cambridge University Press.

Dretske, F. (1986). "Misrepresentation." In R. Bogdan (ed.), *Belief*. Oxford: Clarendon Press.

Dretske, F. (1988). *Explaining Behavior*. Cambridge, MA: MIT Press.

Dretske, F. (1995). *Naturalizing the Mind*. Cambridge, MA: MIT Press.

Dreyfus, H.L. (1998). "Response to my critics." In T.W. Bynum and J.H. Moor (eds.), *The Digital Phoenix: How Computers are Changing Philosophy*. Oxford: Blackwell.

Dummett, M. (1988). "The origins of analytical philosophy," *Lingua e Stile* **23** (Part I and II).

Dunbar, R. (1993). "The coevolution of neocortical size, group size and language in humans." *Behavioral and Brain Sciences* **16**: 681-735.

Dunbar, R. (1996). *Grooming, Gossip and the Evolution of Language*. Cambridge, MA: Harvard University Press.

Dupré, J. (1993). *The Disorder of Things*. Cambridge, MA: Harvard University Press.

Durkheim, E. ([1895] 1982). *The Rules of the Sociological Method*. New York: Free Press.

Dworkin, G. (1988). *The Theory and Practice of Autonomy*. Cambridge: Cambridge University Press.

Earman, J. (1986). *A Primer on Determinism*. Dordrecht: Reidel.

Earman, J. (1992). "Determinism in the physical science." in M.H. Salmon, J. Earman, C. Glymour, J. Lennox, P. Machamer, J. McGuire, J. Norton, W. Salmon, and K. Schaffner (eds.), *Introduction to the Philosophy of Science*. Englewood Cliffs: Prentice Hall.

Eccles, J. (1994). *How the Self Controls Its Brain*. Berlin: Springer.

Eddington, A. (1929). *The Nature of Physical World*. London: Dent.

Edelman, G. (1987). *Neural Darwinism*. New York: Basic Books.

Edelman, G.M. (1989). *The Remembered Present. A Biological Theory of Consciousness*. New York: Basic books.

Edelman, G.M. (1992). *Bright Air, Brilliant Fire: On the Matter of the Mind*. New York: Basic Books.

Egan, F. (1995). "Computation and content." *Philosophical Review* **104**: 181-203.

Ekman, P. (1980). "Biological and cultural contributions to body and facial movements in the expression of emotions." In A. Oksenberg Rorty (ed.), *Explaining Emotions*. Berkeley, CA: University of California Press.

Ekstrom, L. (2000). *Free Will*. Boulder: Westview.

Eliasmith, C. (2003). "Moving beyond metaphors: Understanding the mind for what it is." *Journal of Philosophy* **100**: 493-520.

Ellenberger, H. (1970). *The Discovery of the Unconscious*. New York: Basic Books.

Engel, P. (1996). *Philosophie et psychologie*. Paris: Gallimard.

Engel, S. (1999). *Context is Everything: The Nature of Memory*. New York: W.H. Freeman.

Enoch, D. (1991). "Delusional jealousy and awareness of reality." *British Journal of Psychiatry* **159**: 52-56.

Ericsson, K.A. and H. Simon (1984). *Protocol Analysis: Verbal Reports as Data*. Cambridge, MA: MIT Press.

Erneling, C.E. and D.M. Johnson (2005). *The Mind as a Scientific Object: Between Brain and Culture*. Oxford: Oxford University Press.

Evans, G. (1982). *The Varieties of Reference*. Oxford: Clarendon Press.

Evans, J.St.B.T, S.J. Handley, and D.E. Over (2003). "Conditionals and conditional probability." *Journal of Experimental Psychology* **29**: 321-335.

Evans, J.St.B.T. and D.E. Over (1996). *Rationality and Reasoning*. Hove: Psychology Press.

Fadiga, L., L. Fogassi, G. Pavesi, G. Rizzolatti (1995). "Motor facilitation during action observation: Amagnetic stimulation study." *Journal of Neurophysiology* **73**: 2608-2611.

Festinger, L. (1967). *A Theory of Cognitive Dissonance*. Palo Alto: Stanford University Press.

Fetzer, J.H. (2001). *Computers and Cognition: Why Minds are Not Machines*. Kluwer: Dordrecht.

Fischer, J.M. (1999). "Recent work on moral responsibility." *Ethics* **110**: 93-139.

Fischer, J.M. (2002). "Frankfurt-type examples and semi-compatibilism." In Kane (2002).

Fischer, J.M. and M. Ravizza (1992). "When the will is not free." In Tomberlin (1992).

Fischer, J.M. and M. Ravizza (eds.) (1993). *Perspectives on Moral Responsibility*. Ithaca: Cornell University Press.

Fischer, J. and M. Ravizza (1998). *Responsibility and Control: A Theory of Moral Responsibility*. Cambridge: Cambridge University Press.

Fivush, R. (1994). "Constructing narrative, emotion, and self in parent-child conversations about the past." In U. Neisser and R. Fivush (eds.), *The Remembering Self*. Cambridge: Cambridge University Press.

Fivush, R. (2001). "Owning experience: Developing subjective perspective in autobiographical narratives." In C. Moore and K. Lemmon (eds.), *The Self in Time: Developmental Perspectives*. Hillsdale, NJ: Erlbaum.

Fivush, R. and C. Haden (eds.) (2003). *Autobiographical Memory and the Construction of a Narrative Self: Developmental and Cultural Perspectives*. Hillsdale, NJ: Erlbaum.

Flanagan, O. (1991). *Varieties of Moral Personality: Ethics and Psychological Realism*. Cambridge, MA: Harvard University Press.

Flanagan, O. (1992). *Consciousness Reconsidered*. Cambridge, MA: MIT Press.

Flanagan, O. (1996). *Self Expressions: Mind, Morals, and the Meaning of Life*. Oxford: Oxford University Press.

Flanagan, O. (2002). *The Problem of the Soul. Two Visions of Mind and How to Reconcile Them*. New York: Basic Books.

Fleminger, S. (2002). "Remembering delirium." *British Journal of Psychiatry* 180: 4-5.

Fodor, J.A. (1968). *Psychological Explanation*. New York: Random House.

Fodor, J.A. (1975). *The Language of Thought*. New York: Crowell.

Fodor, J.A. (1983). *The Modularity of Mind*. Cambridge, MA: MIT Press.

Fodor, J.A. (1985). "Banish disContent." In J. Butterfield (ed.), *Language, Mind and Logic*. Cambridge: Cambridge University Press.

Fodor, J.A. (1987). *Psychosemantics*. Cambridge, MA: MIT Press.

Fodor, J.A. (1990). *A Theory of Content and Other Essays*. Cambridge (MA): MIT Press.

Fodor, J.A. (1991). "Too hard for our kind of mind?" *London Review of Books*, June 27: 12.

Fodor, J.A. (1994a). "Fodor, Jerry A." In S. Guttenplan (ed.), *A Companion to the Philosophy of Mind*. Oxford: Blackwell.

Fodor, J.A. (1994b). *The Elm and the Expert*. Cambridge, MA: MIT Press.

Fodor, J.A. (1997). "Special sciences: Still autonomous after All these years." *Philosophical Perspectives. Mind, Causation, and World* **11**: 149-163.

Fodor, J.A. (1998). *Concepts: Where Cognitive Science Went Wrong*. Oxford: Oxford University Press.

Fodor, J.A. (2000), *The Mind Doesn't Work That Way*. Cambridge, MA: MIT Press.

Fodor, J.A., T.G. Beaver, and M.F. Garret (1974). *The Psychology of Language*. New York: McGraw-Hill.

Fodor, J.A. and Z.W. Pylyshyn (1981). "How direct is visual perception? Some reflections on Gibson's ecological approach." *Cognition* **9**: 139-196.

Fodor, J.A. and Z.W. Pylyshyn ([1988] 1995). "Connectionism and cognitive architecture: a critical analysis." Reprinted in C. Macdonald e G. Macdonald (eds.), *Connectionism. Debates on Psychological Explanation*. Oxford: Blackwell.

Ford, M. (1995). "Two modes of representation and problem solution in syllogistic reasoning." *Cognition* **54**: 1-71.

Foster, J.K. and M. Jelicic (eds.) (1999). *Memory: Systems, Process, or Function?* Oxford: Oxford University Press.

Franck, N., C. Farrer, N. Georgie, M. Marie-Cardine, J. Dalery, T. d'Amato, and M. Jeannerod (2001). "Defective recognition of one's own actions in patients with schizophrenia." *American Journal of Psychiatry* **158**: 454-459.

Frankfurt, H. (1969). "Alternate possibilities and moral responsibility." *Journal of Philosophy* **66**: 829-839.

Frankfurt, H. (1971). "Freedom of the will and the concept of a person." *Journal of Philosophy* **68**: 5-20.

Frankfurt, H. (1988). *The Importance of What We Care About*. Cambridge: Cambridge University Press.

Frankfurt, H. (1999). *Necessity, Volition, and Love*. Cambridge: Cambridge University Press.

Frawley, W. (1997). *Vygotsky and Cognitive Science. Language and the Unification of the Social and Computational Mind*. Cambridge, MA: Harvard University Press.

Friedrich, J. (1993). "Primary error detection and minimization PEDMIN strategies in social cognition: A reinterpretation of confirmation bias phenomena." *Psychological Review* **100**: 298-319.

Frisby, J.P. (1979). *Seeing*. Oxford: Oxford University Press.

Gabbert, F., A. Memon, and K. Allan (2003). "Memory conformity: Can eyewitnesses influence each other's memories for an event?" *Applied Cognitive Psychology* **17**: 533-544.

Gallagher, S. (2005). *How the Body Shapes the Mind*. Oxford: Oxford University Press.

Gallese, V. (2003a). "The manifold nature of interpersonal relations: The quest for a common mechanism." *Philosophical Transactions of the Royal Society of London* B **358**: 517-528.

Gallese, V. (2003b). "A neuroscientific grasp of concepts: From control to representation." *Philosophical Transactions of the Royal Society of London* B **358**: 1231-1240.

Gallese V. (2003c). "The roots of empathy: The shared manifold hypothesis and the neural basis of intersubjectivity." *Psychopathology 36*: 171-80.

Gallese V. (2004). "The manifold nature of interpersonal relations: The quest for a common mechanism." In C. Frith and D. Wolpert (eds.), *The Neuroscience of Social Interaction*. Oxford: Oxford University Press.

Gallese, V. and A. Goldman (1998). "Mirror neurons and the simulation theory of mindreading." *Trends in Cognitive Sciences* **2**: 493-501.

Gallistel, C. R. (1990). *The Organization of Learning*. Cambridge, MA: MIT Press.

Gallup, G.G. (1977). "Self-recognition in Primates." *American Psychologist* **32**: 329-338.

Gandy, R. (1980). "Church's thesis and principles for mechanisms." In J. Barwise, H.J. Keisler, and K. Kunen (ed.), *The Kleene Symposium*. Amsterdam: North Holland.

Garson, J. (2003). "The introduction of information into neurobiology." *Philosophy of Science* **70**: 926-936.

Gattis, M., H. Bekkering, and A. Wohlschläger (2002). "Goal-directed Imitation." In A.N. Meltzoff and W. Prinz (eds.), *The Imitative Mind. Development, Evolution and Brain Bases*. Cambridge: Cambridge University Press.

Gazzaniga, M.S. (2000). "Cerebral specialization and interhemispheric communication. Does the corpus callosum enable the human condition?" *Brain* **123**: 1293-1336.

Gazzaniga, M.S. (2005). "Forty-five years of split-brain research and still going strong." *Nature Reviews Neuroscience* **6**: 653-659.

Gazzaniga, M.S., R.B. Ivry, and G.R. Mangun (eds.) (1998). *Cognitive Neuroscience: The Biology of the Mind*. New York: Morton.

Gazzaniga, M.S. and J. LeDoux (1978). *The Integrated Mind*. New York: Plenum Press.

Gelman, R., F. Durgin, and L. Kaufman (1995). "Distinguishing between animates and inanimates: Not by motion alone." In D. Sperber, D. Premack, and A.J. Premack (eds.), *Causal Cognition: A Multidisciplinary Debate*. Oxford: Clarendon Press.

Gerard, R.W. (1951). "Some of the problems concerning digital notions in the central nervous system." In H. von Foerster, M. Mead, and H.L. Teuber (eds.), *Cybernetics: Circular Causal and Feedback Mechanisms in Biological and Social Systems. Transactions of the Seventh Conference*. New York: Macy Foundation.

Gerrig, R.J. (1989). "Empirical constraints on computational theories of metaphors: Comments on Indurkhya." *Cognitive Science* **13**: 235-241.

Gerrig, R.J. and A.F. Haley (1983). "Dual processes in metaphor understanding: Comprehension and appreciation." *Journal of Experimental Psychology: Learning, Memory and Cognition* **9**: 667-675.

Gibbs, R.W. (1980). "Spilling the beans on understanding and memory for idioms in conversation." *Memory and Cognition* **8**: 449-456.

Gibbs, R.W. (1990). "Comprehending figurative referential description." *Journal of Experimental Psychology: Learning, Memory and Cognition* **16**: 56-66.

Gibson, J.J. (1972). "A theory of direct visual perception." In J.J. Royce and W.W. Rozeboom (eds.), *The Psychology of Knowing*. New York: Gordon & Breach; also in Noë and Thompson (2002).

Gibson, J.J. ([1979] 1986). *The Ecological Approach to Visual Perception*. Hillsdale, NJ: Erlbaum.

Gigerenzer, G. and K. Hug (1992). "Domain-specific reasoning: Social contracts, cheating, and perspective change." *Cognition* **43**: 127-171.

Gilbert, M. (1989). *On Social Facts*. Princeton University Press.

Gilbert, M. (2000). *Sociality and Responsibility*. Lanham, MD: Rowman and Littlefield.

Gill, D. and R. Mayou (2000). "Delirium." In *The New Oxford Textbook of Psychiatry*. Oxford: Oxford University Press.

Ginet, C. 1990. *On Action*. Cambridge: Cambridge University Press.

Giros, B., M. Jaber, S.R. Jones, R.M. Wightmann, and M.G. Caron (1996). "Hyperlocomotion and indifference to cocaine and amphetamine in mice lacking the dopamine transporter." *Nature* **379**: 606-612.

Glennan, S.S. (2002). "Rethinking mechanistic explanation." *Philosophy of Science* **64**: 605-206.

Globus, G.G. (1992). "Towards a noncomputational cognitive neuroscience." *Journal of Cognitive Neuroscience* **4**: 299-310.

Glock, H.J. (2000). "Animals, thoughts, and concepts." *Synthese* **123**: 35-64.

Glucksberg, S., P. Gildea, and H.B. Bookin (1982). "On understanding nonliteral speech: Can people ignore metaphors?" *Journal of Verbal Learning and Verbal Behaviour* **21**: 85-98.

Gola, E. (2005). *Metafora e mente meccanica*. Cagliari: CUEC.

Goldman, A. (1970). *A Theory of Action*. Princeton: Princeton University Press.

Goldman, A. (1993) "The psychology of folk psychology." *Behavioral and Brain Sciences* **16**: 15-28.

Goldman, A. (1995) "Interpretation psychologized." In M. Davies and T. Stone (eds.), *Folk Psychology*. Oxford: Blackwell.

Goldman, A. and C.S. Sripada (2205). "Simulationist models of face-based emotion recognition." *Cognition* **94**: 193-213.

Gopnik, A. (1993). "How we know our minds: The illusion of first person knowledge of intentionality." *Behavioral and Brain Sciences* **16**: 1-14.

Gopnik, A. and A. Meltzoff (1994). "Minds, bodies, and persons: Young children's understanding of the self and others as reflected in imitation and theory of mind research." In S. Parker, R. Mitchell, and M. Boccia (eds.), *Self-Awareness in Animals and Humans*. Cambridge: Cambridge University Press.

Gordon, R.M. (1995). "Folk psychology as simulation." In M. Davies and T. Stone (eds.), *Folk Psychology*. Oxford: Blackwell.

Gordon, R.M. (1996). "Radical simulationism." In P. Carruthers and P.H. Smith (eds.), *Theories of Theories of Mind*. Cambridge: Cambridge University Press.

Graham, G. and R. Kennedy (2004). "Review of *Being no one*, a book by Thomas Metzinger." *Mind* **113**: 369-372.

Gray, J.A. (1998). "Creeping up on the hard question of consciousness." In S.R. Hammerhoff, A.W. Kaszniak, and A.C. Scott (eds.), *Toward a Science of Consciousness II: The Second Tucson Discussions and Debates*. Cambridge MA: MIT Press.

Gray, J.A. (2003). "How are qualia coupled to functions?" *Trends in Cognitive Sciences* **7**: 192-194.

Gray, J.A., S. Chopping, J. Nunn, D. Parslow, L. Gregory, S. Williams, M.J. Brammer, and S. Baron-Cohen (2002). "Implications of synaesthesia for functionalism: Theory and experiments." *Journal of Consciousness Studies* **9**: 5-31.

Gray, J.A, S.C.R. Williams, J. Nunn, and S. Baron-Cohen (1997). "Possible implications of synaesthesia for the hard question of consciousness." In Baron-Cohen and Harrison (1997).

Gray, R. (2001a). "Cognitive modules, synaesthesia and the constitution of psychological natural kinds." *Philosophical Psychology* **14**: 65-82.

Gray, R. (2001b). "Synaesthesia and misrepresentation." *Philosophical Psychology* 14: 339-346.

Gregory, R.L. (1970). *The Intelligent Eye*. New York: McGraw-Hill.

Gregory, R.L. (1980). "Perceptions as hypotheses." *Philosophical Transactions of the Royal Society* **B 290**: 181-97; also in Noë & Thompson (2002).

Grice P. (1975). "Logic and conversation." in P. Cole and J.L. Morgan (eds.), *Syntax and Semantics: Speech Acts, Vol. 3*. New York: Academy Press.

Griffiths, P.E. (1997). *What Emotions Really Are*. Chicago: Chicago University Press.

Griffiths, P.E. and K. Stotz (2000). "How the mind grows: A developmental perspective on the biology of cognition." *Synthese* **122**: 29-51.

Grossenbacher, P.G. and C.T. Lovelace (2001). "Mechanisms of synesthesia: Cognitive and physiological constraints." *Trends in Cognitive Sciences* **5**: 36-41.

Grünbaum, A. (1984). *The Foundations of Psychoanalysis*. Oxford: Oxford University Press.

Grush, R. (2000). "Self, world, and space: the meaning and mechanisms of ego- and allocentric spatial representation." *Brain and Mind* **1**: 59-92.

Grush, R. (2002). "Cognitive science." In P. Machamer and M. Silberstein (eds.), *Guide to Philosophy of Science*. Oxford: Blackwell.

Grush, R. (2003). "In defense of some 'Cartesian' assumptions concerning the brain and its operation." *Biology and Philosophy* **18**: 53-93.

Haden, C.A., R.A. Haine, and R. Fivush (1997). "Developing narrative structure in parent-child reminiscing across the preschool years." *Developmental Psychology* **33**: 295-307.

Hahn, L.E. (1997). *The Philosophy of Roderick M. Chisholm*. Chicago, Ill.: Open Court.

Halbwachs, M. ([1950] 1980). In M. Douglas (ed.), *The Collective Memory*. New York: Harper and Row.

Hanson, N.R. (1961). *Patterns of Discovery*. Cambridge: Cambridge University Press.

Happé, F. (1995). "Understanding minds and metaphors: Insights from the study of figurative language in autism." *Metaphor & Symbolic Activity* **10**: 275-295.

Harding, C.L. (1988). *Color for Philosophers: Unweaving the Rainbow*. Indianapolis: Hackett.

Harley, K. and E. Reese (1999). "Origins of autobiographical memory." *Developmental Psychology* **35**: 1338-1348.

Harman, G. (1982). "Conceptual role semantics." *Notre Dame Journal of Formal Logic* **23**: 242-256.

Harman, G. (1986). *Change in View: Principles of Reasoning*. Cambridge, MA: MIT Press.

Harman, G. (1999). "Moral philosophy meets social psychology: Virtue ethics and the fundamental attribution error." *Proceedings of the Aristotelian Society* **99**: 315-331.

Harnad, S. (1996). "Computation is just interpretable symbol manipulation; cognition isn't." *Minds and Machines* **4**: 379-90.

Harnish, R. (2002). *Minds, Brains, Computers: The Foundations of Cognitive Science*. Oxford: Blackwell.

Harrison, J.E. (2001). *Synaesthesia: The Strangest Thing*. Oxford: Oxford University Press.

Harrison, J.E. and S. Baron-Cohn (1997). "Synaesthesia: An introduction." In Baron-Cohen and Harrison (1997).

Hart, J.T. (1965). "Memory and the feeling of knowing experience." *Journal of Educational Psychology* **56**: 208-216.

Hartshorne, H. and M. May (1928). *Studies in the Nature of Character, Vol. 1: Studies in Deceit*. New York: MacMillan.

Hatfield G. (1995). "Philosophy of psychology as philosophy of science." In D. Hull, M. Forbes, and R. Burian, *PSA 1994, Vol. 2*. East Lansing, MI: Philosophy of Science Association.

Hatfield G. (2002). "Psychology, philosophy, and cognitive science: reflections on the history and philosophy of experimental psychology." *Mind and Language* **17**: 207-232.

Haugeland, J. (1997). "What is mind design?" In J. Haugeland (ed.), *Mind Design II*. Cambridge, MA: MIT Press.

Haugeland, J. (1998). "Representational genera." In Id., *Having Thought*. Cambridge, MA: Harvard University Press.

Hauser, L. (2005). "Behaviorism." *The Internet Encyclopedia of Philosophy* (http://www.iep.utm.edu/b/behavior.htm).

Heal, J. (1995). "Simulation and cognitive penetrability." *Mind and Language* **11**: 44-67.

Heider, F. (1958). *The Psychology of Interpersonal Relations*. New York: Wiley.

Heider, F., and M. Rimmel (1944). "An experimental study of apparent behavior." *American Journal of Psychology* **57**: 243-259.

Heil, J. (1992). *The Nature of True Minds*. Cambridge: Cambridge University Press.

Heyes, C.M. (1993). "Anecdotes, training, trapping and triangulating: Do animals attribute mental states?" *Animal Behavior* **46**: 177-188.

Heyes, C.M. (1998). "Theory of mind in nonhuman primates." *Behavioral and Brain Sciences* **21**: 101-148.

Hirst, W. and D. Manier (1996). "Remembering as communication: A family recounts its past." In D.C. Rubin (ed.), *Remembering our Past*. Cambridge: Cambridge University Press.

Hirst, W., D. Manier, and I. Apetroaia (1997). "The social construction of the remembered self: Family recounting." In J. Snodgrass and R. Thompson (eds.), *The Self Across Psychology*. New York: Academy of Sciences.

Hirst, W., D. Manier, and A. Cuc (2003). "The construction of a collective memory." In B. Kokinov and W. Hirst (eds.), *Constructive Memory*. Sofia: New Bulgarian University.

Hodgson, D. (2002). "Quantum physics, consciousness, and free will." In Kane (2002).

Hoerl, C. (1999). "Memory, amnesia, and the past." *Mind and Language* **14**: 227-251.

Hoerl, C. and T. McCormack (2005). "Joint reminiscing as joint attention to the past." In N. Eilan, C. Hoerl, T. McCormack, and J. Roessler (eds.), *Joint Attention, Communication, and Other Minds: Issues in Philosophy and Psychology*. Oxford: Oxford University Press.

Holt, D.L. (1993). "Rationality is hard work: An alternative interpretation of the disruptive effects of thinking about reasons." *Philosophical Psychology* **6**: 251-266.

Holt, D.L. (1989). "Social psychology and practical reasoning: An empirical challenge to the possibility of practical reasoning." *The Philosophical Forum* **20**: 311-325.

Holt, R. (1989). *Freud Reappraised*. New York: Guilford.

Honderich, T. (1988). *A Theory of Determinism*. Oxford: Oxford University Press.

Hopfield, J.J. (1982). "Neural networks and physical systems with emergent collective computational abilities." *Proceedings of the National Academy of Sciences* **79**: 2554-2558.

Horgan, T. and J. Tienson (1996). *Connectionism and the Philosophy of Psychology*. Cambridge, MA: MIT Press.

Horst, S.W. (1996). *Symbols, Computation, and Intentionality: A Critique of the Computational Theory of Mind.* Berkeley: University of California Press.

Horst, S.W. (1999). "Computational theory of mind." In R.A. Wilson and F. Keil (eds.), *The MIT Encyclopedia of the Cognitive Sciences*. Cambridge, MA: MIT Press.

Horst, S.W. (2005). "The computational theory of mind." In E.N. Zalta (ed.), *The Stanford Encyclopedia of Philosophy* (http://plato.stanford.edu/archives/fall2005/entries/computational-mind/).

Hull, C.L. (1943). *The Principles of Behavior*. New York: Appleton-Century-Crofts.

Hume, D. ([1739-40] 2000). *A Treatise of Human Nature*. Oxford: Oxford University Press.

Hume, D. ([1748] 2000). *An Enquiry Concerning Human Understanding*. Oxford: Oxford University Press.

Humphrey, N.K. (1976). "The social function of intellect." In P. Bateson and R.A. Hinde (eds.), *Growing Points in Ethology*. Cambridge: Cambridge University Press.

Hutchins, E. (1995). *Cognition in the Wild.* Cambridge, MA: MIT Press.

Hurley, S. (1994). "Unity and objectivity." In C. Peacocke (ed.), *Objectivity, Simulation, and the Unity of Consciousness*. Oxford: Oxford University Press.

Hurley, S. (1998). *Consciousness in Action*. Cambridge, MA: Harvard University Press.

Hurley, S. (2000). "Clarifications: Responses to Kobes and Kinsbourne." *Mind and Language* **15**: 556-561.

Hurley, S. (2003). "Animal action in the space of reasons." *Mind and Language* **18**: 231-256.

Hurley, S. (forthcoming). "Making sense of animals." In S. Hurley and M. Nudds (eds.), *Rational Animals?* Oxford: Oxford University Press.

Hurley, S. and A. Noë (forthcoming). "Can hunter-gatherers hear colour?" In G. Brennan, R. Goodin and M. Smiths (eds.), *Common Minds: Essays in Honor of Philip Pettit*. Oxford: Oxford University Press.

Iacoboni, M., I. Molnar-Szakacs, V. Gallese, G. Buccino, J.C. Mazziotta, and G. Rizzolatti (2005). "Grasping the intentions of others with one's own mirror neuron system." *Philosophical Biology* **3**: E79.

Inhelder, B. and J. Piaget (1955). *The Growth of Logical Thinking from Childhood to Adolescence*. London: Routledge 1958.

Isen, A.M. and H. Levin (1972). "Effect of feeling good on helping: Cookies and kindness." *Journal of Personality and Social Psychology* **21**: 384-388.

Jackson, F. (1986). "What Mary didn't know." *Journal of Philosophy* **83**: 291-295.

Jacob, P. (1996). "The dependence of thought on social practice." Unpublished manuscript.

Jacob, P. and M. Jeannerod (2003). *Ways of Seeing, the Scope and Limits of Visual Cognition.* Oxford: Oxford University Press.

Jacob, P. and M. Jeannerod (2005). "The motor theory of social cognition: A critique." *Trends in Cognitive Sciences* **9**: 21-25.

James, W. ([1892] 1961). *Psychology: The Briefer Course*. New York: Harper.

James, W. ([1890] 1984). *The Principles of Psychology*. Cambridge, MA: Harvard University Press.

Janowsky, J.S., A.P. Shimamura, and L.R. Squire (1989). "Memory and metamemory: Comparisons between patients with frontal lobe lesions and amnesic patients." *Psychobiology* **17**: 3-11.

Jellema T., C.I. Baker, M.W. Oram, and D.I. Perrett (2002). "Cell populations in the banks of the superior temporal sulcus of the macaque and imitation." In A. Meltzoff (ed.), *The Imitative Mind: Development, Evolution and the Brain Bases*. Cambridge: Cambridge University Press.

Jervis, G. (1993). *Fondamenti di psicologia dinamica*. Milano: Feltrinelli.

Johnson, M.K. (1988). "Discriminating the origin of information." In F. Oltmanns and B. Mahers (eds.), *Delusional beliefs*. New York: Wiley.

Johnson, M.K., M.A. Foley, and A.G. Suengas (1988). "Phenomenal characteristics of memories for perceived and imagined autobiographical events." *Journal of Experimental psychology: General* **117**: 371-376.

Johnson, M.K., S. Hashtroudi, and D.S. Lindsay (1993). "Source monitoring." *Psychological Bulletin* **114**: 3-28.

Johnson, D.M. and C.E. Erneling (eds.) (1997). *The Future of the Cognitive Revolution*. Oxford: Oxford University Press.

Johnson-Laird, P.N. (1983). *Mental Models*. Cambridge: Cambridge University Press.

Johnson-Laird, P.N. and B. Bara (1984). "Syllogistic inference." *Cognition*, **16**: 1-61.

Johnson-Laird, P.N. and R.M. Byrne (1991). *Deduction*. Hillsdale, NJ: Erlbaum.

Kahneman, D., P. Slovic and A. Tversky (eds.) (1982). *Judgment under Uncertainty: Heuristics and Biases*. Cambridge: Cambridge University Press.

Kamtekar, R. (2004). "Situationism and virtue ethics on the content of our character." *Ethics* **114**: 458-491.

Kane, R. (1996). *The Significance of Free Will*. Oxford: Oxford University Press.

Kane, R. (ed.) (2002). *The Oxford Handbook of Free Will*. Oxford: Oxford University Press.

Kane, R. (2005). *A Contemporary Introduction to Free Will*. Oxford: Oxford University Press.

Kant, I. ([1787^2] 1958). *Critique of Pure Reason*. London: Macmillan.

Kant, I. ([1788] 1956). *Critique of Practical Reason*. Indianapolis: Bobbs-Merrill.

Kapitan, T. (2002). "A master argument for incompatibilism?" In Kane (2002).

Keeley, B.L. (2002). "Making sense of the senses: Individuating modalities in humans and other animals." *Journal of Philosophy* **99**: 5-28.

Keltner, D., P. Ellsworth, and K. Edwards (1993). "Beyond simple pessimism: Effects of sadness and anger on social perception." *Journal of Personality and Social Psychology* **64**: 740-752.

Kenny, A. (1963). *Action, Emotion, and Will*. London: Routledge & Kegan Paul.

Kenny, A. (1988). *The Self*. Marquette: Marquette University Press.

Kihlstrom, J.F. (1987). "The cognitive unconscious." *Science* **237**: 1445-1452.

Kim, J. (1993). *Supervenience and Mind*. Cambridge: Cambridge University Press.

Kitcher, P. (1992). *Freud's Dream: A Complete Interdisciplinary Science of Mind*. Cambridge, MA: MIT Press.

Klauer, K.C. (1999). "On the normative justification for information gain in Wason's selection task." *Psychological Review* **106**: 215-222.

Klein, K.L. (2000). "On the emergence of memory in historical discourse." *Representations* **69**: 127-150.

Koch, C. (1999). *Biophysics of Computation: Information Processing in Single Neurons*. Oxford: Oxford University Press.

Koch, C. (2004). *The Quest for Consciousness: A Neuroscientific Approach*. Denver, CO: Roberts & Co.

Kohler, I. (1961). "Experiments with goggles." *Scientific American* **206**: 62-86.

Kohler, E., M.A. Umiltà, C. Keysers, V. Gallese, L. Fogassi, and G. Rizzolatti (2001). "Auditory mirror neurons in the ventral premotor cortex of the monkey." *Society of Neuroscience Abstracts*. **27**: 129.9.

Kolher, E., C. Keysers, M.A. Umiltà, L. Fogassi, V. Gallese, and G. Rizzolatti (2002). "Hearing sounds, understanding actions: Action representation in mirror neurons." *Science* **297**: 846-848.

Koriat, A. (1993). "How do we know that we know? The accessibility model of the feeling of knowing." *Psychological Review* **100**: 609-639.

Kovach, A. and C. DeLancey (2005). "On emotion and the explanation of behavior." *Nous* **39**: 106-122.

Kriegel, U. (2004). "Consciousness and self-consciousness." *The Monist* **87**: 185-209.

Krueger, J. and D. Funder (2004). "Toward a balanced social psychology: Causes, consequences, and cures for the problem-seeking approach to social behavior and cognition." *Behavioral and Brain Sciences* **27**: 313-367.

Kuhn, T. (1962). *The Structure of Scientific Revolutions*. Chicago: University of Chicago Press.

Kunda, Z. (1990). "The case for motivated reasoning." *Psychological Bulletin* **108**: 480-98.

Kunda, Z. (1999). *Social Cognition*. Cambridge, MA: MIT Press.

Lackner, J.R. (1973). "Resolving ambiguity: Effect of biasing context in the unattended ear." *Cognition* **1**: 359-372.

Lachter, J. and F. Durgin (1999). "Metacontrast masking functions: A question of speed?" *Journal of Experimental Psychology: Human Perception and Performance* **25**: 936-947.

Lachter, J., F. Durgin, and T. Washington (2000). "Disappearing percepts: Evidence for retention failure in metacontrast masking." *Visual Cognition* **7**: 269-279.

Landau, B. and L. Gleitman (eds.) (1994). *The Acquisition of the Lexicon*. Cambridge, MA: MIT Press.

Latane, B. and J. Darley (1968). "Bystander intervention in emergencies: Diffusion of responsibility." *Journal of Personality and Social Psychology* **8**: 377-383.

Latane, B. and J. Darley (1970). *The Unresponsive Bystander: Why Doesn't He Help?* New York: Appleton-Century Crofts.

Lazarus, R.S. (1982). "Thoughts on the relations between emotion and cognition." *American Psychologist* **37**: 1019-1024.

Lazarus, R.S. (1991). *Emotion and Adaptation*. Oxford: Oxford University Press.

Leslie, A.M. (1987). "Pretense and representation: The origins of 'theory of mind'." *Psychological Review* **94**: 412-426.

Levy, J. (1977). "Manifestations and implications of shifting hemi-inattention in commissurotomy patients." *Advances in Neurology* **18**: 83-92.

Levy, J. (1990). "Regulation and generation of perception in the asymmetric brain." In C. Trevarthen (ed.), *Brain Circuits and Functions of the Mind: Essays in Honour of Roger W. Sperry*. Cambridge: Cambridge University Press.

Levy, J. and C. Trevarthen (1976). "Metacontrol of hemispheric function in human split-brain patients." *Journal of Experimental Psychology: Human Perception and Performance* **2**: 299-312.

Levy, J., C. Trevarthen, and R.W. Sperry (1972). "Perception of bilateral chimeric figures following hemispheric deconnexion." *Brain* **95**: 61-78.

Lewis, D. (1972). "Psychophysical and theoretical identifications." *Australasian Journal of Philosophy* **50**: 249-258.

Lewis, D. (1980). "Mad pain and Martian pain." In N. Block (ed.), *Readings in Philosophy of Psychology, Vol. 1*. Cambridge MA: Harvard University Press.

Lewis, D. (1981). "Are we free to break the laws?" *Theoria* **47**: 291-298.

Lewis, M. and J. Brooks-Gunn (1979). *Social Cognition and the Acquisition of the Self*. New York: Plenum Press.

Libet, B. (1981). "The experimental evidence for subjective referral of a sensory experience backwards in time." *Philosophy of Science* **48**: 182-197.

Libet, B. (1985). "Unconscious cerebral initiative and the role of the conscious will in voluntary action." *The Behavioral and Brain Sciences* **8**: 529-566.

Libet, B. (2002). "Do we have free will?" In Kane (2002).

Libet, B., A. Freeman, and K. Sutherland (eds.) (1999). *The Volitional Brain: Towards a Neuroscience of Free Will*. Thorverten: Imprint Academic.

Lipowski, Z.J. (1990). *Delirium: Acute Confusional States*. New York: Oxford University Press.

Lloyd, D. (2004). *Radiant Cool: A Novel Theory of Consciousness*. Cambridge, MA: Bradford Book/ MIT Press.

Loar, B. (1980). *Mind and Meaning*. Cambridge: Cambridge University Press.

Locke, J. ([1690] 1975). *An Essay Concerning Human Understanding*. Oxford: Oxford University Press.

Lockwood, M. (1989). *Mind, Brain and the Quantum: The Compound "I"*. Oxford: Blackwell.

Loftus, E. (2003). "Our changeable memories: Legal and practical implications." *Nature Reviews Neuroscience* **4**: 231-234.

Loftus, E. and K. Ketcham (1994). *The Myth of Repressed Memory*. New York: Griffin.

Logothetis, N.K., D.A. Leopold, and D.L. Sheinberg (2003). "Neural mechanisms of perceptual organization." In N. Osaka (ed.), *Neural basis of consciousness. Advances in Consciousness Research, Vol. 49*. Amsterdam: John Benjamins.

Looren de Jong, H. (2001). "Introduction: A symposium on explanatory Pluralism." *Theory & Psychology* **11**: 731-735.

Lormand, E. (1985). "Toward a theory of moods." *Philosophical Studies* **47**: 385-407.

Lowe, E.J. (2000). *An Introduction to the Philosophy of Mind*. Cambridge: Cambridge University Press.

Lucas, J.R. (1996). "Minds, machines, and Gödel: A retrospect." In P.J.R. Millikan and A. Clark (eds.), *Machines and Thought: The Legacy of Alan Turing*. Oxford: Clarendon.

Lurjia, A.R. (1976). *Cognitive Development. Its Cultural and Social Foundations*. Cambridge, MA: Harvard University Press.

Machamer, P.K., L. Darden and C. Craver (2000). "Thinking about mechanisms." *Philosophy of Science* **67**: 1-25.

MacLeod, C.M. and K. Dunbar (1988). "Training and Stroop-like interference: Evidence for a continuum of automaticity." *Journal of Experimental Psychology: Learning, Memory, and Cognition* **14**: 126-135.

Macmillan, M. (1991). *Freud Evaluated*. Amsterdam: North-Holland.

MacNamara J. (1986), *A Border Dispute. The Place of Logic in Psychology*. Cambridge, MA: MIT Press.

Malcolm, N. (1972). "Thoughtless brutes." *Proceedings and Address of the American Philosophical Association* **46**: 5-20.

Marcel, A. (1993). "Slippage in the unity of consciousness." In G.R. Bock and J. Marsh (eds.), *Experimental and Theoretical Studies of Consciousness*. Chichester: John Wiley and Sons.

Marcel, A. (1994). "What is relevant to the unity of consciousness?" In C. Peacocke (ed.), *Objectivity, Simulation, and the Unity of Consciousness*. Oxford: Oxford University Press.

Marcel, A., R. Tegnér, and I. Nimmo-Smith (2004). "Anosognosia for plegia: Specificity, extension, partiality and disunity of bodily awareness." *Cortex* **40**: 19-40.

Marconi, D. (1997). *Lexical Competence*. Cambridge, MA: MIT Press.

Marconi, D. (2001). *Filosofia e scienza cognitiva*. Roma-Bari: Laterza.

Marconi, D. (forthcoming). "Contro la mente estesa." *Sistemi Intelligenti*.

Marinelli, M. and F.J. White (2000). "Enhanced vulnerability to cocaine self-administration is associated with elevated impulse activity of midbrain dopamine neurons." *Journal of Neuroscience* **20**: 8876-8885.

Marks, L. ([1975] 1997). "On coloured-hearing synaesthesia: Cross-modal translations of sensory dimensions." Reprinted in Baron-Cohen and Harrison (1997).

Marks, C. (1981). *Commissurotomy, Consciousness and Unity of Mind*. Cambridge, MA: MIT Press.

Marks, J. (1982). "A theory of emotion." *Philosophical Studies* **42**: 227-242.

Marr, D. (1982). *Vision*. New York: Freeman.

Martin, M.G.F. (2001). "Out of the past: Episodic recall as retained acquaintance." In C. Hoerl and T. McCormack (eds.), *Time and Memory: Issues in Philosophy and Psychology*. Oxford: Oxford University Press.

Mason, K., C. Sripada, and S. Stich (forthcoming). "The Philosophy of psychology." In D. Moran (ed.), *Routledge Companion to Twentieth-Century Philosophy*.

Mattingley, J.B., A.N. Rich, and G. Yelland (2001). "Unconscious priming eliminates automatic binding of colour and alphanumeric form in synaesthesia." *Nature* **410**: 579-582.

Maudlin, T. (1989). "Computation and consciousness." *Journal of Philosophy* **86**: 407-432.

McCauley, R. (1996). "Explanatory pluralism and the co-evolution of theories in science." In R. McCauley (ed.), *The Churchlands and their Critics*. Oxford: Blackwell.

McCormack, T. and C. Hoerl (1999). "Memory and temporal perspective: The role of temporal frameworks in memory development." *Developmental Review* **19**: 154-182.

McCormack, T. and C. Hoerl (2001). "The child in time: Temporal concepts and self-consciousness in the development of episodic memory." In C. Moore and K. Lemmon (eds.), *The Self in Time: Developmental Perspectives*. Hillsdale, NJ: Erlbaum.

McCormack, T. and C. Hoerl (2005). "Children's reasoning about the causal significance of the temporal order of events." *Developmental Psychology* **41**: 54-63.

McCulloch, W.S. and W.H. Pitts (1943). "A logical calculus of the ideas immanent in nervous activity." *Bulletin of Mathematical Biophysics* **7**: 115-133.

McDowell, J. (1992). *Mind and World*. Cambridge (MA): Harvard University Press.

McDowell, J. (1994). "The content of perceptual experience." *Philosophical Quarterly* **44**: 190-205; also in Noë and Thompson (2002).

McGilvray, J. (2001). "Chomsky on the creative aspects of language use and its implications for lexical semantic studies." In P. Bouillon and F. Busa (eds.), *The Language of Word Meaning*. Cambridge: Cambridge University Press.

McGinn, C. ([1988] 1997). "Consciousness and content." Reprinted in N.J. Block, O. Flanagan, and G. Guzeldere (eds.), *The Nature of Consciousness: Philosophical Debates*. Cambridge MA: MIT Press.

McGinn, C. (1999). *The Mysterious Flame: Conscious Minds in a Material World*. New York: Basic Books.

McGurk, H. and J. MacDonald (1976). "Hearing lips and seeing voices." *Nature* **264**: 746-748.

McIntosh, N.J. (1994). "Intelligence in evolution." In J. Khalfa (ed.), *What is intelligence?* Cambridge: Cambridge University Press.

McNally, R.J. (2003). *Remembering Trauma*, Cambridge, MA: Harvard University Press.

Medin, D. and C. Aguilar (1999). "Categorization." In R. Wilson and F. Keil (eds.), *The MIT Encyclopedia of Cognitive Science*. Cambridge, MA: MIT Press.

Meini, C. (2001). *La psicologia ingenua*. Milano: McGraw-Hill.

Mele, A. (1987). *Irrationality: An Essay on Akrasia, Self-Deception, and Self-Control*. New York: Oxford University Press.

Mele, A. (1995). *Autonomous Agents: From Self-Control to Autonomy*. New York: Oxford University Press.

Mele, A. (1997). "Strength of motivation and being in control. Learning from Libet." *American Philosophical Quarterly* **34**: 319-332.

Mele, A. (1999). "Twisted self-deception." *Philosophical Psychology* **12**: 117-137.

Mele, A. (2001). *Self-Deception Unmasked*. Princeton: Princeton University Press.

Mele, A. (2003). "Emotion and desire in self-deception." In A. Hatzimoysis (ed.), *Philosophy and the Emotions*. Cambridge: Cambridge University Press.

Mele, A. (forthcoming). "Self-deception and delusions." In J. Fernandez and T. Bayne (eds.), *Delusions, Self-Deception, and Affective Influences on Belief-Formation*. New York: Psychology Press.

Mellor, D.H. (1989). "How much of the mind is a computer?" In P. Slezak and W.R. Albury (eds.), *Computers, Brains and Minds*. Dordrecht: Kluwer, 47-69.

Meltzoff A.N. (2002). "Elements of a developmental theory of imitation." In A.N. Meltzoff and W. Prinz (eds.), *The Imitative Mind. Development, Evolution and Brain Bases*. Cambridge: Cambridge University Press.

Merritt, M. (2000). "Virtue ethics and situationist personality psychology." *Ethical Theory and Moral Practice* **3**: 365-383.

Metzinger, T. (2003). *Being No One: The Self-Model Theory of Subjectivity*. Cambridge: MIT Press.

Metzinger, T. (2004). "The subjectivity of subjective experience." *Networks* **3-4**: 33-64 (http://lgxserve.ciseca.uniba.it/lei/ai/networks/04/).

Michaels, C. and C. Carello (1981). *Direct Perception*. Englewood Cliffs, NJ: Prentice-Hall.

Michotte, A. (1963). *The Perception of Causality*. New York: Basic Books.

Middleton, D. and S.D. Brown (2005). *The Social Psychology of Experience: Studies in Remembering and Forgetting*. London: Sage.

Milgram, S. (1969). *Obedience to Authority*. New York: Harper and Row.

Miller, C. (2003). "Social psychology and virtue ethics." *The Journal of Ethics* **7**: 365-392.

Millikan, R. (1984). *Language, Thought, and Other Biological Categories*. Cambridge, MA: The MIT Press.

Mills, C.B., E.H. Boteler, and G.K. Oliver (1999). "Digit synaesthesia: A case study using a Stroop-type test." *Cognitive Neuropsychology* **16**: 181-191.

Minsky, M. and S. Papert (1969). *Perceptrons*. Cambridge, MA: MIT Press.

Moor, J. (1982). "Split-brains and atomic persons." *Philosophy of Science* **49**: 91-106.

Morgan, D., K.A. Grant, H.D. Gage, R.H. Mach, J.R. Kaplan, O. Prioleau, S.H. Nader, N. Buchheimer, R.L. Ehrenkaufer, and M.A. Nader (2002). "Social dominance in monkeys: dopamine D_2 receptors and cocaine self-administration." *Nature Neuroscience* **5**: 169-174.

Moscovitch, M. and C. Umiltà (1989). "Modularity and neuropsychology: The organisation of attention and memory." In M. Schwartz (ed.), *Modular Processes in Dementia*. Cambridge, MA: MIT Press.

Motluk, A. (1994). "The sweet smell of purple." *New Scientist* **143**: 32-37.

Mullen, M.K. and S. Yi (1995). "The cultural context of talk about the past: Implications for the development of autobiographical memory." *Cognitive Development* **10**: 407-419.

Murphy, G.L. (2002). *The Big Book of Concepts*. Cambridge, MA: MIT Press.

Nadel, L. and M. Piattelli-Palmarini (2003). *What is cognitive science?* In L. Nadel (ed.), *Encyclopedia of Cognitive Science*. London: Macmillan.

Nagel, T. (1974). "What is it like to be a bat?" *Philosophical Review* **83**: 435-451.

Nagel, T. (1985). *The View from Nowhere*. Oxford: Oxford University Press

Nahmias, E. (2002). "When consciousness matters: A critical review of Daniel Wegner's *The Illusion of Conscious Will*." *Philosophical Psychology* **15**: 527-541.

Nahmias, E. (in preparation). "Free will and the threat of social psychology."

Nash, R. (1989). "Cognitive theories of emotion." *Nous* **23**: 481-504.

Neisser, U. (1976). *Cognition and Reality*. San Francisco: Freeman.

Nelkin, D. (forthcoming). "Freedom, responsibility, and the challenge of situationism." *Midwest Studies in Philosophy*.

Nelson, K. and R. Fivush (2004). 'The emergence of autobiographical memory: A social cultural developmental theory." *Psychological Review* **111**: 486-511.

Newell, A., and H.A. Simon (1972). *Human Problem Solving*. Englewood Cliffs, N.J.: Prentice-Hall.

Newell, A. and H.A. Simon (1976). "Computer science as an empirical enquiry: Symbols and search." *Communications of the ACM* **19**: 113-126.

Nichols, S. and S. Stich (2003). *Mindreading*. Oxford: Claredon Press.

Nisbett, R. and N. Bellows (1977). "Verbal reports about causal influences on social judgments: Private access versus public theories." *Journal of Personality and Social Psychology* **35**: 613-624.

Nisbett, R. and T. Wilson (1977). "Telling more than we can know: Verbal reports on mental processes." *Psychological Review* **84**: 231-259.

Nisbett, R. and L. Ross (1980). *Human Inference: Strategies and Shortcomings of Social Judgment*. Englewood Cliffs: Prentice-Hall.

Noë, A. and E. Thompson (eds.) (2002). *Vision and Mind*. Cambridge, MA: MIT Press.

Norman, J. (2001). "Two visual systems and two theories of perception: An attempt to reconcile the constructivist and ecological approaches." *Behavioral and Brain Sciences* **24**: 73-137.

Nozick, R. (1981). *Philosophical Explanations*. Cambridge: Harvard University Press.

Nudds, M. (2003). The significance of the senses." *Proceedings of the Aristotelian Society* **104**: 32-51.

Nunn, J.A., L.J. Gregory, M. Brammer, S.C.R. Williams, D.M. Parslow, M.J. Morgan, R.G. Morris, E.T. Bullmore, S. Baron-Cohen, and J.A. Gray (2002). "Functional magnetic resonance imaging of synaesthesia: Activation of V4/V8 by spoken words." *Nature Neuroscience* **5**: 371-375.

Oaksford, M. and N. Chater (1998). *Rationality in an Uncertain World*. Hove: Psychology Press.

Oaksford, M. and N. Chater (2003). "Optimal data selection: Revision, review, and reevaluation." *Psychonomic Bulletin and Review* **10**: 289-318.

O'Brien, G. (1998). "Connectionism, analogicity and mental content." *Acta Analytica* **22**: 111-131.

O'Connor, T. (2000). *Persons and Causes*. Oxford: Oxford University Press.

Odgaard, E.C., J.H. Flowers, and H.L. Bradman (1999). "An investigation of the cognitive and perceptual dynamics of a colour-digit synaesthete." *Perception* **28**: 651-664.

Ofshe, R. and E. Watters (1994). *Making Monsters: False Memories, Psychotherapy and Sexual Hysteria*. New York: Scribner's.

Öhman, A., U. Dimberg, and F. Esteves (1989). "Preattentive activation of aversive emotions." In T. Archer and L. G. Nilsson (eds.), *Aversion, Avoidance, and Anxiety*. Hillsdale, NJ: Erlbaum.

Öhman, A. and J.J.F. Soares (1993). "On the automatic nature of phobic fear: Conditioned electrodermal responses to masked fear-relevant stimuli." *Journal of Abnormal Psychology* **102**: 121-132.

O'Leary-Howthorne, J. (1993). "Belief and behavior." *Mind & Language* **8**: 461-486.

Olson, E. (1997). *The Human Animal: Personal Identity without Psychology*. Oxford: Oxford University Press.

O' Nualláin, S., P. Mc Kevitt, and E. Mac Aogain (eds.) (1997). *Two Sciences of Mind: Readings in Cognitive Science and Consciousness*. Philadelphia: John Benjamins.

O'Regan, J.K. and A. Noë (2001). "A sensorimotor account of vision and visual consciousness." *Behavioral and Brain Sciences* **24**: 939-1031.

Origgi, G. and D. Sperber (2000). "Evolution, communication and the proper function of language." In P. Carruthers and A. Chamberlain (eds.), *Evolution and the Human Mind. Modularity, Language and Meta-Cognition*. Cambridge: Cambridge University Press.

Ortony, A., G.L. Clore, and A. Collins (1988). *The Cognitive Structure of Emotions*. Cambridge: Cambridge University Press.

Palmer, S. (1999). *Vision Science*. Cambridge, MA: MIT Press.

Panksepp, J. (1998). *Affective Neuroscience*. Oxford: Oxford University Press.

Papineau, D. (2000). "Functionalism." In *Concise Routledge Encyclopedia of Philosophy*. London: Routledge.

Parfit, D. (1984). *Reasons and Persons*. Oxford: Clarendon Press.

Peacocke, C. (1992). *A Study of Concepts*. Cambridge, MA: MIT Press.

Penrose, R. (1989). *The Emperor's New Mind*. Oxford: Oxford University Press.

Penrose, R. (1994). *Shadows of the Mind*. Oxford: Oxford University Press.

Pereboom, D. (1995). "Conceptual structure and the individuation of content." *Philosophical Perspectives* **9**: 401-428.

Pereboom, D. (2002). *Living without Free Will*. Cambridge: Cambridge University Press.

Pereboom, D. and H. Kornblith (1991). "The metaphysics of irreducibility." *Philosophical Studies* **61**: 131-151.

Perkel, D.H. (1990). "Computational neuroscience: Scope and structure." In E.L. Schwartz (ed.), *Computational Neuroscience*. Cambridge, MA: MIT Press.

Perner, J. (1991). *Understanding the Representational Mind.* Cambridge, MA: MIT Press.

Perrett, D.I., E.T. Rolls, and W. Caan (1982). "Visual neurones responsive to faces in the monkey temporal cortex." *Experimental Brain Research* **47**: 329-342.

Peterfreund, E. (1978). "Some critical comments on psychoanalytic conceptions of infancy." *International Journal of Psychoanalysis* **59**: 427-441.

Peters, W. and Y. Wilks (2003). "Data-driven detection of figurative language use in electronic language resources." *Metaphor and Symbol* **18**.

Pettit, P. (2001). *A Theory of Freedom: From the Psychology to the Politics of Agency.* Cambridge: Polity Press.

Piaget, J. (1956), *Logic and Psychology*. Manchester: Manchester University Press.

Piccinini, G. (2004a). "The first computational theory of mind and brain: A close look at McCulloch and Pitts's 'Logical calculus of ideas immanent in nervous activity'." *Synthese* **141**: 175-215.

Piccinini, G. (2004b). "Functionalism, computationalism, and mental contents." *Canadian Journal of Philosophy* **34**: 375-410.

Piccinini, G. (2004c). "Functionalism, computationalism, and mental states." *Studies in the History and Philosophy of Science* **35**: 811-833.

Piccinini, G. (2004d). "Computers." (http://philsci-archive.pitt.edu/archive/00002016/).

Piccinini, G. (2006). Computation without Representation. *Philosophical Studies.*

Piccinini, G. (forthcoming). "Computational modeling vs. computational explanation: Is everything a Turing machine, and does it matter to the philosophy of mind?" *Australasian Journal of Philosophy*.

Piccinini, G. (unpublished). "Symbols, strings, and spikes."

Pietromonaco, P. and R. Nisbett (1992). "Swimming upstream against the fundamental attribution error: Subjects' weak generalizations from the Darley and Batson study." *Social Behavior and Personality* **10**: 1-4.

Pinker, S. (2002). *The Blank Slate. The Modern Denial of Human Nature*. New York: Penguin.

Polanyi, M. (1966). *The Tacit Dimension*. New York: Doubleday.

Politzer, G. and I.A. Noveck (1991). "Are conjunction rule violations the result of conversational rule violations?" *Journal of Psycholinguistic Research*, **20**: 83-103.

Port, R.F. and T. van Gelder (eds.) (1995). *Mind and Motion: Explorations in the Dynamics of Cognition*. Cambridge, MA: MIT Press.

Pour-El, M.B. and J.I. Richards (1989). *Computability in Analysis and Physics*. Berlin: Springer.

Povinelli, D.J., A.M. Landry, L.A. Theall, B.R. Clark, and C.M. Castille (1999). "Development of young children's understanding that the recent past is causally bound to the present." *Developmental Psychology* **35**: 1426-1439.

Premack, D. (1988). "Does the chimpanzee have a theory of mind? Revisited." In Byrne and Whiten (1988).

Premack, D. and A.J. Premack (1995). "Intention as psychological sause." In D. Sperber, D. Premack, and A.J. Premack (eds.), *Causal Cognition: A Multidisciplinary Debate*. Oxford: Clarendon Press.

Premack, D. and G. Woodruff (1978). "Does the chimpanzee have a 'Theory of mind'?" *Behavioral and Brain Sciences* **4**: 515-526.

Prinz, J. (2002). *Furnishing the Mind*. Cambridge, MA: MIT Press.

Puccetti, R. (1981). "The case for mental duality: Evidence from split-brain data and other considerations." *Behavioral and Brain Sciences* **4**: 93-123.

Pullum, G.K. and B.C. Scholz (2002). "Empirical assessment of stimulus poverty arguments." *The Linguistic Review* **19**: 9-50.

Putnam, H. (1967). "Psychological predicates." In W.H. Capitan and D.D. Merrill (eds.), *Art, Mind and Religion*. Pittsburgh: Pittsburgh University Press.

Putnam, H. (1975). "The meaning of 'meaning'." In Id., *Philosophical Papers, Vol. II: Mind, Language, and Reality*. Cambridge: Cambridge University Press.

Putnam, H. (1988). *Representation and Reality*. Cambridge, MA: MIT Press.

Putnam, H. (1999). *The Threefold Cord*. New York: Columbia University Press.

Pylyshyn, Z.W. (1984). *Computation and Cognition*. Cambridge, MA: MIT Press.

Pynte, J., M. Besson, F. Robichon, and J. Poli (1996). "The time-course of metaphor comprehension: An event-related potential study." *Brain and Language* **55**: 293-316.

Quine, W.V.O. ([1951] 1953). "Two dogmas of empiricism." In Id., *From a Logical Point of View*. Cambridge, MA: Harvard University Press.

Quine, W.V.O. ([1953] 1966). "On mental entities." In Id., *The Ways of Paradox*. New York: Random House.

Quine, W.V.O. ([1956] 1966). "Quantifiers and propositional attitudes." In Id., *The Ways of Paradox*. New York: Random House.

Quine, W.V.O. (1960). *Word and Object*. Cambridge, MA: MIT Press.

Quine, W.V.O. (1987). *Quiddities: An Intermittently Philosophical Dictionary*. Cambridge, MA: Belknap Press of Harvard University Press.

Ramachandran, V.S. and E.M. Hubbard (2001a). "Psychophysical investigations into the neural basis of synaesthesia." *Proceedings of the Royal Society of London B* **268**: 979-983.

Ramachandran, V.S. and E.M. Hubbard (2001b). "Synaesthesia—A window into perception, thought and language." *Journal of Consciousness Studies* **8**: 3-34.

Ramachandran, V.S. and E.M. Hubbard (2003). "The phenomenology of synaesthesia." *Journal of Consciousness Studies* **10**: 49-57.

Ravenscroft, I. (2004). "Folk psychology as a theory." In E.N. Zalta (ed.), *The Stanford Encyclopedia of Philosophy*, (http://plato.stanford.edu/archives/spr2004/entries/folkpsych-theory/).

Reese, E. (2002a). "Social factors in the development of autobiographical memory: The state of the art." *Social Development* **11**: 124-142.

Reese, E. (2002b). "A model of the origins of autobiographical memory." In J.W. Fagen and H. Hayne (eds.), *Progress in Infancy Research, vol. 2*. Hillsdale, NJ: Erlbaum.

Reese, E., C.A. Haden, and R. Fivush (1993). "Mother-child conversations about the past: Relationships of style and memory over time." *Cognitive Development* **8**: 403-430.

Reali, F. and M.H. Christiansen (2003). "Reappraising poverty of stimulus argument: A corpus analysis approach." *Proceedings of the 28th Boston University Conference on Language Development*, online supplement, (http://cnl.psych.cornell.edu/people/florencia.html).

Rey, G. (1988). "Toward a computational account of *akrasia* and self-deception." In B. McLaughlin and A. Rorty (eds.), *Perspectives on Self-Deception*. Berkeley: University of California Press.

Rey, G. (1997). *Contemporary Philosophy of Mind: A Contentiously Classical Approach*. Oxford: Blackwell.

Rich, A.N. and J.B. Mattingley (2002). "Anomalous perception in synaesthesia: A cognitive neuroscience perspective." *Nature Reviews Neuroscience* **3**: 43-52.

Rich, E. (1983). *Artificial Intelligence*. New York: McGraw Hill.

Reichenbach, H. (1958). *The Philosophy of Space and Time*. New York: Dover.

Ricoeur, P. (1969). "La question du sujet: le défi de la sémiologie." In Id., *Le conflit des interprétations*. Paris: Le Seuil.

Rips, L.J. (1994). *The Psychology of Proof: Deductive Reasoning in Human Thinking*. Cambridge, MA: MIT Press.

Rivlin, R. and K. Gravelle (1984). *Deciphering the Senses: The Expanding World of Human Perception*. New York: Simon and Schuster.

Rizzolatti, G., R. Camarda, L. Fogassi, M. Gentilucci, G. Luppino, and M. Matelli (1988). "Functional organization of inferior area 6 in the macaque monkey: II. Area F5 and the control of distal movements." *Experimental Brain Research* **71**: 491-507.

Rizzolatti, G., L. Fadiga, L. Fogassi, and V. Gallese (2002). "From mirror neurons to imitation: Facts and speculations." In A.N. Meltzoff and W. Prinz (eds.), *The Imitative Mind. Development, Evolution and Brain Bases*. Cambridge: Cambridge University Press.

Rock, I. (1983). *The Logic of Perception*. Cambridge, MA: MIT Press.

Rock, I. (1997). *Indirect Perception*. Cambridge, MA: MIT Press.

Rohrer, T. (2001). "The cognitive science of metaphor from philosophy to neuroscience." *Theoria et Historia Scientarium* **6**: 27-42.

Rogers, Y., M. Scaife, and A. Rizzo (2005). "Interdisciplinarity: An emergent or engineered process?" In S.J. Derry, M.A. Gernsbacher, and C.D. Schunn (eds.), *Interdisciplinary Collaboration: An Emerging Cognitive Science*. Hillsdale, NJ: Erlbaum.

Romo, R., A. Hernández, A. Zainos, and E. Salinas (1998). "Somatosensory discrimination based on microstimulation." *Nature* **392**: 387-390.

Romo, R., A. Hernández, A. Zainos, C. Brody, and L. Lemus (2000). "Sensing without touching: Psychophysical performance based on cortical microstimulation." *Neuron* **26**: 273-278.

Rorty, A. (1988). "The deceptive Self: Liars, layers, and lairs." In B. McLaughlin and A. Rorty (eds.), *Perspectives on Self-Deception*. Berkeley: University of California Press.

Rosenthal, D.M. (1996). *A Theory of Consciousness. The Nature of Consciousness*. Cambridge, MA: MIT Press.

Ross, L. and R. Nisbett (1991). *The Person and the Situation: Perspectives of Social Psychology*. New York: McGraw-Hill.

Routley, R. (1981). "Alleged problems in attributing beliefs, and intentionality, to animals." *Inquiry* **24**: 385-417.

Rowlands, M. (1999). *The Body in Mind: Understanding Cognitive Processes*. Cambridge: Cambridge University Press.

Rubel, L.A. (1985). "The brain as an analog computer." *Journal of Theoretical Neurobiology* **4**: 73-81.

Rubin, N. (2003). "Binocular rivalry and perceptual multi-stability." *Trends in Neurosciences* **26**: 289-291.

Rumelhart, D.E. and J.M. McClelland (1986). *Parallel Distributed Processing*. Cambridge, MA: MIT Press.

Russell, B. ([1912] 1967). *The Problems of Philosophy*. Oxford: Oxford University Press.

Russell, B. ([1918] 1986). *Mysticism and Logic and Other Essays*. London: Unwin Paperbacks.

Russell, B. (1959). *My Philosophical Development*. London: Allen and Unwin.

Russell, P. (1992). "Strawson's way of naturalizing responsibility." *Ethics* **102**: 287-302.

Ryle, G. (1949). *The Concept of Mind*. Chicago: The University of Chicago Press.

Sabini, J., M. Siepmann, and J. Stein (2001). "The really fundamental attribution error in social psychological research." *Psychological Inquiry* **12**: 1-15.

Sacks, O. (1998). *A Leg to Stand On*. New York: Simon & Schuster.

Sagiv, N. and L.C. Robertson (2005). "Synaesthesia and the binding problem." In L.C. Robertson and N. Sagiv (eds.), *Synaesthesia: Perspectives from Cognitive Neuroscience*. New York: Oxford University Press.

Sartre, J.-P. (1992). *The Transcendence of the Ego*. New York: Farrar, Strous, and Giroux.

Savage-Rumbaugh, S. (1986). *Ape Language: From Conditioned Response to Symbol*. New York: Columbia Univerity Press.

Savage-Rumbaugh, S. and K. McDonald (1988). "Deception and social manipulation in symbol-using apes." In Byrne and Whiten (1988).

Schacter, D.L. (1983). "Feeling of knowing in episodic memory." *Journal of Experimental Psychology, Learning, Memory, and Cognition* **9**: 39-54.

Schacter, D.L. (1989). "On the relation between memory and consciousness: Dissociable interactions and conscious experience." In H.L. Roediger III and F.I.M. Craik (eds.), *Varieties of Memory and Consciousness: Essays in honour of Endel Tulving*. Hillsdale, NJ: Erlbaum.

Schacter D.L. (1991). "Unawareness of deficit and unawareness of knowledge in patients with memory disorders." In G. Prigatano and D.L. Schacter (eds.), *Awareness of Deficit After Brain Injury*. New York: Oxford University Press.

Schacter, D.L. (1995). "Memory distortion: History and current status." In Schacter (ed.), *Memory distortion: How minds, brains, and societies reconstruct the past*. Cambridge, MA: Harvard University Press.

Schacter, D.L. (1996). *Searching for Memory: The Brain, the Mind, and the Past*. New York: Basic Books.

Schacter, D.L. and J.R. Worling (1985). "Attribute information and the feeling-of-knowing." *Canadian Journal of Psychology* **39**: 467-475.

Schechtman, M. (1994). 'The truth about memory." *Philosophical Psychology* **7**: 3-18.

Scheutz, M. (ed.) (2002). *Computationalism. New Directions*. Cambridge, MA: MIT Press.

Schmitt, Frederick F. (ed.) (2003). *Socializing Metaphysics: The Nature of Social Reality*. Lanham, MD: Rowman and Littlefield.

Schlosser, G. (1998). "Self-re-production and functionality: A systems-theoretical approach to teleological explanation." *Synthese* **116**: 303-354.

Schwartz, B. and H. Schuman (forthcoming). 'History, commemoration, and belief: Reformulating the concept of collective memory." *American Sociological Review*.

Schwartz, R. (1994). *Vision*. Oxford: Blackwell.

Seager, W. (1999). *Theories of Consciousness: An Introduction and Assessment*. London: Routledge.

Searle, J.R. (1980). "Minds, brains, and programs." *Behavioral and Brain Sciences* **3**: 417-424.

Searle, J.R. (1983). *Intentionality: An Essay in the Philosophy of Mind*. Cambridge: Cambridge University Press.

Searle, J.R. (1992). *The Rediscovery of the Mind.* Cambridge, MA: MIT Press.

Searle, J.R. (1993). "Metaphor." In A. Ortony (ed.), *Metaphor and Thought*. Cambridge: Cambridge University Press.

Sechehaye, M. (1951). *Autobiography of a Schizophrenic Girl*. New York: Signet.

Segal, G. (1991). "Defence of a reasonable individualism." *Mind* **100**: 485-493.

Segal, G. (1997). "Synaesthesia: Implications for the modularity of mind." In Baron-Cohen and Harrison (1997).

Sellars, W. (1956), "Empiricism and the philosophy of mind." In H. Feigl and M. Scriven (eds.), *Minnesota Studies in the Philosophy of Science, vol. 1: The Foundations of Science*, Minneapolis: University of Minnesota Press.

Shadlen, M.N. and W.T. Newsome (1998). "The variable discharge of cortical neurons: Implications for connectivity, computation, and information coding." *Journal of Neuroscience* **18**: 3870-3896.

Shagrir, O. (2001). "Content, computation and externalism." *Mind* **110**: 369-400.

Shanks, R.D. and M.F. St.John (1994). "Characteristics of dissociable human learning systems." *Behavioral and Brain Sciences* **17**: 367-447.

Shapiro, S. (2001). "Modeling and normativity. *Agora – Papeles de Filosofia* **20**: 159-173.

Sharpsteen, D. and L. Kirkpatrick (1997). "Romantic jealousy and adult romantic attachment." *Journal of Personality and Social Psychology* **72**: 627-640.

Sheets-Johnstone, M. (1999). *The Primacy of Movement.* Amsterdam: John Benjamins.

Sherry D.F. and D.L. Schacter (1987). "The evolution of multiple memory systems." *Psychological Review* **94**: 439-454.

Shevrin, H. (1992). "The Freudian unconscious and the cognitive unconscious: identical or fraternal twins?" In J. Barron, M. Eagle and D. Wolitzky (eds.), *Interfacies of Psychoanalysis and Psychology*. American Psychological Association.

Shimamura, A.P. and L.R. Squire (1986). "Memory and metamemory: A study of the feeling-of-knowing phenomenon in amnesic patients." *Journal of Experimental Psychology: Learning, Memory, and Cognition* **12**: 452-460.

Shih, J.C., K. Chen, and M.J. Ridd (1999) "Monoamine oxidase: From genes to behavior." *Annual Review of Neuroscience* **22**: 197-217.

Shoemaker, S. (1963). *Self-Knowledge and Self-Identity*. Ithaca, NY: Cornell University Press.

Shoemaker, S. (1991). "Qualia and consciousness." *Mind* **100**: 507-524.

Shoemaker, S. (1996). *The First-Person Perspective and Other Essays*. Cambridge: Cambridge University Press.

Shoemaker, S. (2003). "Consciousness and co-consciousness." In A. Cleeremans (ed.), *The Unity of Consciousness: Binding, Integration and Dissociation*. Oxford: Oxford University Press.

Siegelmann, H.T. (1999). *Neural Networks and Analog Computation: Beyond the Turing Limit*. Boston, MA: Birkhäuser.

Singer, W. (1993). "Synchronization of cortical activity and its putative role in information processing and learning." *Annual Review of Physiology* **55**: 349-374.

Smart, J.J.C. (1959). "Sensations and brain processes." *The Philosophical Review* **68**: 141-156.

Smilansky, S. (2001). "From nature to illusion." *Proceedings of the Aristotelian Society* **101**: 71-95.

Smilek, D. and M.J. Dixon (2002). "Towards a synergistic understanding of synaesthesia: Combining current experimental findings with synaesthetes' subjective descriptions." *Psiche* **8** (http://psyche.cs.monash.edu.au/v8/psyche-8-01-smilek.hml).

Smith, A.D. (2002). *The Problem of Perception*. Cambridge, MA: Harvard University Press.

Smolensky, P. (1995). "On the projectable predicates of connectionist psychology: A case for belief." In C. Macdonald e G. Macdonald (eds.), *Connectionism. Debates on Psychological Explanation*. Oxford: Blackwell.

Solomon, R. (1977). *The Passions*. Garden City, NY: Anchor Books.

Solomon, R. (1993). "The philosophy of emotions." In M. Lewis and J. Haviland (eds.), *Handbook of Emotions*. New York: Guildford Press.

Solomon, R. (2003). "Emotions, thoughts, and feelings: What is a 'cognitive theory' of the emotions and does it neglect affectivity?" In A. Hatzimoysis (ed.), *Philosophy and the Emotions, Royal Institute of Philosophy Supplement 52*. Cambridge: Cambridge University Press.

Spelke, E. (1995). "Discussion." In D. Sperber, D. Premack, and A.J. Premack (eds.), *Causal Cognition: A Multidisciplinary Debate*. Oxford: Clarendon Press.

Spence, D. (1994). *The Rhetorical Voice of Psychoanalysis*. Cambridge, MA: Harvard University Press.

Sperber, D. (1994a). "The modularity of thought and the epidemiology of representation." In L.A. Hirschfeld and S.A. Gelman (eds.), *Mapping the mind. Domain Specificity in Cognition and Culture*. Cambridge: Cambridge University Press.

Sperber, D. (1994b). "Understanding verbal understanding." In J. Khalfa (ed.), *What is Intelligence?* Cambridge: Cambridge University Press.

Sperber, D. (1996). *Explaining Culture: A Naturalistic Approach*. Oxford: Blackwell.

Sperber, D. (2000). "Metarepresentations in an evolutionary perspective." In Id. (ed.), *Metarepresentations. A Multidisciplinary Perspective*. Oxford: Oxford University Press.

Sperber, D. (2005) " 'Mirror neurons' or 'concept neurons'?" (http://www.interdisciplines.org/mirror/papers/1>).

Sperber, D., F. Cara, and V. Girotto (1995). "Relevance theory explains the selection task." Cognition **57**: 31-95.

Sperber, D. and D. Wilson (1986). *Relevance: Communication and Cognition*. Oxford: Blackwell.

Sperber, D. and D. Wilson (1995). *Relevance: Communication and Cognition*, 2nd Ed. Oxford: Blackwell.

Sperber, D. and D. Wilson (2004). "Relevance theory." In L.R. Horn and G. Ward (eds.), *The Handbook of Pragmatics*. Oxford: Blackwell.

Spinner, B. (1981). "Subject's access to cognitive processes: Demand characteristics and verbal report." *Journal of Theory of Social Psychology* **11**: 31-52.

Stalnaker, R. (1984). *Inquiry*. Cambridge, MA: MIT Press.

Stephan, A. (1999). "Are animals capable of concepts?" *Erkenntnis* **51**: 79-92.

Stephens, G.L. and G. Graham (2004). "Reconceiving delusion." *International Review of Psychiatry* **16**: 236-241.

Sterelny, K. (2003). *Thought in a Hostile World*. Oxford: Blackwell.

Stich, S. (1978). "Belief and subdoxastic states." *Philosophy of Science* **45**: 499-518.

Stich, S. (1979). "Do animals have beliefs?" *Australasian Journal of Philosophy* **57**: 15-28.

Stich, S. (1983). *From Folk Psychology to Cognitive Science*. Cambridge, MA: MIT Press.

Stich, S. (1996). *Deconstructing the Mind*. Oxford: Oxford University Press.

Stich, S. (1999). "Eliminative materialism." In R.A. Wilson and F. Keil (eds.), *The MIT Encyclopedia of the Cognitive Sciences*. Cambridge, MA: MIT Press.

Stich, S. and I. Ravenscroft (1994). "What is Folk Psychology?" *Cognition* **50**: 447-468.

Stich, S. and S. Nichols (1995). "Second thoughts on simulation." In M. Davies and T. Stone (eds.), *Folk Psychology*. Oxford: Blackwell.

Strange, D., M.P. Gerrie, and M. Garry (2005). "A few seemingly harmless routes to a false memory." *Cognitive Processing* 6.

Strawson, G. (1986). *Freedom and Belief*. Oxford: Oxford University Press.

Strawson, G. (1994). *Mental reality*. Cambridge, MA: MIT Press.

Strawson, G. (2005). "Free will." in E. Craig (ed.), *The Shorter Routledge Encyclopedia of Philosophy*. London: Routledge.

Strawson, P.F. (1959). *Individuals: An Essay in Descriptive Metaphysics*. London: Methuen.

Strawson, P.F. (1962). "Freedom and resentment." *Proceedings of the British Academy* **48**: 1-25.

Strawson, P.F. (1966). *The Bounds of Sense: An Essay on Kant's "Critique of Pure Reason"*. London: Methuen.

Strawson, P.F. (1971). "Identifying reference and truth-values." In Id., *Logico-Linguistic Papers*. London: Methuen.

Strawson, P.F. (1998). "Reply to David Pears." In L.E. Hahn (ed.), *The Philosophy of P.F. Strawson*. La Salle: Open Court.

Stroud, B. (1996). "The charm of naturalism." *Proceedings of the American Philosophical Association* **70**: 43-55.

Suddendorf, T. (1999). "The rise of metamind." In M.C. Corballis and S.E.G. Lea (eds.), *The Descent of Mind. Psychological Perspectives on Hominid Evolution*. Oxford: Oxford University Press.

Suddendorf, T. and A. Whiten (2001). "Mental evolution and development: Evidence for secondary representation in children, great apes, and other animals." *Psychological Bulletin* **127**: 629-650.

Suddendorf, T. and M.C. Corballis (1997). "Mental time travel and the evolution of the human mind." *Genetic, Social, and General Psychology Monographs* **123**: 133-167.

Suengas, A.G. and M.K. Johnson (1988). "Qualitative effects of rehearsal on memories for perceived and imagined complex events." *Journal of Experimental psychology: General* **117**: 377-389.

Sutton, J. (2002). "Cognitive conceptions of language and the development of autobiographical memory." *Language and Communication* **22**: 375-390.

Sutton, J. (2003). "Memory." In E.N. Zalta (ed.), *The Stanford Encyclopedia of Philosophy* (http://plato.stanford.edu/archives/spr2003/entries/memory/).

Sutton, J. (2004). "Representation, reduction, and interdisciplinarity in the sciences of memory." In H. Clapin, P. Staines, and P. Slezak (eds.), *Representation in Mind*. Amsterdam: Elsevier.

Sutton, J. (2006). "Exograms and interdisciplinarity: History, the extended mind, and the civilizing process." In R. Menary (ed.), *The Extended Mind*. Aldershot: Ashgate.

Tager-Flusberg, H. (2000). "Language and understanding minds: Connections in autism." In S. Baron-Cohen, H. Tager-Flusberg, and D.J. Cohen (eds.), *Understanding Other Minds. Perspectives from Developmental Cognitive Neuroscience*. Oxford: Oxford University Press.

Taube, M. (1961). *Computers and Common Sense: The Myth of Thinking Machines*. New York: Columbia University Press.

Taylor, C. ([1977] 1982). "Responsibility for self." Reprinted in G. Watson (ed.), *Free Will*. Oxford: Oxford University Press.

Taylor, J.G. (1962). *The Behavioural Basis of Perception*. New Haven, CN: Yale University Press.

Taylor, J.S. (2005). "Introduction." In Id. *Personal Autonomy: New Essays on Personal Autonomy and Its Role in Contemporary Moral Philosophy*. Cambridge: Cambridge University Press.

Taylor, R. (1966). *Action and Purpose*. Englewood Cliffs: Prentice Hall.

Thelen, E. and L. Smith (1994). *A Dynamic Systems Approach to the Development of Cognition and Action*. Cambridge, MA: MIT Press.

Thurber, J. (1985). *92 Stories*. New York: Harper & Row.

Tomberlin, J. (ed.) (1992). *Philosophical Perspectives, 6: Ethics*. Atascadero: Ridgeview Publisher.

Tononi, G. and G.M. Edelman (1998). "Consciousness and complexity." *Science* **282**: 1846-1851.

Tooby, J. and L. Cosmides (1992). "The psychological foundation of culture." In Barkow, L. Cosmides, and J. Tooby (eds.), *The Adapted Mind*. Oxford: Oxford University Press.

Trautteur, G. (2005). "Beyond the Super-Turing Snare: Analog Computation and Digital Virtuality." In S.B. Cooper, B. Löwe, and L. Torenvliet (eds.), *New Computational Paradigms*. Berlin: Springer.

Trenholme, R. (1994). "Analog simulation." *Philosophy of Science* **61**: 115-131.

Trevarthen, C. (1974). "Functional relations of disconnected hemispheres with the brain stem, and with each other: monkey and man." In M. Kinsbourne and W. Lynn Smith (eds.), *Hemispheric Disconnection and Cerebral Function*. Springfield, IL: Charles C. Thomas.

Trope, Y., B. Gervey, and N. Liberman (1997). "Wishful thinking from a pragmatic hypothesis-testing perspective." In M. Myslobodsky (ed.), *The Mythomanias: The Nature of Deception and Self-Deception*. Mahwah, NJ: Erlbaum.

Trope, Y., and A. Liberman (1996). "Social hypothesis testing: Cognitive and motivational mechanisms." In E.T. Higgins and A. Kruglanski (eds.), *Social Psychology: Handbook of Basic Principles*. New York: Guilford Press.

Tulving, E. (1985). "Memory and consciousness." *Canadian Psychology* **26**: 1-12.

Tulving, E. (2002). "Episodic memory: From mind to brain." *Annual Review of Psychology* **53**: 1-25.

Turing, A.M. ([1936] 1965). "On computable numbers, with an application to the Entscheidungsproblem." Reprinted in M. Davis (ed.), *The Undecidable*. Hewlett, NY: Raven Press 1965.

Tye, M. (1995). *Ten Problems of Consciousness. A Representational Theory of the Phenomenal Mind*. Cambridge, MA: MIT Press.

Tye, M. (2003). *Consciousness and Persons*. Cambridge, MA: MIT Press.

Umiltà, M.A., E. Kohler, V. Gallese, L. Fogassi, L. Fadiga, C. Keysers, and G. Rizzolatti (2001). "'I know what you are doing': A neurophysiological study." *Neuron* **32**: 91-101.

Unger, P.K. (1979). "I do not exist." In G. Macdonald (ed.), *Perception and Identity*. Ithaca: Cornell University Press.

Unger, P.K. (2004). "The mental problems of the many." In D.W. Zimmerman (ed.), *Oxford Studies in Philosophy, Vol. 1*. Oxford: Oxford University Press.

van Cleve, J. (1999). *Problems from Kant*. Oxford: Oxford University Press.

van der Malsburg, C. (1986). "Am I thinking assemblies?" In G. Palm and A. Aertsen (ed.), *Proceedings of the 1984 Trieste Meeting on Brain Theory*. Heidelberg: Springer Verlag.

van Gelder, T.J. (1995). "What might cognition be, if not computation?" *The Journal of Philosophy* **92**: 345-381.

van Gelder, T.J. (1998a). "The dynamical hypothesis in cognitive science." *Behavioral and Brain Sciences* **21**: 1-14.

van Gelder, T.J. (1998b). "Disentangling dynamics, computation, and cognition." *Behavioral and Brain Sciences* **21**: 40-7.

van Gelder, T.J. (1999). "Dynamic approaches to cognition." In R. Wilson and F. Keil (eds.), *The MIT Encyclopedia of the Cognitive Sciences*. Cambridge, MA: MIT Press.

van Gelder T.J. and R. Port (1995). "It's about time: An overview of the dynamical approach to cognition." In R. Port R. and T. van Gelder (eds.), *Mind as Motion*. Cambridge, MA: MIT Press.

van Inwagen, P. (1983). *An Essay on Free Will*. Oxford: Oxford University Press.

van Inwagen, P. (1989). "When is the will free?" in Tomberlin (1992).

van Inwagen, P. (1994). "When is the will not free?", *Philosophical Studies* **75**: 95-114.

van Inwagen, P. (1998). "The mystery of metaphysical freedom" in P. van Inwgen and D. Zimmerman (eds.), *Metaphysics: The Big Questions*. Oxford: Blackwell.

van Inwagen, P. (2002). "What do we refer to when we say 'I'?" In R.M. Gale (ed.), *The Blackwell Guide to Metaphysics*. Oxford: Blackwell.

Varela, F.J., E. Thompson, and E. Rosch (1991). *The Embodied Mind: Cognitive Science and Human Experience*. Cambridge, MA: MIT Press.

von Eckardt, B. (2001). "Multidisciplinarity and cognitive science." *Cognitive Science* **21**: 453-470.

von Neumann, J. (1958). *The Computer and the Brain*. New Haven, CN: Yale University Press.

Vuilleumier, P. (2004). "Anosognosia: The neurology of beliefs and uncertainties." *Cortex* **40**: 9-17.

Vygotskij, L.S. (1978). *Mind in Society. The Development of Higher Psychological Processes*. Cambridge, MA: Harvard University Press.

Wager, A. (1999). "The extra qualia problem: Synaesthesia and representationism." *Philosophical Psychology* **12**: 263-281.

Wager, A. (2001). "Synaesthesia misrepresented." *Philosophical Psychology* **14**: 347-351.

Wallman, J. (1992). *Aping Language*. Cambridge, MA: Cambridge University Press.

Walter, H. ([1998] 2001). *Neurophilosophy of Free Will. From Libertarian Illusions to a Concept of Natural Autonomy*. Cambridge, MA: MIT Press.

Walter, H., M. Adenzato, A. Ciaramidaro, I. Enrici, L. Pia, and B. Bara (2004). "Understanding intentions in social interaction: The role of the anterior paracingulate cortex." *Journal of Cognitive Neuroscience* **16**: 1854-1863.

Ward, J. (2004). "Emotionally mediated synaesthesia." *Cognitive Neuropsychology* **21**: 761-772.

Wason, P.C. (1968). "Reasoning about a rule." *Quarterly Journal of Experimental Psychology* **20**: 273-281.

Wason, P.C. and P.J. Brooks (1979). "THOG: The anatomy of a problem." *Psychological Research* **41**: 79-90.

Watson, G. ([1975] 1982). "Free agency." In Watson (1982).

Watson, G. (ed.) (1982): *Free Will*. Oxford: Oxford University Press.

Watson, G. (1987). "Free action and free will." *Mind* **96**: 145-172.

Weatherford, R. (1991). *The Implications of Determinism*. London: Routledge.

Wegner, D. (2002). *The Illusion of Conscious Will*. Cambridge, MA: MIT Press.

Wegner, D.M. and Commentators (2004). *Behavioral and Brain Sciences* **27**: 649-692.

Weiskrantz, L. (1986). *On Blindsight. A case Study and Implications*. Oxford: Oxford University Press.

Welzer, H. and H.J. Markowitsch (2005). "Towards a bio-psycho-social model of autobiographical memory." *Memory* **13**: 63-78.

Weihrauch, K. (2000). *Computable Analysis: An Introduction*. Berlin: Springer.

Wetherick, N.E. and K.J. Gilhooly (1990). "Syllogistic reasoning: Effects of premise order." In K. Gilhooly, M. Keane, R. Logie and G. Erdos (eds.), *Lines of Thinking, Vol.1*. Chichester: Wiley, 99-108.

Wetherick, N. E. and K.J. Gilhooly (1995). "'Atmosphere', matching, and logic in syllogistic reasoning." *Current Psychology* **14**: 169-178.

Wheelock Jr., A.K. (1977). *Perspective, Optics, and Delft Artists Around 1650*. New York: Garland.

White, S.L. (2004). "Subjectivity and the agential perspective." In De Caro and Macarthur (2004).

Whiten, A. (ed.) (1991). *Natural Theories of Mind*. Oxford: Blackwell.

Whiten, A. (2000), *Chimpanzee Cognition and the Question of Mental Re-presentation*, in Dan Sperber A cura di), *Metarepresentations. A Muldidisciplinary Perspective*, Oxford: Oxford University Press.

Whiten, A. and R.W. Byrne (1988). "Tactical deception in primates." *Behavioral and Brain Sciences* **11**: 233-273.

Whiten, A. and R.W. Byrne (1991). "The emergence of metarepresentation in human ontogeny and primate phylogeny." In A. Whiten (ed.), *Natural Theories of Mind:*

Evolution, Development, and Simulation of Everyday Mind-Reading. Oxford: Blackwell.

Whiten, A. and R.W. Byrne (eds.) (1997). *Machiavellian Intelligence 2: Evaluations and Extensions*. Cambridge, MA: Cambridge University Press.

Widerker, D. and M. McKenna (eds.) (2002). *Moral Responsibility and Alternative Possibilities*. Aldershot: Ashgate Publishing.

Wiener, N. (1948). *Cybernetics or Control and Communication in the Animal and the Machine*. Cambridge, MA: MIT Press.

Williams, B. (1978). *Descartes: The Project of Pure Enquiry*. Atlantic Highlands, N.J.: Humanities Press.

Wilson, M. (2002). "Six views of embodied cognition." *Psychonomic Bulletin & Review* **9**: 625-636.

Wilson R.A. (1999). "Philosophy: Introduction." In R.A. Wilson and F. Keil (eds.), *The MIT Encyclopedia of the Cognitive Sciences*. Cambridge, MA: MIT Press.

Wilson, R.A. (2004). *Boundaries of the Mind: The Individual in the Fragile Sciences*. Cambridge: Cambridge University Press.

Wilson, R.A. (2005a). "Collective memory, group minds, and the extended mind thesis." *Cognitive Processing* **6**.

Wilson R.A. (2005b). "Introduction: Philosophy of psychology." In S. Sarkar and J. Pfeiffer (eds.), *The Philosophy of Science: An Encyclopedia*. New York: Routledge.

Wilson, T.D. (1985). "Strangers to ourselves: The origins and accuracy of beliefs about one's own mental states." In J.H. Harvey and G. Weary (eds.), *Attribution in Contemporary Psychology*. New York: Academic Press.

Wilson, T.D. (2002). *Strangers to Ourselves: Discovering the Adaptive Unconscious*. Cambridge, MA: Belknap Press.

Wilson, T.D. and J. Schooler (1991). "Thinking too much: Introspection can reduce the quality of preferences and decision." *Journal of Personality and Social Psychology* **60**: 181-192.

Wilson, T.D., D. Dunn, L. Kraft, and D. Lisle (1989). "Introspection, attitude change, and attitude-behavior consistency: The disruptive effects of explaining why we feel the way we do." In L. Berkowitz (ed.), *Advances in Experimental Social Psychology*, Vol. 22. New York: Academic Press.

Wilson, T.D., D. Kraft, and D. Dunn (1989). "The disruptive effects of explaining attitudes: The moderating effects of knowledge about the attitude object." *Journal of Experimental Social Psychology* **25**: 379-400.

Winner, E. and H. Gardner (1977). "The comprehension of metaphor in brain-damaged patients." *Brain* **100**: 510-535.

Winograd, T. (1978). *Language as a Cognitive Process: Syntax*. Reading, MA: Addison-Wesley.

Wittgenstein, L. (1951). *Tractatus Logico-Philosophicus*. New York: Humanities Press.

Wittgenstein, L. (1953). *Philosophical Investigations*. Oxford: Blackwell.

Wolf, S. (1990). *Freedom Within Reason*. New York: Oxford University Press.

Wolfram, S. (2002). *A New Kind of Science*. Champaign, IL: Wolfram Media.

Wollen, K.A. and F.T. Ruggiero (1983). "Colored-letter synaesthesia." *Journal of Mental Imagery* **67**: 83-86.

Woodworth, R.S. and S.B. Sells (1935). "An atmosphere effect in syllogistic reasoning." *Journal of Experimental Psychology* **18**: 451-460.

Wright, C. (1995). "Intuitionists are not (Turing) machines." *Philosophia Mathematica* **3**: 86-102.

Whyte, L.L. (1960). *The Unconscious Before Freud*. New York: Basic Books.

Young, A.W. and K.M. Leafhead (1996). "Betwixt life and death: Case studies of the Cotard delusion." In P. Halligan and J. Marshall (eds.), *Method in Madness: Case Studies in Cognitive Neuropsychiatry*. Hove, Sussex: Psychology Press.

Zajonc, R. (1980). "Feeling and thinking: Preferences need no inferences." *American Psychologist* **21**: 1848-1858.

Zajonc, R. (1984). "On the primacy of affect." *American Psychologist* **39**: 117-123.

Zalla, T. (1996). *Unité et multiplicité de la conscience: une étude critique des théories contemporaines à la lumière d'une hypothèse modulariste*. PhD Dissertation, École Polytechnique, Paris.

Zalla, T. and A.P. Palma (1995). "Feeling of knowing and phenomenal consciousness." *Behavioral and Brain Sciences* **18**: 271-272.

Zelazo, P.D. (1996). "An age-related dissociation between knowing rules and using them." *Cognitive Development* 11: 37-63.

Zelazo, P.D. (2004). "The development of conscious control in childhood." *Trends in Cognitive Sciences* 8: 12-17.